dtv

Quel est celui de nous qui n'a pas, dans ses jours d'ambition, rêvé le miracle d'une prose poétique, musicale sans rythme et sans rime, assez souple et assez heurtée pour s'adapter aux mouvements lyriques de l'âme, aux ondulations de la rêverie, aux soubresauts de la conscience?

C. B.

Wer von uns hätte nicht in ehrgeizigen Augenblicken geträumt von dem Wunder einer dichterischen Prosa – klingend ohne rhythmischen Zwang und ohne Reim, geschmeidig genug und mit genug Härte, um den lyrischen Regungen der Seele, dem Wechselspiel der Träume, den Erschütterungen des Gewissens zu folgen?

C. B.

Charles Baudelaire

Trente poèmes en prose
Dreißig Gedichte in Prosa

Auswahl, Übersetzung und Nachwort
von Ulrich Friedrich Müller
und Marlies Müller-Bek

Deutscher Taschenbuch Verlag

dtv zweisprachig · Edition Langewiesche-Brandt
herausgegeben von Kristof Wachinger

Originalausgabe/Neuübersetzung
Januar 2006
Erweiterte Ausgabe des Bandes ‹Vingt-cinq poèmes en prose›
(dtv 9305, 1993)

www.dtv.de zweisprachig@dtv.de

Umschlagkonzept: Balk & Brumshagen
Umschlagbild: ‹Portrait de Baudelaire› (um 1848/49)
von Gustave Courbet
Satz: Greiner & Reichel, Köln
Druck und Bindung: Kösel, Krugzell
Gedruckt auf säurefreiem, chlorfrei gebleichtem Papier
ISBN 3-423-09449-4. Printed in Germany

L'étranger I

« Qui aimes-tu le mieux, homme énigmatique, dis? ton père, ta mère, ta sœur ou ton frère?

– Je n'ai ni père, ni mère, ni sœur, ni frère.

– Tes amis?

– Vous vous servez là d'une parole dont le sens m'est resté jusqu'à ce jour inconnu.

– Ta patrie?

– J'ignore sous quelle latitude elle est située.

– La beauté?

– Je l'aimerais volontiers, déesse et immortelle.

– L'or?

– Je le hais comme vous haïssez Dieu.

– Eh ! qu'aimes-tu donc, extraordinaire étranger?

– J'aime les nuages, … les nuages qui passent … là bas, … les merveilleux nuages ! »

Le désespoir de la vieille II

La petite vieille ratatinée se sentit toute réjouie en voyant ce joli enfant à qui chacun faisait fête, à qui tout le monde voulait plaire; ce joli être, si fragile, comme elle, la petite vieille et, comme elle aussi, sans dents et sans cheveux.

Et elle s'approcha de lui, voulant lui faire des risettes et des mines agréables.

Mais l'enfant, épouvanté, se débattait sous les caresses de la bonne femme décrépite, et remplissait la maison de ses glapissements.

Alors la bonne vieille se retira dans sa solitude éternelle, et elle pleurait dans un coin, se disant : « Ah ! pour nous, malheureuses vieilles femelles, l'âge est

Der Fremdling

«Wen liebst du am meisten, rätselhafter Mensch, sag an? Vater, Mutter, Schwester oder Bruder?»

«Ich habe weder Vater noch Mutter noch Schwester noch Bruder.»

«Und deine Freunde?»

«Sie verwenden da ein Wort, dessen Sinn mir bis heute verborgen blieb.»

«Deine Heimat?»

«Ich weiß nicht, auf welchem Breitengrad die liegt.»

«Die Schönheit?»

«Gern würde ich sie lieben, diese unsterbliche Göttin.»

«Das Gold?»

«Ich hasse es so, wie Sie Gott hassen.»

«Was liebst du denn dann, sonderbarer Fremdling?»

«Ich liebe die Wolken ... die vorüberziehenden Wolken dort hinten ... die wunderbaren Wolken.»

Die Verzweiflung der alten Frau

Die verhutzelte Alte war ganz entzückt beim Anblick des hübschen Kindes, dem jeder mit Freude begegnete und von dem alle gemocht werden wollten; es war ein reizendes Wesen, so zerbrechlich wie die kleine Alte und zahnlos und kahlköpfig wie sie.

Sie näherte sich ihm und wollte ihm mit liebenswürdiger Miene zulächeln.

Aber das erschreckte Kind sträubte sich gegen die Liebkosungen des altersschwachen Mütterchens und erfüllte das Haus mit seinem Gebrüll.

Da zog sich die gute Alte in ihre unendliche Einsamkeit zurück, weinte in einer Ecke und sagte zu sich: «Ach ja, für uns unglückliche alte Weiber ist die Zeit, da wir gemocht wurden,

passé de plaire, même aux innocents; et nous faisons horreur aux petits enfants que nous voulons aimer! »

Le Confiteor de l'artiste III

Que les fins de journées d'automne sont pénétrantes! Ah! pénétrantes jusqu'à la douleur! car il est certaines sensations délicieuses dont le vague n'exclut pas l'intensité; et il n'est pas de pointe plus acérée que celle de l'Infini.

Grand délice que celui de noyer son regard dans l'immensité du ciel et de la mer! Solitude, silence, incomparable chasteté de l'azur! une petite voile frissonnante à l'horizon, et qui par sa petitesse et son isolement imite mon irrémédiable existence, mélodie monotone de la houle, toutes ces choses pensent par moi, ou je pense par elles (car dans la grandeur de la rêverie, le moi se perd vite!); elles pensent, dis-je, mais musicalement et pittoresquement, sans arguties, sans syllogismes, sans déductions.

Toutefois, ces pensées, qu'elles sortent de moi ou s'élancent des choses, deviennent bientôt trop intenses. L'énergie dans la volupté crée un malaise et une souffrance positive. Mes nerfs trop tendus ne donnent plus que des vibrations criardes et douloureuses.

Et maintenant la profondeur du ciel me consterne; sa limpidité m'exaspère. L'insensibilité de la mer, l'immuabilité du spectacle, me révoltent ... Ah! faut-il éternellement souffrir, ou fuir éternellement le beau? Nature, enchanteresse sans pitié, rivale toujours victorieuse, laisse-moi! Cesse de tenter mes désirs et mon orgueil! L'étude du beau est un duel où l'artiste crie de frayeur avant d'être vaincu.

vorbei, selbst bei den unschuldigen Kindlein, und wir ängstigen die Kleinen, die wir doch lieben wollen!»

Das Bekenntnis des Künstlers

Wie durchdringend ist so ein zu Ende gehender Herbsttag! Ach, durchdringend bis zum Schmerz! Es gibt ja solche köstlichen Stimmungen, deren Unbestimmtheit die Heftigkeit nicht ausschließt, und es gibt keinen schärferen Stachel als den des Unendlichen.

Welch hohes Entzücken, seinen Blick in die Unermesslichkeit von Himmel und Meer zu versenken! Einsamkeit, Stille, unvergleichliche Keuschheit des Azur! Ein kleines, zitterndes Segel am Horizont, das in seiner Kleinheit und in seinem Alleinsein ein Abbild meiner heillosen Existenz ist, dazu die eintönige Melodie des Wellenschlags – alle diese Dinge denken durch mich oder ich denke durch sie (denn das Ich verliert sich rasch in der Größe des Traums!). Sie denken, sage ich, aber sie tun es musikalisch und malerisch, ohne Spitzfindigkeiten, ohne logische Schlüsse.

Doch diese Gedanken, ob sie nun aus mir selber kommen oder mir aus den Dingen entgegentreten, werden bald zu bedrängend. Die Stärke des Genusses schafft Unbehagen, ja, wirkliches Leiden. Meine allzu gespannten Nerven bringen nur noch schmerzhaft schrille Schwingungen zustande.

Und jetzt macht mich die Tiefe des Himmels bestürzt; seine Klarheit erregt meine Wut. Der Gleichmut des Meeres, die Starrheit des Schauspiels empören mich ... Ach! Muss man ewig leiden oder ewig vor dem Schönen fliehen? Natur, du gnadenlos Verzaubernde, du stets siegreiche Rivalin, lass mich! Stell meine Sehnsüchte und meinen Stolz nicht so auf die Probe! Die Suche nach dem Schönen ist ein Zweikampf, bei dem der Künstler vor Bangigkeit schreit, schon bevor er besiegt ist.

Un plaisant

IV

C'était l'explosion du nouvel an: chaos de boue et de neige, traversé de mille carrosses, étincelant de joujoux et de bonbons, grouillant de cupidités et de désespoirs, délire officiel d'une grande ville fait pour troubler le cerveau du solitaire le plus fort.

Au milieu de tohu-bohu et de ce vacarme, un âne trottait vivement, harcelé par un malotru armé d'un fouet.

Comme l'âne allait tourner l'angle d'un trottoir, un beau monsieur ganté, verni, cruellement cravaté et emprisonné dans des habits tout neufs, s'inclina cérémonieusement devant l'humble bête, et lui dit, en ôtant son chapeau: «Je vous la souhaite bonne et heureuse!» puis se retourna vers je ne sais quels camarades avec un air de fatuité, comme pour les prier d'ajouter leur approbation à son contentement.

L'âne ne vit pas ce beau plaisant, et continua de courir avec zèle où l'appelait son devoir.

Pour moi, je fus pris subitement d'une incommensurable rage contre ce magnifique imbécile, qui me parut concentrer en lui tout l'esprit de la France.

La chambre double

V

Une chambre qui ressemble à une rêverie, une chambre véritablement *spirituelle*, où l'atmosphère stagnante est légèrement teintée de rose et de bleu.

L'âme y prend un bain de paresse, aromatisé par le regret et le désir. – C'est quelque chose de crépusculaire, de bleuâtre et de rosâtre; un rêve de volupté pendant une éclipse.

Les meubles ont des formes allongées, prostrées, alan-

Ein Spaßvogel

Der Trubel zu Neujahr: ein Chaos von Matsch und Schnee, durchpflügt von tausend Wagen, glitzernd von Tand und Schleckereien, wimmelnd von Genuss und Verzweiflung – die amtliche Berauschung einer großen Stadt, wie geschaffen, auch den stärksten Einzelgänger um den Verstand zu bringen.

Mitten in diesem Getümmel und Lärm trabte eilig ein Esel, den ein grober Kerl mit der Peitsche antrieb.

Als der Esel eben um eine Ecke des Gehsteigs biegen wollte, verneigte sich ein schöner Herr mit Handschuhen, Lackstiefeln, abscheulicher Krawatte und hautengen nagelneuen Kleidern feierlich vor dem bescheidenen Tier, zog seinen Hut und redete es an: « Ich wünsche Ihnen ein gutes und glückliches neues Jahr! » Worauf er sich wieder zu irgendwelchen Begleitern wandte, und zwar mit so dünkelhafter Miene, als wolle er sie auffordern, seiner Selbstgefälligkeit zuzustimmen.

Der Esel sah den geschniegelten Spaßvogel gar nicht; er lief eifrig weiter, wohin ihn seine Pflicht rief.

Mich aber packte plötzlich ein ganz unangemessen wilder Zorn auf diesen großspurigen Dummkopf, der mir den ganzen Geist Frankreichs in sich zu vereinen schien.

Das doppelte Zimmer

Ein Zimmer, das so aussieht wie in einem Traum, ein geradezu « durchgeistigtes » Zimmer, ein Zimmer, in dem die bewegungslose Luft leicht rosa und blau getönt ist.

Die Seele nimmt darin ein von Wehmut und Verlangen geschwängertes Bad der Trägkeit. – Etwas Dämmeriges, Bläuliches, Rosiges ist das; ein wollüstiger Traum während einer Sonnenfinsternis.

Die Möbel haben längliche, hingebreitete, schmachtende For-

guies. Les meubles ont l'air de rêver; on les dirait doués d'une vie somnambulique, comme le végétal et le minéral. Les étoffes parlent une langue muette, comme les fleurs, comme les ciels, comme les soleils couchants.

Sur les murs, nulle abomination artistique. Relativement au rêve pur, à l'impression non analysée, l'art défini, l'art positif est un blasphème. Ici tout a la suffisante clarté et la délicieuse obscurité de l'harmonie.

Une senteur infinitésimale du choix le plus exquis, à laquelle se mêle une très légère humidité, nage dans cette atmosphère, où l'esprit sommeillant est bercé par des sensations de serre chaude.

La mousseline pleut abondamment devant les fenêtres et devant le lit; elle s'épanche en cascades neigeuses. Sur ce lit est couchée l'Idole, la souveraine des rêves. Mais comment est-elle ici? Qui l'a amenée? quel pouvoir magique l'a installée sur ce trône de rêverie et de volupté? Qu'importe? la voilà! je la reconnais.

Voilà bien ces yeux dont la flamme traverse le crépuscule; ces subtiles et terribles *mirettes*, que je reconnais à leur effrayante malice! Elles attirent, elles subjuguent, elles dévorent le regard de l'imprudent qui les contemple. Je les ai souvent étudiées, ces étoiles noires qui commandent la curiosité et l'admiration.

A quel démon bienveillant dois-je d'être ainsi entouré de mystère, de silence, de paix et de parfums? O béatitude! ce que nous nommons généralement la vie, même dans son expansion la plus heureuse, n'a rien de commun avec cette vie suprême dont j'ai maintenant connaissance et que je savoure minute par minute, seconde par seconde!

Non! il n'est plus de minutes, il n'est plus de secondes! Le temps a disparu! c'est l'Éternité qui règne, une éternité de délices!

Mais un coup terrible, lourd, a retenti à la porte, et,

men. Die Möbel scheinen zu träumen; man könnte meinen, sie seien mit einem nachtwandlerischen Leben begabt wie die Welt der Pflanzen und der Minerale. Die Stoffe reden eine stumme Sprache wie Blumen, wie Himmel, wie untergehende Sonnen.

An den Wänden keine künstlerischen Greuel. Verglichen mit dem reinen Traum, dem nicht hinterfragten Eindruck bleibt die fertige, konkrete Kunst etwas Lästerliches. Hier ist alles gerade hell genug und so köstlich dunkel wie die Harmonie.

Ein kaum spürbarer, äußerst erlesen gewählter Wohlgeruch, in den sich eine ganz leichte Feuchtigkeit mischt, schwimmt in dieser Luft, wo der schlummernde Geist von Treibhausempfindungen gewiegt wird.

Verschwenderisch rieselt Musselin von den Fenstern und vom Bett herab; er ergießt sich in schneeweißen Kaskaden. Auf dem Bett aber ruht das Traumbild, die Herrin der Träume. Nur: wieso ist sie hier? Wer hat sie hergeführt? Welche Zaubermacht hat sie auf diesen Thron des Traumes und der Wollust gelegt? Ganz gleich – sie ist da! Ich erkenne sie.

Ja, das sind sie, diese Augen, deren Feuer die Dämmerung durchdringt; diese listigen, furchtbaren Rätsel-Augen, die ich an ihrer beängstigenden Tücke erkenne! Sie locken, sie unterjochen, sie verzehren den Blick dessen, der so unvorsichtig ist, sie zu betrachten. Oft habe ich sie erforscht, diese schwarzen Sterne, die zu Neugier und Bewunderung zwingen.

Welchem gütigen Dämon verdanke ich es, so von Geheimnis, Stille, Frieden und Wohlgerüchen umgeben zu sein? Oh Seligkeit! Was wir üblicherweise das Leben nennen, hat selbst in seinem glücklichsten Verströmen nichts gemein mit diesem höchsten Leben, das ich nun erfahren habe und das ich auskoste, Minute um Minute, Sekunde um Sekunde!

Nein, es gibt keine Minuten mehr, es gibt keine Sekunden mehr! Die Zeit ist dahin! Die Ewigkeit herrscht, eine Ewigkeit der Entzückungen!

Doch ein fürchterlicher Schlag dröhnte schwer gegen die

comme dans les rêves infernaux, il m'a semblé que je recevais un coup de pioche dans l'estomac.

Et puis un Spectre est entré. C'est un huissier qui vient me torturer au nom de la loi; une infâme concubine qui vient crier misère et ajouter les trivialités de sa vie aux douleurs de la mienne; ou bien le saute-ruisseau d'un directeur de journal qui réclame la suite du manuscrit.

La chambre paradisiaque, l'Idole, la souveraine des rêves, la *Sylphide* comme disait le grand René, toute cette magie a disparu au coup brutal frappé par le Spectre.

Horreur! je me souviens! je me souviens! Oui! ce taudis, ce séjour de l'éternel ennui, est bien le mien. Voici les meubles sots, poudreux, écornés; la cheminées sans flamme et sans braise, souillée de crachats; les tristes fenêtres où la pluie a tracé des sillons dans la poussière; les manuscrits raturés ou incomplets; l'almanach où le crayon a marqué les dates sinistres!

Et ce parfum d'un autre monde, dont je m'enivrais avec une sensibilité perfectionnée, hélas! il est remplacé par une fétide odeur de tabac mêlée à je ne sais quelle nauséabonde moisissure. On respire ici maintenant le ranci de la désolation.

Dans ce monde étroit, mais si plein de dégoût, un seul objet connu me sourit: la fiole de laudanum; une vieille et terrible amie; comme toutes les amies, hélas! féconde en caresses et en traîtrises.

Oh! oui, le Temps a reparu: le Temps règne en souverain maintenant; et avec le hideux vieillard est revenu tout son démoniaque cortège de Souvenirs, de Regrets, de Spasmes, de Peurs, d'Angoisses, de Cauchemars, de Colères et de Névroses.

Tür, und wie in Höllenträumen war es mir, als bekäme ich einen Schlag mit der Spitzhacke in den Magen.

Und dann trat ein Gespenst herein. Ein Gerichtsvollzieher, der mich im Namen des Gesetzes peinigen will; eine erbärmliche Lebensgefährtin, die ihr Elend ausweinen und die Belanglosigkeiten ihres Lebens den Schmerzen des meinen hinzufügen möchte; oder der Laufjunge eines Zeitungsdirektors, der die Fortsetzung des Manuskripts holen soll.

Das paradiesische Zimmer, das Idol, die Herrin der Träume, die Sylphide, wie sie der große Chateaubriand genannt hat, all dieser Zauber ist mit dem rohen Schlag des Gespenstes verschwunden.

Entsetzlich! Ich erinnere mich! Ich erinnere mich! Ja! Dieses Elendsloch, dieser Ort ewigen Überdrusses ist in der Tat meine Behausung. Da sind die verstaubten, angestoßenen Allerweltsmöbel; der Kamin ohne Feuer und ohne Glut voller Speichelflecken; die traurigen Fenster, auf denen der Regen Spuren in den Staub gezogen hat; die zerstrichenen oder unfertigen Manuskripte; der Taschenkalender, in dem der Bleistift die düsteren Tage vermerkt hat!

Und der Duft jener anderen Welt, an dem ich mich mit äußerst gesteigerter Erregbarkeit berausche, ach, er ist verdrängt von einer Mischung aus widerlichem Tabaksgeruch und ich weiß nicht was für einem stinkenden Schimmel. Ranzige Verzweiflung atmet man hier jetzt.

In dieser engen Welt, die dabei so übervoll ist von Ekel, lächelt mir ein einziger bekannter Gegenstand zu: die kleine Flasche mit dem Opium, die vertraute, furchtbare Freundin, aber ach, wie alle Freundinnen trächtig von Zärtlichkeit und Verrat.

Oh ja! Die Zeit ist wieder da, die Zeit regiert jetzt als unumschränkte Herrscherin, und mit ihr, der hässlichen Alten, ist ihr ganzes dämonisches Gefolge von Erinnerungen, Reuegefühlen, Krämpfen, Ängsten, Beklemmungen, Alpdrücken, Wutausbrüchen und Neurosen zurückgekehrt.

Je vous assure que les secondes maintenant sont fortement et solennellement accentuées, et chacune, en jaillissant de la pendule, dit: « Je suis la Vie, l'insupportable, l'implacable Vie ! »

Il n'y a qu'une Seconde dans la vie humaine qui ait mission d'annoncer une bonne nouvelle, la bonne nouvelle qui cause à chacun une inexplicable peur.

Oui ! le Temps règne; il a repris sa brutale dictature. Et il me pousse, comme si j'étais un bœuf, avec son double aiguillon ! « Et hue donc, bourrique ! Sue donc, esclave ! Vis donc, damné ! »

Chacun sa Chimère VI

Sous un grand ciel gris, dans une grande plaine poudreuse, sans chemins, sans gazon, sans un chardon, sans une ortie, je recontrai plusieurs hommes qui marchaient courbés.

Chacun d'eux portait sur son dos une énorme Chimère, aussi lourde qu'un sac de farine ou de charbon, ou le fourniment d'un fantassin romain.

Mais la monstrueuse bête n'était pas un poids inerte: au contraire, elle enveloppait et opprimait l'homme de ses muscles élastiques et puissants; elle s'agrafait avec ses deux vastes griffes à la poitrine de sa monture; et sa tête fabuleuse surmontait le front de l'homme, comme un de ces casques horribles par lesquels les anciens guerriers espéraient ajouter à la terreur de l'ennemi.

Je questionnai l'un de ces hommes, et je lui demandai où ils allaient ainsi. Il me répondit qu'il n'en savait rien, ni lui, ni les autres; mais qu'évidemment ils allaient quelque part, puisqu'ils étaient poussés par un invincible besoin de marcher.

Ich versichere euch: Die Sekunden sind jetzt deutlich und feierlich voneinander abgesetzt, und jede ruft, indem sie von der Wanduhr springt: «Ich bin das Leben, das unerträgliche, das unerbittliche Leben!»

Es gibt im Menschenleben nur eine einzige Sekunde, die gesandt ist, eine gute Botschaft zu bringen, die gute Botschaft, die jedem eine so unerklärliche Furcht bereitet.

Ja! Die Zeit regiert alles; sie hat ihre rücksichtslose Herrschaft wieder aufgerichtet. Und sie treibt mich, als wäre ich ein Ochse, mit ihrem Doppelstachel: «Hü doch, störrischer Kerl! Schwitz doch, Sklave! Leb doch, Verdammter!»

Jedem seine Chimäre

Unter einem weiten grauen Himmel, auf einer weiten staubigen Ebene ohne Wege, ohne Rasen, ohne eine Distel, ohne eine Brennessel, traf ich ein paar Männer, die gebeugt einherschritten.

Jeder trug eine riesige Chimäre auf dem Rücken, die so schwer war wie ein Sack Mehl oder Kohle oder wie das Marschgepäck eines römischen Legionärs.

Aber das schauerliche Ungeheuer war keine reglose Last; im Gegenteil, es umklammerte und drückte den Mann mit seinen zähen, mächtigen Muskeln; es klammerte sich mit seinen beiden breiten Klauen an die Brust des Menschen, auf dem es ritt, und sein urweltliches Haupt ragte über die Stirn des Mannes wie ein Schreckhelm, mit dem die Krieger früherer Zeiten die Furcht der Feinde zu vergrößern hofften.

Ich befragte einen der Männer und wollte wissen, wohin sie denn unterwegs seien. Er erwiderte mir, das wisse er nicht, er nicht und die anderen auch nicht, aber offenbar gingen sie irgendwohin, da sie von einem unwiderstehlichen Drang zum Weitergehen getrieben würden.

Chose curieuse à noter; aucun de ces voyageurs n'avait l'air irrité contre la bête féroce suspendue à son cou et collée à son dos; on eût dit qu'il la considérait comme faisant partie de lui-même. Tous ces visages fatiguées et sérieux ne témoignaient d'aucun désespoir; sous la coupole spleenétique du ciel, les pieds plongés dans la poussière d'un sol aussi désolé que ce ciel, ils cheminaient avec la physionomie résignée de ceux qui sont condamnés à espérer toujours.

Et le cortège passa à côté de moi et s'enfonça dans l'atmosphère de l'horizon, à l'endroit où la surface arrondie de la planète se dérobe à la curiosité du regard humain.

Et pendant quelques instants je m'obstinai à vouloir comprendre ce mystère; mais bientôt l'irrésistible Indifférence s'abattit sur moi, et j'en fus plus lourdement accablé qu'ils ne l'étaient eux-mêmes par leurs écrasantes Chimères.

Le chien et le flacon VIII

« Mon beau chien, mon bon chien, mon cher toutou, approchez et venez respirer un excellent parfum acheté chez le meilleur parfumeur de la ville. »

Et le chien, en frétillant de la queue, ce qui est, je crois, chez ces pauvres êtres, le signe correspondant du rire et du sourire, s'approche et pose curieusement son nez humide sur le flacon débouché; puis, reculant soudainement avec effroi, il aboie contre moi en manière de reproche.

« Ah ! misérable chien, si je vous avais offert un paquet d'excréments, vous l'auriez flairé avec délices et peut-être dévoré. Ainsi, vous-même, indigne compagnon de ma triste vie, vous ressemblez au public, à qui il ne faut jamais présenter des parfums délicats qui l'exaspèrent, mais des ordures soigneusement choisies. »

Eines war seltsam zu beobachten: Keiner der Wanderer machte den Eindruck, als habe er etwas gegen die wilde Bestie, die ihm am Hals hing und auf dem Rücken klebte; man konnte meinen, dass jeder sie als Teil seiner selbst ansah. Alle diese müden, ernsten Gesichter zeugten von keinerlei Verzweiflung; unter der schwermütig lastenden Himmelskuppel, die Füße tief im Staub eines Bodens, der ebenso trostlos war wie der Himmel – so gingen sie dahin mit dem ergebenen Ausdruck derer, die dazu verdammt sind, ständig zu hoffen.

Und der Zug schritt dicht an mir vorbei und tauchte in den Dunst am Horizont ein, dort, wo sich die gewölbte Oberfläche des Planeten der Neugier des menschlichen Blicks entzieht.

Und einige Augenblicke lang wollte ich dieses Geheimnis unbedingt begreifen. Aber bald überkam mich unwiderstehliche Gleichgültigkeit und machte mich noch schwerer bedrückt als die Männer unter ihren lastenden Chimären.

Der Hund und das Fläschchen

«Mein schöner Hund, mein guter Hund, mein lieber Lumpi, komm doch mal her und riech an diesem herrlichen Parfüm, das ich in der besten Parfümerie der Stadt gekauft habe!»

Und der Hund wedelt mit dem Schwanz, was, glaube ich, bei diesen armen Wesen ein Zeichen ist, das dem Lachen und Lächeln entspricht; er kommt heran und legt seine feuchte Nase voller Neugier auf das entkorkte Fläschchen. Dann weicht er plötzlich ganz entsetzt zurück und bellt mich vorwurfsvoll an.

«Ach, du elender Hund! Hätte ich dir ein Päckchen Kot angeboten, hättest du es mit Entzücken beschnuppert und vielleicht sogar gefressen. Also gleichst auch du, unwürdiger Gefährte meines traurigen Daseins, dem Publikum: auch dem darf man niemals köstliche Wohlgerüche anbieten, die es nur verbittern, sondern mit Sorgfalt ausgewählten Müll.»

Le mauvais vitrier

Il y a des natures purement contemplatives et tout à fait impropres à l'action, qui cependant, sous une impulsion mystérieuse et inconnue, agissent quelquefois avec une rapidité dont elles se seraient crues elles-mêmes incapables.

Tel qui, craignant de trouver chez son concierge une nouvelle chagrinante, rôde lâchement une heure devant sa porte sans oser rentrer, tel qui garde quinze jours une lettre sans la décacheter, ou ne se résigne qu'au bout de six mois à opérer une démarche nécessaire depuis un an, se sentent quelquefois brusquement précipités vers l'action par une force irrésistible, comme la flèche d'un arc. Le moraliste et le médecin, qui prétendent tout savoir, ne peuvent pas expliquer d'où vient si subitement une si folle énergie à ces âmes paresseuses et voluptueuses, et comment, incapables d'accomplir les choses les plus simples et les plus nécessaires, elles trouvent à une certaine minute un courage de luxe pour exécuter les actes les plus absurdes et souvent même les plus dangereux.

Un de mes amis, le plus inoffensif rêveur qui ait existé, a mis une fois le feu à une forêt pour voir, disait-il, si le feu prenait avec autant de facilité qu'on l'affirme généralement. Dix fois de suite l'expérience manqua; mais, à la onzième, elle réussit beaucoup trop bien.

Un autre allumera un cigare à côté d'un tonneau de poudre, *pour voir, pour savoir, pour tenter la destinée*, pour se contraindre lui-même à faire preuve d'énergie, pour faire le joueur, pour connaître les plaisirs de l'anxiété, pour rien, par caprice, par désœuvrement.

C'est une espèce d'énergie qui jaillit de l'ennui et de la rêverie; et ceux en qui elle se manifeste si opinément

Der schlechte Glaser

Es gibt rein kontemplative und zu jeder Tat ungeeignete Naturen, die dennoch plötzlich einmal, aus einem geheimnisvollen, unbekannten Antrieb heraus, mit einer Schnelligkeit handeln, die sie sich selber nie zugetraut hätten.

Solche Leute drücken sich aus Furcht, beim Hausmeister eine betrübliche Nachricht vorzufinden, eine Stunde lang feige vor der Tür herum und wagen nicht hineinzugehen, sie lassen einen Brief vierzehn Tage ungeöffnet oder entschließen sich erst nach sechs Monaten zu einem Schritt, der schon seit einem Jahr nötig war. Mit einem Mal fühlen sie sich von einer unwiderstehlichen Kraft zum Handeln hingerissen wie der Pfeil auf dem Bogen. Der Moralist und der Arzt, auch wenn sie behaupten, alles zu wissen, können nicht erklären, woher diese trägen und genusssüchtigen Seelen so plötzlich eine derart wilde Energie beziehen und wieso diese Menschen, die unfähig sind, die einfachsten und notwendigsten Dinge zu erledigen, zu einer bestimmten Minute den Luxus eines Mutes aufbringen, der sie völlig ausgefallene und oft sogar überaus gefährliche Dinge ausführen lässt.

Ein Freund von mir, der harmloseste Träumer, den es je gegeben hat, steckte einmal einen Wald in Brand; er sagte, er wolle sehen, ob sich das Feuer wirklich so ohne weiteres ausbreitet, wie allgemein behauptet werde. Zehnmal nacheinander scheiterte der Versuch, das elfte Mal gelang er viel zu gut.

Ein anderer zündet vielleicht seine Zigarre neben einem Pulverfass an, *um zu sehen, um zu wissen, um das Schicksal herauszufordern,* um sich selber zu einer Kraftprobe zu zwingen, um sich als Spieler zu fühlen, um die Freuden der Angst kennenzulernen, für nichts und wieder nichts, aus Laune, aus schierem Nichtstun.

Es handelt sich um eine Art Energie, die aus Langeweile und Verträumtheit aufsteigt; diejenigen, bei denen sie sich so nach-

sont, en général, comme je l'ait dit, les plus indolents et les plus rêveurs des êtres.

Un autre, timide à ce point qu'il baisse les yeux même devant les regards des hommes, à ce point qu'il lui faut rassembler toute sa pauvre volonté pour entrer dans un café ou passer devant le bureau d'un théâtre, où les contrôleurs lui paraissent investis de la majesté de Minos, d'Eaque et de Rhadamante, sautera brusquement au cou d'un vieillard qui passe à côté de lui et l'embrassera avec enthousiasme devant la foule étonnée.

Pourquoi? Parce que ..., parce que cette physionomie lui était irrésistiblement sympathique? Peut-être; mais il est plus légitime de supposer que lui-même il ne sait pas pourquoi.

J'ai été plus d'une fois victime de ces crises et de ces élans, qui nous autorisent à croire que des Démons malicieux se glissent en nous et nous font accomplir, à notre insu, leurs plus absurdes volontés.

Un matin je m'étais levé maussade, triste, fatigué d'oisiveté, et poussé, me semblait-il, à faire quelque chose de grand, une action d'éclat; et j'ouvris la fenêtre, hélas!

(Observez, je vous prie, que l'esprit de mystification, qui, chez quelques personnes, n'est pas le résultat d'un travail ou d'une combinaison, mais d'une inspiration fortuite, participe beaucoup, ne fût-ce que par l'ardeur du désir, de cette humeur, hystérique selon les médecins, satanique selon ceux qui pensent un peu mieux que les médecins, qui nous pousse sans résistance vers une foule d'actions dangereuses ou inconvenantes.)

La première personne que j'aperçus dans la rue, ce fut un vitrier, dont le cri perçant, discordant, monta jusqu'à moi à travers la lourde et sale atmosphère parisienne. Il me serait d'ailleurs impossible de dire pour-

drücklich äußert, sind wie gesagt im allgemeinen die trägsten und verträumtesten Wesen.

Ein anderer ist so schüchtern, dass er vor dem bloßen Blick der Menschen die Augen niederschlägt, dass er seinen ganzen kümmerlichen Willen zusammennehmen muss, um in ein Café einzutreten oder an der Theaterkasse vorbeizugehen, wo ihm die Platzanweiser von den Majestäten Minos, Aiokos und Rhadamanthys eingesetzt zu sein scheinen. Aber unvermittelt fällt er dann einem vorübergehenden alten Mann um den Hals und küsst ihn überschwenglich vor den Augen der erstaunten Menge.

Warum? Weil …, weil dieses Gesicht ihm unwiderstehlich sympathisch war? Vielleicht. Aber mit mehr Recht darf man annehmen, dass er selber nicht weiß, warum.

Ich bin selber mehr als einmal das Opfer solcher Krisen und solchen Überschwangs gewesen, die uns zu der Überzeugung berechtigen, dass sich böswillige Dämonen in uns einschleichen und uns, unmerklich, ihre ausgefallensten Wünsche in die Tat umsetzen lassen.

Eines Morgens war ich übellaunig, traurig, vom Nichtstun ermüdet aufgestanden und fühlte, so kam es mir vor, das Bedürfnis, etwas Großartiges zu tun, etwas ganz Besonderes, und leider öffnete ich das Fenster.

(Bitte beachten Sie, dass der Hang zum Hereinlegen, der bei manchen nicht das Ergebnis einer Anstrengung oder eines Denkvorgangs, sondern einer zufälligen Eingebung ist, viel zu tun hat, und sei es nur in der Hitze des Wunsches, mit dieser Unternehmungslust – Ärzte nennen sie hysterisch, aber wer etwas klarer denkt als Ärzte, nennt sie diabolisch –, die uns widerstandslos zu einer Fülle von gefährlichen oder ungehörigen Handlungen treibt.)

Der erste Mensch, den ich auf der Straße erblickte, war ein Glaser, dessen durchdringender, hässlich klingender Ruf durch den schweren, schmutzigen Pariser Dunst zu mir heraufdrang. Ich bin völlig außerstande zu sagen, warum mich ausgerechnet

quoi je fus pris à l'égard de ce pauvre homme d'une haine aussi soudaine que despotique.

– « Hé ! hé ! » et je lui criai de monter. Cependant je réfléchissais, non sans quelque gaieté, que, la chambre étant au sixième étage et l'escalier fort étroit, l'homme devait éprouver quelque peine à opérer son ascension et accrocher en maint endroit les angles de sa fragile marchandise.

Enfin il parut; j'examinai curieusement toutes ses vitres, et je lui dis: « Comment ! vous n'avez pas de verres de couleur? des verres roses, rouges, bleus, des vitres magiques, des vitres de paradis? Impudent que vous êtes ! vous osez vous promener dans les quartiers pauvres, et vous n'avez pas même de vitres qui fassent voir la vie en beau ! » Et je le poussai vivement vers l'escalier, où il trébucha en grognant.

Je m'approchai du balcon et je me saisis d'un petit pot de fleurs, et quand l'homme reparut au débouché de la porte, je laissai tomber perpendiculairement mon engin de guerre sur le rebord postérieur de ses crochets; et, le choc le renversant, il acheva de briser sous son dos toute sa pauvre fortune ambulatoire, qui rendit le bruit éclatant d'un palais de cristal crevé par la foudre.

Et, ivre de ma folie, je lui criai furieusement ! « La vie en beau ! la vie en beau ! »

Ces plaisanteries nerveuses ne sont pas sans péril, et on peut souvent les payer cher. Mais qu'importe l'éternité de la damnation à qui a trouvé dans une seconde l'infini de la jouissance !

auf diesen armen Mann ein ebenso plötzlicher wie überwältigender Hass ergriff.

«He! He!» rief ich. Er solle heraufkommen. Dabei überlegte ich, nicht ohne einige Belustigung, dass mein Zimmer im sechsten Stock lag und das Treppenhaus sehr eng war, dass der Mann also einige Mühe haben musste, den Aufstieg zu schaffen, und gewiss an mehreren Stellen mit den Ecken seiner zerbrechlichen Ware anstoßen würde.

Endlich erschien er. Ich prüfte neugierig alle seine Scheiben und sagte zu ihm: «Wie? Sie haben keine bunten Gläser? Keine rosafarbenen, roten, blauen Gläser, keine Zauberscheiben, keine Paradiesscheiben? Sie unverschämter Mensch! Sie wagen es, in den Armeleutevierteln herumzugehen, und haben nicht einmal Scheiben, die *das Leben in schön zeigen*?» Und ich stieß ihn heftig zur Treppe hin, die er schimpfend hinunterstolperte.

Ich trat an den Balkon und ergriff einen kleinen Blumentopf. Als der Mann in der Türöffnung wieder auftauchte, ließ ich mein Geschoss senkrecht auf den hinteren Rand seines Traggestells fallen, und weil er vor Schreck hinschlug, zerbrach ihm sein ganzes bescheidenes ambulantes Kapital vollends unter seinem Rücken, wobei es ein klirrendes Krachen von sich gab wie ein vom Blitz zerschmetterter Kristallpalast.

Trunken von meiner tollen Tat rief ich ihm wütend nach: «Das Leben in schön! Das Leben in schön!»

Solche nervösen Scherze sind nicht ohne Gefahr und können teuer zu stehen kommen. Aber was schert die Ewigkeit der Verdammnis einen Menschen, der in einer Sekunde die Unendlichkeit des Genusses gefunden hat?

À une heure du matin

X

Enfin ! seul ! On n'entend plus que le roulement de quelques fiacres attardés et éreintés. Pendant quelques heures, nous posséderons le silence, sinon le repos. Enfin ! la tyrannie de la face humaine a disparu, et je ne souffrirai plus que par moi-même.

Enfin ! il m'est donc permis de me délasser dans un bain de ténèbres ! D'abord, un double tour à la serrure. Il me semble que ce tour de clef augmentera ma solitude et fortifiera les barricades qui me séparent actuellement du monde.

Horrible vie ! Horrible ville ! Récapitulons la journée : avoir vu plusieurs hommes de lettres, dont l'un m'a demandé si l'on pouvait aller en Russie par voie de terre (il prenait sans doute la Russie pour une île) ; avoir disputé généreusement contre le directeur d'une revue, qui à chaque objection répondait : « C'est ici le parti des honnêtes gens », ce qui implique que tous les autres journaux sont rédigés par des coquins ; avoir salué une vingtaine de personnes, dont quinze me sont inconnues ; avoir distribué des poignées de main dans la même proportion, et cela sans avoir pris la précaution d'acheter des gants ; être monté pour tuer le temps, pendant une averse, chez une sauteuse, qui m'a prié de lui dessiner un costume de *Vénustre* ; avoir fait ma cour à un directeur de théâtre, qui m'a dit en me congédiant ! « Vous feriez peut-être bien de vous adresser à Z... ; c'est le plus lourd, le plus sot et le plus célèbre de tous mes auteurs ; avec lui vous pourriez peut-être aboutir à quelque chose. Voyez-le, et puis nous verrons » ; m'être vanté (pourquoi ?) de plusieurs vilaines actions que je n'ai jamais commises, et avoir lâchement nié quelques autres méfaits que j'ai accomplis avec joie, délit de fanfaron-

Um ein Uhr nachts

Endlich! Allein! Man hört nur noch das Rollen einiger später, abgehetzter Droschken. Für ein paar Stunden werden wir Stille haben, vielleicht sogar Ruhe. Endlich! Die Zwangsherrschaft der Menschengesichter ist vorbei, und ich werde nur noch unter mir selber zu leiden haben.

Endlich! Ich darf mich nun in einem Bad von Dunkelheit entspannen! Erst einmal die Tür doppelt abschließen. Ich habe das Gefühl, dass diese Umdrehung des Schlüssels mein Alleinsein verstärkt und die Schutzwälle befestigt, die mich jetzt von der Welt trennen.

Schreckliches Leben! Schreckliche Stadt! Gehen wir den Tag noch einmal durch: Mit mehreren Literaten gesprochen, von denen einer mich gefragt hat, ob man auf dem Landweg nach Russland fahren kann (offenbar hielt er Russland für eine Insel). Ausführlich mit einem Zeitschriftendirektor gestritten, der auf jeden Einwand entgegnete: «Wir sind hier im Lager der anständigen Leute», was bedeuten soll, dass alle anderen Blätter von Schurken redigiert werden. An die zwanzig Leute gegrüßt, von denen ich fünfzehn gar nicht kenne. Dementsprechend Händedrücke verteilt – und das, ohne vorsichtshalber Handschuhe gekauft zu haben. Während eines Regenschauers zum Zeitvertreib eine Tänzerin besucht, die mich gebeten hatte, ihr ein «Venus»-Kostüm zu entwerfen. Einem Theaterdirektor Artigkeiten gesagt, der mich mit den Worten hinauskomplimentierte: «Vielleicht täten Sie gut daran, sich an Z. zu wenden; er ist der plumpeste, dümmste und berühmteste meiner Autoren. Vielleicht könnten Sie mit ihm zusammen etwas zustandebringen. Besuchen Sie ihn mal, dann werden wir weitersehen.» Mich einiger Niederträchtigkeiten gerühmt (warum?), die ich nie begangen, und feige ein paar andere Schlechtigkeiten geleugnet, die ich mit Freuden vollbracht habe: Vergehen der Prahlerei, Verbrechen gegen die Menschlichkeit.

nade, crime de respect humain; avoir refusé à un ami un service facile, et donné une recommandation écrite à un parfait drôle; ouf! est-ce bien fini?

Mécontent de tous et mécontent de moi, je voudrais bien me racheter et m'enorgueillir un peu dans le silence et la solitude de la nuit. Ames de ceux que j'ai aimés, âmes de ceux que j'ai chantés, fortifiez-moi, soutenez-moi, éloignez de moi le mensonge et les vapeurs corruptrices du monde; et vous, Seigneur mon Dieu! accordez-moi la grâce de produire quelques beaux vers qui me prouvent à moi-même que je ne suis pas le dernier des hommes, que je ne suis pas inférieur à ceux que je méprise.

Les foules XII

Il n'est pas donné à chacun de prendre un bain de multitude: jouir de la foule est un art; et celui-là seul peut faire, aux dépens du genre humain, une ribote de vitalité, à qui une fée à insufflé dans son berceau le goût du travestissement et du masque, la haine du domicile et la passion du voyage.

Multitude, solitude! termes égaux et convertibles par le poète actif et fécond. Qui ne sait pas peupler sa solitude ne sait pas non plus être seul dans une foule affairée.

Le poète jouit de cet incomparable privilège, qu'il peut à sa guise être lui-même et autrui. Comme ces âmes errantes qui cherchent un corps, il entre, quand il veut, dans le personnage de chacun. Pour lui seul, tout est vacant; et si de certaines places paraissent lui être fermées, c'est qu'à ses yeux elles ne valent pas la peine d'être visitées.

Le promeneur solitaire et pensif tire une singulière

Einem Freund einen leichten Dienst abgeschlagen und für einen kompletten Trottel einen Empfehlungsbrief geschrieben. Uff! War das nun alles?

Unzufrieden mit allen und unzufrieden mit mir, würde ich gern in der Stille und Einsamkeit der Nacht Erlösung finden und wieder etwas Stolz gewinnen. Ihr Seelen all derer, die ich geliebt, ihr Seelen all derer, die ich besungen habe, stärkt mich, steht mir bei, haltet die Lüge und die verderblichen Dünste der Welt von mir fern! Und du, mein Herr und Gott, gewähre mir die Gnade, ein paar schöne Verse zu schreiben, die mir selber beweisen, dass ich nicht der letzte bin unter den Menschen, dass ich nicht geringer bin als die, die ich verachte!

Die Massen

Es ist nicht jedem gegeben, ein Bad in der Menge zu nehmen: die Masse zu genießen, ist eine Kunst, und nur der kann sich auf Kosten des Menschengeschlechts ein solches Schwelgen in Lebensfülle leisten, dem schon in der Wiege eine Fee die Lust an Verkleidung und Maske, den Hass auf das Zuhause und die Leidenschaft des Reisens eingehaucht hat.

Menge, Einsamkeit: gleichbedeutende und vom tätigen, fruchtbaren Dichter austauschbare Wörter! Wer seine Einsamkeit nicht bevölkern kann, kann auch in einer geschäftigen Menge nicht allein sein.

Der Dichter genießt das unvergleichliche Vorrecht, dass er nach Belieben er selber und ein anderer zu sein vermag. Wie die irrenden Seelen, die einen Leib suchen, tritt er, wann immer er will, in die Person jedes Mitmenschen ein. Ihm allein ist alles zugänglich und wenn ihm manche Orte verschlossen zu sein scheinen, so deshalb, weil sie in seinen Augen die Mühe eines Besuchs nicht lohnen.

Der einsame und nachdenkliche Spaziergänger bezieht aus

ivresse de cette universelle communion. Celui-là qui épouse facilement la foule connaît des jouissances fiévreuses, dont seront éternellement privés l'égoïste, fermé comme un coffre, et le paresseux, interné comme un mollusque. Il adopte comme siennes toutes les professions, toutes les joies et toutes les misères que la circonstance lui présente.

Ce que les hommes nomment amour est bien petit, bien restreint et bien faible, comparé à cette ineffable orgie, à cette sainte prostitution de l'âme qui se donne tout entière, poésie et charité, à l'imprévu qui se montre, à l'inconnu qui passe.

Il est bon d'apprendre quelquefois aux heureux de ce monde, ne fût-ce que pour humilier un instant leur sot orgueil, qu'il est des bonheurs supérieurs au leur, plus vastes et plus raffinés. Les fondateurs de colonies, les pasteurs de peuples, les prêtres missionnaires exilés au bout du monde, connaissent sans doute quelque chose de ces mystérieuses ivresses; et, au sein de la vaste famille que leur génie s'est faite, ils doivent rire quelquefois de ceux qui les plaignent pour leur fortune si agitée et pour leur vie si chaste.

Le vieux saltimbanque XIV

Partout s'étalait, se répandait, s'ébaudissait le peuple en vacances. C'était une de ces solennités sur lesquelles, pendant un long temps, comptent les saltimbanques, les faiseurs de tours, les montreurs d'animaux et les boutiquiers ambulants, pour compenser les mauvais temps de l'année.

En ces jours-là il me semble que le peuple oublie tout, la douleur et le travail; il devient pareil aux enfants. Pour les petits, c'est un jour de congé, c'est l'horreur de l'école

dieser Gemeinschaft mit allem und allen einen einzigartigen Rausch. Wer sich leicht der Menge vermählt, kennt fieberhafte Genüsse, von denen der Egoist, verschlossen wie ein Geldschrank, und der Träge, mit sich selber lebend wie eine Schnecke, in alle Ewigkeit nichts wissen werden. Er geht, als gehörten sie ihm, in allen Berufen, allen Freuden und allen Leiden auf, die ihm der Zufall bietet.

Was die Menschen Liebe nennen, ist wirklich klein, beschränkt und schwach im Vergleich zu dieser unsagbaren Orgie, dieser heiligen Unzucht der Seele, die sich in Poesie und Anteilnahme ganz dem Unvorhergesehenen ausliefert, wann immer es sich zeigt, dem Unbekannten, wann immer es des Weges kommt.

Es ist gut, wenn man den Glücklichen dieser Welt, und wäre es nur, um ihren törichten Hochmut für einen Augenblick zu beugen, klarmacht, dass es höhere Glückseligkeiten gibt als die ihre – umfassendere und erlesenere. Die Kolonisatoren, die Völkerhirten, die ans Ende der Welt verschlagenen Missionspriester wissen zweifellos etwas von diesem geheimnisvollen Rausch, und im Schoße der großen Familie, die sich ihr Genius geschaffen hat, lachen sie gewiss manchmal über die Leute, von denen sie wegen ihres dramatischen Daseins und ihres keuschen Lebens bemitleidet werden.

Der alte Gaukler

Überall machte es sich breit, ließ es sich gehen, vergnügte es sich – das feiertägliche Volk. Es war einer jener Festtage, auf welche die Gaukler, die Taschenspieler, die Tierbändiger und die ambulanten Händler lange im voraus rechnen, um die schlechten Zeiten des Jahres auszugleichen.

Es kommt mir so vor, als vergesse das Volk an solchen Tagen alles, allen Schmerz und alle Arbeit; es wird den Kindern gleich. Für die Kleinen ist es ein freier Tag, die Schrecken der

renvoyée à vingt-quatre heures. Pour les grands, c'est un armistice conclu avec les puissances malfaisantes de la vie, un répit dans la contention et la lutte universelles.

L'homme du monde lui-même et l'homme occupé de travaux spirituels échappent difficilement à l'influence de ce jubilé populaire. Ils absorbent, sans le vouloir, leur part de cette atmosphère d'insouciance. Pour moi, je ne manque jamais, en vrai Parisien, de passer la revue de toutes les baraques qui se pavanent à ces époques solennelles.

Elles se faisaient, en vérité, une concurrence formidable: elles piaillaient, beuglaient, hurlaient. C'était un mélange de cris, de détonations de cuivre et d'explosions de fusées. Les queues-rouges et les jocrisses convulsaient les traits de leurs visages basanés, racornis par le vent, la pluie et le soleil; ils lançaient, avec l'aplomb des comédiens sûrs de leurs effets, des bons mots et des plaisanteries d'un comique solide et lourd comme celui de Molière. Les hercules, fiers de l'énormité de leurs membres, sans front et sans crâne, comme les orangs-outangs, se prélassaient majestueusement sous les maillots lavés la veille pour la circonstance. Les danseuses, belles comme des fées ou des princesses, sautaient et cabriolaient sous le feu des lanternes qui remplissaient leurs jupes d'étincelles.

Tout n'était que lumière, poussière, cris, joie, tumulte; les uns dépensaient, les autres gagnaient, les uns et les autres également joyeux. Les enfants se suspendaient aux jupons de leurs mères pour obtenir quelque bâton de sucre, ou montaient sur les épaules de leurs pères pour mieux voir un escamoteur éblouissant, comme un dieu. Et partout circulait, dominant tous les parfums, une odeur de friture qui était comme l'encens de cette fête.

Schule sind um vierundzwanzig Stunden hinausgeschoben. Für die Großen ist es ein Waffenstillstand mit den unheilvollen Mächten des Lebens, eine Atempause im Streit und Kampf aller gegen alle.

Selbst der Mann von Welt und derjenige, der eine geistige Tätigkeit ausübt, können sich der Wirkung eines solchen Volksfestes nur mit Mühe entziehen. Sie bekommen, ohne es zu wollen, ihren Teil von der sorglosen Stimmung mit. Ich jedenfalls versäume es als echter Pariser nie, alle Buden in Augenschein zu nehmen, die sich zu solchen Festzeiten darbieten.

Sie machten sich wahrlich gewaltig Konkurrenz: sie kreischten, grölten, heulten. Es war ein Durcheinander von Schreien, dröhnendem Kupfer und knallenden Raketen. Die Hanswurste und die dummen Auguste verzogen ihre dunkelhäutigen, von Wind, Regen und Sonne gegerbten Gesichter. Mit der Selbstsicherheit von Schauspielern, die ihrer Wirkung gewiss sind, brachten sie ihre Kalauer und ihre Späße dar, in einer handfesten, derben, an Molière erinnernden Komik. Die starken Männer, stolz auf ihre ungeheuren Gliedmaßen, paradierten majestätisch ohne Stirn und Hinterkopf wie Orang-Utans in ihren tags zuvor für diese Gelegenheit gewaschenen Trikots. Die Tänzerinnen, schön wie Feen oder Prinzessinnen, sprangen und vollführten ihre Kapriolen im Laternenlicht, das ihre Röcke zum Funkeln brachte.

Nichts als Licht, Staub, Schreie, Freude, Getümmel; die einen gaben aus, die anderen nahmen ein, die einen wie die anderen gleich vergnügt. Die Kinder hängten sich an die Röcke ihrer Mütter, um irgendeine Zuckerstange zu bekommen, oder kletterten auf die Schultern ihrer Väter, um einen göttergleich blendenden Zauberkünstler besser zu sehen. Und um das Ganze herum schwebte, jeden anderen Geruch überdeckend, ein Dunst von Bratfett, der so etwas wie der Weihrauch dieses Festes war.

Au bout, à l'extrême bout de la rangée de baraques, comme si, honteux, il s'était exilé lui-même de toutes ces splendeurs, je vis un pauvre saltimbanque, voûté, caduc, décrépit, une ruine d'homme, adossé contre un des poteaux de sa cahute, une cahute plus misérable que celle du sauvage le plus abruti, et dont deux bouts de chandelles, coulants et fumants, éclairaient trop bien encore la détresse.

Partout la joie, le gain, la débauche; partout la certitude du pain pour les lendemains; partout l'explosion frénétique de la vitalité. Ici la misère absolue, la misère affublée, pour comble d'horreur, de haillons comiques, où la nécessité, bien plus que l'art, avait introduit le contraste. Il ne riait pas, le misérable! Il ne pleurait pas, il ne dansait pas, il ne gesticulait pas, il ne criait pas; il ne chantait aucune chanson, ni gaie ni lamentable, il n'implorait pas. Il était muet et immobile. Il avait renoncé, il avait abdiqué. Sa destinée était faite.

Mais quel regard profond, inoubliable, il promenait sur la foule et les lumières, dont le flot mouvant s'arrêtait à quelques pas de sa répulsive misère! Je sentis ma gorge serrée par la main terrible de l'hystérie, et il me sembla que mes regards étaient offusqués par ces larmes rebelles qui ne veulent pas tomber.

Que faire? A quoi bon demander à l'infortuné quelle curiosité, quelle merveille il avait à montrer dans ces ténèbres puantes, derrière son rideau déchiqueté? En vérité, je n'osais; et, dût la raison de ma timidité vous faire rire, j'avouerai que je craignais de l'humilier. Enfin, je venais de me résoudre à déposer en passant quelque argent sur une de ces planches, espérant qu'il devinerait mon intention, quand un grand reflux de peuple, causé par je ne sais quel trouble, m'entraîna loin de lui.

Et, m'en retournant, obsédé par cette vision, je cher-

Am Ende, am äußersten Ende der Budenreihe, als hätte er verschämt sich selber von all diesem Glanz ausgeschlossen, sah ich einen armen Gaukler, der gebeugt, hinfällig, gebrechlich, ein Menschenwrack, an einem Pfosten seiner Hütte lehnte, die elender war als die Hütte des erbärmlichsten Wilden und deren Trostlosigkeit von zwei tropfenden, blakenden Kerzenstümpfen noch immer zu gut beleuchtet wurde.

Überall Freude, Gewinn, Ausgelassenheit; überall das sichere Brot für die folgenden Tage; überall unbändig schäumende Lebenskraft. Hier dagegen das absolute Elend, das zur höchsten Steigerung des Schrecklichen in lächerliche Lumpen gehüllte Elend: die Not hatte diesen Gegensatz hervorgebracht, kaum die Kunst. Er lachte auch nicht, der Ärmste! Er weinte nicht, tanzte nicht, gestikulierte nicht, schrie nicht; er sang kein Lied, kein lustiges und kein klagendes, er bat nicht um Gaben. Er verharrte stumm und regungslos. Er hatte sich abgefunden, hatte abgedankt. Sein Schicksal war entschieden.

Aber welch einen tiefen, unvergesslichen Blick ließ er über die Menge und die Lichter schweifen, deren flutende Bewegung wenige Schritte neben seinem abstoßenden Elend aufhörte. Ich fühlte, wie mir die furchtbare Hand der Hysterie die Kehle zudrückte, und ich meinte zu spüren, wie meine Augen trüb wurden von den bitteren Tränen, die nicht rinnen wollen.

Was tun? Wozu sollte ich den Unglücklichen fragen, was er Seltsames oder Wunderbares in der stinkenden Dunkelheit hinter seinem zerrissenen Vorhang zu zeigen hatte? Offen gestanden: ich wagte es nicht; und wenn euch dieser Grund für meine Schüchternheit lächerlich vorkommen sollte, so lautet mein Geständnis: ich fürchtete, ihn zu demütigen. Endlich hatte ich mich durchgerungen, ihm im Vorbeigehen etwas Geld auf eines der Bretter zu legen. Ich hoffte, er würde meine Absicht erraten. Da kam, durch irgendeinen Zwischenfall verursacht, ein großer Rückstrom von Menschen und riss mich weit von ihm weg.

Auf dem Heimweg, noch erfüllt von dieser Erscheinung,

chai à analyser ma soudaine douleur, et je me dis: «Je viens de voir l'image du vieil homme de lettres qui a survécu à la génération dont il fut le brillant amuseur; du vieux poète sans amis, sans famille, sans enfants, dégradé par sa misère et par l'ingratitude publique, et dans la baraque de qui le monde oublieux ne veut plus entrer!»

Le gâteau XV

Je voyageais. Le paysage au milieu duquel j'étais placé était d'une grandeur et d'une noblesse irrésistibles. Il en passa sans doute en ce moment quelque chose dans mon âme. Mes pensées voltigeaient avec une légèreté égale à celle de l'atmosphère; les passions vulgaires, telles que la haine et l'amour profane, m'apparaissaient maintenant aussi éloignées que les nuées qui défilaient au fond des abîmes sous mes pieds; mon âme me semblait aussi vaste et aussi pure que la coupole du ciel dont j'étais enveloppé; le souvenir des choses terrestres n'arrivait à mon cœur qu'affaibli et diminué, comme le son de la clochette des animaux imperceptibles qui paissaient loin, bien loin, sur le versant d'une autre montagne. Sur le petit lac immobile, noir de son immense profondeur, passait quelquefois l'ombre d'un nuage, comme le reflet du manteau d'un géant aérien volant à travers le ciel. Et je me souviens que cette sensation solennelle et rare, causée par un grand mouvement parfaitement silencieux, me remplissait d'une joie mêlée de peur. Bref, je me sentais, grâce à l'enthousiasmante beauté dont j'étais environné, en parfaite paix avec moi-même et avec l'univers; je crois même que, dans ma parfaite béatitude et dans mon total oubli de tout le mal terrestre, j'en étais venu à ne plus trouver

versuchte ich mir meinen plötzlichen Schmerz zu erklären und sagte: «Ich habe das Symbol für den gealterten Literaten gefunden, der die Generation überlebt hat, deren glänzender Unterhalter er gewesen war; das Symbol für den alten Dichter ohne Freunde, ohne Familie, ohne Kinder, erniedrigt vom Elend und der Undankbarkeit des Publikums, in einer Bude, in welche die vergessliche Welt nicht mehr eintreten mag.»

Der Kuchen

Ich war auf Reisen. Die Landschaft, die mich umgab, war von unwiderstehlicher Größe und Erhabenheit. Ganz gewiss durchdrang etwas davon in diesem Augenblick meine Seele. Meine Gedanken schwangen dahin, sie waren leicht wie die Lüfte; niedrige Regungen wie der Hass und der Geschlechtstrieb lagen mir jetzt so fern wie die Nebelschwaden, die unter meinen Füßen im Abgrund waberten; meine Seele kam mir so rein und weit vor wie das Himmelsgewölbe, das mich umfing; die Erinnerung an irdische Dinge drang mir nur abgeschwächt und gedämpft ins Herz, wie das Glockengeläut der unsichtbaren Tiere, die weit, weit entfernt an einem anderen Abhang weideten. Über den kleinen, stillen, durch seine unendliche Tiefe geradezu schwarzen See glitt manchmal der Schatten einer Wolke, als spiegelte sich in ihm der Mantel eines Luftgeistes, der am Himmel vorüberzieht. Ich erinnere mich, dass dieses außergewöhnliche, feierliche Gefühl, hervorgerufen durch eine ganz und gar lautlose Strömung, mich mit einer Mischung aus Freude und Angst erfüllte. Kurz – durch die betörende Schönheit, die mich umgab, fühlte ich mich vollkommen im Einklang mit mir und dem Weltall; in meinem reinen Glücksgefühl, in dem ich all das Böse auf Erden gänzlich vergaß, kamen mir sogar die Publikationen, die behaupten, der Mensch sei von Geburt an gut,

si ridicules les journaux qui prétendent que l'homme est né bon; – quand, la matière incurable renouvelant ses exigences, je songeai à réparer la fatigue et à soulager l'appétit causés par une si longue ascension. Je tirai de ma poche un gros morceau de pain, une tasse de cuir et un flacon d'un certain élixir que les pharmaciens vendaient dans ce temps-là aux touristes pour le mêler dans l'occasion avec de l'eau de neige.

Je découpais tranquillement mon pain, quand un bruit très léger me fit lever les yeux. Devant moi se tenait un petit être déguenillé, noir, ébouriffé, dont les yeux creux, farouches et comme suppliants, dévoraient le morceau de pain. Et je l'entendis soupirer, d'une voix basse et rauque, le mot: *gâteau!* Je ne pus m'empêcher de rire en entendant l'appellation dont il voulait bien honorer mon pain presque blanc, et j'en coupai pour lui une belle tranche que je lui offris. Lentement il se rapprocha, ne quittant pas des yeux l'objet de sa convoitise; puis, happant le morceau avec sa main, se recula vivement, comme s'il eût craint que mon offre ne fût pas sincère ou que je m'en repentisse déjà.

Mais au même instant il fut culbuté par un autre petit sauvage, sorti je ne sais d'où, et si parfaitement semblable au premier qu'on aurait pu le prendre pour son frère jumeau. Ensemble ils roulèrent sur le sol, se disputant la précieuse proie, aucun n'en voulant sans doute sacrifier la moitié pour son frère. Le premier, exaspéré, empoigna le second par les cheveux; celui-ci lui saisit l'oreille avec les dents, et en cracha un petit morceau sanglant avec un superbe juron patois. Le légitime propriétaire du gâteau essaya d'enfoncer ses petites griffes dans les yeux de l'usurpateur; à son tour celui-ci appliqua toutes ses forces à étrangler son adversaire d'une main, pendant que de l'autre il tâchait de glisser dans sa poche le prix du combat. Mais, ravivé par le déses-

nicht mehr so lächerlich vor. – Als die unbestechliche Leiblichkeit ihre Bedürfnisse anmeldete, wollte ich der Müdigkeit nachgeben und den Hunger stillen, die der lange Aufstieg verursacht hatte. Ich holte aus meinem Beutel ein großes Stück Brot, einen Lederbecher und ein Fläschchen mit einem bestimmten Elixir, wie es damals Apotheker an Touristen verkauften; es sollte gegebenenfalls mit Schmelzwasser gemischt werden.

Ich schnitt seelenruhig von meinem Brot ab, als mich ein leises Geräusch aufblicken ließ. Vor mir sah ich ein kleines, zerlumptes, dunkles, strubbeliges Geschöpf, dessen tiefliegende wilde, geradezu flehentliche Augen das Stück Brot verschlangen. Und ich hörte, wie es mit tiefer, rauher Stimme das Wort *Kuchen*! seufzte. Ich konnte ein Lachen nicht unterdrücken, als ich hörte, mit welchem Wort es mein fast weißes Brot rühmen wollte, schnitt eine ordentliche Scheibe davon ab und hielt sie ihm hin. Langsam kam er näher, wobei sein Blick nicht vom Gegenstand seiner Begierde wich; dann packte er den Brocken mit der Hand, zog sich rasch zurück, als fürchte er, meine Gabe sei nicht verlässlich oder reue mich bereits.

Im gleichen Augenblick wurde er von einem anderen kleinen Wildfang umgestoßen, der von wer weiß woher aufgetaucht war und dem ersten so vollkommen glich, dass man ihn für seinen Zwillingsbruder hätte halten können. Gemeinsam rollten sie am Boden und stritten sich um die kostbare Beute, da offenbar keiner dem Bruder die Hälfte überlassen wollte. Voller Verzweiflung packte der erste den zweiten an den Haaren; dieser wiederum biss dem anderen ins Ohr und spuckte ein blutiges Stückchen davon aus, wozu er großartig in seiner Mundart fluchte. Der rechtmäßige Besitzer des Kuchens versuchte mit seinen kleinen Krallen die Augen des Diebes auszukratzen; der seinerseits setzte seine ganze Kraft ein, mit der einen Hand den Gegner zu würgen, während die andere versuchte, die Beute des Kampfes in der Hosentasche verschwin-

poir, le vaincu se redressa et fit rouler le vainqueur par terre d'un coup de tête dans l'estomac. A quoi bon décrire une lutte hideuse qui dura en vérité plus longtemps que leurs forces enfantines ne semblaient le promettre? Le gâteau voyageait de main en main et changeait de poche à chaque instant; mais, hélas ! il changeait aussi de volume; et lorsque enfin, exténués, haletants, sanglants, ils s'arrêtèrent par impossibilité de continuer, il n'y avait plus, à vrai dire, aucun sujet de bataille : le morceau de pain avait disparu, et il était éparpillé en miettes semblables aux grains de sable auxquels il était mêlé.

Ce spectacle m'avait embrumé le paysage, et la joie calme où s'ébaudissait mon âme avant d'avoir vu ces petits hommes avait totalement disparu; j'en restai triste assez longtemps, me répétant sans cesse : « Il y a donc un pays superbe où le pain s'appelle du *gâteau*, friandise si rare qu'elle suffit pour engendrer une guerre parfaitement fratricide ! »

L'horloge XVI

Les Chinois voient l'heure dans l'œil des chats.

Un jour, un missionnaire, se promenant dans la banlieue de Nankin, s'aperçut qu'il avait oublié sa montre, et demanda à un petit garçon quelle heure il était.

Le gamin du céleste Empire hésita d'abord; puis, se ravisant, il répondit : « Je vais vous le dire. » Peu d'instants après, il reparut, tenant dans ses bras un fort gros chat, et le regardant, comme on dit, dans le blanc des yeux, il affirma sans hésiter : « Il n'est pas encore tout a fait midi. » Ce qui était vrai.

Pour moi, si je me penche vers la belle Féline, la si bien nommée, qui est à la fois l'honneur de son sexe,

den zu lassen. Jedoch belebte die Verzweiflung den Besiegten neu; er richtete sich auf, rammte dem Sieger seinen Kopf in den Magen, so dass er zu Boden ging. Doch wozu einen abscheulichen Kampf schildern, der sich in Wahrheit länger hinzog, als die kindlichen Kräfte erwarten ließen? Der Kuchen wechselte von Hand zu Hand und geriet alle Augenblicke in eine andere Tasche; aber leider veränderte sich seine Größe; als die beiden zuletzt erschöpft, keuchend und blutend innehielten, weil sie nicht mehr konnten, gab es eigentlich nichts mehr zu erobern: das Stück Brot war verschwunden, zerbröckelt glich es den Sandkörnern, mit denen es sich vermischt hatte.

Dieses Schauspiel hatte mir die Landschaft verdüstert; die stille Freude, die meine Seele erwärmt hatte, bevor sie die kleinen Kerle bemerkte, war völlig verflogen; ich war lange recht traurig und sagte mir immer wieder: es gibt also ein wunderschönes Land, in dem das Brot *Kuchen* heißt und ein so begehrenswerter Leckerbissen ist, dass er einen schier mörderischen Bruderzwist auslösen kann!

Die Uhr

Die Chinesen lesen an den Augen der Katzen die Stunden ab.

Eines Tages merkte ein Missionar, der sich in den Vorstädten von Nanking erging, dass er seine Uhr vergessen hatte, und er fragte einen kleinen Jungen, wie spät es sei.

Der Knabe aus dem Reich der Mitte zögerte zunächst. Dann besann er sich und erwiderte: «Ich sage es Ihnen gleich.» Wenig später kam er mit einer großen Katze im Arm wieder, und indem er ihr, wie man so sagt, ins Weiße der Augen starrte, erklärte er ohne weiteres: «Es ist noch nicht ganz Mittag.» Was wirklich zutraf.

Ich aber neigte mich über meine schöne Feline, zu der ihr Katzenname so gut passt und die zugleich die Zierde ihres Ge-

l'orgueil de mon cœur, et le parfum de mon esprit, que ce soit la nuit, que ce soit le jour, dans la pleine lumière ou dans l'ombre opaque, au fond de ses yeux adorables je vois toujours l'heure distinctement, toujours la même, une heure vaste, solennelle, grande comme l'espace, sans divisions de minutes ni de secondes, – une heure immobile qui n'est pas marquée sur les horloges, et cependant légère comme un soupir, rapide comme un coup d'œil.

Et si quelque importun venait me déranger pendant que mon regard repose sur ce délicieux cadran, si quelque Génie malhonnête et intolérant, quelque Démon du contretemps venait me dire ! « Que regardes-tu là avec tant de soin? Que cherches-tu dans les yeux de cet être? Y vois-tu l'heure, mortel prodigue et fainéant? » je répondrais sans hésiter : « Oui, je vois l'heure : il est l'Éternité ! »

N'est-ce pas, madame, que voici un madrigal vraiment méritoire, et aussi emphatique que vous-même? En vérité, j'ai eu tant de plaisir à broder cette prétentieuse galanterie, que je ne vous demanderai rien en échange.

Un hémisphère dans une chevelure XVII

Laisse-moi respirer longtemps, lontemps, l'odeur de tes cheveux, y plonger tout mon visage, comme un homme altéré dans l'eau d'une source, et les agiter avec ma main comme un mouchoir odorant, pour secouer des souvenirs dans l'air.

Si tu pouvais savoir tout ce que je vois ! tout ce que je sens ! tout ce que j'entends dans tes cheveux ! Mon âme voyage sur le parfum comme l'âme des autres hommes sur la musique.

schlechts, der Stolz meines Herzens, der Duft meines Geistes ist, und sehe bei Tag oder Nacht, in vollem Licht oder in tiefem Schatten in ihren wunderbaren Augen stets ganz genau die Stunde, die stets gleiche, eine weite, feierliche Stunde, groß wie der Weltraum, nicht zerteilt in Minuten oder Sekunden – eine unverrückbare, auf keiner Uhr angegebene Stunde, und dennoch flüchtig wie ein Seufzer, geschwind vorbei wie ein Lidschlag.

Käme ein lästiger Mensch und störte mich, während mein Blick auf diesem reizenden Zifferblatt ruht, käme ein niederträchtiger, unduldsamer Genius, so etwas wie der Dämon der Unzeit, um mich zu fragen: « Was schaust du da so genau an? Was suchst du in den Augen dieses Wesens? Siehst du darin die Zeit, du vergeuderischer, nichtsnutziger Sterblicher? » – ich würde ohne Zögern erwidern: « Ja, ich sehe darin die Zeit; sie ist die Ewigkeit! »

Ist das nicht ein wahrhaft verdienstvolles Madrigal, Madame, und so überschwenglich wie Sie selber? Nur: ich habe so viel Vergnügen daran gefunden, diese anspruchsvolle Liebenswürdigkeit zu sticken, dass ich keine Gegengabe von Ihnen begehre.

Die halbe Welt in deinem Haar

Lass mich lange, lange den Duft deiner Haare atmen! Mein ganzes Gesicht möchte ich in sie versenken – so taucht ein Durstiger ins labende Wasser einer Quelle – und sie mit meiner Hand zerwühlen wie ein duftendes Tuch, um Erinnerungen in die Luft zu schütteln.

Wenn du nur nachempfinden könntest, was ich alles sehe! Was ich alles spüre! Was ich alles höre in deinen Haaren! Meine Seele wird vom Duft weit entrückt wie die Seelen anderer Menschen von der Musik.

Tes cheveux contiennent tout un rêve, plein de voilures et de mâtures; ils contiennent de grandes mers dont les moussons me portent vers de charmants climats, où l'espace est plus bleu et plus profond, où l'atmosphère est parfumée par les fruits, par les feuilles et par la peau humaine.

Dans l'océan de ta chevelure, j'entrevois un port fourmillant de chants mélancoliques, d'hommes vigoureux de toutes nations et de navires de toutes formes découpant leurs architectures fines et compliquées sur un ciel immense où se prélasse l'éternelle chaleur.

Dans les caresses de ta chevelure, je retrouve les langueurs des longues heures passées sur un divan, dans la chambre d'un beau navire, bercées par le roulis imperceptible du port, entre les pots de fleurs et les gargoulettes refrâchissantes.

Dans l'ardent foyer de ta chevelure, je respire l'odeur du tabac mêlé à l'opium et au sucre; dans la nuit de ta chevelure, je vois resplendir l'infini de l'azur tropical; sur les rivages duvetés de ta chevelure, je m'enivre des odeurs combinées du goudron, du musc et de l'huile de coco.

Laisse-moi mordre longtemps tes tresses lourdes et noires. Quand je mordille tes cheveux élastiques et rebelles, il me semble que je mange des souvenirs.

Le joujou du pauvre XIX

Je veux donner l'idée d'un divertissement innocent. Il y a si peu d'amusements qui ne soient pas coupables !

Quand vous sortirez le matin avec l'intention décidée de flâner sur les grandes routes, remplissez vos poches de petites inventions à un sol, – telles que le polichinelle

Deine Haare enthalten einen ganzen Traum voller Segel und Masten; sie enthalten große Meere, auf denen mich die Monsunwinde zu heiteren Himmelsstrichen führen, wo der Weltraum blauer und tiefer ist, wo die Luft geschwängert ist mit dem Duft von Früchten, von Laub und von menschlicher Haut.

Im Ozean deines Haares sehe ich einen Hafen vor mir, in dem es wimmelt von schwermütigen Gesängen, von kräftigen Männern aller Völker, von Schiffen aller Formen, die ihre zarten, kunstvollen Aufbauten auf einen ungeheuren, in ewiger Wärme sich dehnenden Himmel zeichnen.

In den Liebkosungen deines Haares kommt mir die süße Mattigkeit der langen Stunden wieder, die ich einst auf einem Diwan in der Kajüte eines schönen Schiffes verbracht habe, gewiegt von der unmerklichen Dünung des Hafens, umgeben von Blumentöpfen und kühlen Wasserkrügen.

In der verzehrenden Glut deines Haares atme ich den Duft des mit Opium und Zucker versetzten Tabaks. In der Nacht deines Haares sehe ich die Unendlichkeit des tropischen Azurs erstrahlen. An den flaumigen Gestaden deines Haares berausche ich mich am Duftgemisch von Teer, Moschus und Kokosöl.

Lass mich lange in deine schweren, schwarzen Flechten beißen. Wenn ich an deinen schmiegsamen, widerspenstigen Haaren nage, ist mir zumute, als äße ich Erinnerungen.

Das Spielzeug des armen Kindes

Ich will euch zu einer unschuldigen Zerstreuung anregen. Es gibt kaum ein Vergnügen, das einen nicht schuldig werden lässt.

Wenn ihr morgens mit der festen Absicht aufbrecht, auf der Landstraße spazierenzugehen, so füllt eure Taschen mit kleinen Späßchen zu einem Groschen – also dem platten Hampel-

plat mû par un seul fil, les forgerons qui battent l'enclume, le cavalier et son cheval dont la queue est un sifflet, – et, le long des cabarets, au pied des arbres, faites-en hommage aux enfants inconnus et pauvres que vous recontrerez. Vous verrez leurs yeux s'agrandir démesurément. D'abord, ils n'oseront pas prendre; ils douteront de leur bonheur. Puis, leurs mains agripperont vivement le cadeau, et ils s'enfuiront comme font les chats qui vont manger loin de vous le morceau que vous leur avez donné, ayant appris à se défier de l'homme.

Sur une route, derrière la grille d'un vaste jardin au bout duquel apparaissait la blancheur d'un joli château frappé par le soleil, se tenait un enfant beau et frais, habillé de ces vêtements de campagne si pleins de coquetterie.

Le luxe, l'insouciance et le spectacle habituel de la richesse rendent ces enfants-là si jolis, qu'on les croirait faits d'une autre pâte que les enfants de la médiocrité ou de la pauvreté.

A côté de lui, gisait sur l'herbe un joujou splendide, aussi frais que son maître, verni, doré, vêtu d'une robe pourpre, et couvert de plumets et de verroteries. Mais l'enfant ne s'occupait pas de son joujou préféré, et voici ce qu'il regardait:

De l'autre côté de la grille, sur la route, entre les chardons et les orties, il y avait un autre enfant, sale, chétif, fuligineux, un de ces marmots-parias dont un œil impartial découvrirait la beauté, si, comme l'œil du connaisseur devine une peinture idéale sous un vernis de carrossier, il le nettoyait de la répugnante patine de la misère.

A travers ces barreaux symboliques séparant deux mondes, la grande route et le château, l'enfant pauvre montrait à l'enfant riche son propre joujou, que celui-ci

mann, den man an einem Faden bewegt, den Schmieden, die abwechselnd auf den Amboss schlagen, dem Reiter auf seinem Pferd, dessen Schweif ein Pfeifchen ist – und verschenkt sie vor den Gasthäusern und unter den Bäumen an die unbekannten armen Kinder, denen ihr begegnet. Ihr werdet sehen, wie ihre Augen übergroß aufgehen. Erst werden sie nicht zuzugreifen wagen; sie werden nicht an ihr Glück glauben. Aber dann werden ihre Hände rasch das Geschenk packen, und sie werden entfliehen wie die Katzen, die ja auch weit von euch weglaufen, um den Brocken zu fressen, den ihr ihnen gegeben habt, weil sie gelernt haben, dem Menschen zu misstrauen.

Auf einer Straße, hinter dem Gitter eines weiten Gartens, an dessen Ende ein hübsches, von der Sonne beschienenes Schloss weiß schimmerte, stand ein schönes, frisches Kind; es trug bäuerliche Tracht, die ja durchaus kokett wirkt.

Luxus, Sorglosigkeit und die Gewöhnung an den Anblick des Reichtums machen solche Kinder so hübsch, dass man meint, sie seien aus anderem Stoff geformt als die Kinder einfacher oder armer Leute.

Neben ihm lag im Gras ein prächtiges Spielzeug, so frisch wie sein Besitzer, lackiert, vergoldet, in ein Purpurkleid gehüllt und über und über mit Federschmuck und Glasperlen bedeckt. Aber das Kind kümmerte sich nicht um sein Lieblingsspielzeug, sondern betrachtete etwas ganz anderes:

Jenseits des Gitters, auf der Straße, zwischen Disteln und Brennesseln, stand ein zweites Kind, schmutzig, verkümmert und rußschwarz, einer von den kleinen Parias, deren Schönheit ein unvoreingenommenes Auge entdecken würde, wenn man die abstoßende Patina des Elends wegputzte, so wie das Auge des Kenners ein Gemälde von idealer Vollkommenheit unter einem trüben Droschkenfirnis erahnt.

Durch die symbolhaften Gitterstäbe, welche die beiden Welten, Landstraße und Schloss, voneinander trennten, zeigte das arme Kind sein eigenes Spielzeug, das von dem reichen Kind

examinait avidement comme un objet rare et inconnu. Or, ce joujou, que le petit souillon agaçait, agitait et secouait dans une boîte grillée, c'était un rat vivant ! Les parents, par économie sans doute, avaient tiré le joujou de la vie elle-même.

Et les deux enfants se riaient l'un à l'autre fraternellement, avec des dents d'une *égale* blancheur.

Les dons des fées XX

C'était grande assemblée des Fées, pour procéder à la répartition des dons parmi tous les nouveau-nés arrivés à la vie depuis vingt-quatre heures.

Toutes ces antiques et capricieuses Sœurs du Destin, toutes ces Mères bizarres de la joie et de la douleur, étaient fort diverses : les unes avaient l'air sombre et rechigné ; les autres, un air folâtre et malin ; les unes, jeunes, qui avaient toujours été jeunes ; les autres, vieilles, qui avaient toujours été vieilles.

Tous les pères qui ont foi dans les Fées étaient venus, chacun apportant son nouveau-né dans ses bras.

Les Dons, les Facultés, les bons Hasards, les Circonstances invincibles étaient accumulés à côté du tribunal, comme les prix sur l'estrade dans une distribution de prix. Ce qu'il y avait ici de particulier, c'est que les Dons n'étaient pas la récompense d'un effort, mais tout au contraire une grâce accordée à celui qui n'avait pas encore vécu, une grâce pouvant déterminer sa destinée et devenir aussi bien la source de son malheur que de son bonheur.

Les pauvres Fées étaient très affairées ; car la foule des solliciteurs était grande, et le monde intermédiaire, placé entre l'homme et Dieu, est soumis comme nous à la ter-

als ein seltener, nie gesehener Gegenstand begierig betrachtet wurde. Dieses Spielzeug aber, das der kleine Dreckspatz neckte, jagte und in einem vergitterten Kistchen schüttelte, war eine lebendige Ratte! Die Eltern, gewiss aus Sparsamkeit, hatten das Spielzeug wahrhaft aus dem Leben gegriffen.

Die beiden Kinder lachten einander brüderlich an, und ihre Zähne hatten den *gleichen* weißen Glanz.

Die Gaben der Feen

Es wurde eine große Versammlung der Feen abgehalten, um die Verteilung der Gaben unter sämtlichen Neugeborenen der letzten vierundzwanzig Stunden vorzunehmen.

All die altertümlichen und launenhaften Schicksalsschwestern, all die seltsamen Mütter von Freude und Schmerz unterschieden sich stark voneinander: die einen hatten ein düsteres und mürrisches Aussehen, die anderen ein ausgelassenes und pfiffiges; die einen sahen jung aus wie eh und je, die anderen sahen alt aus wie eh und je.

Alle Väter waren voll Vertrauen zu den Feen gekommen. Jeder hielt sein Neugeborenes im Arm.

Die Gaben, die Fähigkeiten, die guten Zufälle, die unumstößlichen Gegebenheiten waren auf der Seite des Gerichtes aufgetürmt, wie bei einer Preisverleihung die Trophäen auf dem Podium. Das besondere in diesem Fall war, dass die Gaben nicht als Belohnung für eine Leistung gewährt wurden, sondern ganz im Gegenteil als Gnade für jemanden, der sein Leben noch vor sich hatte, eine Gnade, die sein Schicksal bestimmen, sich zur Quelle seines Unheils oder aber seines Glücks entwickeln konnte.

Die armen Feen waren sehr beschäftigt, denn die Zahl der Bittsteller war groß, und die Zwischenwelt, eingeordnet zwischen Mensch und Gott, unterliegt wie wir dem schrecklichen

rible loi du Temps et de son infinie postérité, les Jours, les Heures, les Minutes, les Secondes.

En vérité, elles étaient aussi ahuries que des ministres un jour d'audience, ou des employés du Mont-de-Piété quand une fête nationale autorise les dégagements gratuits. Je crois même qu'elles regardaient de temps à autre l'aiguille de l'horloge avec autant d'impatience que des juges humains qui, siégeant depuis le matin, ne peuvent s'empêcher de rêver au dîner, à la famille et à leurs chères pantoufles. Si, dans la justice surnaturelle, il y a un peu de précipitation et de hasard, ne nous étonnons pas qu'il en soit de même quelquefois dans la justice humaine. Nous serions nous-mêmes, en ce cas, des juges injustes.

Aussi furent commises ce jour-là quelques bourdes qu'on pourrait considérer comme bizarres, si la prudence, plutôt que le caprice, était le caractère distinctif, éternel, des Fées.

Ainsi, la puissance d'attirer magnétiquement la fortune fut adjugée à l'héritier unique d'une famille très riche, qui, n'étant doué d'aucun sens de charité, non plus que d'aucune convoitise pour les biens les plus visibles de la vie, devait se trouver plus tard prodigieusement embarrassé de ses millions.

Ainsi furent donnés l'amour du Beau et la Puissance poétique au fils d'un sombre gueux, carrier de son état, qui ne pouvait, en aucune façon, aider les facultés, ni soulager les besoins de sa déplorable progéniture.

J'ai oublié de vous dire que la distribution, en ces cas solennels, est sans appel, et qu'aucun don ne peut être refusé.

Toutes les Fées se levaient, croyant leur corvée accomplie; car il ne restait plus aucun cadeau, aucune largesse à jeter à tout ce fretin humain, quand un brave

Gesetz der Zeit und ihrer unendlichen Nachkommenschaft: den Tagen, den Stunden, den Minuten, den Sekunden.

Wahrhaftig: Die Feen waren genauso verwirrt wie Minister an Audienztagen oder Angestellte des Leihamtes, wenn ein Nationalfeiertag die kostenlose Auslösung der Pfänder gestattet. Ich glaube gar, sie schauten ab und zu mit gleicher Ungeduld auf die Uhrzeiger wie menschliche Richter, die nach einer schon morgens begonnenen Sitzung nicht umhin können, vom Abendessen, ihren Familien und ihren geliebten Pantoffeln zu träumen. Wenn schon in der überirdischen Rechtsprechung ein wenig Hast und Zufall herrschen, so soll es uns nicht wundern, dass es manchmal in der menschlichen Rechtsprechung ebenso zugeht. Wir wären in solchem Fall selber ungerechte Richter.

So geschahen an jenem Tag einige Schnitzer, die man als seltsam empfinden könnte, wäre die entscheidende, stete Eigenschaft der Feen nicht vielmehr Klugheit als Eigensinn.

So wurde die ihm verliehene Kraft, Vermögen magnetisch an sich zu ziehen, dem einzigen Erben einer sehr reichen Familie verliehen. Da er keinerlei Sinn für Wohltätigkeit hatte und die sichtbarsten Güter des Lebens gar nicht begehrte, musste er mit seinen Millionen später reichlich in Verlegenheit geraten.

Und so wurden die Liebe zum Schönen und dichterische Fähigkeiten dem Sohn eines düsteren Gesellen, Steinklopfer seines Zeichens, zugeteilt, der in keiner Weise die Begabungen seiner bedauernswerten Nachkommen fördern noch deren Not lindern konnte.

Ich vergaß zu erwähnen, dass bei solch feierlichen Gelegenheiten die Verteilung unwiderruflich ist, und dass keine Gabe zurückgewiesen werden darf.

Alle Feen erhoben sich, in der Annahme, ihre schwere Arbeit getan zu haben, denn es blieb kein Geschenk, keine Spende übrig, um sie diesem Menschengesindel hinzuwerfen.

homme, un pauvre petit commerçant, je crois, se leva, et, empoignant par sa robe de vapeurs multicolores la Fée qui était le plus à sa portée, s'écria:

« Eh ! madame ! vous nous oubliez ! Il y a encore mon petit ! Je ne veux pas être venu pour rien. »

La Fée pouvait être embarrassée; car il ne restait plus *rien*. Cependant elle se souvint à temps d'une loi bien connue, quoique rarement appliquée, dans le monde surnaturel, habité par ces déités impalpables, amies de l'homme, et souvent contraintes de s'adapter à ses passions, telles que les Fées, les Gnomes, les Salamandres, les Sylphides, les Sylphes, les Nixes, les Ondins et les Ondines, – je veux parler de la loi qui concède aux Fées, dans un cas semblable à celui-ci, c'est-à-dire le cas d'épuisement des lots, la faculté d'en donner encore un, supplémentaire et exceptionnel, pourvu toutefois qu'elle ait l'imagination suffisante pour le créer immédiatement.

Donc la bonne Fée répondit, avec un aplomb digne de son rang ! – je donne à ton fils ..., je lui donne ... le *Don de plaire*.

– Mais plaire, comment? plaire? ... plaire, pourquoi? – demanda opiniâtrement le petit boutiquier, qui était sans doute un de ces raisonneurs si communs, incapables de s'élever jusqu'à la logique de l'Absurde.

– Parce que ! parce que ! – répliqua la Fée courroucée, en lui tournant le dos; et, rejoignant le cortège de ses compagnes, elle leur disait: – Comment trouvez-vous ce petit Français vaniteux, qui veut tout comprendre, et qui, ayant obtenu pour son fils le meilleur des lots, ose encore interroger et discuter l'indiscutable?

Da stand ein braver Mann auf – ein armer Kleinkrämer, nehme ich an – packte die ihm zunächst stehende Fee an ihrem buntfarbigen Dunstgewand und schrie:

«Halt, Madame, Sie vergessen uns! Hier ist noch mein Kleiner! Ich möchte nicht vergeblich gekommen sein!»

Fast wäre die Fee in Verlegenheit geraten, denn es war nichts mehr da. Doch besann sie sich sogleich auf ein wohlbekanntes, wenn auch selten angewandtes Gesetz der übernatürlichen Welt und ihrer Bewohner, der kaum wahrnehmbaren Gottheiten, die dem Menschen freundlich gesonnen sind und oft nicht umhin können, sich seinen Leidenschaften anzupassen, als da sind: Feen, Gnomen, Salamander, Sylphiden, Sylphen, Nixen, Wassermänner und Meerjungfrauen – ich meine das Gesetz, das einer Fee in einem solchen Fall, wenn alle Lose verteilt sind, die Fähigkeit verleiht, noch ein weiteres, ein außerordentliches zu vergeben, vorausgesetzt, sie verfügt über genug Phantasie, augenblicklich eines zu erschaffen.

So erwiderte die gute Fee mit einer Kühnheit, die ihrer Stellung Würde verlieh: «Ich gebe deinem Sohn ... ich gebe ihm ... die Fähigkeit zu gefallen.»

«Wieso gefallen, wie bitte? Gefallen? Warum denn gefallen?» fragte der kleine Krämer verbissen, der zweifellos zu den gewöhnlichen Nörglern gehörte, die unfähig sind, sich zur Logik des Absurden aufzuschwingen.

«Darum! Darum!» antwortete die aufgebrachte Fee und drehte ihm den Rücken zu, und indem sie sich wieder zu ihren Gefährtinnen gesellte, bemerkte sie: «Wie findet ihr diesen eitlen kleinen Franzosen, der alles verstehen will und, nachdem er für seinen Sohn das beste Teil erhalten hat, noch wagt, Fragen zu stellen und das Unumstößliche zu zerreden?»

Un gazetier philanthrope me dit que la solitude est mauvaise pour l'homme; et, à l'appui de sa thèse, il cite, comme tous les incrédules, des paroles des Pères de l'Église.

Je sais que le Démon fréquente volontiers les lieux arides, et que l'Esprit du meurtre et de la lubricité s'enflamme merveilleusement dans les solitudes. Mais il serait possible que cette solitude ne fût dangereuse que pour l'âme oisive et divagante qui la peuple de ses passions et de ses chimères.

Il est certain qu'un bavard, dont le suprême plaisir consiste à parler du haut d'une chaire ou d'une tribune, risquerait fort de devenir fou furieux dans l'île de Robinson. Je n'exige pas de mon gazetier les courageuses vertus de Crusoé, mais je demande qu'il ne décrète pas d'accusation les amoureux de la solitude et du mystère.

Il y a dans nos races jacassières des individus qui accepteraient avec moins de répugnance le supplice suprême, s'il leur était permis de faire du haut de l'échafaud une copieuse harangue, sans craindre que les tambours de Santerre ne leur coupassent intempestivement la parole.

Je ne les plains pas, parce que je devine que leurs effusions oratoires leur procurent des voluptés égales à celles que d'autres tirent du silence et du recueillement; mais je les méprise.

Je désire surtout que mon maudit gazetier me laisse m'amuser à ma guise. « Vous n'éprouvez donc jamais – me dit-il, avec un ton de nez très apostolique – le besoin de partager vos jouissances? » Voyez-vous le subtil envieux! Il sait que je dédaigne les siennes, et il vient s'insinuer dans les miennes, le hideux trouble-fête!

Die Einsamkeit

Ein menschenfreundlicher Zeitungsschreiber erklärt mir, die Einsamkeit sei schlecht für den Menschen, und zur Untermauerung seiner These zitiert er wie alle Ungläubigen die Worte von Kirchenvätern.

Ich weiß, dass der Dämon mit Vorliebe in der Wüste weilt, und dass der Gedanke an Mord und Unzucht besonders in der Einsamkeit aufflammt. Aber es wäre ja möglich, dass diese Einsamkeit nur für eine müßige und ziellose Seele gefährlich ist, die sie mit ihren Leidenschaften und Trugbildern bevölkert.

Gewiss wäre ein redseliger Mensch, dessen höchstes Vergnügen darin besteht, von Kanzel oder Rednerpult herunter zu sprechen, in großer Gefahr, auf Robinsons Insel rasend zu werden. Ich verlange von meinem Schreiber nicht Crusoes tapfere Tugenden, aber ich wünschte mir, dass er die Liebhaber der Einsamkeit und des Geheimnisvollen nicht unter Anklage stellt.

Es gibt in unserem schwatzhaften Geschlecht manche Leute, die selbst die Todesstrafe mit geringerem Widerstreben auf sich nehmen würden, wenn sie von der Höhe des Schafotts eine ausführliche Ansprache halten dürften, ohne befürchten zu müssen, dass die Trommler des Sansculottenhauptmanns ihnen im unrechten Augenblick das Wort abschneiden.

Ich bedaure sie nicht, weil ich vermute, dass ihnen ihre rednerischen Ergüsse ebensolche Lust bereiten, wie andere sie aus Stille und Andacht beziehen; aber ich verachte sie.

Vor allem möchte ich, dass mich mein vermaledeiter Zeitungsschreiber nach meinem Belieben genießen lässt. « Sie hegen also nie », sagt er näselnd in höchst apostolischem Tonfall, « das Bedürfnis, Ihre Freuden zu teilen ? » Da schau mal einer den schlauen Neider an ! Er weiß, dass ich seine verachte, und er will sich in meine einschleichen, der abscheuliche Spaßverderber !

« Ce grand malheur de ne pouvoir être seul ! ... » dit quelque part La Bruyère, comme pour faire honte à tous ceux qui courent s'oublier dans la foule, craignant sans doute de ne pouvoir se supporter eux-mêmes.

« Presque tous nos malheurs nous viennent de n'avoir pas su rester dans notre chambre », dit un autre sage, Pascal, je crois, rappelant ainsi dans la cellule du recueillement tous ces affolés qui cherchent le bonheur dans le mouvement et dans une prostitution que je pourrais appeler *fraternitaire*, si je voulais parler la belle langue de mon siècle.

Les projets XXIV

Il se disait, en se promenant dans un grand parc solitaire: « Comme elle serait belle dans un costume de cour, compliqué et fastueux, descendant, à travers l'atmosphère d'un beau soir, les degrés de marbre d'un palais, en face des grandes pelouses et des bassins ! Car elle a naturellement l'air d'une princesse. »

En passant plus tard dans une rue, il s'arrêta devant une boutique de gravures, et, trouvant dans un carton une estampe représentant un paysage tropical, il se dit ! « Non ! ce n'est pas dans un palais que je voudrais posséder sa chère vie. Nous n'y serions pas *chez nous*. D'ailleurs, ces murs criblés d'or ne laisseraient pas une place pour accrocher son image; dans ces solennelles galeries, il n'y a pas un coin pour l'intimité. Décidément, c'est *là* qu'il faudrait demeurer pour cultiver le rêve de ma vie. »

Et, tout en analysant des yeux les détails de la gravure, il continuait mentalement: « Au bord de la mer, une belle case en bois, enveloppée de tous ces arbres bizarres et luisants dont j'ai oublié les noms, ... dans l'at-

« Das große Unglück, nicht allein sein zu können ! … » sagt La Bruyère irgendwo, als wollte er alle bloßstellen, die der Menge nachlaufen, um bei ihr Vergessen zu finden, offenbar aus Angst, sich selber nicht ertragen zu können.

« Fast jedes Unheil kommt daher, dass wir es nicht fertiggebracht haben, in unserem Zimmer zu bleiben », sagt ein anderer Weiser, ich glaube Pascal, und ruft sie damit alle in die Zelle der Andacht, all die Wirrköpfe, die das Glück in der Geschäftigkeit suchen und in einer Prostitution, die ich « brüderlich » nennen könnte, wenn ich die schöne Sprache meines Jahrhunderts sprechen wollte.

Pläne

Bei einem Spaziergang in einem großen einsamen Park sprach er zu sich : « Wie hübsch wäre sie in einem aufwendigen, prunkvollen höfischen Gewand, wenn sie bei schöner Abendstimmung die Marmorstufen eines Palastes herabschritte im Anblick der weiten Rasenflächen und Wasserbecken ! Denn natürlich sieht sie wie eine Prinzessin aus. »

Als er später durch eine Straße ging, blieb er vor einem Bilderladen stehen, und als er in einer Mappe einen Kupferstich fand, der eine tropische Landschaft zeigte, sagte er sich : « Nein, nicht in einem Palast möchte ich ihr geliebtes Leben besitzen. Wir wären dort nicht heimisch. Außerdem ließen die goldgewirkten Wände keinen Platz, ihr Bild aufzuhängen. In so feierlichen Galerien gibt es keine Ecke für Vertraulichkeit. Wahrhaftig, in einer solchen Landschaft müsste ich wohnen, um den Traum meines Lebens zu suchen. »

Und während er weiter die Einzelheiten des Druckes betrachtete, setzte er seine Träumerei fort : Am Ufer des Meeres eine schöne Holzhütte, umgeben von all den seltsamen, leuchtenden Bäumen, deren Namen mir entfallen sind … in den Lüf-

mosphère, une odeur enivrante, indéfinissable,… dans la case, un puissant parfum de rose et de musc,… plus loin, derrière notre petit domaine, des bouts de mâts balancés par la houle,… autour de nous, au-delà de la chambre éclairée d'une lumière rose tamisée par les stores, décorée de nattes fraîches et de fleurs capiteuses, avec de rares sièges d'un rococo portugais, d'un bois lourd et ténébreux (où elle reposerait si calme, si bien éventée, fumant le tabac légèrement opiacé !), au-delà de la varangue, le tapage des oiseaux ivres de lumières, et le jacassement des petites négresses,… et, la nuit, pour servir d'accompagnement à mes songes, le chant plaintif des arbres à musique, des mélancoliques filaos ! Oui, en vérité, c'est bien *là* le décor que je cherchais. Qu'ai-je à faire de palais ? »

Et plus loin, comme il suivait une grande avenue, il aperçut une auberge proprette, où d'une fenêtre égayée par des rideaux d'indienne bariolée se penchaient deux têtes rieuses. Et tout de suite ! « Il faut, se dit-il, que ma pensée soit une grande vagabonde pour aller chercher si loin ce qui est si près de moi. Le plaisir et le bonheur sont dans la première auberge venue, dans l'auberge du hasard, si féconde en voluptés. Un grand feu, des faïences voyantes, un souper passable, un vin rude, et un lit très large avec des draps un peu âpres, mais frais ; quoi de mieux ? »

Et en rentrant seul chez lui, à cette heure où les conseils de la Sagesse ne sont plus étouffés par les bourdonnements de la vie extérieure, il se dit ! « J'ai eu aujourd'hui, en rêve, trois domiciles où j'ai trouvé un égal plaisir. Pourquoi contraindre mon corps à changer de place, puisque mon âme voyage si lestement ? Et à quoi bon exécuter des projets, puisque le projet est en lui-même une jouissance suffisante ? »

ten ein unbestimmbar betäubender Duft … im Haus eine Mischung aus kräftigem Rosen- und Moschusparfum … weiter draußen, jenseits unseres kleinen Anwesens, die Spitzen der vom Seegang bewegten Masten … um uns herum, außerhalb des Zimmers, im rosigen, von Vorhängen gedämpften Licht, frische Matten und betörend schöne Blumen, ein paar portugiesische Rokokostühle aus schwerem dunklem Holz (wo sie so still im fächelnden Wind ruhen würde beim Genuss von leicht opiumhaltigem Tabak!), abseits der Veranda der Lärm der lichttrunkenen Vögel und das Geplapper der kleinen Negermädchen … und des Nachts, als Begleitung meiner Träume, die klagende Melodie der Keulenbäume, der wehmütigen tropischen Casuarinen! Ja wahrhaftig, das ist genau die Landschaft, die ich suchte. Was habe ich mit Palästen zu schaffen?

Und ein Stück weiter, als er eine breite Allee entlangging, fiel sein Blick auf ein sauberes Gasthaus, wo zwei lachende Gesichter sich aus einem Fenster lehnten, umrahmt von heiteren, buntbedruckten Baumwollvorhängen. Und gleich darauf sagte er: «Meine Gedanken schweifen wohl gern in die Ferne, da sie so weit weg von hier das suchen, was ganz in meiner Nähe liegt. Freude und Glück finden sich in der ersten besten Herberge, in der zufällig gefundenen Herberge voller Genüsse. Ein gutes Feuer, leuchtend buntes Steingutgeschirr, ein ordentliches Abendessen, herber Wein, ein recht breites Bett mit etwas derben, aber frischen Laken; was gibt es Besseres?»

Als er allein heimkehrte, zu der Stunde, da die weisen Ratschläge nicht mehr vom Getöse der Außenwelt erstickt werden, sagte er sich: «Ich habe heute im Traum drei Wohnungen gehabt, in denen ich mich gleich wohlfühlte. Warum sollte ich meinen Körper zwingen, sich an einen anderen Ort zu begeben, wenn meine Seele so unbekümmert reist? Und wozu ist es gut, Pläne auszuführen, wenn der Plan an sich schon reichlich Vergnügen bringt?»

Ah ! vous voulez savoir pourquoi je vous hais aujourd'hui. Il vous sera sans doute moins facile de le comprendre qu'à moi de vous l'expliquer; car vous êtes, je crois, le plus bel exemple d'imperméabilité féminine qui se puisse rencontrer.

Nous avions passé ensemble une longue journée, qui m'avait paru courte. Nous nous étions bien promis que toutes nos pensées nous seraient communes à l'un et à l'autre, et que nos deux âmes désormais n'en feraient plus qu'une; – un rêve qui n'a rien d'original, après tout, si ce n'est que, rêvé par tous les hommes, il n'a été réalisé par aucun.

Le soir, un peu fatiguée, vous voulûtes vous asseoir devant un café neuf qui formait le coin d'un boulevard neuf, encore tout plein de gravois et montrant déjà glorieusement ses splendeurs inachevées. Le café étincelait. Le gaz lui-même y déployait toute l'ardeur d'un début, et éclairait de toutes ses forces les murs aveuglants de blancheur, les nappes éblouissantes des miroirs, les ors des baguettes et des corniches, les pages aux joues rebondies traînés par les chiens en laisse, les dames riant au faucon perché sur leur poing, les nymphes et les déesses portant sur leur tête des fruits, des pâtés et du gibier, les Hébés et les Ganymèdes présentant à bras tendu la petite amphore à bavaroises ou l'obélisque bicolore des glaces panachées; toute l'histoire et toute la mythologie mises au service de la goinfrerie.

Droit devant nous, sur la chaussée, était planté un brave homme d'une quarantaine d'années, au visage fatigué, à la barbe grisonnante, tenant d'une main un petit garçon et portant sur l'autre bras un petit être

Die Augen der Armen

Ach – Sie wollen also wissen, warum ich Sie heute hasse! Es wird Ihnen ganz gewiss weniger leicht fallen, das zu verstehen, als mir, es Ihnen zu erklären; denn Sie sind, so will mir scheinen, das schönste Beispiel weiblicher Begriffsstutzigkeit, das man finden kann.

Wir hatten einen langen Tag, der mir kurz erschien, miteinander verbracht. Wir hatten uns fest versprochen, dass wir stets die gleichen, gemeinsamen Gedanken haben wollten und dass unsere beiden Seelen von nun an eine einzige sein sollten – ein Traum, der schließlich nichts Originelles hat, es sei denn dies, dass er von allen Menschen schon geträumt, aber von keinem verwirklicht worden ist.

Am Abend waren Sie ein wenig müde und wollten vor einem neuen Café an der Ecke eines neuen Boulevards Platz nehmen, wo alles voller Bauschutt lag und doch schon großartig seine noch unfertige Pracht zeigte. Das Café strahlte. Selbst das Gaslicht entfaltete den ganzen Glanz eines Neubeginns und beleuchtete mit aller Kraft die blendend weißen Wände, die gleißenden Spiegelflächen, die Vergoldung der Leisten und Gesimse, die pausbäckigen Edelknaben, die von zusammengekoppelten Hunden gezogen werden, Damen, die dem auf ihrer Faust sitzenden Falken zulächeln, Nymphen und Göttinnen, die Früchte, Pasteten und Wildbret auf dem Haupte tragen, Heben und Ganymeds, die mit ausgestrecktem Arm den kleinen Kelch mit der Süßspeise oder, als zweifarbigen Obelisken, das gemischte Eis anbieten: die ganze Geschichte und die ganze Mythologie ist in den Dienst der Schlemmerei gestellt.

Gerade vor uns stand auf der Fahrbahn ein biederer Mann von etwa vierzig Jahren, mit müdem Gesicht und graumeliertem Bart; an der einen Hand hielt er einen kleinen Jungen angefasst, und auf dem anderen Arm trug er ein kleines We-

trop faible pour marcher. Il remplissait l'office de bonne et faisait prendre à ses enfants l'air du soir. Tous en guenilles. Ces trois visages étaient extraordinairement sérieux, et ces six yeux contemplaient fixement le café nouveau avec une admiration égale, mais nuancée diversement par l'âge.

Les yeux du père disaient: «Que c'est beau! que c'est beau! on dirait que tout l'or du pauvre monde est venu se porter sur ces murs.» – Les yeux du petit garçon! «Que c'est beau! que c'est beau! mais c'est une maison où peuvent seuls entrer les gens qui ne sont pas comme nous.» – Quant aux yeux du plus petit, ils étaient trop fascinés pour exprimer autre chose qu'une joie stupide et profonde.

Les chansonniers disent que le plaisir rend l'âme bonne et amollit le cœur. La chanson avait raison ce soir-lâ, relativement à moi. Non seulement j'étais attendri par cette famille d'yeux, mais je me sentais un peu honteux de nos verres et de nos carafes, plus grands que notre soif. Je tournais mes regards vers les vôtres, cher amour, pour y lire *ma* pensée; je plongeais dans vos yeux si beaux et si bizarrement doux, dans vos yeux verts, habités par le Caprice et inspirés par la Lune, quand vous me dîtes: «Ces gens-là me sont insupportables avec leurs yeux ouverts comme des portes cochères! Ne pourriez-vous pas prier le maître du café de les éloigner d'ici?»

Tant il est difficile de s'entendre, mon cher ange, et tant la pensée est incommunicable, même entre gens qui s'aiment!

sen, das zu schwach war zum Gehen. Er versah das Amt des Dienstmädchens und führte seine Kinder an die frische Abendluft. Alle waren in Lumpen. Die drei Gesichter zeigten einen ungewöhnlichen Ernst, und die sechs Augen starrten mit der gleichen, nur dem Alter entsprechend abgestuften Bewunderung auf das Café.

Die Augen des Vaters sagten: «Ist das schön! Ist das schön! Man könnte meinen, alles Gold der armen Welt habe sich an diese Wände geheftet!» – Die Augen des kleinen Jungen: «Ist das schön! Ist das schön! Aber es ist ein Haus, wo nur Leute hineingehen können, die nicht wie wir sind.» – Die Augen des Kleinsten dagegen waren zu gebannt, als dass sie etwas anderes als törichtes, tiefes Vergnügen hätten ausdrücken können.

Die Chansonschreiber sagen, die Freude mache die Seele gut und das Herz weich. Das Chanson hatte für diesen Abend recht, jedenfalls was mich angeht. Nicht nur rührte mich diese Familie, die nur aus Augen bestand; ich fühlte mich auch ein bisschen beschämt wegen unserer Gläser und Karaffen, die größer waren als unser Durst. Ich wandte meinen Blick gerade zu dem Ihren, meine Liebe, um *meinen* Gedanken darin zu lesen; ich versenkte mich in Ihre so schönen und so seltsam weichen Augen, in Ihre grünen, von Launenhaftigkeit beherrschten und vom Mond beseelten Augen, da erklärten Sie mir: «Ich finde diese Leute unerträglich, die ihre Augen aufreißen wie Scheunentore! Könnten Sie nicht den Geschäftsführer des Café bitten, sie wegzuschaffen?»

So schwer ist es, einander zu verstehen, mein teurer Engel, und so wenig mitteilbar ist der Gedanke, selbst unter Menschen, die sich lieben!

Fancioulle était un admirable bouffon, et presque un des amis du Prince. Mais pour les personnes vouées par état au comique, les choses sérieuses ont de fatales attractions, et, bien qu'il puisse paraître bizarre que les idées de patrie et de liberté s'emparent despotiquement du cerveau d'un historien, un jour Fancioulle entra dans une conspiration formée par quelques gentilshommes mécontents.

Il existe partout des hommes de bien pour dénoncer au pouvoir ces individus d'humeur atrabilaire qui veulent déposer les princes et opérer, sans la consulter, le déménagement d'une société. Les seigneurs en question furent arrêtés, ainsi que Fancioulle, et voués à une mort certaine.

Je croirais volontiers que le Prince fut presque fâché de trouver son comédien favori parmi les rebelles. Le Prince n'était ni meilleur ni pire qu'un autre; mais une excessive sensibilité le rendait, en beaucoup de cas, plus cruel et plus despote que tous ses pareils. Amoureux passionné des beaux-arts, excellent connaisseur d'ailleurs, il était vraiment insatiable de voluptés. Assez indifférent relativement aux hommes et à la morale, véritable artiste lui-même, il ne connaissait d'ennemi dangereux que l'Ennui, et les efforts bizarres qu'il faisait pour fuir ou pour vaincre ce tyran du monde lui auraient certainement attiré, de la part d'un historien sévère, l'épithète de «monstre», s'il avait été permis, dans ses domaines, d'écrire quoi que ce fût qui ne tendît pas uniquement au plaisir, ou à l'étonnement, qui est une des formes les plus délicates du plaisir. Le grand malheur de ce Prince fut qu'il n'eut jamais un théâtre assez vaste pour son génie. Il y a de jeunes Nérons qui étouffent dans des limites trop étroites, et

Ein Heldentod

Fancioulle war ein bewundernswerter Narr und gehörte fast zu den Freunden des Fürsten. Aber Menschen, die von Beruf Spaßmacher sind, werden schicksalhaft von ernsten Dingen angezogen, und wenn es auch seltsam erscheinen mag, dass Gedankengut von Vaterland und Freiheit sich gebieterisch im Kopf eines Possenreißers breit macht – eines Tages beteiligte sich Fancioulle doch an der Verschwörung, die von einigen unzufriedenen Edelleuten angezettelt wurde.

Es gibt überall wohlmeinende Leute, die bereitwillig den Machthabern jeden reizbar gestimmten Menschen anzeigen, der Fürsten absetzen und eine Gesellschaft ungefragt auflösen will. Die betreffenden Edelleute, sowie auch Fancioulle wurden verhaftet und dem sicheren Tod überantwortet.

Ich möchte annehmen, dass der Fürst fast verärgert war, seinen Lieblingskomödianten unter den Aufrührern zu finden. Der Fürst war nicht besser und nicht schlechter als andere; aber eine ausgeprägte Empfindsamkeit ließ ihn in vielen Fällen grausamer und herrischer handeln als seinesgleichen. Als leidenschaftlicher Liebhaber und ausgezeichneter Kenner der schönen Künste war er schier unersättlich in seiner Genusssucht. Menschen und Sitten waren ihm so gut wie gleichgültig, fühlte er sich doch selber als wahrer Künstler. Seinen einzigen gefährlichen Feind sah er in der Langeweile, und die seltsamen Anstrengungen, die er machte, um dieser Weltbeherrscherin zu entkommen oder sie zu besiegen, hätten ihm von seiten eines strengen Historikers gewiss den Beinamen «Monster» eingetragen, wenn es denn in seinem Machtbereich erlaubt gewesen wäre, etwas zu schreiben, das nicht einzig dem Vergnügen galt oder der Verblüffung, die eine der köstlichsten Formen des Vergnügens ist. Das Unglück dieses Fürsten war, dass sich seine Geistesgaben nie auf einer genügend breiten Bühne darstellen konnten. Es gibt Menschen vom Schlage des jungen Nero, die

dont les siècles à venir ignoreront toujours le nom et la bonne volonté. L'imprévoyante Providence avait donné à celui-ci des facultés plus grandes que ses États.

Tout d'un coup le bruit courut que le Souverain voulait faire grâce à tous les conjurés; et l'origine de ce bruit fut l'annonce d'un grand spectacle où Fancioulle devait jouer l'un de ses principaux et de ses meilleurs rôles, et auquel assisteraient même, disait-on, les gentilshommes condamnés; signe évident, ajoutaient les esprits superficiels, des tendances généreuses du Prince offensé.

De la part d'un homme aussi naturellement et volontairement excentrique, tout était possible, même la vertu, même la clémence, surtout s'il avait pu espérer y trouver des plaisirs inattendus. Mais pour ceux qui, comme moi, avaient pu pénétrer plus avant dans les profondeurs de cette âme curieuse et malade, il était infiniment plus probable que le Prince voulait juger de la valeur des talents scéniques d'un homme condamné à mort. Il voulait profiter de l'occasion pour faire une expérience physiologique d'un intérêt *capital*, et vérifier jusqu'à quel point les facultés habituelles d'un artiste pouvaient être altérées ou modifiées par la situation extraordinaire où il se trouvait; au-delà, existait-il dans son âme une intention plus ou moins arrêtée de clémence? C'est un point qui n'a jamais pu être éclairci.

Enfin, le grand jour arrivé, cette petite Cour déploya toutes ses pompes et il serait difficile de concevoir, à moins de l'avoir vu, tout ce que la classe privilégiée d'un petit État, à ressources restreintes, peut montrer de splendeurs pour une vraie solennité. Celle-là était doublement vraie, d'abord par la magie du luxe étalé, ensuite par l'intérêt moral et mystérieux qui y était attaché.

in zu engen Grenzen ersticken und deren Namen und gute Absicht von kommenden Jahrhunderten gar nicht bemerkt werden. Diesem Fürsten hatte die sorglose Vorsehung größere Fähigkeiten verliehen, als zu seinem Machtbereich passten.

Auf einmal verbreitete sich das Gerücht, der Herrscher wolle alle Verschworenen begnadigen; dieses Gerücht entstand wohl durch die Ankündigung eines großen Schauspiels, bei dem Fancioulle eine seiner besten Hauptrollen spielen sollte. Dabei würden, so hieß es, auch die verurteilten Edelleute zugegen sein, ein klares Anzeichen – so meinten oberflächliche Geister – für großmütige Absichten des gekränkten Fürsten.

Bei einem von Natur und Neigung so exzentrischen Menschen war alles möglich, sogar Tugend und Güte, vor allem, wenn er sich davon unerwartetes Vergnügen erhoffen konnte. Wer aber wie ich etwas tiefer in diese eigenartige kranke Seele vordringen konnte, musste viel eher annehmen, dass der Fürst den Wert der schauspielerischen Fähigkeiten eines zum Tode Verurteilten abschätzen wollte. Er beabsichtigte, die Gelegenheit zu einem physiologischen Experiment von *höchster* Bedeutung zu nutzen und zu prüfen, bis zu welchem Grad die charakteristischen Fähigkeiten eines Künstlers verändert oder gewandelt werden konnten durch die außergewöhnliche Lage, in der er sich befand. Gab es darüber hinaus in seiner Seele eine mehr oder weniger ausgeprägte Anwandlung von Güte? Dieser Punkt konnte nie geklärt werden.

Als nun der große Tag gekommen war, entfaltete der kleine Hof seinen ganzen Prunk, und es ist schwer vorstellbar, es sei denn, man war dabei, was die bevorzugte Klasse eines kleinen Staates mit begrenzten Mitteln für ein echtes Fest-Ereignis an Glanz aufzubieten vermag. Es war in doppelter Hinsicht echt, zum einen wegen der Zauberwirkung des aufgebotenen Prunks, zum anderen wegen der geheimnisvollen moralischen Bedeutsamkeit, die ihm beigemessen wurde.

Le sieur Fancioulle excellait surtout dans les rôles muets ou peu chargés de paroles, qui sont souvent les principaux dans ces drames féeriques dont l'objet est de représenter symboliquement le mystère de la vie. Il entra en scène légèrement et avec une aisance parfaite, ce qui contribua à fortifier, dans le noble public, l'idée de douceur et de pardon.

Quand on dit d'un comédien: « Voilà un bon comédien », on se sert d'une formule qui implique que sous le personnage se laisse encore deviner le comédien, c'est-à-dire l'art, l'effort, la volonté. Or, si un comédien arrivait à être, relativement au personnage qu'il est chargé d'exprimer, ce que les meilleures statues de l'antiquité, miraculeusement animées, vivantes, marchantes, voyantes, seraient relativement à l'idée générale et confuse de beauté, ce serait là, sans doute, un cas singulier et tout à fait imprévu. Fancioulle fut, ce soir-là, une parfaite idéalisation, qu'il était impossible de ne pas supposer vivante, possible, réelle. Ce bouffon allait, venait, riait, pleurait, se convulsait, avec une indestructible auréole autour de la tête, auréole invisible pour tous, mais visible pour moi, et où se mêlaient, dans un étrange amalgame, les rayons de l'Art et la gloire du Martyre. Fancioulle introduisait, par je ne sais quelle grâce spéciale, le divin et le surnaturel, jusque dans les plus extravagantes bouffonneries. Ma plume tremble, et des larmes d'une émotion toujours présente me montent aux yeux, pendant que je cherche à vous décrire cette inoubliable soirée. Fancioulle me prouvait, d'une manière péremptoire, irréfutable, que l'ivresse de l'Art est plus apte que toute autre à voiler les terreurs du gouffre; que le génie peut jouer la comédie au bord de la tombe avec une joie qui l'empêche de voir la tombe, perdu, comme il est, dans un paradis excluant toute idée de tombe et de destruction.

Meister Fancioulle glänzte vor allem in den stummen und textarmen Rollen, die oft die wichtigsten sind in märchenhaften Stücken, bei denen es darum geht, das Geheimnis des Lebens symbolhaft aufzuzeigen. Er trat leicht und ungezwungen auf die Bühne, was bei dem erlesenen Publikum den Gedanken an Güte und Verzeihung verstärkte.

Wenn man von einem Schauspieler sagt: « Das ist ein guter Schauspieler », bedient man sich eines Ausdrucks, der besagt, dass sich hinter der Rollen-Darstellung noch der Schauspieler erahnen lässt, nämlich die Kunst, die Anstrengung, der Wille. Wenn aber einem Schauspieler bezüglich der Rolle, die er darstellen soll, das gelänge, was die besten Statuen der Antike in ihrem wunderbar beseelten, lebendig schreitenden, seherischen Ausdruck verkörpern bezüglich der allgemeinen, undefinierbaren Vorstellung von Schönheit, so wäre das zweifellos ein völlig überraschender Sonderfall. Fancioulle war an diesem Abend die Verkörperung der Vollkommenheit, die man sich nicht anders als leibhaftig anwesend, lebendig und echt vorstellen konnte. Dieser Komödiant kam, ging, lachte, weinte, zuckte, trug einen unzerstörbaren Heiligenschein um den Kopf – für alle, außer für mich, unsichtbar –, in dem sich die Strahlen der Kunst und der Ruhm des Märtyrers zu einem sonderbaren Gemisch vermengten. Selbst die ausgefallensten Possenszenen erfüllte Fancioulle, durch welche Gnade weiß ich nicht, mit Göttlichem, Übernatürlichem. Meine Feder zittert, und die allgegenwärtigen Tränen der Rührung treten mir in die Augen, während ich versuche, Ihnen diesen unvergesslichen Abend zu beschreiben. Fancioulle bewies mir bezwingend und unwiderlegbar: Die Trunkenheit der Kunst ist geeigneter als jeder andere Rausch, die Schrecken des Abgrunds zu verschleiern; ein genialer Schauspieler kann am Rande des Grabes mit solcher Freude spielen, dass er das Grab nicht sieht; er ist versunken in ein Paradies, das jeden Gedanken an Grab und Zerstörung ausschließt.

Tout ce public, si blasé et frivole qu'il pût être, subit bientôt la toute-puissante domination de l'artiste. Personne ne rêva plus de mort, de deuil, ni de supplices. Chacun s'abandonna, sans inquiétude, aux voluptés multipliées que donne la vue d'un chef-d'œuvre d'art vivant. Les explosions de la joie et de l'admiration ébranlèrent à plusieurs reprises les voûtes de l'édifice avec l'énergie d'un tonnerre continu. Le Prince lui-meme, enivré, mêla ses applaudissements à ceux de sa Cour.

Cependant, pour un œil clairvoyant, son ivresse, à lui, n'était pas sans mélange. Se sentait-il vaincu dans son pouvoir de despote? humilié dans son art de terrifier les cœurs et d'engourdir les esprits? frustré de ses espérances et bafoué dans ses prévisions? De telles suppositions, non exactement justifiées, mais non absolument injustifiables, traversèrent mon esprit pendant que je contemplais le visage du Prince, sur lequel une pâleur nouvelle s'ajoutait sans cesse à sa pâleur habituelle, comme la neige s'ajoute à la neige. Ses lèvres se resserraient de plus en plus, et ses yeux s'éclairaient d'un feu intérieur semblable à celui de la jalousie et de la rancune, même pendant qu'il applaudissait ostensiblement les talents de son vieil ami, l'étrange bouffon, qui bouffonnait si bien la mort. A un certain moment, je vis Son Altesse se pencher vers un petit page, placé derrière elle, et lui parler à l'oreille. La physionomie espiègle du joli enfant s'illumina d'un sourire; et puis il quitta vivement la loge princière comme pour s'acquitter d'une commission urgente.

Quelques minutes plus tard un coup de siffet aigu, prolongé, interrompit Fancioulle dans un de ses meilleurs moments, et déchira à la fois les oreilles et les cœurs. Et de l'endroit de la salle d'où avait jailli cette

Das ganze Publikum, mochte es noch so hochnäsig und abgebrüht sein, war bald wie gebannt von der allmächtigen Herrschaft des Künstlers. Keiner mehr dachte im Traum an Tod, Trauer oder Strafe. Jeder gab sich unbekümmert dem vielfältigen Genuss hin, den der Anblick einer Meisterleistung lebendiger Kunst vermittelt. Ausbrüche der Freude und Bewunderung erschütterten in immer neuen Wellen mit der Kraft andauernden Donners die Gewölbe des Gebäudes. Selbst der Fürst, ganz berauscht, beteiligte sich an den Beifallbekundungen seines Hofes.

Für ein scharfblickendes Auge war jedoch seine Begeisterung nicht ungetrübt. Fühlte er sich besiegt in seiner herrscherlichen Macht? Gedemütigt in seiner Fähigkeit, Herzen zu erschrecken und Gemüter zu betäuben? In seinen Hoffnungen getäuscht und in seinen Vorkehrungen lächerlich gemacht? Solche Vermutungen, vielleicht nicht ganz berechtigt, aber auch nicht völlig unberechtigt, gingen mir durch den Kopf, während ich das Gesicht des Fürsten beobachtete, auf dem sich außer der gewohnten Blässe noch eine neue Blässe abzeichnete, wie wenn Schnee auf Schnee fällt. Seine Lippen pressten sich immer mehr zusammen, in seine Augen trat ein inneres Feuer, das nach Eifersucht und Gehässigkeit aussah, selbst dann, wenn er offenbar dem Talent seines alten Freundes Beifall spendete, diesem seltsamen Narren, der den Tod so zum Narren hielt. Zu einem bestimmten Zeitpunkt sah ich, wie Seine Hoheit sich zu einem hinter ihm stehenden kleinen Pagen beugte und ihm etwas ins Ohr sagte. Über das schelmische Antlitz des hübschen Jungen huschte ein Lächeln. Er verließ rasch die Fürstenloge, wie um einen dringenden Auftrag zu erledigen.

Ein paar Minuten später unterbrach ein langgezogener schriller Pfiff Fancioulle in einer seiner besten Passagen und zerriss gleichzeitig die Ohren und die Herzen. Von derjenigen Stelle des Saales aus, von der diese unerwartete missbilligende

désapprobation inattendue, un enfant se précipitait dans un corridor avec des rires étouffés.

Fancioulle, secoué, réveillé dans son rêve, ferma d'abord les yeux, puis les rouvrit presque aussitôt, démesurément agrandis, ouvrit ensuite la bouche comme pour respirer convulsivement, chancela un peu en avant, un peu en arrière, et puis tomba raide mort sur les planches.

Le sifflet, rapide comme un glaive, avait-il réellement frustré le bourreau? Le Prince avait-il lui-même deviné toute l'homicide efficacité de sa ruse? Il est permis d'en douter. Regretta-t-il son cher et inimitable Fancioulle: Il est doux et légitime de le croire.

Les gentilshommes coupables avaient joui pour la dernière fois du spectacle de la comédie. Dans la même nuit ils furent effacés de la vie.

Depuis lors, plusieurs mimes, justement appréciés dans différent pays, sont venus jouer devant la Cour de ***; mais aucun d'eux n'a pu rappeler les merveilleux talents de Fancioulle, ni s'élever jusqu'à la même faveur.

La fausse monnaie XXVIII

Comme nous nous éloignions du bureau de tabac, mon ami fit un soigneux triage de sa monnaie: dans la poche gauche de son gilet il glissa de petites pièces d'or; dans la droite, de petites pièces d'argent; dans la poche gauche de sa culotte, une masse de gros sols; et enfin, dans la droite, une pièce d'argent de deux francs qu'il avait particulièrement examinée.

« Singulière et minutieuse répartition ! » me dis-je en moi-même.

Nous fîmes la rencontre d'un pauvre qui nous tendit sa casquette en tremblant. – Je ne connais rien de plus

Äußerung zu hören gewesen war, sprang ein Kind mit unterdrücktem Lachen auf den Gang.

Fancioulle, durchzuckt, aus seinem Traum gerissen, schloss zunächst die Augen, dann öffnete er sie gleich wieder übergroß, sperrte den Mund auf und rang krampfhaft nach Atem, schwankte ein wenig nach vorn, ein wenig nach hinten und stürzte dann tot auf die Bühne.

Hatte der Pfiff, schnell wie ein Schwertstreich, tatsächlich den Henker überflüssig gemacht? Hatte der Fürst die mörderische Wirkung seiner List vorausgeahnt? Man darf es bezweifeln. Tat es ihm leid um seinen lieben, unnachahmlichen Fancioulle? Es ist versöhnlich und berechtigt, das zu glauben.

Die schuldigen Edelleute hatten zum letzten Mal die Aufführung eines Schauspiels genossen. In derselben Nacht wurde ihr Leben ausgelöscht.

Seither haben verschiedene Mimen, zu Recht hochgeschätzt in etlichen Ländern, am Hofe von *** gespielt, aber keiner kam jemals an das wunderbare Talent von Fancioulle heran, und keiner stieg zu solcher Gunst empor.

Das falsche Geldstück

Als wir den Tabakladen verließen, nahm mein Freund eine sorgfältige Aufteilung seines Kleingelds vor: in die linke Westentasche steckte er die kleinen Goldstücke, in die rechte die kleinen Silberstücke, in die linke Hosentasche eine Menge dicker Kupfermünzen, und in die rechte schließlich ein silbernes Zweifrankenstück, das er mit ganz besonderer Aufmerksamkeit angeschaut hatte.

«Eine merkwürdige und genaue Einteilung», sagte ich mir.

Wir begegneten einem armen Mann, der uns zitternd seine Mütze hinhielt. – Nichts kann mich mehr ergreifen als die

inquiétant que l'éloquence muette de ces yeux suppliants qui contiennent à la fois, pour l'homme sensible qui sait y lire, tant d'humilité, tant de reproches. Il y trouve quelque chose approchant cette profondeur de sentiment compliqué dans les yeux larmoyants des chiens qu'on fouette.

L'offrande de mon ami fut beaucoup plus considérable que la mienne, et je lui dis : « Vous avez raison ; après le plaisir d'être étonné, il n'en est pas de plus grand que celui de causer une surprise. » – « C'était la pièce fausse », me répondit-il tranquillement, comme pour se justifier de sa prodigalité.

Mais dans mon misérable cerveau, toujours occupé à chercher midi à quatorze heures (de quelle fatigante faculté la nature m'a fait cadeau !), entra soudainement cette idée qu'une pareille conduite, de la part de mon ami, n'était excusable que par le désir de créer un événement dans la vie de ce pauvre diable, peut-être même de connaître les conséquences diverses, funestes ou autres, que peut engendrer une pièce fausse dans la main d'un mendiant. Ne pouvait-elle pas se multiplier en pièces vraies ? ne pouvait-elle pas aussi le conduire en prison ? Un cabaretier, un boulanger, par exemple, allait peut-être le faire arrêter comme faux-monnayeur ou comme propagateur de fausse monnaie. Tout aussi bien la pièce fausse serait peut-être, pour un pauvre petit spéculateur, le germe d'une richesse de quelques jours. Et ainsi ma fantaisie allait son train, prêtant des ailes à l'esprit de mon ami et tirant toutes les déductions possibles de toutes les hypothèses possibles.

Mais celui-ci rompit brusquement ma rêverie en reprenant mes propres paroles : « Oui, vous avez raison : il n'est pas de plaisir plus doux que de surprendre un homme en lui donnant plus qu'il n'espère. »

stumme Beredsamkeit solcher flehenden Augen, in denen für den empfindsamen Menschen, der aus ihnen zu lesen versteht, so viel Demut und so viel Vorwurf liegt. Man erblickt darin etwas, das nahe herankommt an die schwer zu ergründende Gefühlstiefe in den klagenden Augen eines geprügelten Hundes.

Das Almosen meines Freundes war viel beträchtlicher als meines, und ich sagte zu ihm: «Sie haben recht; außer dem Vergnügen, überrascht zu werden, gibt es kein größeres als das, anderen eine Überraschung zu machen.» – «Es war die Falschmünze», entgegnete er gelassen, als wolle er seine übertriebene Freigebigkeit entschuldigen.

In meinem elenden Gehirn, das ständig damit beschäftigt ist, unnötig weit zu denken (was für eine anstrengende Fähigkeit hat mir da die Natur mitgegeben!), entstand jedoch mit einem Mal der Gedanke, dass ein solches Verhalten meines Freundes nur zu entschuldigen sei durch den Wunsch, im Leben dieses armen Teufels ein Ereignis zu schaffen und vielleicht sogar die verschiedenen Folgen kennenzulernen, unheilvolle oder auch andere, zu denen ein falsches Geldstück in der Hand eines Bettlers führen kann. Konnte es sich nicht in echte Münzen vervielfachen? Konnte es ihn aber nicht ebensogut ins Gefängnis bringen? Ein Wirt oder ein Bäcker zum Beispiel würden ihn vielleicht wegen Falschmünzerei oder als Vertreiber von Falschgeld festnehmen lassen. Ganz genau so gut könnte das falsche Geldstück für einen armen Spekulanten der Keim eines Reichtums für ein paar Tage werden. So ging meine Phantasie mit mir durch, verlieh dem Geist meines Freundes Flügel und zog alle erdenklichen Schlüsse aus allen erdenklichen Annahmen.

Da unterbrach mein Freund unvermittelt meine Träumerei, indem er an meine eigenen Worte anknüpfte: «Ja, Sie haben recht: es gibt kein süßeres Vergnügen, als einen Menschen damit zu überraschen, dass man ihm mehr gibt, als er erwartet.»

Je le regardai dans le blanc des yeux, et je fus épouvanté de voir que ses yeux brillaient d'une incontestable candeur. Je vis alors clairement qu'il avait voulu faire à la fois la charité et une bonne affaire: gagner quarante sols et le cœur de Dieu; emporter le paradis économiquement; enfin attraper gratis un brevet d'homme charitable. Je lui aurais presque pardonné le désir de la criminelle jouissance dont je le supposais tout à l'heure capable; j'aurais trouvé curieux, singulier, qu'il s'amusât à compromettre les pauvres; mais je ne lui pardonnerai jamais l'ineptie de son calcul. On n'est jamais excusable d'être méchant, mais il y a quelque mérite à savoir qu'on l'est; et le plus irréparable des vices est de faire le mal par bêtise.

Le joueur généreux XXIX

Hier, à travers la foule du boulevard, je me sentis frôlé par un Être mystérieux que j'avais toujours désiré connaître, et que je reconnus tout de suite, quoique je ne l'eusse jamais vu. Il y avait sans doute chez lui, relativement à moi, un désir analogue, car il me fit, en passant, un clignement d'œil significatif auquel je me hâtai d'obéir. Je le suivis attentivement, et bientôt je descendis derrière lui dans une demeure souterraine, éblouissante, où éclatait un luxe dont aucune des habitations supérieures de Paris ne pourrait fournir un exemple approchant. Il me parut singulier que j'eusse pu passer si souvent à côté de ce prestigieux repaire sans en deviner l'entrée. Là régnait une atmosphère exquise, quoique capiteuse, qui faisait oublier presque instantanément toutes les fastidieuses horreurs de la vie; on y respirait

Ich blickte ihm tief in die Augen und war erschüttert zu sehen, dass diese Augen von unbestreitbarer Aufrichtigkeit leuchteten. Da erkannte ich ganz klar, dass er es zugleich auf ein gutes Werk und ein gutes Geschäft abgesehen hatte: vierzig Sous sparen und Gottes Herz gewinnen; billig das Paradies erwerben; kostenlos das Zeugnis eines Wohltäters der Menschen erlangen. Den Wunsch nach einem verbrecherischen Genuss, den ich ihm eben noch zugetraut hatte, hätte ich ihm fast verziehen. Ich hätte es seltsam und erstaunlich gefunden, dass er Spaß daran hatte, arme Leute in Schwierigkeiten zu bringen, aber seine abgeschmackte Berechnung werde ich ihm nie verzeihen. Es gibt keine Entschuldigung dafür, bösartig zu sein, allenfalls hat man ein gewisses Verdienst, wenn man weiß, dass man es ist; *eine* Untugend aber ist nicht gutzumachen: das Böse aus Dummheit zu tun.

Der großmütige Spieler

Gestern streifte mich im Gewühl der Menge auf dem Boulevard ein geheimnisvoller Mann, den ich schon lange kennenlernen wollte und den ich sofort erkannte, obwohl ich ihn nie zuvor gesehen hatte. Bei dem Fremden bestand offenbar, was mich betraf, ein ähnlicher Wunsch, denn er blinzelte mir im Vorübergehen bedeutungsvoll zu, was ich sofort erwiderte. Ich folgte ihm aufmerksam und betrat alsbald hinter ihm eine prächtige Wohnung in einem Untergeschoss, die mit solchem Luxus ausgestattet war, dass keine der oberirdischen Wohnungen in Paris sich auch nur annähernd damit messen könnte. Ich fand es sonderbar, dass ich so oft an diesem verborgenen luxuriösen Ort vorübergegangen war, ohne den Eingang zu bemerken. Es herrschte dort eine wunderbare, ja berauschende Stimmung, die im Nu alle unangenehmen Scheußlichkeiten des Lebens vergessen ließ; man schwelgte in einer gedämpften

une béatitude sombre, analogue à celle que durent éprouver les mangeurs de lotus quand, débarquant dans une île enchantée, éclairée des lueurs d'une éternelle après-midi, ils sentirent naître en eux, aux sons assoupissants des mélodieuses cascades, le désir de ne jamais revoir leurs pénates, leurs femmes, leurs enfants, et de ne jamais remonter sur les hautes lames de la mer.

Il y avait là des visages étranges d'hommes et de femmes, marqués d'une beauté fatale, qu'il me semblait avoir vus déjà à des époques et dans des pays dont il m'était impossible de me souvenir exactement, et qui m'inspiraient plutôt une sympathie fraternelle que cette crainte qui naît ordinairement à l'aspect de l'inconnu. Si je voulais essayer de définir d'une manière quelconque l'expression singulière de leurs regards, je dirais que jamais je ne vis d'yeux brillant plus énergiquement de l'horreur de l'ennui et du désir immortel de se sentir vivre.

Mon hôte et moi nous étions déjà, en nous asseyant, de vieux et parfaits amis. Nous mangeâmes, nous bûmes outre mesure de toutes sortes de vins extraordinaires, et, chose non moins extraordinaire, il me semblait, après plusieurs heures, que je n'étais pas plus ivre que lui. Cependant le jeu, ce plaisir surhumain, avait coupé à divers intervalles nos fréquentes libations, et je dois dire que j'avais joué et perdu mon âme, en partie liée, avec une insouciance et une légèreté héroïques. L'âme est une chose si impalpable, si souvent inutile et quelquefois si gênante, que je n'éprouvai, quant à cette perte, qu'un peu moins d'émotion que si j'avais égaré, dans une promenade, ma carte de visite.

Nous fumâmes longuement quelques cigares dont la saveur et le parfum incomparables donnaient à l'âme la nostalgie de pays et de bonheurs inconnus; et, enivré de toutes ces délices, j'osai, dans un accès de familiarité qui

Seligkeit, vergleichbar derjenigen, die die Lotosesser empfinden mussten, wenn sie auf einer verzauberten Insel landeten und im Licht eines unendlichen Nachmittags beim betäubenden Klang melodischer Wasserfälle den Wunsch in sich aufsteigen spürten, nie mehr ihr Zuhause, ihre Frauen, ihre Kinder zu sehen und nie mehr über die Schaumkronen des Meeres zu fahren.

Es gab da seltsame, von verhängnisvoller Schönheit gezeichnete Gesichter von Männern und Frauen, die ich wohl schon gesehen hatte in Zeiten und Ländern, an die ich mich ganz und gar nicht mehr erinnern konnte; sie lösten in mir eher eine brüderliche Zuneigung aus als eine Furcht, wie sie sonst beim Anblick des Unbekannten entsteht. Wollte ich versuchen, den seltsamen Ausdruck in ihren Augen annähernd zu beschreiben, so würde ich sagen: nie zuvor habe ich Augen dermaßen glänzen sehen vom Abscheu vor Langeweile und von dem unstillbaren Wunsch, das Leben zu spüren.

Als wir uns setzten, waren mein Gastgeber und ich schon altvertraute Freunde. Wir aßen und tranken unmäßig allerlei ungewöhnliche Weine, und ebenso ungewöhnlich: nach einigen Stunden kam es mir so vor, als sei ich ebenso wenig betrunken wie er. Währenddessen hatte das Spiel, dieses übermenschliche Vergnügen, immer wieder unser fortgesetztes Trinkgelage unterbrochen, und ich muss sagen, dass ich in einer Mehrfach-Runde mit Unbekümmertheit und heldenhaftem Leichtsinn meine Seele eingesetzt und verspielt hatte. Die Seele ist etwas so wenig Fassbares, so oft Unnötiges, manchmal auch Lästiges, dass ich angesichts dieses Verlustes noch etwas weniger beunruhigt war, als wenn ich bei einem Spaziergang meine Visitenkarte verloren hätte.

Wir rauchten lange einige Zigarren, deren unvergleichlicher Geschmack und Duft einem die Sehnsucht nach unbekannten Ländern und Glückseligkeit einflößte. Berauscht von all diesen Köstlichkeiten wagte ich in einer Aufwallung von Vertraulich-

ne parut pas lui déplaire, m'écrier, en m'emparant d'une coupe pleine jusqu'au bord: « A votre immortelle santé, vieux Bouc! »

Nous causâmes aussi de l'univers, de sa création et de sa future destruction; de la grande idée du siècle, c'est-à-dire du progrès et de la perfectibilité, et, en général, de toutes les formes de l'infatuation humaine. Sur ce sujet-là, Son Altesse ne tarissait pas en plaisanteries légères et irréfutables, et elle s'exprimait avec une suavité de diction et une tranquillité dans la drôlerie que je n'ai trouvées dans aucun des plus célèbres causeurs de l'humanité. Elle m'expliqua l'absurdité des différentes philosophies qui avaient jusqu'à présent pris possession du cerveau humain, et daigna même me faire confidence de quelques principes fondamentaux, dont il ne me convient pas de partager les bénéfices et la propriété avec qui que ce soit. Elle ne se plaignit en aucune façon de la mauvaise réputation dont elle jouit dans toutes les parties du monde, m'assura qu'elle était, elle-même, la personne la plus intéressée à la destruction de la *superstition*, et m'avoua qu'elle n'avait eu peur, relativement à son propre pouvoir, qu'une seule fois, c'était le jour où elle avait entendu un prédicateur, plus subtil que ses confrères, s'écrier en chaire: « Mes chers frères, n'oubliez jamais, quand vous entendrez vanter le progrès des lumières, que la plus belle des ruses du Diable est de vous persuader qu'il n'existe pas! »

Le souvenir de ce célèbre orateur nous conduisit naturellement vers le sujet des académies, et mon étrange convive m'affirma qu'il ne dédaignait pas, en beaucoup de cas, d'inspirer la plume, la parole et la conscience des pédagogues, et qu'il assistait presque toujours en personne; quoique invisible, à toutes les séances académiques.

Encouragé par tant de bontés, je lui demandai des nou-

keit, die ihm zu gefallen schien, mit einem randvollen Glas auszurufen: « Auf Ihre unsterbliche Gesundheit, alter Bursche! »

Wir plauderten über das Weltall, über seine Entstehung und über seinen künftigen Untergang, über die großen Ideen des Jahrhunderts, also über Fortschritt und Höherentwicklung und überhaupt über alles, was sich die Menschen so einbilden. Bei diesem Thema war seine Hoheit unerschöpflich in leicht hingesagten schlagenden Äußerungen; er hatte eine angenehme Ausdrucksweise und eine Unbekümmertheit beim Scherzen, wie ich sie bei keinem der berühmtesten Plauderer der Menschheit je angetroffen habe. Er erklärte mir die Unsinnigkeit der verschiedenen Philosophien, die bisher vom menschlichen Gehirn Besitz ergriffen hatten, und ließ sich sogar herbei, mir einige Grundsätze anzuvertrauen, deren Vorzüglichkeiten und Eigenart mit irgendjemand zu teilen mir nicht zusteht. Er beklagte sich in keiner Weise über den schlechten Ruf, den er in allen Teilen der Welt genoss, versicherte mir, er sei selber am meisten an der Abschaffung des *Aberglaubens* interessiert, und gestand mir, er habe nur ein einziges Mal um seinen Machterhalt gebangt, und zwar an dem Tag, als er einen Prediger, der gewitzter war als seine Mitbrüder, von der Kanzel herab rufen hörte: « Meine lieben Brüder, vergesst nicht, wenn ihr den Fortschritt der Aufklärung rühmen hört, dass die höchste List des Teufels darin besteht, euch einzureden, es gebe ihn nicht! »

Die Erinnerung an diesen berühmten Redner brachte uns natürlich zum Thema Akademien. Mein seltsamer Gastgeber versicherte mir, er verabscheue es durchaus nicht, in vielen Fällen Veröffentlichungen, Reden und Gewissen der Lehrer zu beeinflussen, er nehme fast immer persönlich, wenn auch unsichtbar, an allen akademischen Sitzungen teil.

Ermutigt von so viel Güte erkundigte ich mich nach Gott

velles de Dieu, et s'il l'avait vu récemment. Il me répondit, avec une insouciance nuancée d'une certaine tristesse: «Nous nous saluons quand nous nous rencontrons, mais comme deux vieux gentilshommes, en qui une politesse innée ne saurait éteindre tout à fait le souvenir d'anciennes rancunes.»

Il est douteux que Son Altesse ait jamais donné une si longue audience à un simple mortel, et je craignais d'abuser. Enfin, comme l'aube frissonnante blanchissait les vitres, ce célèbre personnage, chanté par tant de poètes et servi par tant de philosophes qui travaillent à sa gloire sans le savoir, me dit: «Je veux que vous gardiez de moi un bon souvenir, et vous prouver que Moi, dont on dit tant de mal, je suis quelquefois *bon diable*, pour me servir d'une de vos locutions vulgaires. Afin de compenser la perte irrémédiable que vous avez faite de votre âme, je vous donne l'enjeu que vous auriez gagné si le sort avait été pour vous, c'est-à-dire la possibilité de soulager et de vaincre, pendant toute votre vie, cette bizarre affection de l'Ennui, qui est la source de toutes vos maladies et de tous vos misérables progrès. Jamais un désir ne sera formé par vous, que je ne vous aide à le réaliser; vous régnerez sur vos vulgaires semblables; vous serez fourni de flatteries et même d'adorations; l'argent, l'or, les diamants, les palais féeriques, viendront vous chercher et vous prieront de les accepter, sans que vous ayez fait un effort pour les gagner; vous changerez de patrie et de contrée aussi souvent que votre fantaisie vous l'ordonnera; vous vous soûlerez de voluptés, sans lassitude, dans des pays charmants où il fait toujours chaud et où les femmes sentent aussi bon que les fleurs, et cœtera, et cœtera …», ajouta-t-il en se levant et en me congédiant avec un bon sourire.

Si ce n'eût été la crainte de m'humilier devant une

und ob er ihn kürzlich gesehen habe. Er antwortete mir unbekümmert, nur mit einem Hauch Traurigkeit: «Wir grüßen uns, wenn wir uns begegnen, aber wie zwei alte Edelleute, deren angeborene Höflichkeit die Erinnerung an alte Zwistigkeiten nicht ganz wegwischen kann.»

Es ist fraglich, ob Seine Hoheit einem gewöhnlichen Sterblichen jemals eine so lange Audienz gewährte, und ich fürchtete, sie über Gebühr in Anspruch zu nehmen. Nun, da die kühle Morgendämmerung die Fensterscheiben weißlich machte, sprach der berühmte Mann, der von so vielen Dichtern besungen wird und dem so viele Philosophen dienen, indem sie unwissentlich seinen Ruhm vergrößern: «Ich möchte, dass Sie mich in angenehmer Erinnerung behalten, will Ihnen beweisen, dass ich, dem so viel Schlechtes nachgesagt wird, manchmal ein *guter Teufel* bin, um eine Ihrer gängigen Redensarten zu gebrauchen. Damit der unabänderliche Verlust Ihrer Seele wettgemacht wird, schenke ich Ihnen den Einsatz, den Sie gewonnen hätten, wenn das Glück auf Ihrer Seite gewesen wäre, das heißt die Möglichkeit, Ihr ganzes Leben lang dieses verrückte Leiden an der Langeweile zu lindern und zu besiegen, diese Quelle all eurer Krankheiten und all eures schlechten Fortschreitens. Nie werden Sie einen Wunsch hegen, den ich Ihnen nicht zu erfüllen behilflich wäre; Sie werden über gewöhnliche Mitmenschen herrschen; man wird Ihnen schmeicheln und Sie bewundern; man wird Ihnen Silber, Gold, Diamanten und Märchenschlösser zu Füßen legen und Sie bitten, sie anzunehmen, ohne dass Sie den Versuch gemacht hätten, sie zu erwerben; Sie werden Heimat und Umgebung wechseln, so oft Ihre Phantasie danach verlangt; unermüdlich werden Sie voller Wollust schwelgen in bezaubernden Ländern, wo es immer warm ist und wo die Frauen so gut duften wie Blumen und so weiter, und so weiter ...» fügte er hinzu, erhob sich und verabschiedete mich mit einem schönen Lächeln.

Hätte ich nicht gefürchtet, mich vor einer so großen Gesell-

aussi grande assemblée, je serais volontiers tombé aux pieds de ce joueur généreux pour le remercier de son inouïe munificence. Mais peu à peu, après que je l'eus quitté, l'incurable défiance rentra dans mon sein; je n'osais plus croire à un si prodigieux bonheur, et, en me couchant, faisant encore ma prière par un reste d'habitude imbécile, je répétais dans un demi-sommeil: «Mon Dieu! Seigneur, mon Dieu! faites que le Diable me tienne sa parole!»

Les vocations XXXI

Dans un beau jardin où les rayons d'un soleil automnal semblaient s'attarder à plaisir, sous un ciel déjà verdâtre où des nuages d'or flottaient comme des continents en voyage, quatre beaux enfants, quatre garçons, las de jouer sans doute, causaient entre eux.

L'un disait: «Hier, on m'a mené au théâtre. Dans des palais grands et tristes, au fond desquels on voit la mer et le ciel, des hommes et des femmes, sérieux et tristes aussi, mais bien plus beaux et bien mieux habillés que ceux que nous voyons partout, parlent avec une voix chantante. Ils se menacent, ils supplient, ils se désolent, et ils appuient souvent leur main sur un poignard enfoncé dans leur ceinture. Ah! c'est bien beau! Les femmes sont bien plus belles et bien plus grandes que celles qui viennent nous voir à la maison, et, quoique avec leurs grands yeux creux et leurs joues enflammées elles aient l'air terrible, on ne peut pas s'empêcher de les aimer. On a peur, on a envie de pleurer, et cependant l'on est content... Et puis, ce qui est plus singulier, cela donne envie d'être habillé de même, de dire et de faire les mêmes choses, et de parler avec la même voix...»

schaft zu erniedrigen, wäre ich dem großmütigen Spieler gern zu Füßen gefallen, um ihm für seine unerhörte Freigebigkeit zu danken. Aber als ich ihn verlassen hatte, kehrte nach und nach unverbesserliches Misstrauen in mein Herz zurück; ich wagte nicht mehr, an ein so wunderbares Glück zu glauben, und als ich zu Bett ging und in einer Anwandlung stupider Gewohnheit mein Gebet verrichtete, sagte ich immerzu im Halbschlaf: «Mein Gott, mein Herr und Gott, gib, dass der Teufel Wort hält!»

Die Bestimmungen

In einem schönen Garten, in dem die herbstlichen Sonnenstrahlen noch mit Behagen zu verweilen schienen, unter einem bereits grünlichen Himmel, an welchem goldene Wolken wie reisende Kontinente dahinzogen, plauderten vier schöne Kinder, vier Knaben, die offenbar vom Spielen müde waren.

Der eine sagte: «Gestern war ich mit im Theater. In großen, traurigen Palästen, hinter denen das Meer und der Himmel zu sehen sind, sprechen mit singender Stimme ernste und ebenfalls traurige Männer und Frauen; sie sind aber viel schöner und besser gekleidet als alle, die man sonst überall sieht. Sie bedrohen sich, sie flehen, sie verzweifeln, und oft stützen sie die Hand auf den Dolch, der in ihrem Gürtel steckt. Ach, es ist wunderbar! Die Frauen sind viel schöner und schlanker als alle, die bei uns zu Hause zu Besuch kommen, und obwohl sie mit ihren tiefliegenden großen Augen und ihren leuchtend roten Wangen zum Erschrecken sind, kann man gar nicht anders als sie lieben. Man hat Angst und man möchte weinen, und doch ist man zufrieden … Und was noch erstaunlicher ist, man bekommt Lust, ebenso gekleidet zu sein, die gleichen Dinge zu tun und zu sagen und mit gleicher Stimme zu sprechen …»

L'un des quatre enfants, qui depuis quelques secondes n'écoutait plus le discours de son camarade et observait avec une fixité étonnante je ne sais quel point du ciel, dit tout à coup: «Regardez, regardez là-bas! … Le voyez-vous? Il est assis sur ce petit nuage isolé, ce petit nuage couleur de feu, qui marche doucement. Lui aussi, on dirait qu'il nous regarde.»

– Mais qui donc? – demandèrent les autres.

– Dieu! – répondit-il avec un accent parfait de conviction. – Ah! il est déjà bien loin; tout à l'heure, vous ne pourrez plus le voir. Sans doute il voyage, pour visiter tous les pays. Tenez, il va passer derrière cette rangée d'arbres qui est presque à l'horizon, … et maintenant il descend derrière le clocher … Ah! on ne le voit plus! – Et l'enfant resta longtemps tourné du même côté, fixant sur la ligne qui sépare la terre du ciel des yeux où brillait une inexprimable expression d'extase et de regret.

«Est-il bête, celui-là, avec son bon Dieu, que lui seul peut apercevoir! – dit alors le troisième, dont toute la petite personne était marquée d'une vivacité et d'une vitalité singulières. – Moi, je vais vous raconter comment il m'est arrivé quelque chose qui ne vous est jamais arrivé, et qui est un peu plus intéressant que votre théâtre et vos nuages … Il y a quelques jours, mes parents m'ont emmené en voyage avec eux, et, comme dans l'auberge où nous nous sommes arrêtés il n'y avait pas assez de lits pour nous tous, il a été décidé que je dormirais dans le même lit que ma bonne. – Il attira ses camarades tout près de lui, et parla d'une voix plus basse: – Ça fait un singulier effet, allez! de n'être pas couché seul et d'être dans un lit avec sa bonne, dans les ténèbres Comme je ne dormais pas, je me suis amusé, pendant qu'elle dormait, à passer ma main sur ses bras, sur son cou et sur ses épaules. Elle

Einer der vier Knaben, der schon eine kleine Weile dem Kameraden nicht mehr zuhörte und mit auffallender Gebanntheit einen bestimmten Punkt am Himmel anstarrte, sagte plötzlich: « Schaut doch, schaut da hinten! ... Seht ihr ihn? Er sitzt auf dieser einzelnen kleinen Wolke, dieser feuerfarbenen kleinen Wolke, die so schön ruhig dahinzieht. Auch er schaut uns an, meint man. »

« Aber wer denn? » fragten die anderen.

« Gott! » antwortete er mit dem Ausdruck vollkommener Überzeugung. « Ach, nun ist er schon weit weg; gleich könnt ihr Ihn nicht mehr sehen. Gewiss ist er auf Reisen, um alle Länder zu besuchen. Da, jetzt verschwindet er gleich hinter dieser Baumreihe am Horizont ... jetzt schwebt er hinter den Kirchturm ... Ach, jetzt ist er nicht mehr zu sehen! » – Und das Kind richtete den Blick noch lange zur selben Seite, starrte mit Augen, in denen ein unsäglicher Ausdruck von Verzückung und Bedauern lag, auf die Linie, die den Himmel von der Erde trennt.

« Er ist zu blöd mit seinem lieben Gott, den bloß er sehen kann! » sagte nun der dritte, dessen ganze kleine Gestalt eine auffallende Lebhaftigkeit und Lebenskraft ausstrahlte. « Ich will euch etwas erzählen, das ich erlebt habe und das euch bestimmt noch nie begegnet ist, etwas viel Interessanteres als euer Theater und eure Wolken ... Vor ein paar Tagen haben mich meine Eltern auf eine Reise mitgenommen, und da es in dem Gasthof, in dem wir abstiegen, nicht genug Betten für uns alle gab, wurde entschieden, dass ich im selben Bett wie mein Kindermädchen schlafen sollte. » – Er zog seine Kameraden ganz nah zu sich heran und sprach mit gedämpfter Stimme: « Wisst ihr, es ist ein eigenartiges Gefühl, nicht allein zu schlafen, sondern mit seinem Kindermädchen im Bett zu sein, im Dunkeln. Da ich noch wach lag, machte ich mir den Spaß, während sie schon schlief, ihr mit der Hand über Arme, Hals und Schultern zu streicheln. Arme und Hals sind bei ihr viel kräf-

a les bras et le cou bien plus gros que toutes les autres femmes, et la peau en est si douce, si douce, qu'on dirait du papier à lettre ou du papier de soie. J'y avais tant de plaisir que j'aurais longtemps continué, si je n'avais pas eu peur, peur de la réveiller d'abord, et puis encore peur de je ne sais quoi. Ensuite j'ai fourré ma tête dans ses cheveux qui pendaient dans son dos, épais comme une crinière, et ils sentaient aussi bon, je vous assure, que les fleurs du jardin, à cette heure-ci. Essayez, quand vous pourrez, d'en faire autant que moi, et vous verrez ! »

Le jeune auteur de cette prodigieuse révélation avait, en faisant son récit, les yeux écarquillés par une sorte de stupéfaction de ce qu'il éprouvait encore, et les rayons du soleil couchant, en glissant à travers les boucles rousses de sa chevelure ébouriffée, y allumaient comme une auréole sulfureuse de passion. Il était facile de deviner que celui-là ne perdrait pas sa vie à chercher la Divinité dans les nuées, et qu'il la trouverait fréquemment ailleurs.

Enfin le quatrième dit : « Vous savez que je ne m'amuse guère à la maison ; on ne me mène jamais au spectacle ; mon tuteur est trop avare ; Dieu ne s'occupe pas de moi et de mon ennui, et je n'ai pas une belle bonne pour me dorloter. Il m'a souvent semblé que mon plaisir serait d'aller toujours droit devant moi, sans savoir où, sans que personne s'en inquiète, et de voir toujours des pays nouveaux. Je ne suis jamais bien nulle part, et je crois toujours que je serais mieux ailleurs que là où je suis. Eh bien ! j'ai vu, à la dernière foire du village voisin, trois hommes qui vivent comme je voudrais vivre. Vous n'y avez pas fait attention, vous autres. Ils étaient grands, presque noirs, et très fiers, quoique en guenilles, avec l'air de n'avoir besoin de personne. Leurs grands yeux sombres sont devenus tout à fait brillants pendant

tiger als bei allen anderen Frauen, und die Haut ist so zart, so unendlich zart, dass man meinen könnte, es sei Briefpapier oder Seidenpapier. Ich hatte solchen Gefallen daran, dass ich noch lange weitergemacht hätte, wenn ich nicht Angst bekommen hätte, erst Angst, sie aufzuwecken, aber dann auch Angst vor etwas Unbestimmtem. Stattdessen steckte ich meinen Kopf in ihre Haare, die als dichte Mähne ihren Rücken bedeckten, und glaubt mir, sie haben so gut gerochen wie die Blumen hier im Garten, gerade jetzt. Versucht, wenn ihr könnt, das gleiche zu tun wie ich, und ihr werdet sehen! »

Der junge Erzähler dieser wunderbaren Enthüllung hatte bei seinem Bericht weit aufgerissene Augen – sie waren gebannt von etwas, das er immer noch spürte, und die Strahlen der untergehenden Sonne, die über seinen zerzausten rötlichen Lockenkopf glitten, umgaben ihn mit einem schwefelgelben Heiligenschein der Leidenschaft. Man kann leicht vorausahnen, dass dieser Junge sein Leben nicht damit vertun wird, das Göttliche in den Wolken zu suchen, sondern dass er es häufig anderswo finden wird.

Schließlich sprach der vierte: « Wie ihr wisst, habe ich wenig Freude zu Hause; ich werde nie mit ins Theater genommen, mein Vormund ist zu geizig; Gott kümmert sich nicht um mich und meine Langeweile, und ich habe kein schönes Kindermädchen, das mich hätscheln kann. Schon oft habe ich gemeint, ich hätte Lust, immer geradeaus vor mich hin zu gehen, ohne zu wissen wohin und ohne dass sich irgendjemand darüber aufregt, und immer neue Länder zu sehen. Nirgends fühle ich mich wohl, und ich meine immer, anderswo ginge es mir besser als da, wo ich gerade bin. Nun gut! Beim letzten Markttag im Nachbardorf habe ich drei Männer gesehen, die so leben, wie ich gern leben möchte. Ihr andern habt das gar nicht bemerkt. Sie waren groß, fast schwarz und trotz ihrer zerrissenen Kleider sehr stolz; sie sahen so aus, als brauchten sie niemand anderen. Ihre großen düsteren Augen strahl-

qu'ils faisaient de la musique; une musique si surprenante qu'elle donne envie tantôt de danser, tantôt de pleurer, ou de faire les deux à la fois, et qu'on deviendrait comme fou si on les écoutait trop longtemps. L'un, en traînant son archet sur son violon, semblait raconter un chagrin, et l'autre, en faisant sautiller son petit marteau sur les cordes d'un petit piano suspendu à son cou par une courroie, avait l'air de se moquer de la plainte de son voisin, tandis que le troisième choquait de temps à autre ses cymbales avec une violence extraordinaire. Ils étaient si contents d'eux-mêmes, qu'ils ont continué à jouer leur musique de sauvages, même après que la foule s'est dispersée. Enfin ils ont ramassé leurs sous, ont chargé leur bagage sur leur dos, et sont partis. Moi, voulant savoir où ils demeuraient, je les ai suivis de loin, jusqu'au bord de la forêt, où j'ai compris seulement alors qu'ils ne demeuraient nulle part.

«Alors l'un a dit: – Faut-il déployer la tente?

«– Ma foi! non! a répondu l'autre, il fait une si belle nuit!

«Le troisième disait en comptant la recette: – Ces gens-là ne sentent pas la musique, et leurs femmes dansent comme des ours. Heureusement, avant un mois nous serons en Autriche, où nous trouverons un peuple plus aimable.

«– Nous ferions peut-être mieux d'aller vers l'Espagne, car voici la saison qui s'avance; fuyons avant les pluies et ne mouillons que notre gosier, a dit un des deux autres.

«J'ai tout retenu, comme vous voyez. Ensuite ils ont bu chacun une tasse d'eau-de-vie et se sont endormis, le front tourné vers les étoiles. J'avais eu d'abord envie de les prier de m'emmener avec eux et de m'apprendre à jouer de leurs instruments; mais je n'ai pas osé, sans

ten, solange sie Musik machten – eine so erstaunliche Musik, dass sie einen bald zum Tanzen, bald zum Weinen bringt oder zu beidem gleichzeitig, und dass man meint verrückt zu werden, wenn man zu lange zuhört. Der eine schien, wenn er mit dem Bogen über die Geige strich, eine traurige Geschichte zu erzählen. Der andere ließ sein Hämmerchen über die Saiten eines kleinen Pianos hüpfen, das er an einem Riemen um den Hals hängen hatte, und wollte sich wohl über die klagenden Töne seines Nachbarn lustig machen. Der dritte schlug von Zeit zu Zeit seine Zimbeln aneinander, mit äußerster Heftigkeit. Sie waren so glücklich in ihrer eigenen Welt, dass sie ihre wilde Musik weiterspielten, als sich die Menge schon verzogen hatte. Zuletzt sammelten sie ihre Groschen, schulterten ihr Gepäck und machten sich auf den Weg. Ich wollte wissen, wo sie wohnen, und folgte ihnen von ferne bis zum Waldrand; erst da begriff ich, dass sie nirgends wohnten.

Nun sagte der eine: ‹Sollen wir das Zelt aufschlagen?›

‹Ach nein›, antwortete der andere, ‹es ist eine so schöne Nacht!›

Der dritte sagte beim Zählen der Einnahmen: ‹Diese Leute verstehen nichts von Musik, und ihre Frauen tanzen wie Bären. Zum Glück sind wir in weniger als einem Monat in Österreich, wo wir freundlichere Menschen antreffen werden.›

‹Vielleicht sollten wir lieber nach Spanien gehen, denn das Jahr neigt sich. Lasst uns vor dem Regen fliehen und nur unsere Kehlen feucht machen›, meinte einer der beiden anderen.

Ich habe alles behalten, wie ihr seht. Dann trank jeder einen Schnaps, bevor sie einschliefen, die Stirn zu den Sternen gekehrt. Erst hatte ich Lust, sie zu bitten, mich mitzunehmen und mir das Spielen ihrer Instrumente beizubringen; aber ich habe mich nicht getraut, wahrscheinlich, weil es immer sehr

doute parce qu'il est toujours très difficile de se décider à n'importe quoi, et aussi parce que j'avais peur d'être rattrapé avant d'être hors de France. »

L'air peu intéressé des trois autres camarades me donna à penser que ce petit était déjà un *incompris*. Je le regardais attentivement; il y avait dans son œil et dans son front ce je ne sais quoi de précocement fatal qui éloigne généralement la sympathie, et qui, je ne sais pourquoi, excitait la mienne, au point que j'eus un instant l'idée bizarre que je pouvais avoir un frère à moi-même inconnu.

Le soleil s'était couché. La nuit solennelle avait pris place. Les enfants se séparèrent, chacun allant, à son insu, selon les circonstances et les hasards, mûrir sa destinée, scandaliser ses proches et graviter vers la gloire ou vers le déshonneur.

Les bienfaits de la lune XXXVII

La Lune, qui est le caprice même, regarda par la fenêtre pendant que tu dormais dans ton berceau, et se dit: « Cette enfant me plaît. »

Et elle descendit moelleusement son escalier de nuages et passa sans bruit à travers les vitres. Puis elle s'étendit sur toi avec la tendresse souple d'une mère, et elle déposa ses couleurs sur ta face. Tes prunelles en sont restées vertes, et tes joues extraordinairement pâles. C'est en contemplant cette visiteuse que tes yeux se sont si bizarrement agrandis; et elle t'a si tendrement serrée à la gorge que tu en as gardé pour toujours l'envie de pleurer.

Cependant, dans l'expansion de sa joie, la Lune remplissait toute la chambre comme une atmosphère phosphorique, comme un poison lumineux; et toute cette lu-

schwer ist, sich für etwas zu entscheiden, und auch weil ich fürchtete, aufgegriffen zu werden, bevor ich außerhalb Frankreichs wäre.»

Die uninteressierten Gesichter der drei anderen Kameraden machten mir klar, dass dieser Kleine schon ein *Unverstandener* war. Ich sah ihn mir genau an; in seinem Blick und auf seiner Stirn lag schon jetzt etwas Unheilvolles, das in der Regel keine Sympathien weckt, aber die meine, ich weiß nicht warum, so erregte, dass ich für einen Augenblick den seltsamen Gedanken hatte, ich könnte einen Bruder haben, von dem ich bisher nichts gewusst hatte.

Die Sonne war untergegangen. Die feierliche Nacht brach herein. Die Kinder trennten sich, ein jedes ging – unbewusst, je nach den Umständen und Zufällen – sein Schicksal zu erfüllen, bei seinen Nächsten Anstoß zu erregen und zu Ruhm oder Schande hingezogen zu werden.

Die Gaben der Mondin

Die Mondin, der Inbegriff der Launenhaftigkeit, hat durchs Fenster geblickt, während du in deiner Wiege schliefst, und sich gesagt: «Das kleine Mädchen gefällt mir.»

Und sie stieg weich auf ihrer Wolkentreppe herab und drang geräuschlos durch die Fensterscheiben. Dann breitete sie sich mit der schmiegsamen Zärtlichkeit einer Mutter über dich und legte ihre Farben auf dein Gesicht. Seither sind deine Augen grün und deine Wangen besonders blass. Beim Anblick dieser Besucherin haben sich deine Augen so seltsam geweitet, und sie hat deine Kehle so zärtlich gedrückt, dass du davon für immer eine Neigung zum Weinen behalten hast.

Im Weiterwachsen ihrer Freude aber füllte die Mondin das ganze Zimmer wie ein schimmernder Dunst, wie ein leuchtendes Gift, und dieses ganze lebendige Licht dachte und sprach:

mière vivante pensait et disait: « Tu subiras éternellement l'influence de mon baiser. Tu seras belle à ma manière. Tu aimeras ce que j'aime et ce qui m'aime: l'eau, les nuages, le silence et la nuit; la mer immense et verte; l'eau informe et multiforme; le lieu où tu ne seras pas; l'amant que tu ne connaîtras pas; les fleurs monstrueuses; les parfums qui font délirer; les chats qui se pâment sur les pianos et qui gémissent comme les femmes, d'une voix rauque et douce!

« Et tu seras aimée de mes amants, courtisée par mes courtisans. Tu seras la reine des hommes aux yeux verts dont j'ai serré aussi la gorge dans mes caresses nocturnes; de ceux-là qui aiment la mer, la mer immense, tumultueuse et verte, l'eau informe et multiforme, le lieu où ils ne sont pas, la femme qu'ils ne connaissent pas, les fleurs sinistres qui ressemblent aux encensoirs d'une religion inconnue, les parfums qui troublent la volonté, et les animaux sauvages et voluptueux qui sont les emblèmes de leur folie. »

Et c'est pour cela, maudite chère enfant gâtée, que je suis maintenant couché à tes pieds, cherchant dans toute ta personne le reflet de la redoutable Divinité, de la fatidique marraine, de la nourrice empoisonneuse de tous les *lunatiques*.

Un cheval de race XXXIX

Elle est bien laide. Elle est délicieuse pourtant!

Le Temps et l'Amour l'ont marquée de leurs griffes et lui ont cruellement enseigné ce que chaque minute et chaque baiser emportent de jeunesse et de fraîcheur.

Elle est vraiment laide; elle est fourmi, araignée, si vous voulez, squelette même; mais aussi elle est breuvage, magistère, sorcellerie! en somme, elle est exquise!

«In alle Ewigkeit wirst du unter der Wirkung meines Kusses stehen. Du wirst schön sein auf meine Art. Du wirst lieben, was ich liebe und was mich liebt: das Wasser, die Wolken, die Stille und die Nacht, das unendliche grüne Meer, das ungeformte und vielgestaltige Wasser, den Ort, wo du nicht bist, den Geliebten, den du nicht kennst, unheimliche Blumen, geistverwirrende Düfte und die Katzen, die sich auf den Klavieren rekeln und wie Frauen seufzen: mit rauher, süßer Stimme.

Und du wirst geliebt werden von meinen Liebhabern, meine Höflinge werden dir den Hof machen. Du wirst die Königin sein der Männer mit den grünen Augen, denen ich auch zärtlich bei der Nacht die Kehle umschlungen habe, der Männer, die das Meer, das unendliche, stürmische, grüne Meer lieben, das ungeformte und vielgestaltige Wasser, den Ort, wo sie nicht sind, die Frau, die sie nicht kennen, die Unglücksblumen, die den Weihrauchbecken einer unbekannten Religion gleichen, die Düfte, die den Willen brechen, und die wilden, wollüstigen Tiere als Wappenbilder ihres Wahns.»

Und darum, du verwünschtes, geliebtes, verzogenes Kind, liege ich jetzt zu deinen Füßen und suche in deinem ganzen Wesen den Abglanz der furchtbaren Gottheit, der schicksalhaften Gevatterin, der giftmischenden Amme aller *Mondsüchtigen*.

Vollblut

Sie ist recht hässlich. Und doch ist sie wunderbar!

Die Zeit und die Liebe haben sie wundgekratzt und ihr unbarmherzig gezeigt, was jede Minute und jeder Kuss an Jugend und Frische wegnehmen.

Sie ist in der Tat hässlich; sie ist eine Ameise, eine Spinne, ja wenn man will: ein Skelett; aber sie ist auch Labsal, Meisterschaft, Hexenkunst! Im Grunde ist sie köstlich!

Le Temps n'a pu rompre l'harmonie pétillante de sa démarche ni l'élégance indestructible de son armature. L'Amour n'a pas altéré la suavité de son haleine d'enfant; et le Temps n'a rien arraché de son abondante crinière d'où s'exhale en fauves parfums toute la vitalité endiablée du Midi français: Nîmes, Aix, Arles, Avignon, Narbonne, Toulouse, villes bénies du soleil, amoureuses et charmantes!

Le Temps et l'Amour l'ont vainement mordue à belles dents; ils n'ont rien diminué du charme vague, mais éternel, de sa poitrine garçonnière.

Usée peut-être, mais non fatiguée, et toujours héroïque, elle fait penser à ces chevaux de grande race que l'œil du véritable amateur reconnaît, même attelés à un carrosse de louage ou à un lourd chariot.

Et puis elle est si douce et si fervente! Elle aime comme on aime en automne; on dirait que les approches de l'hiver allument dans son cœur un feu nouveau, et la servilité de sa tendresse n'a jamais rien de fatigant.

Le miroir

XL

Un homme épouvantable entre, et se regarde dans la glace.

«Pourquoi vous regardez-vous au miroir, puisque vous ne pouvez vous y voir qu'avec déplaisir?»

L'homme épouvantable me répond: «Monsieur, d'après les immortels principes de 89, tous les hommes sont égaux en droits; donc je possède le droit de me mier; avec plaisir ou déplaisir, cela ne regarde que ma conscience.»

Au nom du bon sens, j'avais sans doute raison; mais, au point de vue de la loi, il n'avait pas tort.

Die Zeit konnte weder der prickelnden Harmonie ihres Ganges etwas anhaben noch der unzerstörbaren Eleganz ihrer Gestalt. Die Liebe hat die Süße ihres Kinderatems nicht vermindert; die Zeit hat ihrer üppigen Mähne, die in wilden Düften die ganze teuflische Lebendigkeit des französischen Südens verströmt, kein Haar entrissen: Nîmes, Aix, Arles, Avignon, Narbonne, Toulouse – ihr sonnenverwöhnten Städte, bezaubernd und voller Liebreiz!

Vergeblich haben Zeit und Liebe versucht, sie zu zerfressen; sie konnten den unbestimmten und doch steten Reiz ihres knabenhaften Busens nicht mindern.

Abgekämpft vielleicht, aber nicht müde, und stets heldenhaft lässt sie an edle Rassepferde denken, die der Blick des wahren Liebhabers erkennt, selbst wenn sie vor eine Mietkutsche oder ein schweres Fuhrwerk gespannt sind.

Und außerdem ist sie so zärtlich und so leidenschaftlich! Sie liebt, wie man im Herbst liebt; man könnte sagen, das Herannahen des Winters entfacht in ihrem Herzen ein neues Feuer, und ihre hingebungsvolle Zärtlichkeit langweilt nie.

Der Spiegel

Ein greulicher Mensch tritt herein und betrachtet sich im Spiegel.

«Warum betrachten Sie sich im Spiegel, wenn Sie sich doch nur mit Missfallen darin ansehen können?»

Der greuliche Mensch erwidert mir: «Mein Herr, nach den unsterblichen Grundsätzen von 1789 sind alle Menschen gleichberechtigt; ich habe also das Recht, mich im Spiegel zu sehen; ob mit Gefallen oder Missfallen, das geht nur mein Gewissen an.»

Nach gesundem Menschenverstand hatte ich zweifellos recht, aber vom Standpunkt des Gesetzes hatte er nicht unrecht.

Le galant tireur XLIII

Comme la voiture traversait le bois, il la fit arrêter dans le voisinage d'un tir, disant qu'il lui serait agréable de tirer quelques balles pour tuer le Temps. Tuer ce monstre-là, n'est-ce pas l'occupation la plus ordinaire et la plus légitime de chacun? – Et il offrit galamment la main à sa chère, délicieuse et exécrable femme, à cette mystérieuse femme à laquelle il doit tant de plaisirs, tant de douleurs, et peut-être aussi une grande partie de son génie.

Plusieurs balles frappèrent loin du but proposé, l'une d'elles s'enfonça même dans le plafond; et comme la charmante créature riait follement, se moquant de la maladresse de son époux, celui-ci se tourna brusquement vers elle, et lui dit: «Observez cette poupée, là-bas, à droite, qui porte le nez en l'air et qui a la mine si hautaine. Eh bien, cher ange, *je me figure que c'est vous.*» Et il ferma les yeux et il lâcha la détente. La poupée fut nettement décapitée.

Alors, s'inclinant vers sa chère, sa délicieuse, son exécrable femme, son inévitable et impitoyable Muse, et, lui baisant respectueusement la main, il ajouta: «Ah! mon cher ange, combien je vous remercie de mon adresse!»

La soupe et les nuages XLIV

Ma petite folle bien-aimée me donnait à dîner, et par la fenêtre ouverte de la salle à manger je contemplais les mouvantes architectures que Dieu fait avec les vapeurs, les merveilleuses constructions de l'impalpable. Et je me disais, à travers ma contemplation: «Toutes ces fantas-

Der galante Schütze

Als der Wagen durch den Bois de Boulogne fuhr, ließ er ihn in der Nähe einer Schießbude halten und erklärte, er habe gerade Lust, ein paar Kugeln zu verschießen, um die Zeit «totzuschlagen». Dieses Ungeheuer totzuschlagen – ist das etwa nicht die üblichste, rechtmäßigste Tätigkeit eines jeden? – Er bot seine Hand galant seiner geliebten, entzückenden, abscheulichen Frau, der rätselhaften Frau, der er so viele Freuden, so viele Leiden und vielleicht auch einen großen Teil seines Genies verdankt.

Mehrere Kugeln schlugen weitab vom gewünschten Ziel ein, eine bohrte sich sogar in die Decke. Doch als das reizende Geschöpf ganz närrisch lachte und sich über die Ungeschicklichkeit ihres Mannes lustig machte, wendete er sich schroff zu ihr um und sagte: «Schau mal auf die Puppe da hinten rechts, die ihre Nase hoch trägt und so eingebildet aussieht. Pass auf, mein geliebter Engel, *ich stelle mir vor, das bist du.*» Und er schloss die Augen und drückte ab. Die Puppe wurde glatt enthauptet.

Hierauf verneigte er sich vor seiner geliebten, seiner entzückenden, seiner abscheulichen Frau, seiner unentrinnbaren, unerbittlichen Muse, und indem er ihr respektvoll die Hand küsste, fügte er hinzu: «Ach, mein geliebter Engel, wie danke ich dir für meine Geschicklichkeit.»

Die Suppe und die Wolken

Mein wildes kleines Liebchen hatte mich zum Essen eingeladen, und durch das offene Fenster des Speisezimmers betrachtete ich die bewegten Architekturen, die Gott aus Dämpfen baut, die wunderbaren Werke im Unberührbaren. Und ich sagte mir, in die Betrachtung versunken: «Alle diese Traum-

magories sont presque aussi belles que les yeux de ma belle bien-aimée, la petite folle monstrueuse aux yeux verts. »

Et tout à coup je reçus un violent coup de poing dans le dos, et j'entendis une voix rauque et charmante, une voix hystérique et comme enrouée par l'eau-de-vie, la voix de ma chère petite bien-aimée, qui me disait : « Allez-vous bientôt manger votre soupe, s… b… de marchand de nuages ? »

Perte d'auréole XLVI

« Eh ! quoi ! vous ici, mon cher ? Vous, dans un mauvais lieu ! vous, le buveur de quintessences ! vous, le mangeur d'ambroisie ! En vérité, il y a là de quoi me surprendre.

– Mon cher, vous connaissez ma terreur des chevaux et des voitures. Tout à l'heure, comme je traversais le boulevard, en grande hâte, et que je sautillais dans la boue, à travers ce chaos mouvant où la mort arrive au galop de tous les côtés à la fois, mon auréole, dans un mouvement brusque, a glissé de ma tête dans la fange du macadam. Je n'ai pas eu le courage de la ramasser. J'ai jugé moins désagréable de perdre mes insignes que de me faire rompre les os. Et puis, me suis-je dit, à quelque chose malheur est bon. Je puis maintenant me promener incognito, faire des actions basses, et me livrer à la crapule, comme les simples mortels. Et me voici, tout semblable à vous, comme vous voyez !

– Vous devriez au moins faire afficher cette auréole, ou la faire réclamer par le commissaire.

– Ma foi ! non. Je me trouve bien ici. Vous seul, vous m'avez reconnu. D'ailleurs la dignité m'ennuie. Ensuite je pense avec joie que quelque mauvais poète la

gebilde sind fast so schön wie die Augen meines schönen Liebchens, des kleinen wilden Scheusals mit den grünen Augen.»

Da bekam ich plötzlich einen kräftigen Faustschlag in den Rücken und hörte eine rauhe, entzückende Stimme, eine übererregte und geradezu schnapsheisere Stimme, die Stimme meines teuren kleinen Liebchens, die sagte: «Willst du jetzt deine Suppe essen, du verd... Wolkenkrämer?»

Der verlorene Heiligenschein

«Na sowas! Sie hier, mein Guter! Sie, an einem verruchten Ort? Sie, der nur die besten Tropfen trinkt und wie die Götter speist! Ich muss schon sagen: das verwundert mich doch.»

«Mein Bester, Sie kennen doch meine Angst vor Pferden und Wagen. Als ich eben in höchster Eile den Boulevard überquerte und im Matsch mitten durch das Verkehrschaos hüpfte, wo der Tod von allen Seiten gleichzeitig im Galopp daherkommt, rutschte mir bei einer ruckartigen Bewegung der Heiligenschein vom Kopf in den Dreck der Straße. Mir fehlte der Mut, ihn aufzuheben. Ich hielt es für weniger unangenehm, meine Ehrenzeichen zu verlieren, als mir den Hals zu brechen. Und schließlich, sage ich mir, hat jedes Unglück auch sein Gutes. Jetzt kann ich unerkannt herumspazieren, verwerfliche Handlungen begehen und mich wie die gewöhnlichen Sterblichen der Völlerei hingeben. Wie Sie sehen, bin ich Ihnen jetzt ebenbürtig!»

«Sie sollten aber doch eine Verlustanzeige für den Heiligenschein aufgeben oder ihn bei der Polizei melden.»

«Ach nein! Ich fühle mich wohl hier. Nur Sie allein haben mich erkannt. Übrigens finde ich Würde langweilig. Und außerdem ergötzt mich der Gedanke, dass irgendein schlechter

ramassera et s'en coiffera impudemment. Faire un heureux, quelle jouissance ! et surtout un heureux qui me fera rire ! Pensez à X, ou à Z ! Hein ! comme ce sera drôle ! »

Assommons les pauvres ! XLIX

Pendant quinze jours je m'étais confiné dans ma chambre, et je m'étais entouré des livres à la mode dans ce temps-là (il y a seize ou dix-sept ans); je veux parler des livres où il est traité de l'art de rendre les peuples heureux, sages et riches, en vingt-quatre heures. J'avais donc digéré – avalé, veux-je dire – toutes les élucubrations de tous ces entrepreneurs de bonheur public – de ceux qui conseillent à tous les pauvres de se faire esclaves, et de ceux qui leur persuadent qu'ils sont tous des rois détrônés. On ne trouvera pas surprenant que je fusse alors dans un état d'esprit avoisinant le vertige ou la stupidité.

Il m'avait semblé seulement que je sentais, confiné au fond de mon intellect, le germe obscur d'une idée supérieure à toutes les formules de bonne femme dont j'avais récemment parcouru le dictionnaire. Mais ce n'était que l'ideé d'une idée, quelque chose d'infiniment vague.

Et je sortis avec une grande soif, car le goût passionné des mauvaises lectures engendre un besoin proportionnel du grand air et des rafraîchissants.

Comme j'allais entrer dans un cabaret, un mendiant me tendit son chapeau, avec un de ces regards inoubliables qui culbuteraient les trônes, si l'esprit remuait la matière, et si l'œil d'un magnétiseur faisait mûrir les raisins.

En même temps, j'entendis une voix qui chuchotait à

Dichter ihn aufsammelt und sich schamlos damit schmückt. Jemanden glücklich machen, welch ein Vergnügen! Vor allem jemanden, über den ich lachen kann! Denken Sie mal an X oder Z! Das wäre doch lustig, was!»

Verprügeln muss man die Armen!

Vierzehn Tage lang hatte ich mein Zimmer nicht verlassen und mich mit Büchern umgeben, wie sie damals Mode waren (es ist sechzehn oder siebzehn Jahre her); ich meine die Bücher, in denen die Rede ist von der Kunst, die Völker zufrieden, vernünftig und reich zu machen, und zwar in vierundzwanzig Stunden. Ich hatte sie also verdaut oder jedenfalls verschlungen, die ganzen bemühten Ergüsse all dieser Unternehmer in Sachen Menschheitsbeglückung – der einen, die allen Armen raten, sich selber zu versklaven, und der anderen, die ihnen einreden, sie seien alle entthronte Könige. Man wird es nicht erstaunlich finden, dass ich mich danach in einem Geisteszustand befand, der nah an Schwindel und Verblödung herankam.

Immerhin schien es mir, als fühlte ich im Grunde meines Verstandes den dunklen Keim eines verborgenen Gedankens, der all den Großmutterrezepten überlegen war, deren Aufzählung ich eben durchgelesen hatte. Aber es war nur der Gedanke eines Gedankens, etwas gänzlich Unfassbares.

Ich ging mit großem Durst ins Freie, denn der eifrige Genuss schlechter Lektüre führt zu einem entsprechend großen Bedürfnis nach frischer Luft und aufmunternden Getränken.

Als ich eben in eine Kneipe eintreten wollte, hielt mir ein Bettler den Hut hin, und zwar mit einem unvergesslichen Blick, wie er Throne stürzen würde, wenn der Geist wirklich die Materie bewegte und das Auge des Hypnotiseurs Trauben reifen ließe.

Zugleich hörte ich eine Stimme, die mir etwas ins Ohr flüs-

mon oreille, une voix que je reconnus bien: c'était celle d'un bon Ange, ou d'un bon Démon, qui m'accompagne partout. Puisque Socrate avait son bon Démon, pourquoi n'aurais-je pas mon bon Ange, et pourquoi n'aurais-je pas l'honneur, comme Socrate, d'obtenir mon brevet de folie, signé du subtil Lélut et du bien avisé Baillarger?

Il existe cette différence entre le Démon de Socrate et le mien, que celui de Socrate ne se manifestait à lui que pour défendre, avertir, empêcher, et que le mien daigne conseiller, suggérer, persuader. Ce pauvre Socrate n'avait qu'un Démon prohibiteur; le mien est un grand affirmateur, le mien est un Démon d'action, ou Démon de combat.

Or, sa voix me chuchotait ceci: «Celui-là seul est l'égal d'un autre, qui le prouve; et celui-là seul est digne de la liberté, qui sait la conquérir.»

Immédiatement, je sautai sur mon mendiant. D'un seul coup de poing, je lui bouchai un œil, qui devint, en une seconde, gros comme une balle. Je cassai un de mes ongles à lui briser deux dents, et comme je ne me sentais pas assez fort, étant né délicat et m'étant peu exercé à la boxe, pour assommer rapidement ce vieillard, je le saisis d'une main par le collet de son habit, de l'autre, je l'empoignai à la gorge, et je me mis à lui secouer vigoureusement la tête contre un mur. Je dois avouer que j'avais préalablement inspecté les environs d'un coup d'œil et que j'avais vérifié que, dans cette banlieue déserte, je me trouvais, pour un assez long temps, hors de la portée de tout agent de police.

Ayant ensuite, par un coup de pied lancé dans le dos, assez énergique pour briser les omoplates, terrassé ce sexagénaire affaibli, je me saisis d'une grosse branche d'arbre qui traînait à terre, et je le battis avec

terte, eine Stimme, die mir wohlvertraut war: sie gehörte dem guten Engel oder dem guten Dämon, der mich überallhin begleitet. Wenn Sokrates sein gutes Daimonion hatte, warum sollte ich nicht einen guten Engel haben, und warum sollte ich nicht wie Sokrates das Zeugnis der Unzurechnungsfähigkeit bekommen, unterzeichnet von klugen und wohlberatenen Irrenärzten wie Lélut und Baillarger?

Zwischen dem Dämon des Sokrates und meinem besteht allerdings der Unterschied, dass der des Sokrates nur tätig wurde, um zu verbieten, zu warnen, zu vereiteln, während meiner zu raten, vorzuschlagen, zu überreden geruht. Der arme Sokrates hatte nur einen Verhinderungsdämon, meiner ist ein großer Bejaher, meiner ist ein Dämon der Tat, ja, ein Dämon des Kampfes.

Und seine Stimme flüsterte mir folgendes zu: « Nur der ist einem anderen gleich, der es beweist, und nur der ist der Freiheit würdig, der sie zu erringen vermag. »

Sogleich sprang ich auf meinen Bettler los. Mit einem einzigen Faustschlag schloss ich ihm ein Auge; es wurde innerhalb einer Sekunde so dick wie ein Ball. Ein Fingernagel brach mir ab, als ich ihm zwei Zähne zerschmetterte. Und weil ich mich bei meinem zarten Naturell und meinem spärlichen Boxtraining nicht stark genug fühlte, den alten Mann rasch niederzustrecken, packte ich ihn mit der einen Hand am Rockkragen, griff ihm mit der anderen nach der Gurgel und machte mich daran, ihn kräftig mit dem Kopf gegen die Wand zu schlagen. Ich muss zugeben, dass ich vorher mit einem Blick die Umgebung überflogen und festgestellt hatte, dass ich mich in dieser verlassenen Vorstadt auf hinreichend lange Zeit außer Reichweite eines Polizisten befand.

Nachdem ich den schwächlichen Sechzigjährigen durch einen Fußtritt in den Rücken, der stark genug war, ihm das Schulterblatt zu brechen, niedergeworfen hatte, ergriff ich einen dicken Ast, der am Boden lag, und schlug mit dem grim-

l'énergie obstinée des cuisiniers qui veulent attendrir un bifteck.

Tout à coup, – ô miracle ! ô jouissance du philosophe qui vérifie l'excellence de sa théorie ! – je vis cette antique carcasse se retourner, se redresser avec une énergie que je n'aurais jamais soupçonné dans une machine si singulièrement détraquée, et, avec un regard de haine qui me parut de *bon augure*, le malandrin décrépit se jeta sur moi, me pocha les deux yeux, me cassa quatre dents, et avec la même branche d'arbre me battit dru comme plâtre. – Par mon énergique médication, je lui avais donc rendu l'orgueil et la vie.

Alors, je lui fis force signes pour lui faire comprendre que je considérais la discussion comme finie, et, me relevant avec la satisfaction d'un sophiste du Portique, je lui dis : « *Monsieur, vous êtes mon égal!* veuillez me faire l'honneur de partager avec moi ma bourse; et souvenez-vous, si vous êtes réellement philanthrope, qu'il faut appliquer à tous vos confrères, quand ils vous demanderont l'aumône, la théorie que j'ai eu la douleur d'essayer sur votre dos. »

Il m'a bien juré qu'il avait compris ma théorie, et qu'il obéirait à mes conseils.

migen Nachdruck der Köche, die ein Beefsteak weich klopfen wollen, auf ihn ein.

Da plötzlich – oh Wunder, oh Glück des Philosophen, der die volle Gültigkeit seiner Theorie erlebt! – sah ich diesen ehrwürdigen lebenden Leichnam sich umdrehen und mit einer Energie aufrichten, die ich in einer so gründlich beschädigten Maschine niemals vermutet hätte; mit einem hasserfüllten Blick, der mir als ein *gutes Omen* erschien, stürzte sich der altersschwache Landstreicher auf mich, schlug mir beide Augen blau, brach mir vier Zähne aus und prügelte mich mit dem gleichen Ast windelweich. – Ich hatte ihm also durch meine Rosskur seinen Stolz und das Leben wiedergeschenkt.

Daraufhin machte ich ihm durch viele Zeichen begreiflich, dass ich die Unterredung für beendet hielt, und indem ich mich mit der Befriedigung eines Sophisten der Stoa aufrappelte, erklärte ich ihm: «Mein Herr, Sie sind mir gleich! Erweisen Sie mir bitte die Ehre, meinen Geldbeutel mit mir zu teilen, und bedenken Sie stets, dass man als echter Menschenfreund bei all seinen Mitbrüdern, die einen um eine milde Gabe bitten, die Theorie anwenden muss, die auf Ihrem Rücken auszuprobieren ich das *schmerzliche* Vergnügen hatte.»

Er hat mir denn auch geschworen, er habe meine Theorie verstanden und werde meine Ratschläge befolgen.

Nachwort des Übersetzers

Charles Baudelaire wurde am 7. April 1821 in Paris geboren; sein Vater hatte als sechzigjähriger pensionierter Beamter ein junges, krankhaft sensibles Mädchen geheiratet. Als Charles sechs Jahre alt war, starb der Vater; im Jahr darauf heiratete Madame Baudelaire einen Berufsoffizier. – Der Junge wächst in Internaten auf; nach dem Abitur (1839) widersetzt er sich dem Wunsch des inzwischen General gewordenen Stiefvaters, der ihm in einer Diplomatenlaufbahn forthelfen will: er ist entschlossen, Schriftsteller zu werden. Um ihn aus dem offenbar ziellosen Leben zwischen Bibliotheken, leichten Mädchen und literarischen Freundschaften herauszureißen, beschließt der vom Stiefvater einberufene «Familienrat» (§ 405 ff. des *Code Civil*!), er habe eine lange Seereise zu unternehmen; sie führt 1841/42 bis zur Insel Réunion (damals Insel Bourbon) im Indischen Ozean. Als Baudelaire – volljährig geworden – zurückkehrt, fordert er sein beträchtliches väterliches Erbe und kann in einer schönen Wohnung auf der Ile Saint Louis am Seine-Ufer eine Dandy-Existenz führen. In zwei Jahren bringt er die Hälfte des Geldes durch. Er wird unter Vormundschaft gestellt und bekommt nur noch bescheidene Raten zugeteilt: ab 1844 lebt er in bedrängten Umständen, häufig die kargen Zimmer wechselnd oder bei seiner Geliebten Jeanne Duval hausend, als Schriftsteller, der sich bemüht, seine Aufsätze, Kritiken und E. A. Poe-Übersetzungen, bald auch seine Verse bei den vielen kleinen literarischen Zeitschriften unterzubringen. 1857 erscheinen unter dem Titel *Les Fleurs du Mal* seine Gedichte, die ihn bekannt machen und ihm die Achtung vieler Freunde, aber auch Schmähungen und einen Strafprozess einbringen. Als er mit 43 Jahren in Brüssel Vorträge hält, sind die Zuhörer erschüttert von seinem greisenhaften Aussehen; die wirre Lebensführung im allgemeinen, Syphilis, Opium und

Alkohol im besonderen haben ihn gezeichnet. Im März 1866 stellen sich erste Lähmungen ein. Der Dichter kann nicht mehr sprechen. Am 31. August 1867 stirbt er in einer Pariser Klinik.

Jedes Bild Baudelaires, ganz gleich, ob wir die Selbstbildnisse des begabten Zeichners, frühe Dokumente der Photographie oder die Porträts von Manet oder Courbet betrachten, vermittelt uns den gleichen Eindruck vom Dichter: ein glühend intensiver Mann mit hoch gesteckten Zielen schaut uns an, aber die Mundwinkel verraten den desillusionierten, mitleidlosen Kritiker des Unzulänglichen bei sich und anderen. Die immer wieder enttäuschte Sehnsucht nach unbeschmutzter Schönheit und die Qual der Selbstvorwürfe (für das eine und das andere mögen die Texte *Das doppelte Zimmer* und *Um ein Uhr nachts* in diesem Band stehen) münden in eine Art Dauerleiden am «Spleen», der im Sprachgebrauch jener Zeit nichts mit unserem Verständnis von «spleenig» als «überdreht» zu tun hat, sondern bedrückenden Weltschmerz und Überdruss an einem Leben meint, das sich nicht nach einem Ideal formen lassen will und in die Hysterie führt, «deren furchtbare Hand die Kehle zudrückt» (*Der Gaukler*). Baudelaire kann sich nicht mehr, wie die Schriftstellergeneration vor ihm, an einer antiken Scheinwelt orientieren; er mag um des Klanges willen einmal die Totenrichter Minos, Aiokos und Rhadamanthys erwähnen (*Der schlechte Glaser*), aber die eigene Situation lässt keine Bezüge mehr zu, sondern nur die Auseinandersetzung mit der bezaubernden und quälenden Realität, von der man allenfalls ein paar Facetten zum Symbol überhöhen kann. Der Drang zur fessellosen Unabhängigkeit wird immer wieder zuschanden: die stoische Haltung und ästhetische Perfektion des Dandy zerbricht an der Notwendigkeit, mit Familie und Verlegern um Geld zu feilschen, das geliebte Halbblut Jeanne – hundertfach in Versen und in den Prosagedichten besungen – lockt nach jedem «endgültigen» Bruch oder Verzicht mit voraussehbarer Unwiderstehlichkeit. Ein Beispiel mag für viele gelten: Natürlich müsste Baudelaire nach seiner selbstgewählten Haltung über Auszeichnungen erhaben sein, aber das Kreuz der Ehrenlegion würde ihm bei den Spießbürgern Achtung verschaffen, auf die die Mutter hört, und damit bewirken, dass sie endlich seinen Wert erkennt. Diese Einsicht wiederum hindert Baudelaire nicht, sich über das Ansinnen von Freunden zu entrüsten, die ihm ihre Vermittlung für den begehrten Orden antragen: «Kurz, ich habe den Flegeln geantwortet wie ein Flegel. Je unglücklicher ich werde, um so mehr wächst mein Hochmut» (1860). So nimmt die Einsamkeit zu, die der Dichter zugleich braucht und fürchtet: *Die Massen* ist ein Zeugnis für diesen Seelenzustand, und wenn Baudelaire den Dichter darin als *promeneur solitaire et pensif* bezeichnet, so bietet er uns eine einprägsame Formel unter den vielen möglichen für seine Existenz: Welten trennen ihn von Rousseaus Credo, der Mensch sei zum Besseren hin erziehbar, aber sein Werk und insbesondere die Prosagedichte könnten den gleichen Titel tragen wie Rousseaus *Rêveries d'un promeneur solitaire …*

Baudelaire schrieb seine *Poèmes en prose* als die einzigen nennenswerten Werke der letzten zehn Jahre seiner Schaffenszeit, also nach Ruhm und Skandal seiner Gedichtveröffentlichungen. Ab 1855 wurden einzelne Stücke von Zeitschriften und Anthologien gebracht, aber erst nach seinem Tode, 1869, sorgten Freunde für ihr Erscheinen als Buch, und zwar nicht, wie Baudelaire es offenbar gewünscht hatte, unter dem Titel *Spleen de Paris*, sondern als Petits poèmes en prose. Unser Band bringt eine Auswahl von dreißig der insgesamt fünfzig – natürlich haben wir uns bemüht, einen möglichst «repräsentativen Querschnitt» zu geben, der widerspiegelt, was der Dichter erstrebte und in einer langen Widmung an seinen Freund Arsène Houssaye so formuliert hat, wie wir es als Zitat auf die letzte Seite dieses Buches gesetzt haben. Vorbild waren ihm, wie er schreibt, die Prosagedichte von Aloysius Bertrand (1807–1841), den die Symbolisten als eines ihrer Vorbilder betrachteten. Baudelaire will, was Bertrand in *Gaspard de la nuit* für eine genial beschworene Welt des Mittelalters geleistet hat, « für das moderne Leben versuchen ». Daher auch sein Titelwunsch, weil das moderne Leben für ihn das Leben in Paris ist.

Für den heutigen Leser ist der Reiz, der von der Sprache Baudelaires in den Prosagedichten ausgeht, nur schwer fassbar, zumal in deutscher Übertragung. So rechtfertigt sich diese zweisprachige Ausgabe ganz besonders, und mehr als bei vielen anderen Bänden der Reihe soll die Übersetzung nichts weiter sein als eine Brücke zum allein wichtigen Original, wie das bei Veröffentlichungen von fremdsprachiger Lyrik inzwischen glücklicherweise die Regel geworden ist. Wir hoffen sehr, dass der geneigte Leser, wenn er dieses Bändchen aus der Hand legt, Baudelaire nicht, wie es Richard Dehmel getan hat, als « hysterischen Kammerpoeten » abtut. Vielen wird es wohl zwischen Ablehnung und Faszination so ergehen, wie Rilke es in einem Brief von sich bekannt hat: « In der Nacht stand ich auf und suchte meinen Lieblingsband Baudelaire, die *Petits poèmes en prose*, und las laut das schönste Gedicht, das überschrieben ist *À une heure du matin* … Wie war er [Baudelaire] mir fern in allem, meiner Fremdesten einer; oft kann ich ihn kaum verstehen und doch, manchmal tief in der Nacht, wenn ich seine Worte nachsprach wie ein Kind, da war er mein Nächster. »

ufm

Stuart Woods

Der Produzent

Aus dem Amerikanischen
von Heinz und Christa Zwack

GOLDMANN VERLAG

Deutsche Erstausgabe 10/95

Titel der Originalausgabe: L. A. Times
Originalverlag: Harper Collins Publishers, New York

Für Steven und Barbara Bochco

Umwelthinweis:
Alle bedruckten Materialien dieses Taschenbuches
sind chlorfrei und umweltschonend.
Das Papier enthält Recycling-Anteile.

Der Goldmann Verlag
ist ein Unternehmen der Verlagsgruppe Bertelsmann

Umschlagentwurf: Design Team, München
Umschlagfoto: Tony Stone Bilderwelten
Satz: Uhl + Massopust, Aalen
Druck: Elsnerdruck, Berlin
Verlagsnummer: 42475
MV · Herstellung: Heidrun Nawrot
Made in Germany
ISBN 3-442-42475-5

1 3 5 7 9 10 8 6 4 2

Prolog

1975

Vincente Michaele Callabrese mußte blinzeln, als er aus der Dunkelheit des Filmtheaters an der Upper West Side von New York trat, wo er sich eine Mittagsvorstellung von »The Strange One« angesehen hatte, einem Film mit Ben Gazzara und George Peppard, den man vor einiger Zeit wieder aus der Versenkung geholt hatte. Er rannte zur U-Bahn, und während er seinem nächsten Film in der Downtown entgegenfuhr, war er immer noch von der Leistung der beiden jungen Schauspieler fasziniert, die zu den meistversprechenden Künstlern ihrer Generation gehört hatten.

Als nächstes kam Woody Allens Film »Bananas« im Bleecker-Street-Kino, und um sieben Uhr würde er sich dann Orson Welles' »Othello« ansehen. Das blieb zwar hinter seinem Rekord von sieben Filmen in sechzehn Stunden zurück, aber der war nur dadurch möglich gewesen, daß es an der Third Avenue zwei Filmtheater mit je drei Kinos gegeben hatte, so daß er nur einmal die U-Bahn hatte benutzen müssen.

Als Vinnie das Eight Street Playhouse verließ und den Nachhauseweg antrat, war es bereits nach Mitternacht; und mit jedem Schritt, den er sich seiner Wohnung in Little Italy näherte, wuchs seine Unruhe. Er hatte wieder die Schule geschwänzt, und das, obwohl er dieselbe Klasse bereits zum zweitenmal besuchte; seine Mutter würde noch wach sein und zu Hause auf ihn warten, und sein Vater, falls er zu Hause war – aber daran wollte er jetzt nicht denken.

Vinnie war vierzehn und für sein Alter sehr groß. Er mußte sich bereits jeden Tag rasieren, und drei, vier Jahre ältere Mädchen nahmen ihn durchaus ernst. Nicht daß er für Mädchen viel Zeit gehabt hätte – wenn er nicht in der Schule war oder im Kino, erledigte er alle möglichen Besorgungen für einen Kredithai, der in seinem Viertel wohnte, und bezahlte seine Kinokarten mit dem Geld, das er sich damit verdiente. Seit er als Sechsjähriger, eigentlich recht spät, seinen ersten Film zu sehen bekommen hatte, war Vinnie beinahe zweitausendmal im Kino gewesen. Sein Freund und Wohltäter, ein älterer Junge names Tommy Provensano, der sehr schlau war, schärfte Vinnie bei jeder Gelegenheit ein, daß er seine häufigen Kinobesuche für sich behalten solle, weil ihn sonst niemand ernstnehmen würde.

Manche seiner Lieblingsfilme hatte er sich vier- oder fünfmal angesehen, aber »Othello« war für ihn eine ganz neue Erfahrung gewesen. Vom Dialog hatte er nicht viel verstanden, aber der Handlung hatte er durchaus folgen können, und das düstere Drama hatte ihn förmlich an seinen Sitz gefesselt. Er kannte Typen wie diesen Jago, sie wohnten in derselben Straße wie er. Er bewunderte sie; er gab sich Mühe, von ihnen zu lernen.

Er ging die fünf Treppen hinauf, und nicht nur die körperliche Anstrengung ließ sein Herz schneller schlagen. Was, wenn der Alte zu Hause war? Er schob den Schlüssel ins Schloß, drehte ihn, so leise es ging, und schlich sich in die Vierzimmerwohnung. Alles war still; er sackte vor Erleichterung förmlich in sich zusammen, als er reglos in der Küche stand und sein Atem langsam wieder normal ging. Es war besser, wenn seine Mutter ihn erst am nächsten Morgen zu sehen bekam; bis dahin würde sich ihr Zorn etwas gelegt haben.

»Dreckiger Bastard!« zischte eine Stimme hinter ihm.

Vinnie fuhr herum und entdeckte seinen Vater Onofrio. Er

saß an die Wand gelehnt auf einem Hocker und hielt eine Flasche billigen Whiskey in der Hand. Gläser benutzte Onofrio schon lange nicht mehr.

»Bastard aus der Hölle!« fauchte sein Vater. »Du warst nie mein Kind; deine Mutter hat's mit dem Briefträger getrieben und dem Fleischer – oder mit sonst wem.«

»Sprich nicht so von meiner Mutter«, sagte Vinnie mit bebender Stimme.

Onofrio stand auf, nahm einen langen Schluck aus der Flasche und stellte sie dann neben sich auf die Spülablage. »Du widersprichst mir?« Er schnallte seinen breiten Gürtel auf und zog ihn aus den Schlaufen. »Hast wohl auf das da Lust, he?«

»Du sollst nicht so über meine Mutter reden«, wiederholte Vinnie.

»Deine Mutter ist eine Hure«, sagte Onofrio fast im Gesprächston. »Deshalb bist du ein Bastard.« Der Gürtel hing ihm jetzt in seiner ganzen Länge von der Hand. Onofrio schlug nach seinem Sohn. Der Gürtel durchschnitt die Luft mit einem pfeifenden Geräusch.

Vinnie duckte sich instinktiv, und die schwere Gürtelschnalle pfiff über seinen Kopf hinweg.

»Hol dir deine Tracht Prügel, du Bastard!« schrie Onofrio.

Etwas hämmerte an einer Tür hinten im Flur, und dann hörte Vinnie die klagende Stimme seiner Mutter.

»Du hast sie wohl wieder geschlagen, was?« fragte Vinnie.

»Schließlich hat sie mir einen Bastard ins Haus gebracht, oder nicht? Diesmal habe ich sie richtig verdroschen.«

Ohne nachzudenken, schwang Vinnie die Faust gegen den Kopf seines Vaters. Der Fausthieb traf Onofrio am Kinn, und er taumelte gegen die Wand und ließ den Gürtel fallen.

Onofrio starrte Winnie mit vor Wut geweiteten Augen an. »Du hebst die Hand gegen deinen Vater?«

Vinnie schluckte. »Alle Knochen würde ich meinem Vater brechen«, sagte er.

Onofrio bückte sich nach dem Gürtel, aber Vinnie stieß ihn mit dem Fuß beiseite, so daß sein Vater ihn nicht zu fassen kriegte, und versetzte Onofrio dann einen Aufwärtshaken, der die meisten Männer zu Boden geschickt hätte. Aber sein Vater war ein zäher Brocken; in seiner Jugend war er der gefürchtetste Schläger im ganzen Viertel gewesen – das hatte Vinnie von seiner Mutter gehört, als sie ihm warnend eingeschärft hatte, sich nie zu wehren, wenn sein Vater ihn verprügeln wollte.

»Jetzt bring' ich dich um!« sagte Onofrio, stieß sich von der Wand ab und warf sich auf seinen Sohn.

Vinnie war ebenso groß wie sein Vater, aber fünfundzwanzig Kilo leichter. Außerdem kam ihm seine Schnelligkeit zugute und im Augenblick auch die Tatsache, daß sein Vater betrunken war. Er trat beiseite und ließ Onofrio gegen die gegenüberliegende Wand prallen, dann rückte er nach und hieb dem schwereren Mann eine harte Linke in die rechte Niere. Onofrio ging stöhnend in die Knie, und jetzt legte Vinnie erst richtig los, schlug gezielt zu, spürte, wie unter seinen Fäusten Knorpel und Knochen brachen, und hämmerte auf seinen Vater ein, bis der Mann nur noch hilflos auf dem Boden lag, während sein Sohn ihn mit Fäusten und Füßen bearbeitete.

Vinnie hörte nur auf, weil er müde war. Er feuchtete ein Geschirrtuch an und wischte sich den Schweiß von Gesicht und Nacken, und als sein Atem wieder ruhiger geworden war, ging er durch den Flur zum Schlafzimmer seiner Eltern und schloß die Tür auf. Seine Mutter fiel ihm weinend in die Arme.

Viel später, nachdem er seiner Mutter dabei behilflich gewesen war, seinen blutenden Vater auf die Couch im Wohnzimmer zu verfrachten, nachdem sie sein übel zugerichtetes Gesicht ein wenig gesäubert hatte und seine Eltern schließlich eingeschlafen waren, lag Vinnie wach da und kostete das Vergnügen noch einmal aus, das es ihm bereitet hatte, seinen Vater fertigzumachen. Dabei empfand er nicht die geringsten Schuldgefühle. In seinem kurzen Leben hatte er bereits gelernt, daß andere Menschen Schuldgefühle hatten, er begriff, daß es so etwas gab, kannte es aber selbst nicht. Jetzt dachte er darüber nach, was wohl das Schlimmste wäre, was er seinem Vater antun könnte – schlimmer noch als die Prügel, die er ihm gerade verpaßt hatte. Es dauerte nicht lange, bis Vinnies scharfer Verstand fündig wurde: die braune Tasche!

Onofrio sammelte jeden Abend an zwei Dutzend Stellen in Little Italy Lottogeld ein und trug es dann am folgenden Morgen zu Benedetto, einem aufsteigenden Soldaten in der Carlucci-Familie. Onofrios Pfand war sein Leben. Wenn er das Geld nicht zu Benedetto brachte, würde er sterben. Benedetto neigte zum Jähzorn und hatte den Ruf, bei der leisesten Andeutung respektlosen Verhaltens sofort Rache zu nehmen.

Vinnie stieg langsam aus dem Bett und schlich sich auf Zehenspitzen zum Schlafzimmer seiner Eltern nebenan. Lautlos öffnete er die Tür, ging quer durch das Zimmer zum Bett und kniete neben seiner schlafenden Mutter nieder. Er tastete unter dem Bett nach der Tasche, bis seine Hand an den Bügel stieß. Er zog die kleine Tasche heraus und kehrte dann in sein eigenes Zimmer zurück, wo er das Licht anknipste.

Die Tasche enthielt beinahe dreitausend Dollar. Vinnie zog sein Bett ein Stück von der Wand weg und hob die Fußbodendiele von seinem geheimen Versteck hoch. Er schob die Playboy-Hefte, die Kondome und die hundert Dollar, die er zusammengespart hatte, beiseite und legte das Geld in die Vertiefung; anschließend legte er das Brett wieder darüber und steckte den Nagel durch das Loch, so daß kein Uneingeweihter erkennen konnte, daß das Brett nicht dauerhaft befestigt war.

Er ging mit der braunen Tasche in die Küche und warf sie zum Fenster hinaus in den Luftschacht, wo man sie finden würde, das wußte er; dann kehrte er in sein Zimmer zurück und legte sich wieder zu Bett.

Morgen um dieselbe Zeit, dachte er, während er in den Schlaf sank, würde Onofrio Callabrese sich auf dem Grunde der Sheepshead-Bucht befinden. Die Aussicht darauf hinderte Vinnie in keiner Weise am Schlaf.

I

1989

Vinnie Callabrese stand an der Ecke des St. Mark's Place und der Second Avenue in New York und beobachtete den Süßwarenladen auf der anderen Straßenseite. Der Fette mußte jetzt jeden Augenblick kommen.

Vinnie empfand bezüglich dessen, was er gleich tun würde, keinerlei Schuld- oder Angstgefühle. Die einzige augenblickliche Gefühlsregung war Ungeduld, weil er eine Straße weiter das Vordach des »St. Mark's Theater 80« sehen konnte und wußte, daß dort in acht Minuten »Touch of Evil« anfangen würde. Er sah seine Filme gern von Anfang an.

Vinnie hatte eine Römernase, dichtes schwarzes Haar und einen ebensolchen Bart und dunkle Augen. Er wußte, wie man Leute mit diesen Augen fixieren und ihnen Angst machen konnte. Er war nicht der schwerste Muskelmann, der für Benedetto tätig war, aber er war immerhin einen Meter fünfundachtzig groß und wog harte, muskelbepackte fünfundachtzig Kilo.

Der Fette wog mehr als hundertfünfzig Kilo, war aber weich bis auf die Knochen. Vinnie machte sich nicht die geringsten Sorgen, nur die, daß er sich verspäten könnte.

Als bis zum Beginn des Films noch sechs Minuten fehlten, parkte der Fette seinen Cadillac Sedan De Ville an der gegenüberliegenden Straßenecke, zwängte sich aus dem großen Wagen und watschelte in den Süßwarenladen. Vinnie ließ ihm lange genug Zeit, damit er in sein Büro kam, und überquerte dann die Straße. Der Laden war leer, nur der alte Mann war da, der die Eierkrems machte und Zigaretten verkaufte. Vinnie schloß die Tür, schob den Riegel vor und drehte das Schild, auf dem »Geöffnet« stand, herum. Er sah den alten Mann an und lächelte kurz. »Sie haben geschlossen«, sagte er, »auf fünf Minuten.«

Der alte Mann nickte ergeben und griff nach der »Daily News«.

Vinnie ging an den Zeitschriftenständern vorbei, wobei seine Lederabsätze auf dem rissigen Marmorboden klapperten, und griff nach dem Türknopf des Hinterzimmers. Er öffnete die Tür sachte und spähte in das kleine Büro. Der Fette saß da, und sein fetter Bauch lag auf dem abgewetzten Schreibtisch. Er blätterte in einem Stapel kleiner Scheine, und die Finger seiner anderen Hand flogen so schnell über die Tasten einer Rechenmaschine, daß man sie kaum sehen konnte. Vinnie beobachtete ihn einen Augenblick wie gebannt. So etwas hatte er noch nie gesehen; der Fette war ein Virtuose auf der Maschine.

Der Mann blickte auf und unterbrach seine Tastenarbeit. »Wer zum Teufel sind Sie?« fragte er.

Vinnie trat ganz ein und schloß die Tür hinter sich. »Ich bin ein Freund von dem Typen, der Ihnen vor neun Wochen fünftausend Dollar geliehen hat«, erklärte er. Er sprach in der abgehackten Redeweise, die das Wahrzeichen von Little Italy ist.

Der Fette brachte ein säuerliches Grinsen zuwege. »Und Sie sind bloß vorbeigekommen, um mir einen Höflichkeitsbesuch abzustatten?«

Vinnie schüttelte langsam den Kopf. »Nein. Der höfliche Typ war letzte Woche hier, die Woche zuvor auch und den Monat zuvor ebenfalls.«

»Dann sind Sie jetzt der Muskelmann, wie?« höhnte der Fette mit einem noch breiteren Grinsen und lehnte sich dabei in seinem Sessel zurück. Seine rechte Hand blieb auf der

Schreibtischkante liegen. Bei seiner Leibesfülle wirkte das irgendwie grotesk. »Schon mal was von Gesetzen gehört, Itaker? Schon mal gehört, daß, was Ihr Freund da macht, gesetzwidrig ist? Daß er überhaupt nichts gegen mich in der Hand hat, nicht einmal einen Fetzen Papier?«

»Sie haben meinem Freund Ihr Wort gegeben«, sagte Vinnie langsam. »Das hat ihm genügt. Und jetzt haben Sie ihn enttäuscht.«

Die Finger des Fetten krümmten sich über der Schreibtischschublade und rissen sie auf, aber Vinnie war schneller. Er packte den Fetten am Handgelenk, drehte sich um und hieb ihm den Ellbogen ins Gesicht. Der Fette gab einen Grunzlaut und ein halbersticktes Gurgeln von sich, ließ aber die Schublade nicht los. Vinnies rechter Fuß schoß in die Höhe und trat die Schublade zu. Ein häßliches Krachen war zu hören.

Der Fette schrie auf. Er riß Vinnie die Hand weg und hielt sie an sein blutendes Gesicht. »Sie haben mir die Finger gebrochen!« wimmerte er.

Vinnie beugte sich vor, packte ein Bein des Stuhls, auf dem der Fette saß, und riß es weg. Der Fette fiel rückwärts herunter und saß als zitternder Haufen Elend auf dem Boden.

Vinnie zog die Schublade auf und entdeckte einen kurzläufigen .32-Revolver. Er stopfte ihn sich in den Gürtel. »Das ist eine sehr gefährliche Waffe«, sagte er. »So etwas sollten Sie nicht haben; vielleicht verletzen Sie sich noch damit.« Er griff nach dem Stapel Geldscheine auf dem Schreibtisch und fing zu zählen an.

Der Fette sah ihm mit gequälter Miene zu, die aber nichts mit dem blutenden Gesicht oder seinen gebrochenen Fingern zu tun hatte.

Vinnie hörte zu zählen auf. »Fünfhundert«, sagte er und stopfte sich das Päckchen in die Tasche, nachdem er vorher ein paar Ein-Dollar-Noten auf die Schreibtischplatte zurückgelegt hatte. »Mein Freund wird das mit den Zinsen für das Darlehen verrechnen. Am Freitag will er die rückständigen Zinsen haben. Und am nächsten Freitag die fünf Riesen.«

»Bis dahin krieg' ich keine fünftausend zusammen«, winselte der Fette.

»Verkaufen Sie den Cadillac«, schlug Vinnie vor.

»Das geht nicht, der ist noch nicht abbezahlt.«

»Vielleicht würde mein Freund den Cadillac als Zahlung annehmen«, sagte Vinnie. »Ich werd' ihn fragen. Sie könnten ja weiter Ihre Raten zahlen.«

»Sind Sie verrückt? Der Wagen ist neu – der hat mich fünfunddreißig gekostet.«

»War ja bloß ein Vorschlag«, meinte Vinnie. »Billiger wär's, wenn Sie einfach die fünf Riesen ausspucken.«

»Das kann ich nicht«, wimmerte der Fette. »Ich kann es einfach nicht.«

»Ich werde meinem Freund sagen, daß Sie's versprochen haben«, sagte Vinnie. Er verließ das Büro und schloß die Tür hinter sich.

Vinnie saß rechtzeitig auf seinem Platz und aß Butterpopcorn, während er fasziniert Orson Welles' unglaublich lange Eröffnungseinstellung von Charlton Heston und Janet Leigh bewunderte, in der diese die Grenze nach Mexiko überquerten. Er hatte diese Einstellung mindestens ein Dutzend mal gesehen, aber sie versetzte ihn immer wieder aufs neue in Erstaunen. Die Einstellung hätte nicht besser sein können, denn es spielte sich so viel gleichzeitig ab. Er war von Welles begeistert, begeistert von seiner tiefen Stimme. Er konnte Welles' Stimme recht gut nachahmen. Er war ein begabter Stimmenimitator.

2

Als Vinnie das Kino verließ, meldete sich sein Piepser. »Scheiße!« murmelte er ärgerlich. »Als ob das Arschloch nicht bis morgen hätte warten können.« Er sah auf die Uhr: Wenn er sich beeilte, würde er es noch schaffen.

Er schnappte sich ein Taxi zur Carmine Street in Little Italy. »Warten Sie auf mich«, sagte er zu dem Taxifahrer, als sie vor dem Café »La Bohème« anhielten.

»Hören Sie, Mister«, rief der Fahrer, »ich krieg' sechs Kröten. Ich hab' keine Zeit zum Warten.«

Vinnie fixierte ihn mit dem Blick, den er bei säumigen Schuldnern anwandte. »Hier bleiben!« sagte er und stieg dann aus, ohne die Antwort abzuwarten. Er eilte in das Café, vorbei an alten Männern an winzigen Tischen, und blieb dann an einem Tisch vor der Tür zum Hinterzimmer stehen. Ein riesiger Mann, dem der Hut auf dem Kopf angewachsen zu sein schien, saß da, und seine fleischigen Finger hielten eine winzige Espressotasse umfaßt.

»He, Cheech!« sagte Vinnie.

»Du hast dich nicht auf den Piepser gemeldet«, sagte Cheech.

»War schneller, gleich herzukommen.«

Cheech machte eine Kopfbewegung nach hinten. »Da ist er drin.«

Vinnie wartete, bis Cheech auf den Knopf gedrückt hatte, und öffnete die Tür. Benedetto saß an einem kleinen Schreibtisch, vor sich einen Rechner. Vinnie mußte an den Fetten denken. Beide zählten jeden Tag ihr Geld. Vinnies alter Freund Thomas Provensano, jetzt Benedettos Geldverteiler und Buchhalter, saß an einem Tisch in der Ecke und war ebenfalls mit einem Rechner beschäftigt. Tommy Pro zwinkerte Vinnie zu.

»Vinnie«, sagte Benedetto, ohne von der Liste auf seinem Schreibtisch aufzublicken. Benedetto war Ende dreißig, vorzeitig ergraut, elegant gekleidet.

»Mr. B.«, sagte Vinnie, »ich hab' mit dem Fetten geredet.«

»War er nett?«

Vinnie zog die Fünfhundert in bar heraus und legte sie auf den Tisch. »Nachdem ich ihm die Finger gebrochen habe, war er um fünfhundert nett.«

Benedetto hob abwehrend die Hand. »Vinnie, du weißt, es ist nicht gut für mich, solche Dinge zu wissen.«

Das wußte Vinnie, aber er wußte auch, daß Benedetto sie trotzdem gern hörte. »Nur zu Ihnen gesagt, Mr. B., ich hab' dem Fetten gesagt, alle Zinsen bis Freitag und die fünf Riesen eine Woche drauf.«

»Wird er das bringen?«

»Er hat einen neuen Cadillac. Ich habe ihm gesagt, daß Sie den nehmen würden und er weiter die Raten bezahlen kann.«

Benedetto lachte. »Das mag ich. Bist ein kluger Junge, Vinnie; du könntest's zu was bringen, wenn du bloß aufhören würdest, immer ins Kino zu gehen.«

Aus Benedettos Mund war das hohes Lob und zugleich Zurechtweisung, und Vinnie nickte dankbar. Benedetto war Capo in der Carlucci-Familie, und das Gerücht ging, daß er der neue Don sein würde, wenn alle Berufungsmöglichkeiten des gegenwärtigen Don gegen seinen Schuldspruch wegen dreifachen Mordes erschöpft waren. Vinnie war ständig bemüht, Benedetto zufriedenzustellen. Der Mann hatte das Temperament einer Klapperschlange, und es gab eine reichhaltige Sammlung von Leichen, alles Männer, die irgendwann einmal Mr. B. verärgert hatten, nicht zuletzt auch Vinnies Vater Onofrio Callabrese.

Benedetto reichte das Geld Tommy Pro, der es schnell zählte, den Betrag in die Tasten seines Rechners hieb und das

Geld dann im Safe verwahrte. Tommy holte einen Umschlag aus dem Safe und reichte ihn Benedetto.

»Zahltag, Junge«, verkündete Benedetto und reichte Vinnie den Umschlag.

Der steckte ihn schnell ein. »Danke, Mr. B.«, sagte er.

»Sorge dafür, daß der Fette seine neuen Termine einhält«, fuhr Benedetto fort. »Und wenn du die Zinsen kassiert hast, kommst du zu mir. Was macht der Rest deiner Liste?«

Vinnie war bewußt, daß Benedetto jeden einzelnen Kontostand auf den Cent genau kannte; er wollte es bloß hören.

»Alles planmäßig diese Woche«, erwiderte Vinnie.

»Das hör' ich gern«, strahlte Benedetto. »Mach weiter so.«

»Geht in Ordnung, Mr. B.«. Vinnie wandte sich zum Gehen.

»Und, Vinnie…«

»Ja, Mr. B.?«

»Nächstes Mal bringst du mir das Geld sofort; nimm es nicht zuerst mit in ein Kino.«

»Ja, Mr. B.«

»Was findest du bloß an diesen Filmen? So was ist mir noch nie vorgekommen.«

»Das ist eine Art Hobby, wissen Sie?«

Benedetto nickte. »Wirst langsam alt für Hobbys. Wie alt bist du jetzt, Vinnie?«

»Achtundzwanzig, Mr. B.«

»Zeit, daß du deinen Einstand gibst.«

Vinnie spürte, wie ihm am ganzen Körper der Schweiß ausbrach.

»Wenn der Fette nicht zahlt, könntest du vielleicht mit ihm deinen Einstand geben.«

»Ganz wie Sie wünschen, Mr. B.«, erklärte Vinnie.

»Verschwinde jetzt.«

Vinnie verschwand. Das Taxi wartete noch. Er gab dem Fahrer eine Adresse in Chelsea und lehnte sich dann zurück. Er war völlig fertig. Er holte den Umschlag heraus, öffnete ihn und zählte: dreitausend Eier – seine beste Woche, solange er sich erinnern konnte. Für Benedetto zu arbeiten hatte eine Menge Pluspunkte, aber was der Capo da gesagt hatte, von wegen »Einstand geben«, lastete schwer auf Vinnie. Sobald er das tat, würde er ein »gemachter Mann« sein, ein Vollmitglied der Familie. Aber sobald er das tat, würde er auch mit Haut und Haaren und für alle Zeit Benedetto gehören. Und die Vorstellung, jemandem zu gehören, gefiel Vinnie überhaupt nicht.

3

Vinnie bezahlte den Taxifahrer, gab ihm fünf Dollar Trinkgeld und rannte die Treppe in dem Backsteingebäude in Chelsea hinauf. Für Benedetto und den Rest der Familie wohnte Vinnie in der Wohnung seiner verstorbenen Mutter an der Bleecker Street, wo er sich aber in Wirklichkeit immer seltener aufhielt; sein eigentliches Zuhause waren die drei Zimmer in Chelsea.

Er schloß den Briefkasten mit dem Schild »Michael Vincent« auf. Er hatte sich vor drei Jahren einen Rechtsanwalt aus dem Telefonbuch gepickt und mit dessen Hilfe juristisch korrekt seinen Namen gewechselt, sich eine Sozialversicherungsnummer, einen Führerschein, eine Wahlberechtigungskarte und einen Paß besorgt und ein Bankkonto eröffnet. Nachdem er zwei Jahre lang Steuererklärungen abgegeben hatte, wobei er als Beruf »freier Schriftsteller« angegeben hatte, hatte er sich auf seinen neuen Namen Kreditkarten besorgt, die Wohnung in Chelsea gemietet und sogar einen Bankkredit aufgenommen und später zurückgezahlt. Bareinzahlungen tätigte er jedesmal bei einer anderen Zweigstelle, sorgte dafür, daß ihm nie ein Scheck platzte, und besaß ein Sparkonto, auf dem zwölftausend Dollar eingezahlt waren, sowie eine Barreserve aus Fünfzigern und Hundertern. Michael Vincent war ein durch und durch ehrenwerter Bürger.

»Wie geht es Ihnen?« sagte Vinnie mit lauter Stimme zu sich selbst, während er die Treppe zu seiner Wohnung im ersten Stock hinaufstieg. »Sehr erfreut, Ihre Bekanntschaft zu machen.« Nach einigem Experimentieren hatte er sich für die Tyrone-Power-Stimme entschieden. Power war der Filmstar, dessen Stimme der Vinnies am besten entsprach, und die Redeweise des Schauspielers mit ihren seidigglatten Tönen war das, was Vinnie anstrebte. Er hatte erst am Tag zuvor »The Razor's Edge« gesehen, und war bemüht, die ruhige Gelassenheit Larrys, so wie Power ihn gespielt hatte, in seine Redeweise zu legen. »Es ist mir ein außerordentliches Vergnügen, Ihre Bekanntschaft zu machen«, sagte er, als er die drei Schlösser an der Wohnungstür aufschloß.

Die Inneneinrichtung ließ sich am besten unter dem Begriff »New York Yuppie« zusammenfassen. Vinnie hatte an der Wand mit dem offenen Kamin das Mauerwerk freigelegt; das Mobiliar war weich und weiß mit ein wenig Glas und Leder; an der Wand hingen ein paar gute Drucke und eine Menge Originalplakate von Filmen — darunter »Casablanca«, »Wem die Stunde schlägt« und »His Girl Friday«. Fast alles, was sich in der Wohnung befand, die Plakate eingeschlossen, die Vinnie von den Wänden eines bankrott gegangenen Filmtheaters entfernt hatte, ehe einer seiner Bekannten aus Mafiakreisen es aus Gefälligkeit für den in Geldschwierigkeiten geratenen Eigentümer in Brand gesteckt hatte, stammte aus fragwürdigen Quellen. In den Bücherregalen waren fast tausend, sorgfältig nach Titeln katalogisierte Videobänder von Filmen verwahrt.

Er hörte seinen Anrufbeantworter ab, der nur eine einzige

Nachricht enthielt. »Michael, Liebling«, sagte eine leise Frauenstimme, »wir essen um neun zu Abend. Komm nicht zu spät. Es wäre besonders schön, wenn du ein wenig früher kommen könntest.«

Vinnie schlüpfte aus den schwarzen Sachen, die er gewöhnlich trug, wenn er Geld einzutreiben hatte – seinem Mafiakostüm, wie er es für sich bezeichnete. Er duschte, wusch sich das Haar und fönte es sorgfältig trocken. Dann warf er die zwei Goldketten und die auffällige Armbanduhr in einen kleinen Korb auf seiner Kommode, streifte sich eine Rolex mit Stahlband über das Handgelenk und steckte sich einen kleinen goldenen Siegelring mit seinem Familienwappen an den Finger. Das Wappen der Vincents hatte er sich aus den Archiven der genealogischen Abteilung der öffentlichen Bibliothek von New York ausgewählt und war damit zu Tiffany gegangen, wo er sich einen Ring ausgesucht und ihn hatte gravieren lassen. Der Ring war so ziemlich der einzige Gegenstand in Vinnies Besitz, für den er den regulären Ladenpreis bezahlt hatte.

Seine kleine Garderobe, die aus Ralph-Lauren-Anzügen und -Jacketts bestand, hatte ein Ladendieb, den er kannte, systematisch für ihn auf Bestellung aus einem halben Dutzend Polo-Läden beschafft. Er wählte jetzt ein kariertes Tweedjackett und eine Flanellhose. Dann schlüpfte er in ein Sea-Island-Baumwollhemd und italienische Slipper und war bereit für seinen Abendkurs. Er sah auf seine Rolex; er hatte noch zwanzig Minuten Zeit.

Vinnie kam fünf Minuten vor der Zeit an der Adresse Broadway und Waverly Place an. Als der Professor das Klassenzimmer der Filmakademie der New York University betrat, hatte Vinnie bereits Platz genommen. Für den heutigen Abend standen Produktionsbudgets auf dem Lehrplan.

Waring, der Professor, hielt einen Stapel Papiere in der Hand. »Mr. Vincent?«

Vinnie hob die Hand.

»Glauben Sie wirklich, daß Sie diesen Film für zwei Komma sechs Millionen drehen können?«

Seine dreißig Mitschüler drehten sich alle zu Vinnie um.

»Ich glaube schon«, erwiderte er in seiner seidigen Tyrone-Power-Stimme.

»Dann begründen Sie uns das bitte, Mr. Vincent«, forderte ihn Waring auf.

Vinnie nahm im Sitzen Haltung an. »Nun, bloß weil das Stück in New York spielt, muß es ja nicht unbedingt in New York gedreht werden. Mein Budget sieht Aufnahmen in Atlanta vor und dazu ein wenig Archivmaterial von New York. Das ist übrigens im Budget vorgesehen.«

Ein junger Mann mit krausem roten Haar, der in seiner Nähe saß, schlug sich mit der flachen Hand gegen die Stirn.

»Und in welchen Bereichen haben Sie Einsparungen erzielt, wenn Sie in Atlanta drehen?« fragte Waring.

»In fast allen Bereichen«, antwortete Vinnie. »Unterbringung, Transport, Kulissen. Und keine Gewerkschaften, mit denen man sich herumärgern muß. Damit habe ich allein eine halbe Million gespart.«

»Können Sie mir ein einziges Beispiel eines Films nennen, der in New York spielt und der mit Erfolg in Atlanta gedreht wurde?« wollte Waring wissen.

»Ich habe letzte Woche einen Fernsehfilm gesehen, ›The Mayflower Madam‹. Das war eine New Yorker Story, die in Atlanta gedreht wurde, und ich habe sie gut gefunden.«

»Habe ich nicht ausdrücklich Dreharbeiten in New York vorgeschrieben?« fragte Waring.

Vinnie zog ein Blatt Papier heraus und überflog es. »Wo?« fragte er. »Sie haben möglicherweise Dreharbeiten in New

York im Sinn gehabt, aber ausdrücklich verlangt haben Sie es nicht.«

»Sie haben recht, Mr. Vincent«, gab Waring zu, »und Sie waren der einzige in der Klasse, der dahintergekommen ist. Deshalb ist Ihr Budget auch um achthunderttausend Dollar unter dem aller anderen geblieben. Gratuliere, das war ein gutes, brauchbares Budget, und Sie haben Ihren Geldgebern eine Menge Geld gespart.«

»Danke«, sagte Vinnie und war sehr stolz auf sich.

Nach dem Unterricht kam der rothaarige junge Mann auf Vinnie zu. Er trug Jeans und eine Windjacke aus Militärbeständen, an deren Ärmel früher einmal die Streifen eines Sergeant gewesen waren, und eine Brille mit Drahtgestell. Er hätte dringend einen Haarschnitt gebrauchen können. »Ich bin Chuck Parish«, sagte er und streckte Vinnie die Hand hin.

»Nett, Sie kennenzulernen«, erwiderte Vinnie.

»Sie sind doch Michael Vincent?«

»Richtig.«

»Darf ich Sie zu einer Tasse Kaffee einladen? Ich würde gern mal mit Ihnen über etwas reden.«

Vinnie sah auf die Rolex. »Ich habe zwanzig Minuten Zeit«, sagte er, »dann muß ich weg.«

Die Bedienung stellte ihnen den Kaffee hin. Chuck Parish bezahlte und zog, als sie wieder allein waren, ein Drehbuch aus seiner Segeltuchmappe. »Ich möchte, daß Sie sich das durchlesen und einen Kostenvoranschlag ausarbeiten. Ich werde den Film in New York drehen und brauche einen Herstellungsleiter.«

Vinnie blätterte in dem Drehbuch.

»Es soll eine Krimikomödie werden, über ein paar Typen von der Mafia, die ihren Paten um zwei Millionen Doller erleichtern und fast damit durchkommen.«

»Wer finanziert den Film?« wollte Vinnie wissen.

»Ich kann dreihunderttausend aufbringen«, erklärte Parish. »Das kommt aus der Familie.«

»Und Sie meinen, das reicht?«

»Das sollen Sie mir sagen. Meine Freundin spielt die weibliche Hauptrolle, und in ihrem Schauspielkurs sind genug Leute für die restliche Besetzung. Ich hab' da schon einen ganz bestimmten Typen für die männliche Hauptrolle im Sinn.«

»Haben Sie einen Verleih?«

»Nein.«

Vinnie nickte. »Ich werd' mir's durchlesen, dann ruf' ich Sie an.«

»Meine Telefonnummer steht hinten auf dem Umschlag.«

Sie gaben sich die Hand und trennten sich.

Eine Viertelstunde später setzte ein Taxi Vinnie an der Fifth Avenue in der Nähe des Metropolitan Museum of Art an einem Wohnhaus ab, das noch aus der Vorkriegszeit stammte.

»Guten Abend, Mr. Vincent«, sagte der Türsteher und öffnete ihm die Tür.

»Guten Abend, John«, sagte Vinnie freundlich. Er nahm den Aufzug ins oberste Stockwerk, trat dort in ein mit Marmor ausgelegtes Foyer und öffnete mit seinem Schlüssel eine Tür.

»Hier bin ich, Liebling!« rief Barbara.

Vinnie ging den langen Flur entlang, vorbei an Kunst im Wert von zwanzig Millionen Dollar, und betrat das große Schlafzimmer. Sie lag im Bett; unter der Bettdecke lugte eine rosige Brustwarze hervor. Für eine Frau von einundvierzig hat sie einen wunderbaren Busen, dachte Vinnie.

»Wir haben noch eine halbe Stunde, ehe unsere Gäste eintreffen«, lächelte sie. »Aber bring mir mein Make-up nicht durcheinander.«

4

Vinnie hatte Barbara Mannering vor acht Monaten bei einer Wohltätigkeitsveranstaltung der Filmakademie kennengelernt. Er war um etwas zu trinken angestanden, als sie plötzlich neben ihm auftauchte.

»Scheiße!« sagte sie.

Er drehte sich um und sah sie an. Eine Blondine, einen Meter achtundsechzig oder -siebzig groß, teuer frisiert und gekleidet, mit dezenten, aber sehr echten Brillanten. »Wie bitte?« sagte er.

»Ich bin es nicht gewöhnt, Schlange zu stehen«, erwiderte sie. »Wären Sie ein Schatz und würden mir einen doppelten Scotch on the Rocks besorgen?«

»Aber selbstverständlich«, hatte Vinnie darauf geantwortet.

»Sind Sie ein vielversprechender junger Regisseur?«

»Ein vielversprechender junger Produzent«, verbesserte er.

»Für die NYU scheinen Sie mir ein wenig alt.«

Vinnie wußte, daß er wie fünfunddreißig aussah. »Ich studiere nebenher.«

»Und was sind Sie von Beruf?«

»Schriftsteller.«

»Was schreiben Sie?«

»Bücher, Artikel für Zeitschriften, manchmal Reden.«

»Müßte ich etwas von Ihnen gelesen haben?«

»Selbstverständlich.«

»Was zum Beispiel?«

»Ich habe mich auf etwas ganz Besonderes spezialisiert; ich bin Ghostwriter.«

»Und für wen üben Sie den Beruf des Ghostwriters aus?«

»Wenn ich Ihnen das sagen würde, wäre ich kein Ghostwriter mehr. Geschäftsleute, hier und da Politiker.«

»Wie kommen Sie an Ihre Klienten?

»Es scheint, daß die zu mir kommen – Mundpropaganda, denk' ich.«

»Das muß ja recht einträglich sein.«

»So einträglich nun auch wieder nicht. Ich habe weder das Buch von Trump noch das von Chuck Yeager geschrieben. Meine Klienten sind bescheidener.«

»Das ist also der Grund, weshalb Sie Filmproduzent werden wollen – um mehr zu verdienen?«

»Ich möchte produzieren, weil ich alles, was mit Film zu tun hat, mag, und zwar so sehr, daß ich auch etwas Gutes leisten sollte.«

»Ich bin geneigt, das zu glauben«, meinte sie. »Wissen Sie, daß Sie wie Tyrone Power klingen?«

Das Lächeln, mit dem Vinnie darauf reagierte, fiel breiter aus, als er das gewollt hatte. »Wirklich?«

Er brachte sie nach Hause, und sie fingen schon an, sich zu lieben, als sie noch im Fahrstuhl unterwegs waren. Seitdem hatten sie sich ein- oder zweimal die Woche geliebt. Sie gab regelmäßig Abendessen, zweimal im Monat; Vinnie wurde etwa jedes zweite Mal eingeladen. Bei diesen Anlässen hatte er zwei ehemalige Bürgermeister, einige Schriftsteller und eine Unzahl anderer interessanter Leute kennengelernt.

Vinnie küßte sie auf den Busen, löste sich aus ihr und nahm Kurs auf die Dusche. Als er aus dem Bad kam, blätterte sie in Chuck Parishs Drehbuch.

»Was ist das?«

»Einer in meiner Budget-Vorlesung hat mich gebeten, ihm einen Kostenvoranschlag dafür zu machen. Er hat etwas Geld zusammengekratzt und möchte das drehen.«

»Taugt es etwas?«

»Ich hatte noch keine Gelegenheit, es zu lesen, aber auf der

NYU gilt er als Genie. Ich habe ein paar Kurzfilme gesehen, die er gemacht hat, und die waren ausnehmend gut. Ich habe allerdings den Eindruck, daß er keine Ahnung vom Geschäft hat.«

Er ging zu dem Wandschrank, in dem die Garderobe aufbewahrt war, die Barbara für ihn ausgewählt hatte, und holte sich einen Smoking und ein Seidenhemd heraus, die beide von einem Londoner Schneider, der alle drei Monate nach New York kam, nach Maß gefertigt worden waren. Die Rechnung hatte Barbara bezahlt. Die Kleidungsstücke waren das einzige, was er je von ihr genommen hatte. Als er die aus zwölf Räumen bestehende Wohnung an der Fifth Avenue und die darin enthaltenen Kunstwerke und das Mobiliar gesehen hatte, war sein erster Impuls freilich gewesen, Benedetto davon zu erzählen und alles an irgendeinem Wochenende, wenn sie verreist war, ausräumen zu lassen. Aber er mochte sie und hatte damals entschieden, daß sie ihm als Freundin nützlicher sein konnte. Damit hatte er recht gehabt. »Wer kommt heute zum Essen?« erkundigte er sich.

»Senator Harvey und seine Frau; Dick und Shirley Clurman – Dick ist ehemaliger Chefkorrespondent von ›Time & Life‹ und hat ein wunderbares neues Buch über die Time-Warner-Fusion geschrieben; Shirley ist Produzentin bei ABC. Außerdem Leo und Amanda Goldman. Heute abend sind wir nur zu acht.«

»Leo Goldman von ›Centurion Pictures‹?«

»Ich dachte, das würde dir Spaß machen. Ganz davon abgesehen, daß er das zur Zeit erfolgreichste Studio führt, ist er ein interessanter Mann. Äußerst intelligent.«

Vinnie band sich eine perfekte Schleife, genauso wie Cary Grant sie in »Indiskret« getragen hatte. »Ich freue mich darauf, ihn kennenzulernen«, sagte er.

Die Gäste trafen beinahe gleichzeitig ein. Vinnie schüttelte Goldman die Hand, unterhielt sich aber bewußt vor dem Essen nicht mit ihm. Vielmehr hörte er sich stumm ein Gespräch zwischen dem Senator und Dick Clurman an, das in Wirklichkeit praktisch ein Interview war. Clurman war schnell und stellte sehr direkte Fragen und bekam von dem Senator sehr direkte Antworten. Vinnie lernte eine ganze Menge.

Beim Essen saß er dann zwischen Shirley Clurman und Amanda Goldman; Leo Goldman war einen Stuhl von ihm entfernt, aber Vinnie bemühte sich immer noch nicht, mit ihm ins Gespräch zu kommen. Er war charmant zu Mrs. Clurman und sehr aufmerksam zu Amanda Goldman, einer schönen Blondine Anfang Vierzig, aber nicht so aufmerksam, daß er damit ihren Mann irritierte.

Erst nach dem Abendessen, als sie in der Bibliothek beim Cognac saßen, wechselte Vinnie mehr als zwei Worte mit Goldman, und zum Glück begann Goldman ein Gespräch.

»Ich höre, Sie besuchen die NYU-Filmakademie«, sagte er. Er war Mitte Vierzig, hatte langsam schütter werdendes Haar und eine ausgezeichnete Figur, die ganz offensichtlich das Produkt harter täglicher Arbeit war.

»Nebenbei«, erwiderte Vinnie.

»Was interessiert Sie am Film?«

»Die Produktion.«

»Also nicht der glanzvolle Teil – Drehbuch oder Regie?«

»Nein.«

»Was reizt Sie an der Produktion?«

Vinnie atmete tief durch. »Weil man dort das Heft in der Hand hat.«

Goldman lachte. »Die meisten Leute würden sagen, daß das die Sache des Regisseurs ist.«

»Nun, Produzenten sind diejenigen, die Regisseure engagieren und feuern.«

Goldman nickte. »Sie wissen Bescheid, Michael«, sagte er. »Glauben Sie, Sie haben eine Ahnung, was zu einem guten Film gehört?«

»Ja.«

Goldman zog eine Visitenkarte heraus. »Wenn Sie etwas zwischen die Finger bekommen, das Sie für gut halten, rufen Sie mich an. Das ist meine Privatleitung.«

Vinnie nahm die Karte und lächelte. »Ich werde Sie dann anrufen, wenn Sie am wenigsten damit rechnen.«

Vinnie verbrachte eine Stunde mit Barbara im Bett, und als sie schließlich erschöpft war, begab er sich wieder unter die Dusche, schlüpfte in einen Morgenmantel und ging mit dem Drehbuch von Parish in die Bibliothek. Er las es in einer Stunde. Dann holte er einen Block vom Schreibtisch und fing an, es in Szenen und Drehorte zu zergliedern. Als der Morgen dämmerte, hatte er einen Grundplan für die Produktion und ein Budget. Er brauchte keinen Taschenrechner, um die Zahlen zusammenzuzählen. Vinnie hatte schon immer gut mit Zahlen umgehen können und verfügte über ein ausgezeichnetes Gedächtnis.

Er schlief noch eine Stunde, bis Barbara ihn zum Frühstück weckte. »Was hast du die ganze Nacht gemacht?« fragte sie bei einem Teller Spiegeleiern mit Speck.

»Ich habe Chuck Parishs Drehbuch gelesen und ein Produktionsbudget aufgestellt.«

»Taugt es denn etwas?«

Er sah sie an. »Barbara, es ist sehr, sehr gut. Ungemein komisch. Es hat Schwung, und wenn man es richtig anstellt, kann man Geld damit verdienen.«

»Was brauchst du, um das zu produzieren?«

»Sechshundertfünfzigtausend«, erwiderte Vinnie, »Parish hat schon dreihunderttausend.«

»Klingt mir nach einem kleinen Budget«, wandte sie ein.

»Ist es auch. Leo Goldman würde das nie glauben.«

»Wirst du mit dem Drehbuch zu Goldman gehen?«

»Nein. Wenn Parish damit einverstanden ist, werde ich den Film selbst machen, ehe ein anderer auf die Idee kommt.«

»Riskant.«

»Vielleicht nicht so riskant, wie du glaubst. Du hast das Drehbuch nicht gelesen.«

»Wie wär's, wenn ich investieren würde?«

»Ich will dein Geld nicht, Barbara.« Er lächelte. »Bloß deinen Körper.« Er wußte, daß sie ein beträchtliches Vermögen geerbt hatte, das ihre Familie in der Baubranche erworben hatte.

»Das Projekt interessiert mich«, meinte sie. »Ich bringe zweihunderttausend ein, den Rest kannst ja du geben.«

»Ich werde mir's überlegen«, versprach Vinnie.

Er hatte es sich bereits überlegt.

Als er am Gehen war, sagte sie: »Weißt du, was Leo Goldman gestern abend über dich gesagt hat?«

Vinnie sah sie fragend an.

»Er hat gesagt: ›Dein Freund Michael ist ein Gauner, er gibt sich bloß nicht wie einer. Das gefällt mir.‹«

Vinnie lächelte und gab ihr einen Kuß. Mit Leo Goldman würde er sehr vorsichtig sein müssen.

5

Die nächsten beiden Tage arbeitete Vinnie, wenn er nicht gerade mit Schuldeneintreiben für Benedetto beschäftigt war, an dem Produktionsbudget. Er saß an seinem Computer in der

Wohnung in Chelsea und verfaßte dort wunderschöne Zeitpläne und Dokumente. Er war von seiner eigenen Arbeit beeindruckt.

Als er fertig war, suchte er Tommy Pro auf. Vinnie kannte Thomas Provensano seit seiner Kindheit. Tommy war zwei Jahre älter, und die beiden waren schon sehr früh Freunde geworden. Vinnie hielt Tommy in mancher Hinsicht für den cleversten Burschen, mit dem er je zu tun gehabt hatte. Er hatte Betriebswirtschaft studiert, anschließend sein Examen als vereidigter Buchprüfer gemacht und dann noch an der New York University Rechtswissenschaft studiert. Tommy wußte über Benedettos Geschäfte genauso gut Bescheid wie Benedetto selbst – vielleicht sogar besser.

Sein Büro befand sich hinter einer Tür, die keinerlei Aufschrift trug, über dem Café, in dem Benedetto sein Hauptquartier hatte. Tommy hatte zwei Zimmer: eines für seine Assistentin, eine italienische Witwe um die Fünfzig, und eines für sich und seine Computer. Er hatte drei Computer, und Vinnie hatte immer den Eindruck, daß alle drei die ganze Zeit auf Hochtouren liefen. Die spartanische Einrichtung bestand aus einem Stahlschreibtisch und Ablagekästen aus einem Restaurant, das Benedetto vor ein paar Jahren in den Bankrott getrieben hatte, und einem überdimensionalen Safe. Tommy hatte ihm einmal erklärt, daß alle Akten von Belang auf Computerdisketten gespeichert waren und daß der Safe so eingerichtet war, daß sämtliche Disketten zerstört werden konnten – wenn nötig auch per Fernsteuerung. Wenn Tommy abends nach Hause ging, hatte er immer einen Duplikatsatz sämtlicher Disketten in einer voluminösen Aktentasche bei sich, und niemand wußte, wo er die Tasche verwahrte.

Tommy rollte seine beträchtliche Leibesfülle in einem großen Chefsessel von Computer zu Computer; das war seine einzige Konzession an Komfort und Luxus. »Was liegt denn an, Kleiner?« fragte er, als Vinnie sein Allerheiligstes betrat.

»Ich werde einen Film machen, Tommy.« Vinnie setzte sich und klappte seine Aktentasche auf.

Tommy spreizte die Hände und grinste. »War ja nur eine Frage der Zeit. Kann ich dir dabei irgendwie helfen?«

»Ich wollte dir zeigen, was ich hier habe, und hören, was du davon hältst.« Vinnie breitete seine Planungen und Etatberechnungen vor Tommy aus und schilderte ihm das ganze Vorhaben. Tommy war der einzige Mensch auf der Welt, zu dem Vinnie ein gewisses Vertrauen hatte. Als er fertig war, lehnte er sich zurück. »Also, was hältst du davon?«

Tommy lächelte breit. »Das müßte hinhauen. Bloß daß du hundertfünfzig Riesen aufbringen mußt. Wie willst du das anstellen?«

»Unter uns gesagt, ich habe fast siebzig«, erwiderte Vinnie. Das war das erste Mal, daß er das einem anderen Menschen anvertraute.

»So wie ich dich kenne, wirst du die anderen achtzig auch beibringen.«

»Glaube ich auch.«

»Der Geschäftsplan, den du da aufgestellt hast, ist Spitze«, sagte Tommy, nachdem er eine Weile in dem Etat geblättert hatte. »Was brauchst du von uns?«

»Von dir«, berichtigte ihn Vinnie. »Nicht von Benedetto. Ich bin an die ganze Geschichte äußerst sparsam rangegangen, und wenn Mr. B. Wind davon bekommt, wird er einen großen Schnitt machen wollen.« Er gestattete sich ein kleines Lächeln. »Bei dir ist das anders«, meinte er dann. »Bei dir kann ich mir leisten, dir verpflichtet zu sein.«

Tommy lachte. »Gut. Wofür willst du mir also verpflichtet sein?«

»Hauptsächlich für logistische Unterstützung. Ich möchte

hier in der Umgebung drehen und möchte nicht, daß mir jemand Ärger macht.«

»Das läßt sich einrichten.«

»Ich werde ohne Gewerkschaft arbeiten, und ich möchte nicht, daß plötzlich Streikposten auftauchen.«

»Kostet mich bloß einen Anruf«, versicherte Tommy.

»Und ich möchte, daß du sämtliche Verträge abfaßt«, fügte Vinnie hinzu.

»Also viel Erfahrung in der Unterhaltungsbranche habe ich nicht, aber ich habe da 'ne Menge Vertragstexte im Computer. Du wirst natürlich eine Firma gründen wollen.«

»Natürlich«, nickte Vinnie. Daran hatte er nicht gedacht.

Die zwei jungen Männer verbrachten die nächsten drei Stunden damit, eine Liste der zu erstellenden Verträge anzulegen und Vinnies Geschäftsplan nach Schwachstellen abzuklopfen. Davon gab es freilich nicht viele.

Als Vinnie gerade gehen wollte, meinte Tommy: »Ich kenne da eine recht gute Schauspielerin, die zu haben wäre.«

»Geht klar; ich werde schon was für sie finden. Wer ist es denn?«

»Erinnerst du dich an Carol Geraldi?«

»Klar, ›Witwen in Weiß‹, vier, fünf Jahre her. Ich habe eine ganze Weile nichts von ihr gesehen.«

»Da bist du nicht der einzige; die ist abgerutscht – hängt an der Nadel.«

»Schrecklich.«

»Ich denke, sie könnte immer noch arbeiten, und einen Namen hat sie ja.«

»Wie bist du an sie gekommen?«

»Ich hab' da ein paar Dealer, die für mich unterwegs sind; einer von ihnen versorgt sie. Sie schuldet mir acht Riesen. Wenn du sie haben willst, kannst du ihre Rechnung übernehmen, ich schenk' sie dir.«

»Ich werd's mir überlegen, Tommy. Und vielen Dank auch.«

Vinnie war noch nie so nervös gewesen. Chuck Parish war zu ihm unterwegs, und Vinnie hatte in seiner Wohnung gründlich Ordnung gemacht und alle Papiere vorbereitet. Als es an der Tür klingelte, fuhr er zusammen.

In Chucks Begleitung befand sich eines der schönsten Mädchen, das Vinnie je zu Gesicht bekommen hatte.

»Das ist Vanessa Parks«, stellte Chuck sie vor. »Sie ist mein Mädchen und meine Hauptdarstellerin.«

»Na prima«, sagte Vinnie und gab ihr die Hand.

Sie war groß und gertenschlank und hatte herrliches hellbraunes Haar. Ihre Haut war makellos, ihr Busen voll und ihr Mund üppig und mit perfekten Zähnen. Vinnie begehrte sie sofort. Er ließ sie auf dem Sofa Platz nehmen, versorgte die beiden mit Drinks und setzte sich ihnen gegenüber.

»Hübsch haben Sie's hier«, sagte Vanessa nach einem Blick in die Runde.

»Vielen Dank, Vanessa«, strahlte Vinnie. Er hatte festgestellt, daß es gut war, Frauen gleich zu Anfang einer Bekanntschaft möglichst oft mit dem Vornamen anzusprechen.

»Also«, wollte Chuck wissen, »was haben Sie für mich?«

Vinnie legte das Drehbuch auf den Couchtisch. »Zuallererst möchte ich Ihnen sagen, daß ich Ihr Drehbuch für ausgezeichnet halte«, erklärte er, »wirklich hervorragend.«

Chuck wurde ein wenig rot. »Vielen Dank«, sagte er, »aber kommen wir doch gleich zur Sache. Was wird es kosten, den Film zu produzieren?«

»Sie haben drei Möglichkeiten, ihn zu machen«, erklärte Vinnie. »In Wirklichkeit gibt es natürlich Dutzende von Möglichkeiten, aber nur drei davon haben Sinn.«

Chuck beugte sich vor. »Und die wären?«

Vinnie hob einen Finger. »Erstens können Sie diesen Film als Projekt herstellen. Sie können Ihre dreihunderttausend Dollar nehmen, ein paar Studenten als Besetzung und Crew engagieren und einen hübschen kleinen Film machen, mit dem Sie wahrscheinlich den Preis der NYU-Filmakademie für den besten Film und das beste Drehbuch gewinnen können. In der Form wird er ansonsten unverkäuflich sein, aber Sie können damit zu den Studios gehen und ihn dazu benutzen, daß man Ihnen eine Chance für das Drehbuch und die Regie eines Features gibt, vielleicht kriegen Sie auch einen Vertrag für einen Fernsehfilm.«

»Klingt ganz gut«, meinte Chuck.

»Aber es wird die teuerste Diplomarbeit der Geschichte sein, und Ihre dreihunderttausend sind dann weg.«

»Damit könnte ich leben, wenn ich damit eine Karriere starten könnte«, meinte Chuck.

»Es ist also Ihr eigenes Geld?«

Chuck nickte. »Eine Erbschaft.«

»Chuck, ich vertrete die Ansicht, daß ein Mann für seine Arbeit bezahlt werden sollte. Wenn Sie die erste Möglichkeit wählen, wird man Sie nicht bezahlen, und darüber hinaus verpulvern Sie Ihre Erbschaft.«

»Ich verstehe«, erwiderte Chuck. »Was wären die anderen zwei Möglichkeiten?«

»Sie können sich einen Agenten nehmen – ich habe einige Kontakte – und Ihr Drehbuch an ein Studio verkaufen. Ich finde es so gut, daß Sie möglicherweise zwei- oder dreihunderttausend dafür bekommen.«

»Das klingt auch gut«, grinste Chuck.

»Aber man wird Sie nie Regie führen lassen.«

»Oh.«

»Sie würden es ein halbes Dutzendmal für das Studio umschreiben müssen, und dann, wenn die endlich zufrieden sind, müssen Sie es für den Regisseur umschreiben, und wenn der zufrieden ist, noch einmal für den Star. So läuft das immer, und ich glaube nicht, daß das, was am Ende herauskommt, noch sehr viel Ähnlichkeit mit dem hätte, womit Sie angefangen haben.«

»Ja, ich verstehe, was Sie damit sagen wollen«, meinte Chuck und wirkte jetzt recht enttäuscht. »Und die dritte Möglichkeit?«

»Die dritte Möglichkeit«, erklärte Vinnie, »besteht darin, einen für den Verleih geeigneten Film zu machen, Profis zu engagieren, mit Ausnahme der Hilfstätigkeiten, ihn mit guten Leuten zu besetzen und sie an den Einspielergebnissen zu beteiligen.«

»Schaffe ich das mit dreihundert Riesen?«

»Nein. Sie werden sechshundertfünfzig Riesen brauchen.«

»Die kann ich nicht aufbringen.«

»Das kann ich«, sagte Vinnie.

»Sie würden in meinen Film investieren?« fragte Chuck erstaunt.

»Wenn ich ihn produziere.«

Chuck lehnte sich auf dem Sofa zurück und nahm einen Schluck aus seinem Glas. »Ich möchte selbst die Regie führen und den Film auch produzieren.«

Vinnie lehnte sich ebenfalls zurück. »Wenn Sie das wollen, sollten Sie es tun.«

Chuck warf ihm einen vorsichtigen Blick zu. »Aber in dem Fall würden Sie Ihre Anleger nicht einbringen.«

Vinnie schüttelte den Kopf. »Das könnte ich nicht, und ich will Ihnen auch sagen, warum. Sie sind ein intelligenter Mann, schreiben gut und sind nach allem, was ich an der Filmakademie zu sehen bekommen habe, auch ein guter Regisseur. Sie sollten sich auf Ihre Stärken konzentrieren, und ich vermute einmal, daß Sie kein sehr guter Geschäftsmann sind. Ich bin das. Ich kann dieses Projekt organisieren, den geschäftlichen Teil leiten und dafür sorgen, daß Sie für das freie Hand haben, was Sie am besten können. Das brauchen Sie, Chuck, ob nun ich derjenige bin, der das für Sie besorgt, oder ein anderer. Sie brauchen einen Produzenten.«

»Was haben Sie denn bis jetzt produziert?«

»Nichts«, gab Vinnie zu. »Aber lassen Sie sich von mir durch den Geschäftsplan führen, den ich ausgearbeitet habe, und Ihnen zeigen, wie ich es machen würde.« Er ging an seinen Schreibtisch, holte dort Kopien und reichte Chuck und Vanessa je eine. »Auf Seite eins«, begann er, »sind die Gesamtkosten in die wesentlichen Kategorien aufgeteilt.«

Als er fertig war, stand Vinnie auf und machte sich einen Drink, den ersten an diesem Tag. Chuck und Vanessa unterhielten sich unterdessen im Flüsterton. Als er zurückkam, lächelte Vanessa ihm zu, und er wußte, daß er es geschafft hatte.

»Ihr Vorschlag gefällt mir«, meinte Chuck.

»Es wird kein Zuckerlecken«, erwiderte Vinnie. »Wir beide, Sie und ich, werden mit der Honorierung warten müssen. Ich habe dreiundzwanzig Tage angesetzt, und Sie müssen sich sehr gut vorbereiten, um das zu schaffen. Sie werden mit Mitchell-Kameras drehen müssen statt mit Panavision; Sie werden auf einer Movieola schneiden müssen, nicht einem Steenbeck – am besten wäre sogar, wenn Sie den Schnitt in der Schule besorgen könnten, selbst wenn Sie es mitten in der Nacht machen müssen.«

»Ich brauche nicht viel Schlaf«, meinte Chuck. Er blätterte in Vinnies Ausarbeitung. »Wieviel Zeit habe ich für die Produktionsvorbereitungen und die Besetzung?«

»Einen Monat. Das ist reichlich, denke ich. Die Drehorte habe ich bereits.«

»Alle?« fragte Chuck ungläubig.

»Ich habe die Adressen neben jede Szene geschrieben.«

»Was ist mit den Drehorten für die Innenaufnahmen?«

»Die besorgen wir uns gratis. Für die Wohnung des Mädchens können Sie die hier nehmen. Wir werden keine Studios mieten.«

»Das heißt aber, daß wir dann eine Menge nachsynchronisieren müssen.«

»Dafür habe ich einen Posten in das Budget eingestellt«, erwiderte Vinnie.

»Du meine Güte!« strahlte Chuck und wischte sich die Schweißtropfen von der Stirn. »Dann ist es also tatsächlich möglich, wie?«

»Ja.«

»Woher wissen Sie, daß wir den Film an ein Studio verkaufen können, wenn er fertig ist?«

»Ich habe meine Verbindungen. Ich halte es für möglich, sonst würde ich meine Investoren nicht einbringen. Wenn wir handelseinig werden, müssen Sie sich allerdings auf mein geschäftliches Urteilsvermögen verlassen.«

Vanessa legte Chuck die Hand auf den Arm. »Ich glaube, du solltest Michaels Vorschlag annehmen«, sagte sie.

Chuck sah sie an, wandte sich wieder Vinnie zu und streckte ihm die Hand hin. »Einverstanden«, sagte er. »Wann fangen wir an?«

Vinnie ergriff die ausgestreckte Hand mit beiden Händen. »Wir fangen morgen mit einer Besprechung mit meinem Anwalt an. Sie können natürlich Ihren eigenen Anwalt mitbringen. Sie sollten das sogar.«

»Ich habe keinen Anwalt«, erklärte Chuck.

Vinnie lächelte ihm aufmunternd zu. »Zerbrechen Sie sich darüber nicht den Kopf.«

6

Vinnie machte die Arbeit Spaß. Er versuchte an den Vormittagen Benedettos Geld einzutreiben und widmete die Nachmittage und Abende dem neuen Projekt. Er handelte und feilschte, bot Barzahlung an, wenn man ihm Nachlässe einräumte, beschaffte Ausrüstung, engagierte das Aufnahmeteam und nahm an Besetzungssitzungen teil. Er war jetzt *Produzent*.

Einen wunden Punkt gab es für ihn: den Fetten. Er hatte pünktlich seine Zinsen bezahlt und zwei Ratenzahlungen geleistet. Als Vinnie ihn aber in seinem Laden aufsuchte, um die dritte Zahlung abzuholen, sah er einen Bullen, der in der Nähe der Bürotür am Zeitschriftenständer in einem Magazin blätterte; er trug Zivil, aber Vinnie sah sofort, womit er es zu tun hatte. Der alte Mann hinter der Theke schob eine Augenbraue hoch und warf dem Bullen einen Blick zu. Vinnie verschwand, ehe der sich sein Gesicht einprägen konnte.

Dieser Hurensohn, dachte er, als er zu seinem nächsten Kunden unterwegs war. Benedetto würde jetzt mit Sicherheit die Geduld verlieren. Der Fette hatte die Bullen gerufen! War er verrückt geworden?

Benedetto war sauer. »Wie kommt der bloß dazu, mich so zu behandeln?« jammerte er Vinnie vor.

»Sie haben recht, Mr. B.«, stimmte Vinnie zu. »Der braucht eine Schocktherapie.«

»Der braucht, daß man ihn alle macht«, meinte Benedetto ausdruckslos.

»Lassen Sie es mich noch einmal bei ihm versuchen«, meinte Vinnie. »Schließlich wird er Sie nicht bezahlen, wenn er tot ist. Ich werd' ihn bis nächste Woche wieder auf der Reihe haben.«

»Na schön, Vinnie, das überlass' ich dir.«

»Geht klar, Mr. B. Ich werd' mich sofort darum kümmern.« Er wandte sich zum Gehen.

»Vinnie?«

Vinnie blieb stehen. »Ja, Mr. B.?«

»Du bist mir persönlich verantwortlich.«

Das tönte gar nicht gut in Vinnies Ohren. Er sah zu, daß er aus dem Büro kam.

Am Nachmittag nahm Vinnie an einer Besetzungssitzung in einem Kellerraum der NYU teil und beobachtete verschiedene Schauspieler, die für die drei wichtigsten Männerrollen vorsprachen. Vanessa Parks las mit ihnen, und Vinnie war von dem, was er hörte, nicht sehr angetan. Sie hatte seiner Ansicht nach durchaus das Zeug für eine Schauspielerin, war aber für die Rolle noch zu jung und zu unerfahren. In ein paar Tagen sollten die Proben beginnen. Die Zeit war knapp. Er stand auf und ging zu einem Telefonautomaten.

»Ja?« meldete sich Tommy Pro.

»Tommy, ich bin's, Vinnie. Ich brauche Personal.«

»Personal welcher Art?«

»Jemanden, der sich in medizinischen Fragen ein wenig auskennt und auch über Drogen Bescheid weiß. Ein wenig Muskeln würden nicht schaden.«

»Ich glaube, ich weiß, woran du denkst, Vinnie«, sagte Tommy. »Wann?«

»Kommendes Wochenende.« Vinnie hörte ihn in einem Notizbuch blättern.

»Roxanne«, verkündete Tommy dann. »Sie hat eine Schwesternausbildung.«

»Hervorragend«, freute sich Vinnie.

Um drei Uhr morgens rollte Vinnies Wagen langsam durch eine von Häusern der oberen Mittelklasse gesäumte Straße in

Queens. Hinter keinem der Fenster brannte Licht. Er entdeckte den Cadillac schließlich in einer Einfahrt; die Hausnummer stimmte. Vinnie fuhr bis zum Ende der Straße, wendete und fuhr langsam mit ausgeschalteten Scheinwerfern zurück. Er hielt an und stieg aus.

Das Gerät bestand aus einer Literflasche Benzin mit einer Sprengkapsel und einer Zwei-Minuten-Zeituhr. Nachdem er sich sorgfältig nach allen Seiten umgesehen hatte, ging er auf den Cadillac zu, stellte das Gerät unter dem Benzintank auf den Boden und schaltete es ein. Dann ging er schnell zu seinem Wagen zurück und fuhr in gemächlichem Tempo weg.

Am Ende der Straße bog er um die Ecke und hielt dann an. Er konnte den Cadillac immer noch sehen. Ein gedämpfter Knall war zu hören, als die Sprengkapsel das Benzin zündete, und kurz darauf eine von einem mächtigen Feuerball begleitete Explosion. Vinnie lächelte versonnen und fuhr nach Manhattan zurück. Jetzt würde der Hurensohn pünktlich zahlen.

Am darauffolgenden Nachmittag zog Vinnie seinen blauen Nadelstreifenanzug an und traf sich mit Roxanne in einem Bistro an der West Eighth Street. »Es ist nur ein kurzes Stück zu Fuß«, sagte er.

»Schon gut.«

Roxanne war über einen Meter achtzig groß und wog nach Vinnies Schätzung gute siebzig Kilo. Sie hörte zu, während sie dahinschlenderten, und nickte gelegentlich.

»Ja, damit komme ich zurecht«, meinte sie.

»Haben Sie die Sachen mitgebracht?«

Sie tippte wortlos auf ihre große Handtasche.

Sie erreichten einen hübschen Ziegelbau an der West Tenth Street in dem eleganten Block zwischen der Fifth und Sixth Avenue. Michael klingelte und wartete.

Carol Geraldi sah schrecklich aus, als sie an die Tür kam. Sie trug zwar saubere Jeans und eine einfache Bluse, aber ihr Haar war schmutzig und ungepflegt. So wie sie aussah, hätte man ihr ihre vierunddreißig Jahre niemals geglaubt. »Ja?« fragte sie.

»Miss Geraldi«, stellte Vinnie sich vor, »ich heiße Michael Vincent. Ich bin Filmproduzent. Ich habe da ein Drehbuch, das Sie lesen sollten – eine wunderbare Rolle –, und ich wollte es Ihnen persönlich übergeben.« Er reichte ihr einen braunen Umschlag.

»Oh«, sagte sie überrascht und zugleich erfreut, »vielen Dank. Ich werde es am Wochenende lesen.«

»Dies ist eine meiner Produktionsassistentinnen, Roxanne«, fuhr er fort und deutete auf die kräftig gebaute Frau, die neben ihm stand. »Ob wir wohl einen Augenblick reinkommen dürfen? Ich würde Ihnen gern mehr über das Projekt erzählen.«

»Also, es sieht ziemlich schlimm bei mir aus«, sagte sie, »aber –«

»Vielen Dank«, meinte Vinnie und schob sich an ihr vorbei. Sie hatte nicht übertrieben; es sah wirklich schrecklich aus. Vinnie schob eine leere Pizzaschachtel vom Sofa und setzte sich.

Carol nahm ihm gegenüber Platz, während Roxanne stumm an der Tür stehen blieb.

Vinnie machte Carol mit dem Film und ihrer Rolle vertraut. »Es sind nur vier Szenen«, sagte er, »aber es handelt sich um die einzige, wirklich wichtige weibliche Rolle, und das Drehbuch ist außergewöhnlich, wie Sie mir wahrscheinlich bestätigen werden, wenn Sie es gelesen haben. Ich will jetzt wirklich nicht zu dick auftragen, aber ich halte es durchaus für möglich, daß die Rolle das Potential für eine Oscar-Nominierung hat.«

»Na gut«, meinte Carol, als sie das Drehbuch aus dem Umschlag nahm. »›Schwarzes Abendrot‹, klingt interessant.«

»Wie wär's, wenn Sie die Szenen gleich einmal überfliegen würden?« schlug Vinnie vor. »Ich habe die betreffenden Seiten markiert.«

Sie sah auf die Uhr. »Es tut mir leid, aber ich habe im Augenblick keine Zeit; ich erwarte Besuch.«

»Nehmen Sie sich die Zeit«, sagte Vinnie. »Sie werden es ganz sicher nicht bedauern.«

»Mr. Vincent«, erwiderte sie mit einem Anflug von Gereiztheit in ihrer Stimme, »ich erwarte wirklich Besuch und bin im Augenblick nicht in der richtigen Stimmung, es zu lesen.«

»Ich fürchte, der Mann, den Sie erwarten, wird nicht kommen, Miss Geraldi.«

Sie sah ihn erschreckt an. »Wie bitte?«

»Der Mann mit dem Stoff kommt nicht.«

Jetzt zitterte sie. »Ich weiß nicht, wovon Sie reden. Wer sind Sie überhaupt?«

»Ich bin Filmproduzent, wie ich Ihnen vorhin schon sagte. Ich versichere Ihnen, das ist ein ernstgemeintes Angebot.«

»Angebot? Sie haben mir noch kein Angebot gemacht. Sie müssen meinen Agenten anrufen«, sagte sie und stand auf.

»Ich fürchte, Sie haben keinen Agenten mehr, Miss Geraldi. Sie haben schon eine ganze Weile keinen mehr.«

Sie setzte sich wieder. »Was geht hier vor?«

»Ich will Ihnen Ihre Zeit nicht stehlen. Ich will ganz offen zu Ihnen sein.«

»Dafür wäre ich Ihnen dankbar.« Ihr unkontrolliertes Zucken war jetzt nicht mehr zu übersehen.

»Ich habe Ihre Schulden von Ihrem Dealer gekauft. Achttausend Dollar – das ist eine Menge Stoff, Miss Geraldi. Sie sind inzwischen auf zwei Gramm Kokain die Woche plus alles, was Sie sich verschaffen können.«

»Ich gehe nächste Woche auf Reha«, erklärte sie.

»Im Augenblick noch nicht«, wandte Vinnie ein. »Sie müssen zuerst eine Rolle in einem Film spielen.«

»Hören Sie, ich weiß nicht, ob das mit dem Film stimmt oder nicht, aber ich befinde mich im Augenblick nicht in der Verfassung, schauspielerisch etwas zu bringen. Und ich erwarte wirklich Besuch.«

»Der war ohnehin gerade im Begriff, Sie abzuhängen. Sie sollten in mir eine Art rettenden Engel sehen.«

»Sie werden mich mit Drogen versorgen?« fragte sie ungläubig.

»Ganz richtig, Miss Geraldi, und Roxanne hier wird sie Ihnen verpassen. Roxanne wird dafür sorgen, daß Sie sich während der Proben, für die wir eine Woche angesetzt haben, und der eigentlichen Drehzeit von zehn Tagen wohlfühlen. Ich sorge dafür, daß Ihre Szenen fast hintereinander gedreht werden, so daß wir nicht mehr als unbedingt nötig von Ihrer Zeit beanspruchen müssen. Und sobald Sie mit den Dreharbeiten fertig sind, bekommen Sie Ihre Kur, das verspreche ich Ihnen.«

Carol warf Roxanne einen Blick zu. »Können Sie mir jetzt etwas geben?« fragte sie.

»Natürlich kann sie das«, sagte Vinnie und stand auf. »Ich bin beinahe fertig. Ich möchte nur, daß wir uns klar verstehen. Roxanne wird jetzt sofort bei Ihnen einziehen. Sie wird Sie über das Wochenende, während der Proben und der Drehzeit versorgen, und ich möchte nicht, daß Sie ihr in irgendeiner Weise Schwierigkeiten bereiten. Ist das klar?«

Die Schauspielerin nickte benommen.

»Sie sollten sich darüber im klaren sein, daß ich Ihnen eine einmalige Chance gebe, und dafür erwarte ich Ihre volle Mitarbeit. Wenn Sie nicht jederzeit mit mir, dem Regisseur und Roxanne zusammenarbeiten, werde ich Sie fallen lassen; dann verkaufe ich Ihre Schulden an einen Mann, der auch nicht annähernd so nett ist wie ich und der sich mit einer anderen

Art von Filmen befaßt wie ich – dann werden Sie Ihre Schulden abarbeiten müssen, und das wird dann sehr lange in Anspruch nehmen. Sie haben mich doch verstanden, Carol?«

»Ich habe verstanden«, nickte sie bedrückt. Dann wandte sie sich Roxanne zu. »Jetzt, bitte!« wimmerte sie.

»Helfen Sie ihr, Roxanne«, sagte Vinnie. »Carol, Sie sprechen das erste Mal am Montagnachmittag um eins vor. Es wäre gut, wenn Sie Ihren Text beherrschen würden.« Er lächelte. »Roxanne wird mit Ihnen üben.«

7

Vinnie saß in der Probenhalle und sah Chuck Parish bei den Proben mit seiner Besetzung zu. Der Vormittag war den vier Szenen zwischen Vanessa Parks und den drei männlichen Hauptdarstellern gewidmet. Chuck ging schnell voran und unterbrach nur gelegentlich, um irgendwelche Vorschläge anzubringen. Vinnie war davon beeindruckt, wie er mit den Schauspielern umging, sie nie kritisierte, sondern stets konstruktive Vorschläge brachte.

Um zwölf Uhr lieferte ein Schnellimbiß das Mittagessen, und Vinnie nutzte die Gelegenheit, um Chuck beiseite zu nehmen. Als sie allein im Treppenhaus standen, meinte Vinnie mit leiser Stimme: »Chuck, auf die Gefahr hin, Sie zu beleidigen, werde ich Ihnen jetzt etwas sagen, was Sie bereits wissen.«

»Und was wäre das?« fragte Chuck argwöhnisch.

»Vanessa eignet sich nicht für die Rolle. Genauer gesagt, nicht für diesen Film.«

»Was zum Teufel soll das heißen?« brauste Chuck auf. »Die Rolle ist mit ihr besetzt, und mehr gibt es dazu nicht zu sagen.«

»Kommen Sie her«, sagte Vinnie und zog ihn zu der Tür des Probensaales. Sie blickten auf die Gruppe von Schauspielern, die dort das Mittagessen einnahmen. »Sehen Sie sich die Gruppe an, und sagen Sie mir, wer dort der Fremdkörper ist.«

Chuck sah seine Schauspieler an – die meisten Italiener, keiner von ihnen angelsächsischer Herkunft.

»Sehen Sie sie an«, wiederholte Vinnie. »Wir haben Italiener, Juden, Puertorikaner, ein paar Schwarze. Eine recht gemischte Gruppe.« Er hielt inne. »Und dann ist da noch Vanessa.«

Chuck blieb stumm, starrte aber immer noch die Gruppe an.

»Ich gebe ja zu, daß sie eine vielversprechende Schauspielerin ist, aber sie ist einfach zu angelsächsisch, zu zart, zu jung, zu grün. Wir brauchen eine ältere, erfahrenere Schauspielerin, jemand, der der Rolle Gewicht verleiht.«

»Wenn ich ihr das sage, macht sie auf der Stelle mit mir Schluß«, meinte Chuck.

»Wenn sie Sie liebt, wird sie das nicht tun«, wandte Vinnie ein. »Sie wird begreifen, daß Sie Ihre Entscheidung um der Produktion willen getroffen haben.«

»Ich bringe es einfach nicht fertig«, wand sich Chuck. »Würden Sie es ihr sagen?«

»Wenn Sie es aus meinem Mund hört, wird sie Ihnen das nie verzeihen.«

Chuck wandte sich von der Tür ab. »Aber wir sind doch schon viel zu weit. Wie können wir die Rolle in der knappen Zeit, die uns noch zur Verfügung steht, neu besetzen? Sie beklagen sich doch dauernd wegen Terminschwierigkeiten.«

»Ich habe gehört, daß Carol Geraldi zu haben wäre«, meinte Vinnie.

Chuck sah ihn an. »Sie glauben, wir könnten sie kriegen?«

»Ja.«

»Können wir sie uns leisten?«

»Ja.«

»Wo war sie denn die letzten paar Jahre? Ich habe sie nicht mehr gesehen, seit sie für ›Window's Walk‹ den Oscar bekommen hat.«

»Sie hat ein wenig ausgesetzt.«

Chuck ging zur Tür zurück und sah Vanessa an. »Sie ist verdammt schön«, sagte er. »Ich wollte immer jemand, der so schön ist.«

»Hier steht Ihre Karriere auf dem Spiel, Chuck. Sie schafft die Rolle nicht, und das wird ihr niemand zum Vorwurf machen; aber Ihnen wird man vorwerfen, daß Sie die Rolle mit ihr besetzt haben.«

Chuck lehnte sich an die Wand und rieb sich mit dem Jackettärmel den Schweiß von der Stirn. »Ich werde wohl brutal sein müssen, wie?«

»Das wird nicht das letzte Mal sein, Chuck; das Filmgeschäft ist ein hartes Geschäft. Ich denke, Vanessa begreift das vielleicht besser als Sie. Wenn sie einmal ein wenig darüber nachgedacht hat, wird sie einsehen, daß Ihre Entscheidung ebenso ihrer Karriere nützt wie der Ihren, Chuck. Jeder, der den Film sieht, würde sofort erkennen, daß sie einfach damit überfordert ist.«

»Sie haben recht«, nickte Chuck. »Ich darf nicht zulassen, daß sie sich das antut.«

Vinnie legte Chuck die Hand auf die Schulter. »Sie sind ein tüchtiger Mann. Am besten sagen Sie es ihr jetzt gleich.«

Chuck nickte. »Geben Sie mir ein paar Minuten Zeit, ja?«

»Aber sicher«, nickte Vinnie. »Ich sorge dafür, daß Carol Geraldi um ein Uhr hier ist.«

Chuck nickte und sah zu Boden.

Vinnie ging die Treppe hinunter und verließ das Gebäude; das Atmen fiel ihm jetzt wieder leichter. Er blickte auf und sah, wie Carol und Roxanne gerade aus einem Taxi stiegen. Er ging ihnen entgegen. »Sie sehen umwerfend aus«, sagte er und griff nach der Hand der Schauspielerin.

»Ich hatte auch ein gutes Wochenende«, erwiderte sie.

»Gut, sehr gut. So, Sie sind ein paar Minuten zu früh dran, also können Sie mit Roxanne dort drüben noch eine Tasse Kaffee trinken. Um eins gehen Sie ins Studio A und machen sich mit dem Regisseur Chuck Parish bekannt.«

»Werden Sie nicht da sein?« fragte sie nervös.

»Ich bin ein paar Stunden anderweitig beschäftigt, aber Chuck erwartet Sie und ist ganz begeistert davon, mit einer Schauspielerin Ihres Formats arbeiten zu können.«

Sie lächelte. »Das ist nett.«

»So, jetzt trinken Sie Ihren Kaffee.« Er blickte den beiden Frauen nach, wie sie die Straße überquerten, ging in das Gebäude zurück, stellte sich hinter die Tür und wartete. Fünf Minuten später hörte er, wie eine Tür zugeknallt wurde, dann das Klappern hoher Absätze auf der Treppe, und dann fiel ihm Vanessa Parks fast in die Arme. Sie weinte und war völlig außer sich.

»Vanessa, beruhigen Sie sich doch!« sagte er, schob sie mit beiden Händen von sich und sah sie an.

»Dieser Mistkerl!« schäumte sie. »Dieser Mistkerl hat mich gefeuert!«

»Fühlen Sie sich nicht wohl?« fragte er.

»Natürlich fühle ich mich nicht wohl! Chuck nennt sich meinen Freund und hat mich gerade aus seinem Film rausgeworfen! Verstehen Sie denn nicht?«

»Kommen Sie«, sagte Vinnie und legte ihr den Arm um die Hüften. »Gehen wir hinaus.« Er winkte ein Taxi heran und schob sie vor sich hinein. Dann gab er dem Fahrer die Adresse seiner Wohnung in Chelsea und wandte sich wieder Vanessa zu, die vor Wut zitterte und der die Tränen über das

Gesicht rannen. »Beruhigen Sie sich jetzt, bitte. Wir werden die ganze Sache besprechen und sehen, was wir machen können.« Er zog ihren Kopf auf seine Schulter und ließ sie sich ausweinen.

In seiner Wohnung mixte er ihr einen kräftigen Scotch.

Sie leerte das Glas mit einem Schluck zur Hälfte. »Dieser Mistkerl!« sagte sie immer wieder.

Vinnie zog sie auf das Sofa und strich ihr über das Haar. »Hören Sie, es ist doch bloß ein Job. Sie werden bessere Rollen als diese bekommen, das verspreche ich Ihnen.«

»Glauben Sie wirklich?« fragte sie und wischte sich mit einem Papiertaschentuch die Nase.

»Vanessa, schauen Sie mich an.«

Sie blickte mit großen Rehaugen zu ihm auf, schniefte.

»Sie haben etwas ganz Besonderes an sich, etwas, das die Kamera sieht und womit die Zuschauer sich identifizieren können.«

»Wirklich?« schluchzte sie.

»Sie sind nicht nur sehr schön, sondern Sie besitzen ein seltenes Talent, das Sie im Filmgeschäft sehr weit bringen wird, wenn man es richtig entwickelt.«

»Ist das Ihre ehrliche Meinung?« fragte sie. Sie hatte jetzt zu weinen aufgehört.

»Ganz und gar. Chuck wird vorankommen, ich werde vorankommen, aber Sie werden ein großer Star werden. Das verspreche ich Ihnen.«

»O Michael«, sagte sie und legte ihm die Hand an die Wange, »Sie haben von Anfang an an mich geglaubt, nicht wahr? Das habe ich gleich gewußt, das habe ich einfach gespürt. Chuck will mich bloß bumsen.«

»Hören Sie zu, Chuck findet Sie großartig, aber lassen Sie sich von mir sagen: So gut Sie auch vielleicht in dieser

Rolle gewesen wären – die Rolle wäre für Sie nicht gut gewesen.«

»Warum?«

»Weil die Person, die Sie spielen sollten, nicht annähernd so jung und so schön wie Sie ist. Ich werde Rollen für Sie finden, die Sie an die Spitze bringen werden.«

»Das würden Sie für mich tun?« fragte sie.

»Das werde ich für Sie tun, und ich werde es für mich selbst tun. Ich möchte, daß Sie ganz groß herauskommen, und ich möchte derjenige sein, der das möglich macht.«

Sie küßte ihn.

Er erwiderte ihren Kuß, hielt sich aber zurück. Ihr Mund war unglaublich, und er sehnte sich nach mehr, wollte aber, daß sie ihn herausforderte. Sie enttäuschte ihn nicht – bis er den Arm um ihre Hüfte legte und sie ins Schlafzimmer zog.

Vinnie schaffte es, in den Probensaal zurückzukehren, ehe Chuck die Sitzung beendete. »Wie ist es gelaufen?« erkundigte er sich bei ihm.

»Die Geraldi ist einmalig«, erwiderte Chuck. »Sie kam einfach herein, und in fünf Minuten *war* sie die Rolle, und alle wußten das. Sie ist eine geniale Besetzung, Michael.«

»Freut mich, daß Sie zufrieden sind.«

»Entzückt bin ich. Haben Sie Vanessa weggehen sehen?«

»Nein, ich mußte in die Stadt und ein Problem wegen der Beleuchtung klären. Aber das ist jetzt in Ordnung.«

»Ich habe Angst davor, ihr zu Hause gegenüberzutreten«, gab Chuck zu. »Ich fühle mich richtig scheußlich.«

»Sie werden darüber hinwegkommen und Vanessa auch«, versuchte ihn Vinnie zu beruhigen. »Wahrscheinlich wirft sie sich Ihnen in die Arme, wenn Sie die Tür aufmachen.«

Eine Stunde später klingelte das Telefon in der Wohnung in Chelsea.

»Hallo«, meldete sich Vinnie.

»Michael«, schluchzte Chuck, »sie ist weg!«

»Jetzt beruhigen Sie sich«, sagte Vinnie.

»All ihre Sachen sind weg; sie ist verschwunden. Keine ihrer Freundinnen weiß, wo sie ist.«

»Das mußte eben so kommen, Chuck«, meinte Vinnie. »Lassen Sie sie gehen. Konzentrieren Sie sich ganz auf den Film und versuchen Sie an nichts anderes zu denken.«

Chuck seufzte tief. »Sie haben recht. Der Film ist jetzt das Allerwichtigste. Ich weiß nicht, warum ich mich so über das blöde Weib aufrege.«

»Jetzt schlafen Sie sich erst einmal aus. Wir sehen uns dann morgen früh.«

»Schon gut, Michael. Vielen Dank.«

Vinnie legte auf und blickte zur Küche hinüber, wo Vanessa, nur mit einem Hemd bekleidet, damit beschäftigt war, Pasta zu kochen.

»Magst du viel Knoblauch?« fragte sie mit einem strahlenden Lächeln.

8

Vinnie setzte sich im Bett auf. Etwas hatte ihn geweckt, irgendein Geräusch, aber jetzt war nichts mehr zu hören. Vanessa lag ausgestreckt neben ihm und schlief. Er sah auf die Nachttischuhr: Erst kurz nach drei. Jetzt war das Geräusch wieder zu hören, und diesmal wußte er, um was es sich handelte: Sein Piepser sandte gedämpfte Signale aus seiner Hosentasche.

Er stieg aus dem Bett, schaltete den Piepser aus und ging an das Telefon im Wohnzimmer. Ihm gefiel das gar nicht; Benedetto hatte ihn noch kein einziges Mal mitten in der Nacht gerufen. Die Zahlung des Fetten war morgen fällig – das mußte es sein. Er wählte die Nummer.

»Ja?« ertönte die Stimme von Cheech, dem Leibwächter.

»Ich bin's. Was soll der Scheiß?«

»Jetzt«, erklärte Cheech.

»Jetzt gleich?« Vinnie bemühte sich, leise zu bleiben, um Vanessa nicht zu wecken. »Ahnt er eigentlich, wie spät es ist? Scheiße!«

»Keine Ahnung«, sagte Cheech. »Soll ich ihn fragen?«

»Ich bin in zwanzig Minuten dort«, schnaubte Vinnie.

»Besser in zehn«, riet Cheech.

»Sag ihm, daß ich nicht zu Hause bin und mir ein Taxi besorgen muß.«

»Mhm«, machte Cheech und legte auf.

Vinnie zog die Kleider an, die er am Abend ausgezogen hatte. Es war ihm zuwider, getragene Kleidung gleich noch einmal anzuziehen, aber er durfte jetzt keine Zeit vergeuden. Es war ihm auch zuwider, um diese Stunde auf den Straßen von New York unterwegs zu sein. Er zog eine Schublade auf, entnahm ihr die Waffe, die er dem Fetten abgenommen hatte, und verließ das Gebäude. Ein Wunder geschah: Es dauerte nur fünf Minuten, bis er ein Taxi gefunden hatte, das auf der Seventh Avenue nach Süden fuhr.

Sie waren zu zwei Dritteln mit den Dreharbeiten fertig, und Vinnie hatte bereits einen Tag eingespart. Er war stolz auf sich, aber er war auch nervös. Das Budget war bis jetzt noch eingehalten, aber der größte Teil von Chucks und Barbaras Investition war verbraucht, und er würde bald seine hundertfünfzigtausend beibringen müssen. Er hatte siebzig, die er nur unter größtem Widerstreben angreifen wollte, aber er brauchte noch mindestens weitere achtzig.

Der Taxifahrer war auf dem Nachhauseweg nach Brooklyn

und weigerte sich, weiter als bis zur Houston Street nach Süden zu fahren. Vinnie eilte im Laufschritt los.

Die Straßen von Little Italy waren verlassen, und seine weichen italienischen Slipper erzeugten beim Laufen kaum ein Geräusch. Er fühlte sich in seine Kindheit zurückversetzt: Wenn er damals gelaufen war, hatte das bedeutet, daß jemand hinter ihm her war, gewöhnlich, weil er gestohlen hatte. Als er sich dem »La Bohème« näherte, verringerte er sein Tempo, und mit der Zeit wurde auch sein Herzschlag wieder langsamer. Dann stand er vor der Tür und schöpfte Atem. Plötzlich klapperte das Glas hinter ihm. Er fuhr herum, sein Herz fing wieder zu rasen an, und er sah Cheech dastehen. Seine mächtige Gestalt füllte den ganzen Türrahmen.

»Herrgott, Cheech, hast du mir jetzt einen Schrecken eingejagt!« keuchte Vinnie.

»Schau, daß du schnell reinkommst«, meinte Cheech und deutete mit dem Daumen auf das Hinterzimmer. »Er ist sauer.«

Vinnie ging schnell durch das dunkle Café und orientierte sich dabei an dem Lichtspalt unter der Tür des Hinterzimmers. Das Hemd klebte ihm am Leib, und er hatte seinen Atem noch nicht ganz unter Kontrolle. Es war ihm zuwider, daß er sich nicht voll und ganz im Griff hatte und daß Benedetto ihn so sehen würde. Er klopfte und öffnete die Tür.

Benedetto saß auf seinem gewohnten Platz, und vor ihm auf dem Tisch türmten sich Stapel von Geldscheinen. Die Tür zu dem großen Safe stand offen. Cheech ging auf den Schreibtisch zu, wo häufig Tommy Pro arbeitete, und setzte sich.

»Guten Abend, Mr. B.«, sagte Vinnie.

»Abend – daß ich nicht lache!« sagte Benedetto und lief rot an.

»Was ist denn los? Was kann ich tun?« fragte Vinnie.

»Das ist dein Problem, nicht meins«, erwiderte Benedetto.

»Ein Scheißproblem, und du mußt zusehen, daß du das hinkriegst.«

»Was ist es denn für ein Problem, Mr. B.?« Er ahnte, was es war, und dabei wurde ihm übel.

»Hast du die Spätnachrichten gesehen?«

»Nein.«

»Der Fette war der Star. Oh, die hielten einen Mantel über seinen Kopf, aber ich weiß, daß er es war, der in den Wagen gestiegen ist.«

»Die haben den Fetten hopsgenommen?« fragte Vinnie verblüfft.

»Das nicht gerade«, erwiderte Benedetto mit einem bösartigen Grinsen. »Der Fette will, daß die *mich* hopsnehmen. Er war beim Staatsanwalt, und der hat einen Fimmel von wegen Kredithaien und hat jetzt einen Haftbefehl gegen mich ausgestellt. Bis vor einer Stunde konnte ich nicht einmal in mein Büro. Dort wimmelt's von Bullen.«

Vinnie war wie benommen. Der Fette kannte seinen Namen nicht, aber eine gute Beschreibung würde er den Bullen liefern können. »Das glaube ich nicht«, sagte er. »So verrückt kann der Typ doch nicht sein.«

»Also ich sag' dir, er *ist* so verrückt«, erklärte Benedetto, »und den letzten Rest hat ihm das gegeben, was du mit seinem Wagen angestellt hast.«

»Er würde nie gegen Sie aussagen, Mr. B.«, rief Vinnie. »Der weiß doch, was das für Folgen hätte. *So* verrückt ist er bestimmt nicht.«

»Die haben ihn unter Zeugenschutz gestellt«, erklärte Benedetto.

»Scheiße!«

»Genau. Bloß daß ich rausgekriegt habe, wo. Hat mich zehn Riesen gekostet.«

»Wissen Sie, wo die ihn haben?«

»Glücklicherweise. Sonst würde Cheech dir jetzt den Schädel knacken wie einer Walnuß.«

Vinnie blickte zu Cheech hinüber, der enttäuscht schien, Vinnies Schädel nicht knacken zu dürfen. »Mr. B.«, sagte er, »sagen Sie mir einfach, was ich tun soll.«

Benedetto holte ein Stück Papier aus der Tasche und schob es Vinnie über den Tisch hin. »Dort haben die ihn«, sagte der Capo. »Es ist an der Oyster Bay, am Nordufer. Geh hin und tu es.«

»Was soll ich tun, Mr. B.?«

»Mach ihn kalt. Cheech gibt dir eine Kanone.« Er wandte sich zur Seite und sah seinen Leibwächter an. »Gib Vinnie irgendwas Schweres, damit er seinen Einstand geben kann. Ich will nicht, daß der Scheißkerl es übersteht.«

Vinnies Bewußtsein schaltete verrückt. Er würde versuchen, an den Fetten heranzukommen, und die Bullen würden ihn töten. Er würde nie erleben, wie sein Film herauskam, würde nie wieder mit Vanessa schlafen, nie wieder an einem Abendessen bei Barbara Mannering teilnehmen, bei dem man die Reichen und Mächtigen kennenlernte.

Andererseits mußte es ja nicht unbedingt schiefgehen. Genauso gut war es möglich, daß er es durchzog und sich dann zuschreiben durfte, daß er Benedettos Arsch gerettet hatte. Er würde seinen Einstand geben und dann einer von den Jungs sein. Und Benedetto würde ihn den Rest seines Lebens bei den Eiern haben und ihm sagen, was er zu tun hatte und was nicht, sein Leben beherrschen, ihn *besitzen*.

Benedetto wandte sich jetzt wieder ihm zu; Cheech hielt eine .45 Automatik am Lauf und wischte sie gerade mit einem öligen Lappen ab.

Entscheiden! Vinnie entschied. Seine Hand griff an seinen Hosenbund und tastete nach dem Revolver des Fetten. Er bewegte sich viel zu langsam, das wußte er; Cheech war groß, aber schnell wie eine Katze. Vinnie riß die Waffe hoch und sah die Überraschung in Benedettos Gesicht. Vinnie erschoß ihn in seiner Überraschung.

Die Kugel drang unter dem linken Auge ein, und Benedetto flog rückwärts aus dem Sessel. Vinnie wußte, daß er möglicherweise noch nicht tot war, aber da war Cheech, und der machte irgend etwas mit seinen Händen. Vinnie fuhr herum, duckte sich und schoß zweimal. Der erste Schuß traf Cheech an der linken Schulter, der zweite am Hals. Er hatte immer noch die .45 in der Hand, halb von dem öligen Lappen verdeckt. Er hatte Schwierigkeiten, durch den Lappen den Finger an den Abzug zu bekommen.

Vinnie ging schnell auf ihn zu und blieb einen Meter vor ihm stehen. Er jagte eine Kugel in Cheechs Kopf und sah, wie ein Stück seines Schädels wegflog und Blut über den Schreibtisch spritzte. Er verpaßte ihm einen weiteren Schuß in die Stirn.

Hinter ihm war ein Geräusch. Benedetto arbeitete sich auf Händen und Knien auf ihn zu. Sein Gesicht war vor Schmerz und Wut verzerrt. Er griff in die Höhe und packte Vinnies Hosenbein. Vinnie schlug ihm die Pistole ins Gesicht; er wollte nicht über und über mit Blut bespritzt werden. Benedetto taumelte, kam aber gleich wieder zu sich und ging erneut auf ihn los; dabei strömte ihm das Blut vom Gesicht, Vinnie gab zwei weitere Schüsse auf ihn ab, auf seinen Kopf, dann war die Pistole leer.

Jetzt wandte er sich wieder Cheech zu; er befürchtete, der Riese könnte immer noch imstande sein, die schwere Waffe auf ihn abzufeuern, aber Cheech lag auf dem Rücken, und sein Blut bildete eine große rote Lache auf den Dielenbrettern. Er fuhr wieder zu Benedetto herum, aber dieser war ebenfalls mausetot.

Vinnie stand mitten im Raum, die Waffe in der Hand. Da traf ihn eine tiefe Stimme von hinten in Mark und Bein.

»Jetzt hast du aber wirklich das große Chaos angerichtet, was, Vinnie?« sagte Tommy Pro.

Vinnie fuhr herum, die Waffe ausgestreckt, und sah Tommy in der Tür stehen, eine abgesägte Schrotflinte in der Hand.

»Deine Wumme ist wohl leer«, meinte Tommy.

»Leer«, nickte Vinnie. »Ja, die ist leer.«

»Gehört sie dir?«

»Nein, die hab' ich einem weggenommen.«

»Also sauber?«

»Ja, denke schon.«

Tommy streckte die Hand aus, nahm Vinnie die Waffe weg und steckte sie ein. »Ich war oben und hab' noch gearbeitet – Nachtarbeit. Ich bin froh, daß du das warst.« Er musterte Vinnie aufmerksam. »Dem Himmel sei Dank, daß die Knarre leer war, denk' ich.«

»Ja«, nickte Vinnie. »Ich hätte wahrscheinlich weitergeschossen. Du hast mich mächtig erschreckt.« Ein Gefühl der Benommenheit hatte ihn jetzt erfaßt. Er war bis auf die Knochen erschöpft. »Wirst du mich dem Don übergeben, Tommy?« fragte er mit schwacher Stimme.

»Bist du verrückt?« schimpfte Tommy. »Schau dich doch um! Siehst du das nicht, was ich hier sehe?«

»Ich sehe, daß Benedetto tot ist«, erwiderte Vinnie.

»Du siehst nicht, daß der Safe offensteht?« Tommy lachte in sich hinein. »Selbst ich hab' die Kombination für diesen Safe nicht.«

Langsam begann Vinnie sich zu erheben; er spürte, wie er seine Glieder allmählich wieder unter Kontrolle bekam. »Du und ich, Tommy? Wir nehmen uns das alles?«

»Nicht ganz, Vinnie«, widersprach Tommy. »Du nimmst die Hälfte von der Kohle. Ich nehme alles andere.«

»Was alles andere?« fragte Vinnie und sah sich in dem fast leeren Raum um. Dann begriff er.

Tommy ging an den Safe und machte die Tür ganz auf. Er holte zwei Banksäcke von einem Regal und begann das Geld aus dem Safe hineinzustopfen. Als er damit fertig war, stand er auf und begann das Geld, das auf dem Tisch lag, hineinzustecken. Schließlich hielt er beide Säcke Vinnie hin. »Zum Zählen ist keine Zeit. Ich habe aufgeteilt, also hast du die erste Wahl.«

Vinnie nahm einen der Säcke.

»Erinnerst du dich noch, wie wir früher immer über die Dächer gerannt sind?« fragte Tommy.

»O ja.«

»Geh zum Hintereingang hinaus, steig die Feuertreppe hoch und lauf dann über die Dächer zur Wohnung deiner Mutter. Such dir ein *gutes* Versteck für das Geld. Bleib in der Wohnung deiner Mutter, bis du von mir hörst. Man wird mit dir reden wollen. Ich kümmere mich hier um alles.«

»Ich hab' noch eine Wohnung in Chelsea«, sagte Vinnie.

»Gibt es jemand, der bestätigen kann, daß du heute nacht dort warst?«

»Ja, ein Mädchen ist dort.«

»Warte bis morgen, wenn Leute auf der Straße sind. Dann geh zurück nach Chelsea und ruf mich gegen zehn an. Gib dich am Telefon überrascht.«

Vinnie nickte. Ohne ein weiteres Wort verließ er den Raum durch die hintere Tür. Ein paar Augenblicke später hetzte er quer über die Dächer, war wieder ein Junge und floh mit seinem Freund Tommy vor irgend jemand.

9

Vinnie lag auf dem Bett seiner verstorbenen Mutter und versuchte nachzudenken. Für ein hieb- und stichfestes Alibi mußte er nach Chelsea zurückkehren, ehe Vanessa aufwachte. Dem Himmel sei Dank, dachte er, daß sie wie ein Murmeltier schläft. Aber wie sollte er das anstellen? Um diese Stunde, mitten in der Nacht, würde er nie ein Taxi bekommen, und wenn er die U-Bahn nahm, war es möglich, daß er jemandem auffiel. Und mitten in der Nacht, mit einer Unmenge Geld in einem Sack, hatte er nicht die geringste Lust, sich auf die Straßen hinauszuwagen. Dann fiel ihm etwas ein.

Er erhob sich von dem Bett und ging zu der Kommode, wo seine alten Kleider waren. Er schlüpfte in Trainingsshorts, zog ein Sweatshirt und Turnschuhe an, nahm das Geld und verließ die Wohnung. So leise wie möglich schlich er sich auf Zehenspitzen die Treppe hinunter. Und im Erdgeschoß stand es tatsächlich: ein Fahrrad mit einem Sturzhelm, der an der Lenkstange hing. Der Junge in der Erdgeschoßwohnung arbeitete für einen Kurierdienst. Vinnie stopfte das Geld in die Satteltasche, stülpte den Helm über und schob das Fahrrad leise ins Freie. Die Schaltung war ein wenig verrückt, aber er kam bald dahinter, wie sie funktionierte. Er trat in die Pedale und rollte durch die stillen Straßen, vorbei an den Lebensmittelgeschäften und Cafés, die er schon aus seiner Jugend kannte, und nahm Kurs auf Uptown.

An der Sixth Avenue und Twelfth Street erschreckte ihn ein Streifenwagen der Polizei, als dieser dicht an ihn heranrollte. Er winkte ihnen zu, grinste und trat weiter in die Pedale.

An der Seventh Avenue lehnte er das Fahrrad an das Wartehäuschen einer Bushaltestelle und rannte den Rest des Weges nach Hause.

Als er in seiner Wohnung war, holte er sich ein Messer, entfernte damit die Fugenmasse von vier Ziegelsteinen und zog sie heraus. Er stopfte den Geldsack in das Loch, brachte dann die Steine wieder an und füllte die Ritzen wieder sorgfältig. Ein wenig Ruß aus dem Kamin, und schon sah die Füllung genauso aus wie die zwischen den anderen Steinen. Als er schließlich mit sich zufrieden neben der schlafenden Vanessa ins Bett kroch, dämmerte schon beinahe der Morgen.

Sie stand als erste auf; sie hatte einen Fototermin am Vormittag. »Wo warst du heute nacht?« fragte sie. »Ich mußte mal ins Bad, und da warst du nicht da.«

Er wußte, wie tief sie immer schlief. »Liebes, das mußt du geträumt haben. Ich habe mich die ganze Nacht nicht von der Stelle gerührt.«

»Oh«, sagte sie. Und dann gab sie ihm einen Kuß und ging.

Als sie die Wohnung verlassen hatte, widerstand er der Versuchung, das Geld zu zählen, und rief statt dessen Tommy Pro an. »Wollte mich bloß melden«, sagte er.

»Schlechte Nachrichten«, verkündete Tommy. »Benedetto ist letzte Nacht abgeknallt worden. Cheech auch.«

Vinnie ging immer davon aus, daß die Leitung abgehört wurde. »Nein!« sagte er und legte so viel Erstaunen in das eine Wort, wie er zuwege brachte. »Wer war es denn?«

»Wir arbeiten noch daran, die Bullen auch, aber bis jetzt gibt es keine Hinweise. Den Safe haben die auch ausgeräumt. War nicht viel drin, bloß die Einnahmen der letzten paar Tage aus dem Café.«

»Kann ich irgend etwas tun?«

»Ich lass' es dich wissen«, erwiderte Tommy und legte auf.

Vinnies Telefon klingelte.

»Hallo?«

»Ich bin's, Barbara. Wie wär's mit heute abend?«

»Gäste?«

»Bloß wir beide, du und ich, Süßer.«

Er brauchte nicht lange zu überlegen. »Ich freu' mich drauf.«

An dem Tag blieb er den Aufnahmen fern, da sie immer noch in Little Italy drehten und er dort nicht gesehen werden wollte, obwohl die Bullen keinen Anlaß hatten, ihn ins Verhör zu nehmen. Bis zum Rohschnitt des Films waren es nur noch zwei Wochen, und er mußte über die nächste Arbeitsphase nachdenken.

Schließlich konnte er der Versuchung nicht länger widerstehen; er holte die Ziegelsteine wieder heraus und sah sich das Geld an. Es waren Scheine jeder Größe, und insgesamt waren es etwas über hundertneunzigtausend Dollar. Er konnte den Film jetzt fertigstellen, selbst wenn er das Budget überschritt, aber er war fest entschlossen, es nicht dazu kommen zu lassen.

Barbara Mannering fuhr mit ihrem langen Fingernagel über Vinnies Brust bis ganz nach unten, wo sein Schamhaar begann. »Noch mal, Liebling?« fragte sie mit süßer Stimme.

Vinnie war vom ersten Mal noch nicht ganz zu Atem gekommen. »Barbara, du bist unersättlich, weißt du das?«

Sie lachte. »Das weiß ich. Ich lass' dir eine Minute Zeit.«

»Danke.«

»Wie kommst du mit deinem Film voran?«

»Wir sind nächste Woche mit den Dreharbeiten fertig.«

»Wann kann ich ihn sehen?«

»Ich möchte, daß er ganz fertig ist, wenn du ihn zu sehen bekommst – auch der Vorspann.«

»Oh, ich werde mich gedulden.«

»Kennst du jemand beim New Yorker Filmfestival?«

»Na klar. Eine Schulfreundin von mir ist dort Geschäftsführerin.«

»Kannst du sie dazu bringen, daß sie sich den Film ansieht?«

»Ich denke schon. Das Festival ist allerdings bereits nächsten Monat. Sie müßte ihn sehr bald zu sehen bekommen, wenn sie ihn noch unterbringen soll. Es könnte sogar schon zu spät sein.«

»Sag ihr, daß ich in zehn Tagen einen Rohschnitt habe. Ich werde einen Vorführraum in der Filmakademie buchen.«

»Ich will sehen, was ich tun kann. Bist du jetzt ausgeruht?«

Er wandte sich wieder zu ihr. »Völlig ausgeruht.«

»Der Film gefällt mir«, sagte die Frau. »Er gefällt mir sogar sehr gut. Aber das ganze Festival ist schon ausgebucht.«

»Sie können ihn doch sicher irgendwo einschieben«, meinte Vinnie. »Schauen Sie, das ist ein hundertprozentiges New Yorker Produkt, hausgemacht, mit einem Drehbuch eines Studenten der Juilliard School und einem Regisseur von der NYU-Filmakademie, der es noch weit bringen wird. In zwei Monaten wird man Ihnen gratulieren, daß Sie den Film gebracht haben.«

»Werden Sie rechtzeitig fertig werden?« wollte sie wissen.

»Das werden wir«, erwiderte Vinnie und hoffte, daß das stimmte.

»Ich sag' Ihnen was. Wir haben für den zweiten Abend nur einen im Programm – einen neuen Film aus England. Ich werde vorher den Ihren ansetzen.«

»Setzen Sie ihn danach an«, bat Vinnie. »Zu dem englischen Film werden alle kommen. Und wir sind dann der Nachtisch.«

Sie streckte ihm die Hand hin. »Geht in Ordnung.«

Vinnie hielt den Atem an und wählte die Nummer.

»Büro von Mr. Goldman«, meldete sich eine geschäftsmäßig kühle Frauenstimme.

»Hallo, hier spricht Michael Vincent. Kann ich bitte Leo sprechen?«

»Kennt er Sie, Mr. Vincent?«

»Woher hätte ich sonst seine Nummer?« lachte Michael.

»Augenblick.«

Er mußte ziemlich lange warten, aber dann meldete sich eine Männerstimme: »Leo Goldman.«

»Hier spricht Michael Vincent. Wie geht es Ihnen?« Herrgott, hoffentlich erinnert er sich an mich.

»Barbaras Freund. Was kann ich für Sie tun?«

»Werden Sie zum Filmfestival in New York kommen?«

»Ich bin zur Eröffnung da, dann muß ich nach London.«

»Ich zeige am zweiten Abend einen Film.«

»Bringen Sie ihn in unseren Vorführraum – das Centurion Building an der Fifth Avenue. Mal sehen...«

Vinnie hörte, wie am anderen Ende der Leitung in einem Kalender geblättert wurde.

»Drei Uhr am Eröffnungstag.«

»Läßt sich machen.«

»Bis dann also.« Goldman legte auf.

Vinnie legte den Hörer zurück und hielt einen Augenblick den Atem an. Dann explodierte er vor Lachen. »Eine Vorführung bei Leo Goldman!« schrie er in das leere Zimmer.

10

Vinnie saß in einem Taxi und schwitzte. Bis zu seinem Termin mit Leo Goldman hatte er noch knapp zehn Minuten, und er war noch vierzig Blocks entfernt. Die Kopie war verspätet fertig geworden, und er stand kurz vor einem Nervenzusammenbruch. Er hatte vorgehabt, den Film in das »Centurion«-

Büro liefern zu lassen, und jetzt schleppte er sich selbst damit ab. Er zog ein Taschentuch heraus und betupfte sich das Gesicht; dann atmete er tief durch. Er konnte jetzt nichts mehr unternehmen; er würde sich einfach treiben lassen.

Er kam zehn Minuten zu spät in Goldmans Büro, und die Sekretärin erklärte ihm, daß Goldman bereits im Vorführraum auf ihn warte. Er fuhr mit dem Fahrstuhl hinunter, reichte einem wartenden Vorführer die Schachteln mit dem Film, zog sich die Krawatte zurecht und betrat den Vorführraum.

Leo Goldman saß nach vorn gebeugt auf einem Sessel; Zigarrenrauch stieg über ihm auf. Er nickte Vinnie zu, drückte dann einen Knopf und sagte: »Fangen wir an, Jerry.«

Vinnie setzte sich, als der Film anlief. Keine dreißig Sekunden waren vergangen, als das Telefon klingelte.

Goldman nahm den Hörer ab und redete dann schnell, wobei er zwischendurch an seiner Zigarre paffte.

Vinnie beugte sich über ihn und drückte den Knopf der Sprechanlage. »Jerry, halten Sie bitte den Film an und lassen Sie ihn zurücklaufen.«

Goldman hörte zu reden auf und legte die Hand über die Sprechmuschel. »Ich habe hingesehen«, sagte er.

»Leo«, sagte Vinnie ruhig, »ich möchte nur, daß Sie zehn Minuten lang von nichts abgelenkt zusehen. Wenn Sie dann Anrufe entgegennehmen wollen, macht mir das nichts aus.«

Goldman sah ihn einen Augenblick mit einem eigenartigen Ausdruck an und sagte dann zu seinem Gesprächspartner am anderen Ende der Leitung: »Ich rufe Sie später an.« Er legte auf und drückte den Knopf der Sprechanlage. »Los geht's, Jerry.«

Der Film lief wieder an, und Vinnie unterdrückte seinen Wunsch, Goldman anzusehen, was ihm andererseits auch nicht besonders schwerfiel, da er den Film selbst noch nicht gesehen hatte. Er geriet in eine Art Trance.

Nach zehn Minuten sah Goldman auf die Uhr und griff dann nach dem Telefon.

O Scheiße, dachte Vinnie, das hab' ich verpatzt.

»Bernice«, sprach Goldman ins Telefon, »bitte keine Anrufe.«

Vinnie sank in den großen Sessel zurück und fing an, den Film wieder zu genießen.

Während des Films hatte Goldman zwei weitere Zigarren geraucht, sich aber nicht auf seinem Sitz bewegt. Er wartete, bis der Nachspann völlig abgelaufen war, ehe er etwas sagte. »Wem gehört dieser Film?« fragte er.

»Der ›Schwarzes Abendrot GmbH‹«, antwortete Vinnie.

»Und wem gehört die Firma?«

»Mir.«

»Zu hundert Prozent?«

»Richtig.«

»Was ist mit Ihren Geldgebern?«

»Die haben in den Film investiert, nicht in die Firma.«

»Sie können also völlig ungehindert darüber verfügen?«

»Das kann ich.«

»Wer hat diesen Film noch gesehen?«

»Niemand außer Ihnen. Nicht einmal der Regisseur hat diese Kopie zu sehen bekommen, und es ist eine von nur zwei Kopien, die andere ist für das Festival vorgesehen.«

»Was wollen Sie für das Negativ?«

»Machen Sie mir ein Angebot.«

»Ich gebe Ihnen zwei Millionen Dollar dafür, mit allem Drum und Dran.«

»Nein.«

»Sind Sie verrückt?«

»Leo, dieser Film wird morgen abend beim New Yorker Filmfestival gezeigt werden. Am darauffolgenden Vormittag werden in der ›Times‹ die Besprechungen erscheinen. Dann wird er kein Geheimnis mehr sein.«

»Also schön, zweieinviertel Millionen.«

Vinnie schüttelte langsam den Kopf. Er wartete darauf, daß Goldman ihn noch einmal fragte, was er haben wolle.

Leo stand auf. »Bis auf ein andermal, Junge«, sagte er und ging den Mittelgang des kleinen Kinos hinauf.

Jetzt nur nicht aus der Ruhe bringen lassen, sagte sich Vinnie. Er drückte den Knopf der Sprechanlage. »Jerry, spulen Sie bitte zurück.«

Goldman ging durch die Pendeltür hinaus.

Vinnie saß da und wartete darauf, daß der Vorführer den Film zurückspulte. Er zwang sich, Goldman nicht nachzulaufen. Ist schon gut so, dachte er, morgen abend werden ihn ja alle sehen.

Goldman kam wieder durch die Pendeltür herein, ging den Gang herunter und setzte sich neben Vinnie. »Also schön, wir wollen mal sehen, wie schlau Sie sind«, sagte er. »Sagen Sie mir, was Sie haben wollen. Seien Sie vernünftig, seien Sie realistisch. Wenn Sie das sind, dann kaufe ich ihn.«

»Ich will drei Millionen in bar«, erklärte Vinnie. »Ich will zehn Prozent brutto – also ich persönlich, nicht die Gesellschaft – auf einem separaten Vertrag; ich möchte eine Garantie für Werbung über acht Millionen Dollar; ich möchte, daß Sie mir garantieren, daß Sie mit nicht weniger als eintausend Kopien eröffnen; und ich möchte die Garantie, daß niemand auch nur eine einzige Einstellung verändert.«

»Ich arbeite nicht mit Bruttoprozenten«, erklärte Goldman.

»Leo, Sie werden um ein Drittel der Kosten, die Sie selbst aufbringen müßten, einen erstklassigen Film in den Kinos haben.«

»Ich möchte, daß Sie für mich in der Entwicklung arbeiten.

Ich gebe Ihnen sechshundert Riesen Jahresgehalt und ein ordentliches Spesenkonto, Fünfjahresvertrag.«

»Ich will nicht entwickeln, Leo, ich will produzieren.«

»Woran haben Sie gedacht?«

»Siebenhundertfünfzig im Jahr, das Spesenkonto und dreihunderttausend Unkosten; eine Million im Jahr für Entwicklung; Dreijahresvertrag.«

»Drei Jahre und eine Option auf weitere zwei; Budgets mit Negativkosten von über zwanzig Millionen finanzieren Sie von außen.«

»In Ordnung. Aber Sie kriegen dreißig Tage für die Freigabe; anschließend kann ich hingehen, wo ich will, und drehe bei ›Centurion‹. Wenn Sie meine Option ausüben, kriege ich eineinhalb Millionen im Jahr.«

»Sechs Wochen Freigabe.«

»Einverstanden«, sagte Vinnie.

Goldman griff nach einem Telefon und drückte eine Nummer. »Murray, ich will sofort einen Negativvertrag; der Preis beträgt drei Millionen; der Film heißt ›Schwarzes Abendrot‹. Wir kaufen von der ›Schwarzes Abendrot GmbH‹. Ich sagte: *sofort.* Außerdem brauche ich einen separaten Vertrag, in dem Mr. Michael Vincent zehn Prozent brutto eingeräumt werden. Außerdem brauche ich noch einen Produzentenvertrag.« Er diktierte ihm die Bedingungen so, wie er und Vinnie es vereinbart hatten. »Eines noch«, sagte er. »Bereiten Sie mir einen Scheck über drei Millionen Dollar für die Firma und einen weiteren über hunderttausend für Vincent vor. Ich möchte alles in einer halben Stunde in meinem Büro haben.« Er legte auf.

»Sie können diese Verträge in einer halben Stunde ausschreiben?« staunte Vinnie.

Goldman machte eine wegwerfende Handbewegung. »Das ist alles Standardtext; er wird die Zahlen einsetzen und der

Computer das Ganze ausspucken. Er wird eine dreiviertel Stunde brauchen.« Er stand auf. »Wo ist das Negativ?«

»In Ihrem Vorführraum«, erwiderte Vinnie.

»Mir gefällt die Art, wie Sie Geschäfte machen, Michael. Kommen Sie.«

Vinnie folgte Goldman in einer Art Laufschritt in sein Büro. Es hatte einen quadratischen Grundriß mit etwa zehn Metern Kantenlänge, und die Wände waren mit abstrakten und impressionistischen Gemälden behängt.

»Eine schöne Sammlung«, sagte Vinnie bewundernd.

»Sie sollten die Sachen bei mir zu Hause sehen«, meinte Goldman. Er blätterte in seinem Kalender. »Mal sehen: Ich bin am Samstag aus London zurück. Kommen Sie am Montagvormittag aufs Gelände und am Dienstag zum Abendessen. Soll ich ein Mädchen für Sie besorgen?«

»Ich hab' schon eines.«

»Verheiratet?«

»Nein.«

»Das ist klug.«

Die Verträge wurden gebracht. Vinnie las sie gründlich und ließ sich dabei Zeit, während Goldman telefonierte. Er erhob Einwände gegen einige Formulierungen und feilschte bei ein paar anderen. Goldman erwies sich als vernünftig. Um sieben Uhr waren die erforderlichen Änderungen durchgeführt, und Goldman und Vinnie unterschrieben.

Goldman reichte ihm zwei Schecks. »Da ist Ihr Kaufpreis. Und hier ist ein weiterer über hundert Riesen, die erste Rate auf Ihren Vertrag.«

Vinnie stand auf und schüttelte Goldman die Hand. »Vielen Dank, Leo.«

»Ich will Sie etwas fragen, Michael: Was hat Sie das Negativ gekostet?«

»Sechshundertdreißigtausend Dollar«, erwiderte Vinnie.

Goldman brach in brüllendes Gelächter aus. »Großartig!« rief er. »Ich habe auf eine Million acht getippt! Ich habe Ihnen mehr bezahlt, als Sie haben wollten! Natürlich, Sie legen Ihre Geldgeber rein und nehmen sich die zehn Prozent persönlich.«

»Ich habe nur zwei Geldgeber, und die machen einen prima Schnitt. Sie übrigens auch; Sie machen keine schlechten Geschäfte.«

»Es ist immer so, junger Freund: Wenn zwei einen Handel abschließen, wissen sie immer etwas, was der andere nicht weiß. Am Ende gleicht sich das aus.«

Vinnie musterte Goldman mit zusammengekniffenen Augen. »Leo, was wissen Sie, was ich nicht weiß?«

Goldman gestattete sich ein kleines Lächeln. »Carol Geraldi hat sich heute früh abgemeldet. Eine Überdosis. Das ist die Garantie für zehn Millionen Dollar kostenlose Publicity für diesen Film, und ich werde dafür sorgen, daß sie posthum den Oscar bekommt. Warten Sie's ab.«

Vinnie lehnte sich im Taxi zurück und betrachtete seine beiden Schecks. Wenn er das vom Tod Carols gewußt hätte, hätte er wenigstens noch eine Million herausschlagen können, dachte er. Aber was sollte es? Er würde mit seinen Bruttoprozenten nicht schlecht fahren.

11

Am Vormittag des Tages, an dem »Schwarzes Abendrot« beim New Yorker Filmfestival gezeigt werden sollte, hatte Vinnie drei Besprechungen. Als erstes traf er sich mit Chuck in dem

Café, in dem sie sich das erste Mal darüber unterhalten hatten, »Schwarzes Abendrot« zu drehen.

»Wo warst du denn?« fragte Chuck. »Ich habe den Film gestern abend laufen lassen, und er ist klasse. Du hast ihn ja noch nicht gesehen.«

»Ich habe ihn mir gestern nachmittag mit Leo Goldman von ›Centurion Pictures‹ angeschaut.«

»Wie bist du an Goldman herangekommen?«

»Ich sagte dir doch, daß ich ein paar Leute kenne.«

»Und wie hat er ihm gefallen?«

»Sehr gut. Er hat mir drei Millionen Dollar dafür gezahlt.«

Chuck schien die Sprache verloren zu haben.

»Es ist dir doch recht, Chuck, oder?« fragte Vinnie.

»Also ich weiß nicht. Ist das ein gutes Geschäft? Du hast mich überhaupt nicht gefragt.«

»Es ist ein sehr gutes Geschäft, Chuck, und in unserem Vertrag steht, daß ich sämtliche Verhandlungen führe und die letzte Entscheidung treffe.«

»Na schön, wenn das so ist. Wann bekomm' ich Geld zu sehen?«

Vinnie zog einen Umschlag aus der Tasche. »Hier ist deine erste Rate«, sagte er.

Chuck riß den Umschlag auf. »Hundertfünfzig Riesen, alles auf einmal!«

»Das ist dein Honorar für das Drehbuch und die Regie.« Vinnie brachte einen zweiten Scheck zum Vorschein.

Diesmal zitterten Chucks Hände, als er den Umschlag öffnete. »Fünfhundertsiebenundneunzigtausendvierhundertfünfundzwanzig Dollar«, hauchte er.

»Das ist deine Investition von dreihunderttausend plus Ertrag.«

»Das ... das ...« Chuck blickte zur Decke und versuchte sich zu konzentrieren.

»Das sind insgesamt siebenhundertsiebenundvierzigtausend Dollar und ein paar Zerquetschte«, half ihm Vinnie. »Laß mich dir erklären, wie es sich zusammensetzt. Wir haben sechshundertfünfzigtausend ausgegeben, um den Film zu drehen. Wir haben drei Millionen dafür bekommen, bleiben zwei Millionen dreihundertfünfzigtausend. Davon betrug dein Honorar für das Drehbuch und die Regie hundertfünfzigtausend, mein Honorar für die Produktion zweihundertfünfzigtausend ...«

»Wieso kriegst du mehr als ich?« wollte Chuck wissen. »Es ist mein Film.«

»Aus zwei Gründen«, antwortete Vinnie ruhig. »Erstens, weil ich den juristischen Aufwand übernehme, und das wird teuer werden. Zweitens wäre alles das ohne mich nicht zustande gekommen. Du hättest jetzt nicht eine dreiviertel Million Dollar in der Hand, und dein Film würde heute abend nicht beim New Yorker Filmfestival aufgeführt werden.«

»Du hast recht, Michael«, sagte Chuck belämmert. »Ich wollte nicht undankbar sein.«

»Weiter: Bleiben eine Million neunhundertfünfzigtausend Dollar Gewinn. Die Steuern betragen etwas über sechshundertfünfzigtausend, so daß netto knapp eine Million drei für die Investoren übrigbleiben. Dein Anteil beträgt sechsundvierzig Prozent. Es steht alles da«, sagte Vinnie und reichte Chuck ein Dokument. »Glaube mir, wenn ein Studio den Film gemacht hätte, hätten die den größten Teil des Profits eingestrichen.«

Chuck starrte immer noch wie gebannt auf die Schecks und nickte. »Ja!« rief er aus.

Vinnies zweites Gespräch fand etwas später am selben Vormittag statt. Er und Tommy Pro saßen in dem kleinen Büro hinter dem »La Bohème« und tranken Espresso.

»Ist dieser Raum sauber?« fragte Vinnie und sah sich um. Die Angst vor elektronischen Wanzen war allgegenwärtig.

»Er ist heute morgen überprüft worden«, erwiderte Tommy.

»Was haben die Bullen gemeint?«

»Ich habe dich da rausgehalten.«

»Vielen Dank, Tommy.«

»Und was macht dein Film?«

»Der ist fertig. Er wird heute abend beim New Yorker Filmfestival gezeigt.«

»Phantastisch! Dann wird ihn vielleicht ein Studio übernehmen?«

»Ein Studio hat ihn gestern übernommen.«

»Großartig, Vinnie! Und was ist für dich dabei herausgesprungen?«

»Einiges.« Vinnie schob einen Aktenkoffer über den Tisch. »Deine Anwaltsgebühren«, sagte er.

Tommy klappte den Deckel des Aktenkoffers auf und warf einen Blick hinein, dann schloß er ihn wieder und schob ihn über den Tisch zu Vinnie zurück. »Völlig unnötig«, sagte er.

»Tommy, du hast die Verträge geschrieben, und du hast es mir ermöglicht, den Film zu machen.«

»Ich habe auch ganz gut abgeschnitten, hast du das vergessen?«

»Nein, aber es ist nicht genug.«

»Ich hab' dabei viel mehr rausgeschlagen als du.«

»Wie meinst du das?«

Tommy zuckte die Achseln. »Sieh dich um. Wo sitzen wir hier?«

»Du bist der neue –?«

»Der bin ich. Und selbst ich muß sagen: Die Familie hätte sich nicht besser entscheiden können.«

»Da hast du recht, das hätten sie wirklich nicht.«

»Und was kommt für dich jetzt als nächstes, Vinnie? Wieder ein Film?«

»Eine Menge Filme«, erwiderte Vinnie. »Ich habe mit ›Centurion Pictures‹ einen Produzentenvertrag abgeschlossen. Ich reise in drei Tagen nach Los Angeles.«

»Dann werde ich in Zukunft jemand in Hollywood kennen? Und Starlets kriegen, wenn ich an die Westküste komme?«

»Du wirst kriegen, was du willst, und du wirst immer mein Gast sein.«

»Darauf freue ich mich«, sagte Tommy.

»Übrigens, von nun an wird man mich unter dem Namen Michael Vincent kennen. Glaubst du, du kommst damit klar?«

Tommy stand auf, packte Vinnie an den Schultern und drückte ihn an sich. »Michaele«, sagte er.

»Ich werde immer in deiner Schuld stehen«, erwiderte Vinnie.

Das dritte Treffen fand im »Le Cirque« statt, beim Mittagessen. Barbara, die dort Stammgast war, hatte den Tisch bestellt. Als der Champagner in ihren Gläsern perlte, gab er ihr den Scheck.

»Gute hundert Prozent Gewinn in weniger als drei Monaten«, sagte sie und stopfte den Scheck in ihre Handtasche.

»Hier ist eine Zusammenstellung, wo all das Geld hingegangen ist«, erklärte er und reichte ihr ein Blatt Papier.

Sie zerriß es in kleine Fetzen und legte sie in den Aschenbecher. »Liebling, ich habe gut verdient, und mehr will ich nicht. Mir ist egal, wieviel du davon abgezweigt hast.«

»Barbara, ich versichere dir –«

Sie legte ihm die Hand auf den Mund. »Ich weiß, daß du mich nie betrügen würdest. Ich bin vollauf zufrieden.« Sie nippte an ihrem Champagner. »Aber«, meinte sie dann,

»ich habe das Gefühl, daß ich dich nicht mehr so oft sehen werde.«

Er berichtete ihr von seiner Vereinbarung mit »Centurion«. »Und alles das, weil du mich Leo Goldman vorgestellt hast. Das werde ich dir nie vergessen.«

Sie küßte ihren Finger und legte ihn auf seine Lippen. »Solange du nur mich nicht vergißt«, sagte sie.

Am Nachmittag holte er Vanessa ab, die Modeaufnahmen gemacht hatte, und fuhr mit ihr ins »Plaza« zum Tee. Als man sie bedient hatte, gab er ihr ein dünnes Buch.

»Was ist das?« fragte sie und blätterte darin.

»Ein wenig bekannter Roman aus den zwanziger Jahren, er heißt ›Kalifornische Romanze‹. Ein wunderbares Buch und für dich die erste Stufe auf dem Weg zum Star.«

Vanessa hüpfte auf ihrem Stuhl herum und gab kleine Quietschlaute von sich.

Vinnie holte einen Stapel Papiere aus seiner Aktentasche und reichte sie ihr mit einem Kugelschreiber. »Du wirst auf fünf Jahre persönlich bei mir unter Vertrag stehen und mit fünftausend Dollar die Woche anfangen, die sich dann jährlich erhöhen.«

Sie nahm den Stift und unterschrieb.

»Ich denke, du solltest den Vertrag zuerst von deinem Anwalt lesen lassen, ehe du unterschreibst«, riet Vinnie.

»Ich brauche keinen Anwalt. Ich habe ja dich.«

Vinnie nahm einen dicken Umschlag aus seiner Mappe. »Hier ist dein erstes Monatsgehalt. Aber spar dir etwas für den Rodeo Drive auf.«

Ihre Augen weiteten sich. »Wir gehen nach Kalifornien?«

»Übermorgen, erster Klasse«, erwiderte er.

Vanessa stand auf, ging um den Tisch herum, setzte sich auf Vinnies Schoß und begann Vinnie zu küssen.

Am Abend, beim Filmfestival, applaudierten die Zuschauer im Stehen für »Schwarzes Abendrot«, und später, auf einer Cocktailparty, gratulierten Hunderte Vinnie und Chuck. Der einzige Makel des Abends war, daß Chuck zum ersten Mal Vinnie und Vanessa zusammen sah.

Am Morgen nach der Vorführung bestiegen Vinnie und Vanessa eine Maschine der »MGM Grand« nach Los Angeles. Sie ließen sich auf den luxuriösen Sesseln nieder und bestellten Champagner. Vinnie hatte einen Bankscheck über sechshundertsechzigtausend Dollar als seinen bisher angefallenen Profit aus »Schwarzes Abendrot« in der Tasche, und in einer Tragetasche im Gepäckfach über ihm befanden sich zweihundertsechzigtausend Dollar in bar: seine Ersparnisse und der Anteil an dem Geld Benedettos. Er war beinahe ein Millionär.

Als das Flugzeug vom Kennedy-Flughafen gestartet war und nach Westen bog, blickte Vinnie auf Manhattan hinunter und hob sein Glas. »Adieu, Vinnie Callabrese«, flüsterte er, »hallo, Michael Vincent!«

12

Michael schlug die Augen auf und lauschte. Ein ungewohntes Geräusch war zu hören. Das Zimmer war dunkel, und er wußte nicht gleich, wo er sich befand.

Er stieg aus dem Bett, stolperte durch das Zimmer und tastete nach der Vorhangschnur. Er zog die Gardinen auf und mußte blinzeln, als die Morgensonne ins Zimmer fiel. Der Ast eines mächtigen Baumes überspannte die ganze Fensterbreite, zwei Vögel saßen auf dem Ast und zwitscherten lauthals.

Zwitschernde Vögel, dachte Michael. Kalifornien.

Vanessa schlief tief; sie hatte eine Maske über den Augen. Michael ging zu seinem Gepäck und holte ein kleines Etui heraus. Dann ging er ins Badezimmer und betrachtete sich im Spiegel. Vinnie Callabrese blickte ihm entgegen. Er klappte das Etui auf und schob Batterien in die elektrische Bartschere. Es brauchte zwei Minuten, Vinnie zu beseitigen. Er schlug Schaum und rasierte die zurückgebliebenen Stoppeln weg. So, sagte er zu sich, endlich. Michael Vincents Gesicht lächelte ihm aus dem Spiegel entgegen.

»Guten Morgen!« sagte Vanessa, die hinter ihm aufgetaucht war.

Er drehte sich um und sah sie an. »Ich dachte, du schläfst tief.«

»Die Vögel haben mich aufgeweckt«, sagte sie. »Du siehst prima aus – ohne Bart gefällst du mir viel besser. Jetzt brauchst du bloß noch einen Haarschnitt.«

»Es ist Sonntag, und die Friseure haben geschlossen.«

Sie zog sich einen Hocker vor den Spiegel und wühlte in ihren Kosmetiktaschen; schließlich fand sie eine Schere. »Wie meinst du wohl, daß ich mir meinen Lebensunterhalt verdient habe, ehe ich Model wurde?«

»Kannst du's denn auch richtig?«

»Vertrau mir«, lächelte sie. »Und jetzt setz dich und sei still. Ich weiß ganz genau, wie du aussehen solltest.«

Michael setzte sich. »Aber nicht zu viel wegschneiden«, sagte er ein wenig beunruhigt.

»Ich hab' gesagt, du sollst den Mund halten«, wies sie ihn zurecht. Sie fuhr ihm mit den Fingern durch sein dichtes Haar und fing an zu schnipseln.

Als sie fertig war, stand er auf und studierte sein Abbild, während sie ihm einen Spiegel hinter den Kopf hielt. »Jetzt ist es wesentlich kürzer«, sagte er.

»Es ist wesentlich *besser*«, erwiderte sie. »Jetzt siehst du aus wie ein Geschäftsmann und nicht wie ein Student an der Filmakademie.«

Sie bestellte das Frühstück auf ihre Suite, und er nahm sich den Immobilienteil der »Los Angeles Times« vor und strich die eine oder andere Anzeige an.

»Was machst du?« fragte sie.

»Ich suche uns ein Zuhause«, erwiderte er und markierte gerade wieder ein Angebot.

»Wir mieten uns am besten ein Auto«, schlug sie vor, »wenn wir auf Wohnungssuche gehen wollen.«

»Das wird nicht notwendig sein«, erklärte er. »Ich habe da etwas arrangiert.«

Um zehn Uhr verließ Michael die Suite. »Sei in einer Viertelstunde am Eingang«, bat er Vanessa und griff nach seiner Aktentasche und der Zeitung.

»Gut. Was soll ich anziehen?«

»Was man eben in Kalifornien trägt, wenn man am Sonntag eine Spazierfahrt macht.« Er schloß die Tür und trat in die schattige Arkade hinaus. Ich mag das Hotel »Bel-Air«, dachte er, als er durch die üppig bepflanzten Anlagen schlenderte. Er ging zum Haupteingang hinaus und überquerte dann eine Brücke. Unter ihm paddelten Schwäne in einem kleinen Bach.

Als er zum Parkplatz kam, kam ein Parkwächter auf ihn zu. »Guten Morgen, Mr. Vincent«, begrüßte ihn der junge Mann. »Dort drüben wartet ein Herr auf Sie.« Er deutete auf die andere Seite des Parkplatzes, wo ein Mann im Schatten eines Baumes an einem Wagen lehnte.

Michael ging auf ihn zu und sah sich das Auto gründlich an.

»Mr. Vincent?« fragte der Mann und streckte ihm die Hand hin. »Ich heiße Torio. Was halten Sie von dem Wagen?«

Michael ging langsam um den metallicschwarzen Porsche

mit der schwarzen Lederinnenausstattung herum. »Haben Sie den Kraftfahrzeugbrief mitgebracht?« erkundigte er sich.

Torio klappte eine Aktentasche auf und reichte ihm ein Blatt. »Das geht alles in Ordnung«, erklärte er. »Schon auf Sie eingetragen.«

»Wie machen Sie das?« fragte Michael nach einem Blick auf das Dokument. »Das sieht so echt aus.«

»Ist es auch«, erwiderte Torio ein wenig verletzt. »Sie glauben wohl, ich würde einem Freund von Tommy Pro faule Papiere unterschieben?«

»Nein, das glaube ich nicht«, meinte Michael.

»Wir haben unseren eigenen Mann in der Zulassungsstelle«, erklärte Torio und sah sich vorsichtig um, ob sie etwa jemand belauschte. »Wenn wir uns einen Wagen schnappen, haben wir immer schon Nummern von einem bereits verschrotteten Fahrzeug. Dieser Wagen hier hat weniger als hundert echte Meilen drauf, aber er ist als ein Modell vom letzten Jahr registriert. Wir haben den Tacho vorgedreht, er zeigt jetzt dreitausend Meilen. Ich garantiere Ihnen, daß Ihre Fahrzeugpapiere absolut in Ordnung sind, unser Mann hat sie persönlich ausgestellt. Wollen Sie eine Probefahrt machen? Der Wagen ist perfekt, das verspreche ich Ihnen.«

»Das wird nicht nötig sein, ich glaube es Ihnen auch so.« Michael klappte seine Aktentasche auf, entnahm ihr einen dicken Umschlag und reichte ihn Torio. »Fünfundzwanzigtausend in bar, wie vereinbart.«

Torio nahm den Umschlag entgegen. »Das brauche ich nicht zu zählen«, sagte er und streckte Michael die Hand hin. »Grüßen Sie Tommy von mir, wenn Sie ihn sehen.«

»Mach' ich«, erwiderte Michael und schüttelte Torio die Hand.

»Oh«, meinte Torio, als wäre es ihm gerade erst eingefallen, und hielt ihm eine Geschäftskarte hin. »Falls einmal die Rede darauf kommen sollte: Sie haben den Wagen von diesem Händler drüben im Valley gekauft, ja?«

»In Ordnung«, erwiderte Michael und sah Torio zu, wie er in einen wartenden Wagen stieg und weggefahren wurde. Er setzte sich in den Porsche, ließ den Motor an und rollte in der Sekunde an der Säulenhalle vor, als Vanessa herauskam.

»Toll!« machte sie und strich mit der Hand über die Karosserie.

»Steigen Sie ein, Mrs. Parks«, grinste Michael. »Suchen wir uns eine Bleibe.«

Am Nachmittag, nachdem sie sich ein halbes Dutzend Häuser und Wohnungen angesehen hatten, standen Michael und Vanessa im Wohnzimmer eines großen Penthouse in Century City.

»Ich kann es Ihnen auf ein Jahr vermieten«, meinte die Maklerin. »Der Besitzer der Wohnung dreht in Europa zwei Filme, in London.«

»Wir nehmen die Wohnung«, sagte Michael.

»Nun, wir haben noch drei Leute, die sich die Wohnung ansehen wollen, und dann nehmen wir die als Mieter, die uns am besten geeignet erscheinen. Es gibt da noch ein paar Formalitäten zu erledigen.«

»Ich glaube, das mit den Formalitäten können wir uns sparen«, erklärte Michael.

»Wie bitte?«

»Ich zahle ein Jahr Miete im voraus«, sagte er und klappte seine Aktentasche auf, »in bar. Auf der Stelle.«

»In bar?«

»Ja, das sagte ich doch. Sie haben sicherlich einen Standardmietvertrag bei sich, und wenn wir das jetzt sofort hinter uns bringen, bringt Ihnen das eine Prämie von zweitausend Dollar ein. In bar. Und ich glaube nicht, daß wir das Ihrer Firma gegenüber erwähnen müssen.«

Die Frau leckte sich über die Lippen. »Sie sagten, daß Sie bei ›Centurion‹ sind?«

»Da fange ich morgen an. Leo Goldmans Büro wird es Ihnen bestätigen.«

»Na ja«, meinte sie, »dann seh' ich keinen Grund, nicht auf die Formalitäten zu verzichten.«

Als sie gegangen war und die Schlüssel in Michaels Tasche steckten, standen er und Vanessa auf der Terrasse und blickten auf die Stadt hinaus. »Dort drüben«, sagte er und zeigte darauf.

»Wo?«

»Da, wo ich hinzeige. Siehst du das Tor und die große Tafel?«

»›Centurion Pictures‹«, sagte sie.

»Es gefällt mir, daß man es von hier aus sehen kann.«

»Michael, was machen wir, wenn der einjährige Mietvertrag abgelaufen ist?«

»Da würde ich mir keine Sorgen machen, Liebes«, grinste er und drückte sie an sich. »Da finden wir dann etwas, das wesentlich hübscher ist.«

Als sie ihr Gepäck in die neue Wohnung gebracht hatten, fuhr Michael mit ihr nach Malibu, wo sie in einem Restaurant einen Tisch bekamen, von dem aus sie den Pazifik sehen konnten. Als die Sonne unterging, hoben sie ihre Gläser.

»Auf Hollywood«, sagte Michael. »Es wird uns gehören.«

13

Michael fuhr langsam auf das Tor des Geländes von »Centurion Pictures« zu. Er hatte diese berühmte Einfahrt sein ganzes Leben lang auf Fotos und in Filmen gesehen und wollte den Augenblick bis zur Neige auskosten.

Er hielt an dem kleinen Wachhäuschen an und kam sich einen Augenblick wie ein Eindringling vor.

Ein uniformierter Wachmann trat auf ihn zu. »Kann ich Ihnen behilflich sein?«

»Mein Name ist Michael Vincent«, sagte er. »Ich –«

»O ja, Mr. Vincent«, erwiderte der Wachmann lächelnd. »Einen Augenblick bitte.« Er verschwand wieder in seinem Wachhäuschen und kam gleich darauf mit einem Aufkleber zurück, den er an der Windschutzscheibe des Porsche befestigte. »Damit kommen Sie jederzeit herein, ohne warten zu müssen. Das Direktionsgebäude ist am Ende des Geländes. Nehmen Sie die erste Abzweigung rechts und fahren Sie dann immer geradeaus. Und für den Fall, daß ich Ihnen zu Diensten sein kann – ich heiße Bill.«

»Vielen Dank, Bill«, nickte Michael lächelnd dem Mann zu. »Ich werd's mir merken.« Er fuhr langsam an einer Reihe adrett getünchter Bungalows vorbei; vor jedem stand eine Tafel mit dem Namen des Bewohners. Er erkannte die Namen von Regisseuren und Drehbuchautoren. Dann bog er nach rechts und fand sich plötzlich auf einer Straße New Yorks.

Downtown, dachte er. Nicht Little Italy – Greenwich Village vielleicht. Beiderseits der Straße standen Reihen gepflegter Backsteinhäuser mit kleinen Läden dazwischen. Kurzentschlossen hielt er an, stieg aus und eilte die Treppe eines der Häuser hinauf. Er sah durch das Glasfenster in der Tür; wie erwartet, war dahinter nichts als von Unkraut überwuchertes

Gelände und die Hinteransicht einer weiteren Reihe Fassaden zu sehen. Die ganze Straße bestand nur aus von Balken gestützten Fassaden.

Er fuhr weiter auf das Direktionsgebäude zu und um den Parkplatz herum, auf der Suche nach einem freien Platz. Zu seiner Überraschung fand er einen mit einer nagelneu aussehenden Tafel, auf der in schwarzen Lettern »Mr. Vincent« stand. Er hielt inne. Konnte es sein, daß es bei »Centurion« noch einen Vincent gab? Dann entschied er, daß die Farbe zu frisch war; es mußte also sein Parkplatz sein. Er parkte den Porsche und nahm zur Kenntnis, daß die Entfernung bis zum Eingang nicht zu groß war – wenigstens nicht so weit wie die mancher anderer Parkplätze.

Beim Direktionsgebäude handelte es sich um einen ansehnlichen Bau mit einer Steinfassade und einer Säulenreihe davor. Das Ganze strahlte eine Aura von Beständigkeit aus. Michael stieg mit langen Schritten die Treppe hinauf und trat ein. Eine Empfangstheke, an der zwei geschäftig wirkende Telefonistinnen und eine Empfangsdame saßen, versperrte den Zugang zu dem großzügig wirkenden Korridor.

»Guten Morgen«, begrüßte ihn die Dame mit einem kühlen Lächeln. »Kann ich Ihnen behilflich sein?«

»Mein Name ist Michael Vincent«, erwiderte er. »Ich –«

»O ja, Mr. Vincent«, fiel sie ihm ins Wort. »Einen Augenblick, ich rufe Mr. Goldmans Sekretärin an. Wollen Sie nicht Platz nehmen?«

Statt sich hinzusetzen, schlenderte Michael in der Eingangshalle auf und ab und inspizierte die Originalplakate, die dort hingen – Plakate von Filmen, die wie eine Geschichte aus seinem Leben waren, Filme, die er von frühester Jugend an in Dutzenden New Yorker Kinos gesehen hatte. Eine ganze Reihe Oscar-Preisträger waren darunter.

Kurz darauf tauchte eine kleine, etwas beleibte Frau in einem Kostüm auf. »Mr. Vincent? Ich bin Helen Gordon, Mr. Goldmans Sekretärin. Mr. Goldman ist noch nicht da – er erholt sich wahrscheinlich noch von dem langen Flug. Er hat mich gebeten, mich um Sie zu kümmern.«

»Guten Morgen«, sagte Michael mit einem strahlenden Lächeln und ergriff die Hand der Frau. »Ich bin sicher, daß ich in guten Händen sein werde.«

»Mr. Goldman hat an zwei Büros gedacht, von denen Ihnen vielleicht eines zusagen könnte«, meinte sie. »Wenn Sie mir bitte folgen wollen, zeige ich sie Ihnen.«

Michael ging hinter ihr die breite Treppe hinter der Empfangstheke hinauf, dann durch eine mächtige, auf Hochglanz polierte Doppeltür und einen Korridor entlang, der durch das ganze Gebäude verlief. Ganz am Ende zeigte sie ihm ein großes Büro mit einem eigenen Empfangsraum.

»Sehr hübsch«, sagte Michael. Er wollte zuerst wissen, wie das zweite war, ehe er seine Wahl traf.

»Das andere Büro ist eigentlich ein kleines Gebäude für sich«, sagte Helen Gordon und führte ihn durch den Korridor zurück und aus dem Gebäude hinaus. »Es ist nur ein kurzes Stück zu gehen.« Sie ging mit ihm über einen breiten, mit Platten belegten Weg, der zwischen zwei Reihen riesiger, hangarähnlicher Studios verlief. Am Ende bog sie um die Ecke, und sie gingen auf einen kleinen Bau aus Adobeziegeln zu. Sie holte einen Schlüssel heraus und ließ ihn ein.

»Sehr interessant«, äußerte sich Michael und sah sich in dem leeren Empfangsraum um.

Sie öffnete die Türen zweier geräumiger Büros und führte ihn dann zu einer großen Doppeltür. »Früher hat man in diesem Raum Probeaufnahmen gemacht«, sagte sie, öffnete die Doppeltür und trat beiseite, um ihn eintreten zu lassen.

Der Raum war groß und hatte eine sehr hohe Decke. Durch hohe Fenster an der Stirnwand fiel Licht herein.

»Indem man hier drinnen Probeaufnahmen machte, brauchte man nicht die großen Kulissen zu belegen«, fuhr sie fort. »Ich finde es recht hübsch, Sie nicht auch?«

»Ich auch«, nickte er und drehte sich zu ihr herum. »Darf ich Sie um Rat fragen? Welches Büro soll ich nehmen?«

Helen Gordon wäre beinahe rot geworden. »Nun«, meinte sie ein wenig stockend, »es gibt hier Leute, die der Ansicht sind, daß es nicht sehr klug ist, zu nahe bei Mr. Goldmans Büro zu arbeiten. Er hat die Tendenz, einem zu oft über die Schulter zu sehen.«

»Ich verstehe«, lachte Michael. »Ich denke also, daß ich mich hier in diesem Gebäude sehr wohlfühlen werde. Ich werde ohnehin für ein oder zwei Leute Platz brauchen.«

»Gut«, nickte sie. »Jetzt wollen wir sehen, daß wir ein paar Möbel für Sie bekommen. Kommen Sie bitte mit.« Sie führte ihn wieder hinaus und ein Stück die Straße hinunter. An einer kleinen Tür, hinter der er ein Studio vermutete, drückte sie einen Klingelknopf und wartete. »Ich werde Sie mit George Hathaway bekannt machen«, erklärte sie.

»Dem Art Director?« fragte Michael. »Ich hatte angenommen, der sei schon gestorben.«

»Ich kann Ihnen versichern, er ist sehr lebendig, wenn er auch sozusagen im Ruhestand ist. Er kümmert sich jetzt um Kostüme und Requisiten. Mr. Goldman hat eine ganze Menge Leute aus der guten alten Zeit mit Beraterverträgen hier behalten. Sie scheinen das alle der Pensionierung vorzuziehen.«

Die Tür ging auf, und ein hochgewachsener, älterer, schlanker Mann mit einem Klappbrett in der Hand bedeutete ihnen einzutreten. »Guten Morgen, Helen«, begrüßte er die Sekretärin.

»Guten Morgen, Mr. Hathaway. Ich möchte Sie gern mit Michael Vincent bekannt machen, der hier produzieren wird.«

»Ich bin ein Bewunderer Ihrer Arbeit«, sagte Michael,

während er dem Mann die Hand schüttelte. »Besonders beeindruckt haben mich Ihre Entwürfe für ›Fair Weather‹ und ›Border Village‹.«

Hathaway strahlte. »Sehr liebenswürdig von Ihnen, das zu sagen.« Er hatte einen leichten britischen Akzent.

»George«, sagte Helen Gordon, »Mr. Vincent hat sich dafür entschieden, den Probeaufnahmenbau zu nehmen. Meinen Sie, Sie könnten ein paar Möbel für ihn finden? Mr. Goldman hat gesagt, er kann bekommen, was er will.«

»Aber selbstverständlich«, erwiderte Hathaway. »Mit dem größten Vergnügen. Es ist immer eine Freude, einen neuen Produzenten als Kunden zu haben.«

»Mr. Vincent«, erklärte Helen Gordon, »ich überlasse Sie jetzt Georges erfahrenen Händen. Wenn Sie hier fertig sind, kommen Sie bitte wieder ins Direktionsgebäude; bis dahin sollte Mr. Goldman da sein, er will Sie selbst begrüßen.«

»Vielen Dank, Helen«, erwiderte Michael.

Sie ging, und George Hathaway winkte Michael zu, ihm zu folgen. Er ging zu einer anderen Tür und öffnete sie.

Michael folgte ihm, und dann riß er erstaunt die Augen auf. Was er für ein Studio gehalten hatte, war ein riesiges Lagerhaus voll von Möbeln und anderen Gegenständen, die auf Stahlregalen hoch aufgestapelt waren. In der Mitte zwischen den Regalen schien ein Gang in weite Ferne zu führen. »Das erinnert mich irgendwie an ›Citizen Kane‹, Mr. Hathaway«, sagte er bewundernd.

George Hathaway lachte. »Ja, da haben Sie recht. Und sagen Sie bitte George zu mir.«

»Und ich bin Michael.«

»Lassen Sie uns ein wenig herumspazieren, und wenn Sie einen Schreibtisch oder ein Sofa oder sonst etwas sehen, das Ihnen zusagt, dann sagen Sie es mir.«

Michael folgte dem älteren Mann langsam durch das Gebäude und bestaunte die Sammlung aus siebzig Jahren Filmgeschichte. Möbel, Gemälde, Kleiderständer, Spucknäpfe aus englischen Pubs ebenso wie aus Salons aus dem Wilden Westen. Am Ende einer Reihe entdeckte Michael etwas, das ihm vertraut vorkam. An der Außenmauer lehnte eine zweieinhalb Meter lange Eichenvertäfelung, die einen gemauerten Kamin umgab. »George, ist das nicht der Kamin aus Randolphs Arbeitszimmer in ›The Great Randolph‹?«

»Allerdings«, strahlte George. »Es ist einfach schön, jemand zu treffen, der den Blick dafür hat.«

»Ich habe diesen Raum immer geliebt«, schwärmte Michael. »Als ich zwölf war, träumte ich davon, einmal darin zu leben.«

»Sagen Sie«, meinte George und kratzte sich am Kinn, »haben Sie daran gedacht, den hohen Raum als Büro zu benutzen?«

»Ja, das wollte ich.«

»Nun, Sie müssen wissen, daß Randolphs ganzes Arbeitszimmer hier lagert: der Schreibtisch, die Möbel, die Bücher – eben alles, und ich glaube, mit ein paar geringfügigen Veränderungen könnte das in den hohen Raum passen. Was würden Sie davon halten, wenn ich es wieder für Sie zusammenstellen würde?«

»Das könnten Sie?«

»Selbstverständlich. Mr. Goldman hat gesagt, Sie können bekommen, was Sie wollen.«

»Das wäre ja wunderbar, George. Ich werde mich wie Randolph selbst fühlen.«

»Wird gemacht. Wollen Sie die anderen Zimmer auch möbliert haben?«

»Ja, ich werde in Kürze ein paar Leute einstellen.«

»Nun, wenn Sie das mir überlassen wollen, dann wähle ich ein paar Sachen für sie aus.«

»Vielen Dank.«

George ging zu einem Telefon, das an der Wand befestigt war, und drückte eine Nummer. »Ich setze sofort ein paar Leute darauf an«, verkündete er. »Wir haben im Augenblick nicht besonders viel zu tun, ich sollte das also bis morgen für Sie erledigen können.«

»Morgen? So schnell?«

»Nun, Michael, dies ist schließlich Hollywood.«

Michael verließ das Lagerhaus und ging zum Direktionsgebäude zurück. Wie er so seinem ersten Gespräch mit Leo Goldman entgegenging, hatte er das Gefühl, über der Erde zu schweben. Er kam an einem kleinen Bungalow vorbei, aus dessen offenen Fenstern ein Streichquartett zu hören war, das irgend etwas spielte, was Michael nicht gleich erkannte. Er dachte, es handle sich um eine Aufnahme; als er aber stehenblieb und hineinsah, sah er drei ältere Männer und eine Frau, die ganz in ihre Musik vertieft ihre Instrumente spielten. Er ging weiter. Das ist tatsächlich Hollywood, dachte er.

14

Helen Gordon erwartete Michael, als er zum zweiten Mal das Direktionsgebäude betrat. »Oh, das ist gut«, sagte sie. »Mr. Goldman ist gerade gekommen. Gehen wir zu seinem Büro hinauf.«

Im Obergeschoß angelangt, öffnete sie eine der auf Hochglanz polierten Mahagonitüren, die ihm schon vorher aufgefallen waren, und führte ihn durch ein elegantes Vorzimmer, in dem zwei junge Frauen wie besessen auf die Tastaturen ihrer Computer einhieben. Helen klopfte an eine Innentür, öffnete sie und führte Michael in Leo Goldmans Büro. Der Raum war so groß, daß ein mächtiger Schreibtisch, zwei Ledersofas vor einem offenen Kamin, ein Flügel und ein Konferenztisch mit zwölf Stühlen darin Platz hatten. Eine vom Boden bis zur Decke reichende Bücherwand mit einer auf Schienen laufenden Leiter nahm eine ganze Wand ein. Leo Goldman saß auf einem wuchtigen Ledersessel, hatte die Füße auf dem Schreibtisch und telefonierte. Sein Telefon war eines von der Art, wie es Telefonistinnen in einer Telefonzentrale gewöhnlich benutzen: ein am Ohr befestiger Hörer mit einem bleistiftdünnen Mikrofon seitlich vor dem Mund. Er winkte Michael zu einem der Sofas, setzte sein Telefongespräch aber fort.

Michael setzte sich und betrachtete die Einrichtung. Jeder einzelne Gegenstand war ein Spitzenprodukt seiner Art, sichtlich mit Bedacht gewählt, um den riesigen Raum schön und behaglich zu machen.

Goldman warf das Telefon auf den Schreibtisch und ging die sechs Meter zu Michael, schüttelte ihm die Hand und flegelte sich dann auf das ihm gegenüberstehende Sofa. »Nun, hatten Sie einen guten Flug?«

»Ja, ganz prima, Leo.«

»Sind die Zimmer im ›Bel-Air‹ in Ordnung?«

»Ausgezeichnet. Es hat uns dort gut gefallen, aber wir haben bereits eine Wohnung in Century City gefunden.«

»Gut, das nenne ich schnelle Arbeit. Wer ist *wir*?«

»Meine Freundin, Vanessa Parks.«

Goldman nickte. »Sind Sie schon eingezogen?«

»Vanessa erledigt das heute.«

»Lernen wir sie morgen abend kennen?«

»Ja.«

»Sehr gut; Amanda wird entzückt sein. Übrigens, gibt es irgend jemand, den Sie besonders gern kennenlernen würden?«

»Beim Abendessen?« fragte Michael ein wenig verdutzt.

»Natürlich. Irgend jemand in der Stadt, den ich für Sie einladen könnte.«

»Ich kenne hier keine Menschenseele.«

Goldman schüttelte den Kopf. »Ich meine, gibt es irgend jemand, den Sie gern kennenlernen würden?«

Du großer Gott, dachte Michael, kann er einfach jeden herbeizitieren? »Na ja, es gibt eine Menge Leute, die ich gern kennenlernen würde.«

»Dann nennen Sie mir jemand.«

Michael überlegte. »Ja. Ich würde gern Mark Adair kennenlernen.« In der »Times« hatte er gelesen, daß der Romanschriftsteller gerade in Los Angeles war.

»Ich will sehen, was ich machen kann«, versprach Goldman.

»Und Robert Hart würde mich auch interessieren.«

»Na, Sie wollen wenigstens Filmstars kennenlernen, wie alle anderen auch«, lachte Goldman. »Bob Hart ist gerade zurückgekommen. Er war einen Monat in der Betty-Ford-Klinik. Alkohol, nicht Rauschgift. Er hat seit über einem Jahr nicht mehr gearbeitet.«

»Wenn Sie meinen, daß es keine so gute Idee ist –«

»Nein, ganz im Gegenteil, ich mag Bob und habe mich auch immer für seine Arbeit interessiert. Seine Frau kann einem manchmal auf die Nerven gehen.« Goldman griff nach einem Telefon, das auf dem Couchtisch stand, drückte einen Knopf und fing sofort zu reden an: »Helen, laden Sie Bob und Sue Hart morgen abend zum Dinner ein. Die Nummer haben Sie. Und rufen Sie das ›Beverly Hills‹ an und fragen Sie nach, ob Mark Adair dort ist, und laden Sie ihn ebenfalls ein. Sagen Sie mir Bescheid.« Er legte auf. »Überlegen Sie sich noch jemand, für den Fall, daß die anderen nicht in der Stadt sind.«

»Das ist wirklich sehr freundlich von Ihnen, Leo«, sagte Michael aufrichtig.

»Aber das ist doch nicht der Rede wert.« Goldman lehnte

sich auf dem Sofa zurück und legte ein Bein auf die Kissen. »So, und jetzt will ich Ihnen ein wenig von ›Centurion‹ erzählen. Einen Teil davon haben Sie vielleicht schon mitgekriegt, aber ich erzähle Ihnen eben alles noch einmal.«

»Prima.«

»›Centurion‹ ist 1937 von Sol Weinman gegründet worden, der für Irving Thalberg bei ›MGM‹ einen wichtigen Bereich geführt hat. Als Thalberg starb, konnte Sol es nicht ertragen, direkt unter L. B. Mayer zu arbeiten, also stieg er aus. Sol war ein reicher Mann – eine Erbschaft. Er holte sich ein paar andere reiche Leute zusammen und rief ›Centurion‹ ins Leben. Sie kauften ein pleite gegangenes Studio, das über ein paar gute Immobilien verfügte, bauten vier Tonstudios und fingen an, Filme zu machen. Am Anfang war das recht mühsam, weil sie sich Spitzenschauspieler von den Großen ausborgen mußten, und das war natürlich teuer, aber sie hatten nacheinander einige Kassenerfolge, und als der Krieg vorbei war, hatte Sol seine Partner ausbezahlt und besaß ein profitables Studio. Er war uneingeschränkter Chef, so wie Sam Goldwyn das war, und seine Filme waren mindestens genauso gut. Als dann das Fernsehen aufkam, traf es ihn nicht ganz so hart wie ›MGM‹ und die anderen großen Studios. Seine festen Unkosten waren niedriger, und er hat weiterhin gute Filme gemacht, bis er vor zwanzig Jahren starb. Das Studio geriet dann eine Weile ins Schleudern, und hatte ein paar wenige Erfolge. Vor fünfzehn Jahren habe ich mir eine Menge Geld gepumpt und mich mit ein paar Investoren zusammengetan und Sols Witwe das Studio abgekauft. Ich habe die Fäden fest in der Hand behalten, bin hier eingezogen, habe einen Teil des Geländes an ein paar Immobilienleute verkauft, mit dem Ertrag den Großteil der Schulden bezahlt, und schon war ›Centurion‹ wieder im Geschäft. Ich nehme an, Sie sind einigermaßen darüber informiert, was wir inzwischen alles gemacht haben.«

»Ja, und das bewundere ich.«

»Vielen Dank, dazu haben Sie auch allen Anlaß; wir leisten hier gute Arbeit. Ich sorge dafür, daß die Kosten niedrig bleiben; wir vermieten einen großen Teil unserer Anlage an Leute, deren Arbeit mir gefällt – Sie haben die Tafeln vor den Gebäuden gesehen.«

»Ja.«

»Die Requisiten und die Kostüme habe ich behalten, hauptsächlich aus sentimentalen Gründen, denke ich, und die vermieten wir an alle; damit decken wir gerade unsere Kosten. Die vier Tonstudios, die Sol gebaut hat, haben wir immer noch, sogar zwei mehr, und die sind immer in Betrieb. Wir machen etwa ein Dutzend Filme im Jahr, und darüber hinaus werden auf dem Gelände eine ganze Menge mehr von Unabhängigen hergestellt.« Goldman beugte sich vor und stützte beide Ellbogen auf die Knie. »Was ich von Ihnen möchte, ist ein neuer Film nächstes Jahr, während Sie hier Fuß fassen, und anschließend zwei Filme im Jahr. Ich will gute Arbeit bei knappen Budgets. Wir haben hier ein oder zwei Kassenknüller gehabt, aber davon läßt sich die Miete nicht bezahlen. Wir machen unser Geschäft mit gutem, intelligent gemachtem Material, jahrein, jahraus. Hier und da leiste ich mir einen schönen kleinen Film, ein wenig auf der künstlerischen Seite, mit dem ich nicht besonders viel Geld verdiene. Das ist gut für das Studio, und man kann teure Leute dazu bewegen, in einem solchen Projekt billig zu arbeiten. Auf die Weise holt man sich gelegentlich auch einen Oscar. – Ich habe einen ziemlich breiten Geschmack; ich mag Polizeifilme, Komödien, Melodramen, Horror, solange es gut und mit Stil gemacht ist, Arztgeschichten, Western, Biographien, Musicals – du lieber Gott, ich liebe Musicals, aber man kann sie ja nicht mehr drehen, ohne dabei Hemd und Hose zu verlieren. Ich bin sehr vorsichtig, wenn man mir nicht ein absolutes Spitzendrehbuch vorlegt, ehe der erste Dollar ausgegeben ist. Für mich ist der schlimmste Alptraum ein Film, der ohne perfektes Drehbuch in Produktion geht. Ich weiß, ›Casablanca‹ wurde auch ohne fertiges Drehbuch angefangen, aber das ist eine von den ganz verrückten Ausnahmen. Wir haben eine Fernsehproduktionsgesellschaft auf dem Gelände, die sehr gut arbeitet. Wenn Sie auf etwas stoßen, was Sie nicht selbst machen wollen, von dem Sie aber glauben, daß es einen guten Fernsehfilm, einen Dreiteiler oder gar eine Serie abgeben würde, dann schicken Sie es mir. Auf diese Weise schaffen Sie sich viele Freunde auf dem Gelände. Weil wir schon gerade von Freunden reden – Sie werden's ziemlich schwer haben, hier welche zu finden. Spitzenleute in den Studios sind immer neidisch auf Typen mit Produzentenverträgen, und meine Leute sind da keine Ausnahme. Sie kriegen eine Menge Geld für das, was sie tun, aber sie wissen auch, daß sie das Potential haben, eine ganze Menge mehr zu verdienen, und das macht sie wütend, also müssen Sie sich Mühe geben, wenn Sie mit den Leuten hier gut auskommen wollen. Erweisen Sie ihnen Gefälligkeiten, machen Sie ihnen Komplimente für ihre Arbeit, kriechen Sie ihnen in den Arsch, wenn Sie es ertragen können, und wenn sich Ihnen jemand in den Weg stellt, dann gehen Sie um ihn herum und nicht durch ihn hindurch ... Ich weiß, Sie sind clever, Michael, und ich brauch' Ihnen das nicht zu sagen, aber ich tu's trotzdem. Sie sind noch jung, sehen gut aus und arbeiten in einem Geschäft, in dem alle mit Geld herumwerfen. Seien Sie vorsichtig. Machen Sie keine Schulden – wirklich, ich rate Ihnen, zahlen Sie wenn möglich immer bar. Und lassen Sie die Finger vom Rauschgift. Ich hab' mindestens fünfzig vielversprechende Jungs gesehen, die durch das Zeug vor die Hunde gegangen sind. Und passen Sie auf, daß Ihnen Ihr Schwanz nicht beim Geschäft in die Quere kommt. Ich bin froh, daß Sie sich ein Mädchen mitgebracht haben, weil es in dieser Stadt zehntausend Weiber gibt, die

Ihnen den Schwanz lutschen würden, bloß um in einem schlechten Film eine halbe Minute als Garderobenmädchen auftreten zu dürfen. Und tausend, die es so gut können, daß Sie am Ende Ihr Geschäft darüber vergessen und irgendeinen Blödsinn bauen.« Goldman lehnte sich zurück und atmete tief durch. »Das ist alles, was mir im Augenblick einfällt.«

»Vielen Dank, Leo«, sagte Michael. »Das sind alles gute Ratschläge, und ich werde mich bemühen, sie zu befolgen.«

»So«, wechselte Goldman das Thema. »Jetzt zu ›Schwarzes Abendrot‹. Ich werde in der Woche vor Thanksgiving in New York und Los Angeles damit in neun Kinos anfangen.«

Michael fiel die Kinnlade herunter, und er setzte zum Reden an.

Goldman hob die Hand. »Augenblick«, sagte er, »lassen Sie mich ausreden. Ich werde den Film zwei Wochen laufen lassen, und dann zieh' ich ihn bis Neujahr ein. Zwischen Thanksgiving und Weihnachten werde ich ihn hier auf dem Gelände so oft zeigen, daß er uns aus den Ohren herauskommt, und auf die Weise leiern wir die Mundpropaganda an. Dann, Mitte Januar, wenn eine Menge von den aufwendigen Filmen, die um Weihnachten herum in die Kinos gekommen sind, anfangen abzusacken, werde ich ihn gleichzeitig in zwölfhundert Kinos herausbringen und acht Millionen Dollar für Werbung ausgeben. Der Zeitpunkt ist für die Oscar-Nominierung gut gewählt, und verlassen Sie sich drauf: Carol Geraldi wird nominiert werden. Wir werden dreißig, vierzig Millionen machen, und in Anbetracht dessen, was wir investiert haben, wird das ein Bombengeschäft werden.«

»Klingt phantastisch«, strahlte Michael.

»Das kann ich nur bestätigen«, nickte Goldman und sah auf die Uhr. »Ich bin jetzt zum Mittagessen verabredet«, sagte er. »Ich wollte mit Ihnen irgendwohin gehen, aber diese Geschichte hier läßt sich nicht aufschieben. Nehmen Sie sich den

Nachmittag frei; Ihr Büro ist ohnehin erst morgen fertig, und Sie müssen schließlich in Ihre neue Wohnung einziehen. Kommen Sie morgen abend ein bißchen früher in mein Haus – sagen wir um sechs –, auf die Weise haben wir eine Stunde Zeit, uns zu unterhalten, ehe die anderen kommen. Ich würde gern hören, was Sie als nächstes vorhaben.«

»Prima, darauf freu' ich mich.«

Goldman ging zu seinem Schreibtisch, um ein Blatt Papier zu holen, und brachte Michael zur Tür. »Da«, sagte er und gab ihm das Blatt. »Ich hab' das von Helen für Sie zusammenstellen lassen. Das werden Sie brauchen können. Arzt, Zahnarzt, Bank, Friseur, Putzdienst, Blumenhändler, Partyservice – was mir eben so eingefallen ist. Und da ist noch eine Liste von guten Restaurants. Ich habe veranlaßt, daß Helen überall anruft und denen Bescheid sagt, wer Sie sind, machen Sie sich also keine Gedanken, ob Sie hineinkommen. Meine Adresse und meine Telefonnummer zu Hause stehen auch auf dem Blatt. Wir sehen uns dann morgen um sechs.«

Fünf Minuten später stand Michael auf dem Parkplatz und sah zu, wie Goldman in einem riesigen Mercedes weggefahren wurde. Durch die Heckscheibe konnte er das Telefon an Goldmans Ohr sehen.

Michael stieg in seinen Porsche, saß einen Augenblick reglos da und rief sich noch einmal alles ins Gedächtnis, was Goldman gesagt hatte. Michael hatte ein vorzügliches Gedächtnis. Er hätte alles Wort für Wort wiederholen können.

15

Michael war um halb drei in der Innenstadt verabredet, ein Termin, den er von New York aus arrangiert hatte, und er hatte deshalb noch Zeit, unterwegs anzuhalten und sich ein Autotelefon zu besorgen. Er kaufte sich zusätzlich ein tragbares Telefon und ließ den Wagen beim Händler stehen, damit das Autotelefon eingebaut werden konnte. Er holte eine Einkaufstasche aus dem Kofferraum und ging dann die paar Straßen zu Fuß.

In der Eingangshalle eines, so schien es, nur aus Chromstahl und Glas bestehenden Hochhauses orientierte er sich am Wegweiser und fuhr dann mit dem Aufzug ins oberste Stockwerk, wo eine diskrete Privatbank ihren Sitz hatte. Die »Kensington Trust«, so informierten ihn die Lettern auf den Glastüren, hatte ihren Sitz in London und besaß Zweigstellen in New York, Los Angeles, Hongkong, auf den Bermudas und den Cayman-Inseln.

Am Empfang gab er seinen Namen als Vincente Callabrese an und fragte nach Derek Winfield. Man führte ihn in ein Büro, das einen grandiosen Ausblick auf Los Angeles bot.

Winfield, ein großer, hagerer Mann um die Fünfzig, der einen Savile-Row-Anzug trug, stand auf, um ihn zu begrüßen. »Guten Tag, Mr. Callabrese«, sagte er und streckte eine weiche, perfekt manikürte Hand hin. »Ich habe Sie schon erwartet.« Er bot Michael einen Stuhl an.

»Mr. Winfield, ich nehme an, man hat Sie bereits über meine Wünsche informiert.«

»Ja, ja, unser gemeinsamer Freund in New York hat vor einer Woche angerufen. Es ist uns immer eine Freude, mit seinen Freunden ins Geschäft zu kommen. Kennen Sie sich schon lange?«

»Mr. Winfield«, überging Michael seine Frage, »ich würde bei Ihnen gern ein Anlagenkonto eröffnen.«

»Selbstverständlich«, erwiderte Winfield. »Mr. Provensano hat mir schon gesagt, daß Sie das vorhaben.«

»Das ist richtig«, nickte Michael und zog einen Umschlag aus der Tasche. »Hier ist ein beglaubigter Scheck meiner New Yorker Bank über sechshundertsechzigtausend Dollar.« Er stellte die Einkaufstasche auf Winfields Schreibtisch. »In dieser Tasche befinden sich weitere einhunderttausend Dollar in bar.« Er girierte den Bankscheck. »Ich möchte den gesamten Betrag auf der Straße investieren.«

»Ich verstehe«, nickte Winfield. »Welchen Ertrag hatten Sie für Ihre Investition im Auge?«

»Unser gemeinsamer Freund hat gesagt, ich könne mit drei Prozent die Woche rechnen; das würde mir reichen.«

»Ich glaube, das läßt sich machen«, erwiderte Winfield. »Was hatten Sie bezüglich der Zinsen im Sinn?«

»Die sollen wöchentlich der Anlagesumme zugeschlagen werden. Möglicherweise werde ich von Zeit zu Zeit etwas Kapital abheben, aber ich rechne damit, daß dies eine Anlage für mindestens ein Jahr, vielleicht sogar wesentlich länger, sein wird.« Michael wußte, daß das jährliche Einkommen aus der Anlagesumme über eine Million Dollar betragen würde, wenn er sich jede Woche die Zinsen auszahlen ließ; wenn er die Zinsen hingegen stehen ließ und damit den Zinseszinseffekt nützte, würde sein Einkommen viel höher und noch dazu steuerfrei sein. Die Kredithaie würden sein Geld gegen einen Wochenzins von zehn Prozent ausleihen, so daß jeder daran verdienen würde.

»Benötigen Sie ein Arrangement für – äh – Geldbewegungen?« erkundigte sich Winfield.

»Das könnte sein. Im Augenblick weiß ich es noch nicht.«

»Für diese Dienstleistung fallen natürlich Gebühren an.«

»Selbstverständlich. Wie würde mir denn das Geld in einem solchen Fall zufließen?«

»Wir könnten es so einrichten, daß Sie Honorare als Berater einiger uns bekannter Unternehmen erhalten«, erklärte Winfield. »Derartige Einkünfte würden Sie natürlich versteuern müssen, weil die entsprechende Gesellschaft Ihr Honorar ja als Betriebsausgaben absetzen muß. Wir könnten die Gelder natürlich auch durch unsere Zweigstelle auf den Cayman-Inseln schleusen, aber dann müßten Sie, wenn Sie das Geld benötigen, dorthin reisen und mit Bargeld zurückkommen. Heutzutage muß man mit größeren Barbeträgen sehr vorsichtig sein.«

»Ich verstehe.«

»Wenn Sie sich einen Augenblick gedulden würden, besorge ich Ihnen eine Quittung. Oh, welchen Namen und welche Adresse soll ich auf dem Konto eintragen?«

»Meinen Namen, aber keine Adresse. Bewahren Sie meine Kontoauszüge hier auf, ich hole sie mir bei Bedarf jeweils ab.«

Winfield lächelte. »Selbstverständlich«, nickte er und ging hinaus.

Michael schlenderte in dem Büro umher, schaute sich die Gemälde an und sah zum Fenster hinaus.

Ein paar Minuten später kam Winfield zurück. »Hier ist Ihre Quittung«, sagte er. Dann begleitete er Michael zum Aufzug. »Sie können mich jederzeit anrufen und Ihren Kontostand abfragen.«

»Vielen Dank«, erwiderte Michael, trat in die Aufzugkabine und fuhr in dem Gefühl hinunter, jetzt sehr reich zu sein.

Am Abend aßen Michael und Vanessa im »Granita«, Wolfgang Pucks neuem Restaurant in Malibu. Der Oberkellner war äußerst beflissen gewesen, als Michael in letzter Minute angerufen hatte. Leo Goldmans Name wirkte Wunder.

Sie nippten an ihrem Champagner, während Michael Vanessa über die wichtigsten Vorkommnisse des Tages informierte. »Und was hast du gemacht?« fragte er dann.

»Oh, ich habe unser Gepäck in die Wohnung bringen lassen und dafür gesorgt, daß das Telefon funktioniert, und dann habe ich am Rodeo Drive ein paar Einkäufe gemacht.«

»Wieviel hast du ausgegeben?«

»Ist das wichtig?« fragte sie kokett.

»Nein, überhaupt nicht«, lachte er. »Du bezahlst ja aus deinem Gehalt. Und du wirst ja schließlich recht gut bezahlt, nicht wahr?«

»Ich hätte gern einen Wagen, Michael. Meinst du, das ginge?«

»Natürlich. Was hättest du denn gern?«

»Mir schwebt das neue Mercedes-Cabrio vor. In Silber.«

»Ich denke, das kannst du dir leisten.«

»Wann fange ich denn an, mir mein Gehalt zu verdienen?« wollte sie wissen.

»Du meinst, wann du ein Filmstar wirst?«

»Ja, genau«, nickte sie.

»Du fängst damit morgen abend an«, erklärte er, hob sein Glas und stieß mit ihr an. »Du brauchst dich nur ganz natürlich zu geben und deinen Charme spielen zu lassen.«

16

Als Michael am darauffolgenden Morgen sein Büro betrat, wunderte es ihn nicht, dort Handwerker vorzufinden. Zwei Männer hämmerten in einem der kleinen Büros, die man von dem Empfangsraum aus erreichte.

Die Tür zu seinem Büro war durch zwei schwere, dunkel gebeizte Eichentürflügel ersetzt worden; er trat ein und blieb mit weit aufgerissenen Augen stehen. Er stand im Arbeitszimmer aus »The Great Randolph«. Eine ganze Wand war vom Boden bis zur Decke mit Bücherregalen bedeckt, auf denen ledergebundene Bücher standen. Die gegenüberliegende Wand war vertäfelt und mit Gemälden behängt, die irgendwie englisch wirkten – Porträts von Männern in Uniform und Frauen in Ballkleidern, Landschaften und Stilleben und ein oder zwei, bei denen es sich allem Anschein nach um alte Meister handelte. Die Wand enthielt auch einen mächtigen offenen Kamin, und über dem Sims hing ein Porträt von Randolph selbst, der Michael mit strenger Miene musterte.

»Ein sehr beeindruckender Bursche, nicht wahr?« meldete sich eine Stimme hinter ihm.

Michael drehte sich um und sah sich George Hathaway gegenüber .

»Sir Henry Algood als Randolph«, erklärte Hathaway. »Ich habe ihn gut gekannt, das war noch vor dem Krieg. Er hat ein Dutzendmal versucht, es zu kaufen, aber zwischen ihm und Sol Weinman hat es irgendwann Unstimmigkeiten gegeben, und Mr. Weinman hat sich ein mächtiges Vergnügen daraus gemacht, ihm das Bild nicht zu überlassen.«

»George, ich bin von dem Raum wirklich überwältigt«, lobte Michael.

»Ich will Ihnen ein paar Änderungen zeigen«, meinte Hathaway. »Die Breite hat perfekt gestimmt, aber der Raum war etwa zwanzig Zentimeter zu lang. Wir haben eine falsche Mauer angebracht und das Ganze dann um die Fenster herum wieder angepaßt.« Er öffnete eine Schranktür, so daß man eine Gasflasche sehen konnte. »Die speist den Kamin. Fragen Sie mich bloß nicht, wie wir das mit dem Abzug hingekriegt haben, und verbrennen Sie um Himmels willen nie etwas anderes als Gas in dem Ding.« Er trat an die Bücherwand. »Wir haben hier drinnen ein paar Ablageschränke untergebracht, aber wenn Ihnen der Platz ausgeht, müssen wir draußen im Vorraum noch Schränke aufstellen. Übrigens, für das Vorzimmer haben wir eine Vertäfelung gefunden, die recht gut zu der hier paßt, und einen ordentlichen Schreibtisch für draußen haben wir auch. Die Bücher sind übrigens alle nur Attrappe.« Er griff hinter einen der Buchrücken und zog eine ganze Reihe Bücher weg, so daß man eine voll ausgestattete Bar sehen konnte. Er griff an einen anderen Buchrücken und wies Michael auf einen kleinen Kühlschrank hin.

»Wirklich erstaunlich«, sagte Michael beeindruckt. »Das ist eben Hollywood, nicht wahr?«

»Ja, so echt es geht«, nickte Hathaway.

Michael stellte seinen Aktenkoffer auf den Schreibtisch und holte ein Exemplar von »Kalifornische Romanze« heraus. »George«, fragte er und reichte ihm das Buch, »haben Sie das einmal gelesen?«

»Nein«, erwiderte Hathaway, »aber ich weiß ein wenig davon.«

»Ich wäre Ihnen sehr dankbar, wenn Sie es lesen würden. Ich hätte gern Ihren Rat, wie man es für einen Film in Szene setzen könnte.«

»Selbstverständlich, Michael, mit dem größten Vergnügen.«

Es klopfte an der Tür, und Helen Gordon tauchte auf, gefolgt von einer hochgewachsenen, gutaussehenden Frau um die Vierzig in einem eleganten Kostüm.

Hathaway verabschiedete sich, und Michael war mit den beiden Frauen allein.

»Mr. Vincent«, sagte Helen Gordon, »ich möchte Sie gern mit Margot Gladstone bekannt machen.«

»Guten Tag«, grüßte die Frau.

Michael schüttelte ihr die Hand und bewunderte ihre Haltung und ihre tiefe, wohlklingende Stimme. »Es freut mich, Ihre Bekanntschaft zu machen, Mrs. Gladstone.«

»Mr. Goldman hat vorgeschlagen, daß Sie Margot als Sekretärin bekommen«, meldete Helen Gordon sich wieder zu Wort. »Sie ist schon eine ganze Weile für das Studio tätig, und Mr. Goldman dachte, sie könnte Ihnen vielleicht dabei behilflich sein, sich hier zu akklimatisieren.«

»Das finde ich sehr liebenswürdig von ihm«, sagte Michael. »Vielleicht könnten Mrs. Gladstone und ich uns eine Weile unterhalten.«

»Selbstverständlich«, nickte Helen Gordon. »Rufen Sie mich an, wenn Sie etwas brauchen.« Sie verabschiedete sich.

»Nehmen Sie doch bitte Platz, Mrs. Gladstone«, sagte Michael und wies sie zu einem der Ledersofas vor dem Kamin.

»Vielen Dank«, erwiderte sie, nahm Platz und schlug die langen Beine übereinander. »Und bitte sagen Sie Margot.«

»Vielen Dank, Margot.« Michael entging ihr Akzent nicht. »Ich habe zuerst gar nicht bemerkt, daß Sie Engländerin sind.«

»Das war ich einmal, aber das ist eine Weile her. Ich lebe seit meinem neunzehnten Lebensjahr in diesem Land.«

»Ihrem Akzent hat das aber gar nicht geschadet.«

Sie lächelte und ließ dabei wunderschöne Zähne aufblitzen. »Vielen Dank. Ich habe sehr schnell festgestellt, daß man in Hollywood den britischen Akzent liebt, also habe ich mir Mühe gegeben, ihn zu behalten.«

Michael setzte sich ihr gegenüber. »Ich kann sicherlich jemanden brauchen, der hier im Studio zu Hause ist«, meinte er, »aber etwas verblüfft mich doch.«

»Vielleicht kann ich Ihre Verblüffung aufklären?«

»Ja, vielleicht können Sie das, und ich hoffe, Sie werden mir gegenüber offen sein.«

»Selbstverständlich.«

»Warum belohnt man mich, der ich hier ganz neu hereingeschneit bin, mit einer so eleganten und zweifellos fähigen Assistentin? Es gibt hier bestimmt Spitzenleute, die vor mir an der Reihe wären und die entzückt wären, wenn Sie für sie arbeiten würden.«

Sie musterte ihn kühl. »Sie sind sehr direkt, Mr. Vincent.«

»Das spart Zeit.«

»Also gut«, nickte sie. »Ich sehe keinen Grund, weshalb Sie nicht auch erfahren sollten, was jeder andere in der Firma bereits weiß.«

»Und das wäre?«

»Lassen Sie mich mit dem Anfang beginnen. Ich bin in einem Dorf auf der Isle of Wight als Tochter eines Metzgers zur Welt gekommen. Auf der Schule ließ ich einiges Talent fürs Schauspiel erkennen und habe mich anschließend in London um eine Bühnenkarriere bemüht. Man gab mir eine kleine Rolle in einem Stück von Noel Coward, und Sol Weinman hat das Stück gesehen und mich danach hinter der Bühne aufgesucht. Er hat mir einen Studiovertrag angeboten, und ehe ein Monat vergangen war, befand ich mich bei ›Centurion‹, das perfekte kleine englische Starlet. Ich spielte ein paar Jahre kleine Rollen, und gelegentlich gab man mir auch etwas wichtigere, und dann brach das ganze Studiosystem um mich herum zusammen. Da ich immer praktisch veranlagt war, suchte ich Mr. Weinman auf und bat ihn um eine Stelle im Verwaltungsbereich. Er setzte mich in seinem Büro neben einem halben Dutzend anderer Mädchen ein und ist dann ein paar Jahre später gestorben. Als Leo Goldman das Studio übernahm, blieb ich im Büro und wurde schließlich seine Sekretärin. Wir hatten eine Affäre, die zu Ende ging, als er heiratete. Es wurde ihm etwas peinlich, mich um sich zu haben, also gab er mich an den Leiter der Produktion, Martin Bell, weiter, und ich wurde seine Sekretärin. Wir hatten eine Affäre. Sie endete vor kurzem, als seine Ehe in die Brüche ging und er gleich darauf ein Mädchen um die Zwanzig heiratete.« Sie spreizte die Hände. »Sie sehen also, ich bin wieder zur Peinlichkeit geworden, und im ganzen Direktionsbau will mich keiner in seinem Büro haben. Jeder hat Angst, ich würde entweder Martin oder Leo zutragen.«

»Ich verstehe«, nickte Michael. »Wenn man einmal von Ihren persönlichen Beziehungen zu Leo und Bell absieht – sind Sie eine gute Sekretärin?«

»Ich bin wirklich gut«, erwiderte sie mit gleichmäßiger Stimme.

»Ist Ihnen nie in den Sinn gekommen, sich in einem anderen Studio Arbeit zu suchen? Mit Ihrer Erfahrung wären Sie doch sicherlich die ideale Sekretärin für irgendeinen Spitzenmann.«

»Ich bin einundfünfzig«, erwiderte sie. »Ich habe dreiundzwanzig Jahre Anwartschaft auf die Altersversorgung des Studios, ganz zu schweigen von der Gewinnbeteiligung und meiner Pension bei der Schauspielergewerkschaft. In zwei Jahren habe ich das Recht auf Leistungen; dann kann ich meine beiden Pensionen, meine Gewinnanteile und meine Ersparnisse nehmen und tun, was mir paßt.«

»Nun, Margot«, meinte Michael, »ich glaube, ich würde mich glücklich schätzen, wenn Sie diese beiden Jahre bei mir verbringen würden.«

»Vielen Dank«, erwiderte sie. »Ich glaube, mir würde das ebenfalls gefallen.«

»Ich muß Ihnen etwas sagen: Ich bin völlig neu in diesem Gewerbe und werde viel Hilfe brauchen. Sie könnten es als Ihre wichtigste Aufgabe ansehen, mich davon abzuhalten, daß ich mich irgendwie blamiere.«

Margot lachte. »Ich bin sehr froh, daß Sie das so sehen. Ich glaube, wir werden gut miteinander auskommen.«

»Das glaube ich auch«, gab er zurück. Und, dachte er, du wirst nicht nur verhindern, daß ich mir Schwierigkeiten einbrocke, du wirst mir auch in Kürze sagen, wo die Leichen in diesem Studio vergraben sind – und wer sie verscharrt hat. »Machen wir uns an die Arbeit.«

Sie stand auf. »Sehr gut. Wie wär's, wenn wir damit anfangen würden?« Sie ging zu einem Tisch an der Wand und deutete auf einen Stapel Päckchen.

»Was ist da drin?«

»Drehbücher.«

»Woher?«

»Von überall. Die Fachpresse hat am Freitag über Ihren Abschluß mit ›Centurion‹ berichtet. Sie werden morgen noch mehr Drehbücher bekommen; am besten kümmern wir uns gleich darum. Auf diese Weise erwerben Sie sich den Ruf, einer zu sein, der keine Zeit vergeudet.«

»Woher soll ich denn die Zeit nehmen, sie zu lesen?«

»Die werden Sie nicht haben; ich werde sie vorsortieren.« Sie fing an, sich die Absender der Päckchen anzusehen. »Das hier ist seit Jahren im Umlauf«, meinte sie und warf das Päckchen beiseite. »Dieser Drehbuchschreiber ist ein Trinker und nicht verläßlich; das hier kommt von einem Agenten, der niemand vertritt, der das Lesen lohnt; das hier ist von einem New Yorker Bühnenschriftsteller, von dem seit Mitte der achtziger Jahre nichts mehr produziert worden ist – aber vielleicht lohnt sich das Lesen; ich werde es für Sie überfliegen.«

»Und was kommt dann?« fragte er.

»Ich werde Ihnen Briefbögen und Geschäftskarten bestellen und die Fachjournale für Sie abonnieren, Restaurantbestellungen können Sie mir überlassen, ich erledige Ihre Spesenabrechnungen, und wenn Sie ein Haus, einen Haarschnitt oder eine Nutte brauchen, sagen Sie mir Bescheid, dann besorge ich das. Und dann erzähle ich Ihnen das, was ich über die Leute weiß, mit denen Sie arbeiten werden.«

Das, dachte er, ist mir das Wichtigste. »Sie können gleich etwas für mich erledigen«, sagte er.

»Gern.«

»Ich möchte, daß Sie sämtliche Antiquariate anrufen, die Sie in den Gelben Seiten finden, und dort jedes Exemplar eines Romans mit dem Titel ›Kalifornische Romanze‹ aufkaufen, das vorrätig ist. Bitte lassen Sie die Bücher von einem Boten abholen; ich möchte sie um vier Uhr haben.«

Sie lächelte. »Sie überlassen wohl nichts dem Zufall, wie?«

Michael lächelte zurück. »Nein, niemals.«

17

Michael und Vanessa hatten keine Mühe, das Haus von Leo und Amanda Goldman in Bel-Air, ein Stück oberhalb des Hotels »Bel-Air«, zu finden. Michael steuerte seinen Porsche um Punkt sechs in die Einfahrt. Etwas so Schönes hatte er noch nie gesehen.

Es war kein eindrucksvolles Bauwerk, sondern nur eine behaglich wirkende Fassade, die ahnen ließ, daß sich dahinter ein großzügiges Haus verbarg. Michael hatte sich noch nicht an den üppigen Pflanzenwuchs gewöhnt, den gute Bewässerung in einer Wüste sicherstellen konnte.

Goldman kam selbst an die Tür. Er trug ein kariertes Sportsakko und ein Hemd mit offenem Kragen. »Kommen Sie rein, kommen Sie rein«, sagte er und begrüßte Vanessa mit einem strahlenden Lächeln.

»Leo«, erwiderte Michael, »das ist Vanessa Parks.«

Goldman ergriff ihre Hand. »Willkommen in Los Angeles und willkommen in unserem Haus.«

Jetzt tauchte Amanda Goldman auf. Sie trug ein exotisch gemustertes Seidenkleid und eine umwerfende Frisur. »Michael«, sagte sie und küßte ihn auf die Wange, »wie schön, Sie wiederzusehen.« Sie wandte sich seiner Begleiterin zu. »Und Sie müssen Vanessa sein.«

»Hallo«, sagte Vanessa scheu.

»Sie kommen mit mir«, schlug Amanda vor. »Ich weiß, daß Michael und Leo noch einiges miteinander zu besprechen haben. Wir gehen in den Garten.«

Die beiden Frauen entfernten sich, und Goldman führte Michael in ein mit Büchern und Bildern gefülltes kleines Arbeitszimmer.

»Ich mache Ihnen einen Drink«, erbot sich Goldman.

»Bloß etwas Mineralwasser. Zum Abendessen trinke ich dann Wein.«

Goldman ging zu einem Tablett, auf dem ein paar Flaschen standen, und schenkte Michael einen Perrier und sich selbst einen großen Scotch ein. Sie nahmen auf bequemen Sesseln vor dem Kamin Platz und hoben beide die Gläser.

»Nun, wie sieht's aus?« wollte Goldman wissen. »Fangen Sie an, sich einzugewöhnen?«

»Ja, es läuft sogar sehr gut, vielen Dank. Wir fühlen uns in der neuen Wohnung sehr wohl, und ich muß George Hathaway wirklich bewundern, daß er es in kaum mehr als einem einzigen Tag geschafft hat, mein Büro fertigzubekommen.«

»Ich habe schon gehört, daß Sie die Randolph-Kulisse genommen haben«, meinte Goldman mit einem Lächeln. »Das ganze Studio redet schon davon. Wundern Sie sich nicht, wenn Leute bei Ihnen auftauchen, bloß um diesen Raum zu sehen.«

»Hoffentlich habe ich es nicht übertrieben«, meinte Michael.

»Darüber würde ich mir keine grauen Haare wachsen lassen. Ein wenig Extravaganz ist in dieser Branche gut fürs Geschäft. Was halten Sie von Margot?«

»Sie hat mich sehr beeindruckt; vielen Dank, daß Sie sie mir geschickt haben.«

»Ein cleveres Mädchen«, nickte Goldman, wie um sich selbst zu bestätigen. »Wir hatten vor ein paar Jahren eine heiße Affäre miteinander. Sie ist ein wenig älter als ich, aber das hat nie etwas ausgemacht.« Er hob warnend den Zeigefinger. »Daß Sie mir ihren Namen in Amandas Gegenwart nie erwähnen.«

Michael nickte.

»Wenn Sie sie gut behandeln, wird sie Ihnen eine noch größere Stütze sein, als Sie sich vorstellen können.«

»Das werde ich mir gut merken; ist ja auch nicht schwer, nett zu ihr zu sein.«

»Ich habe gehört, Sie wollen in den Antiquariaten ein bestimmtes Buch kaufen?«

»Davon haben Sie gehört?« staunte Michael.

»Aber natürlich. Meiner Vorzimmerperle entgeht nicht so leicht etwas.« Goldman hob beschwörend die Hand. »Von Margot bekomme ich nichts über Sie, das schwör' ich Ihnen.«

»Das Buch ist das nächste Projekt, das ich mir vornehmen möchte«, erklärte Michael.

»Wie heißt es denn? Helen hat den Titel nicht mitbekommen.«

»›Kalifornische Romanze‹. Eine Frau namens Mildred Parsons hat es in den zwanziger Jahren geschrieben; es ist ihr einziges Werk geblieben.«

»Ich habe es in Stanford gelesen«, meinte Goldman. Er stand auf, suchte ein paar Augenblicke in einem der Bücherschränke und zog dann ein dünnes, ledergebundenes Buch heraus, das er Michael reichte.

»Sie haben es binden lassen?«

»Ja, weil es mir so gut gefallen hat«, nickte Goldman. »Wie sind Sie bloß darauf gestoßen?«

»Eine Bekannte in New York hat es mir gegeben. Ich war ganz begeistert.«

»Sie glauben, man könnte Geld damit machen, wenn man es verfilmt?«

»Ja. Wenn man die richtigen Leute einsetzt und auf Qualität achtet.«

Goldman richtete sich in seinem Sessel auf. »Jetzt weiß ich, weshalb Sie Mark Adair und Bob Hart heute sehen wollen. Die wären beide genau richtig«, meinte er schließlich, »aber Hart wird das nie machen.«

»Warum nicht? Er ist doch zur Zeit gar nicht so gefragt, oder?«

»Nein. Er hat sich hintereinander zwei teure Flops geleistet – ich meine, Flops mit den besten Leuten –, und dann hat er sich der Flasche zugewandt.«

»Sieht es denn jetzt so aus, als ob er nüchtern bleiben werde?«

»Das habe ich jedenfalls gehört.«

»Na schön, wo liegt dann das Problem?«

»Seine Frau. Susan wird nie zulassen, daß er das macht.«

»Hört er denn in diesen Dingen auf sie?«

»Er ist völlig abhängig von ihr. Sie ist diejenige, die Sie rumkriegen müßten, aber sie wird nie ja sagen. Bob ist vierundfünfzig oder fünfundfünfzig, aber Susan sieht ihn noch so, wie er vor zehn Jahren war, als er große Thriller machte.«

»Er war damals im ›Actors Studio‹, nicht wahr?«

»Richtig. Und damals war er hervorragend. Susan hat sein Geld gut verwaltet, und er ist ein reicher Mann. Er braucht also keine Filme zu machen.«

»Er ist schließlich Schauspieler, oder nicht? Wie viele Schauspieler kennen Sie, die eine wirklich gute Rolle wie die hier ablehnen würden?«

»Nicht viele. Sie dürfen nie die Eitelkeit eines Schauspielers unterschätzen. Wenn Susan ihm sagt, daß der Film seinem Image nicht gut tut, dann wird er die Rolle nicht übernehmen.«

»Ich hätte ihn wirklich gern für die Rolle.«

»Haben Sie Exemplare des Buchs mitgebracht?«

»Ja, sie liegen im Wagen.«

»Wir werden nach dem Abendessen ›Schwarzes Abendrot‹ vorführen. Mein Rat wäre, geben Sie Bob und Susan je ein Exemplar des Buchs, und dann sehen Sie zu, daß Sie Susan allein erwischen, und versuchen Sie, ihr die Sache schmackhaft zu machen. Aber sagen Sie um Himmels willen beim Essen nichts über das Buch, sonst hat sie sich bereits entschieden, ehe Sie mit ihr reden können.«

»In Ordnung, das werde ich tun.«

»Bei Adair sieht es ganz anders aus. Ich nehme an, Sie wissen, daß er im Wesen ein Romanschriftsteller ist; alles, was er bisher in punkto Drehbuch gemacht hat, ist ein kleiner Film.«

»Ja, so sehe ich das auch.«

»Sie müssen versuchen, ihn irgendwie herauszufordern; es reicht nicht, ihm bloß einen Auftrag anzubieten.«

»In Ordnung.«

»Wen wollen Sie für die weibliche Rolle? Sie brauchen da eine ganz heiße Nummer, damit man auf den Film aufmerksam wird.«

»Sie sind ihr vor ein paar Minuten begegnet.«

Goldmans Augenbrauen schossen in die Höhe. »Ihr Mädchen? Vanessa?«

Michael nickte. »Vanessa Parks.«

Goldman starrte in sein Glas. »Michael, haben Sie mir gestern nicht zugehört? Sie sieht klasse aus, das gebe ich ja zu, aber Sie denken jetzt nicht mit dem Kopf, sondern mit dem Schwanz.«

»Nein«, widersprach Michael, »das tue ich nicht. Sie wird in diesem Film erstaunlich gut sein, Leo. In mancher Hinsicht *ist* Vanessa das Mädchen in diesem Buch. Sie wird das ganz natürlich rüberbringen, und sie hat das Zeug zu einer guten Schauspielerin. Sie braucht ein wenig Selbstvertrauen, und das wird ihr dieser Film geben.«

Goldman schüttelte den Kopf. »Ich weiß nicht.«

»Leo«, sagte Michael und beugte sich vor, »ich habe mein Budget schon fertig. Ich kann den Film in Nordkalifornien für acht Millionen Dollar drehen, wenn mir die Gagen nicht davonlaufen. Wenn ich die weibliche Rolle mit einem etablierten Star besetze, treibt das alle anderen Gagen in die Höhe. Was ist Ihnen lieber: ein Fünfundzwanzig-Millionen-Dollar-Film mit einem Star in dieser Rolle oder ein Acht-Millionen-Dollar-Film mit einem Mädchen, das ein Star sein wird, sobald der Film auf der Leinwand erscheint?«

»Ihre Rechnung gefällt mir«, räumte Goldman ein. »Sie sind also wirklich überzeugt, daß Vanessa die richtige Besetzung ist?«

»Ja, das bin ich.«

»Na schön, ich bezahle Sie schließlich für Ihr Urteilsvermögen. Sorgen Sie also dafür, daß ich den Gegenwert für mein Geld bekomme.«

Michael stand auf. »Das verspreche ich Ihnen.«

»Übrigens«, erwiderte Goldman, »ich nehme an, Sie haben sich eine Option auf das Buch besorgt.«

Michael schüttelte den Kopf und lächelte. »Das Copyright läuft in drei Wochen aus.«

»Trotzdem.«

»Was?«

»Besorgen Sie sich gleich morgen eine Option auf das Buch. Sie sollten es billig von den Erben bekommen. Ich will nicht, daß in den Fachzeitschriften Artikel stehen, daß ›Centurion‹ auf den Ablauf gewartet und dann zugeschlagen hat.«

»Schön, ich besorge mir morgen eine Option.«

»Und wen haben Sie als Regisseur im Auge?«

»Einen, der es gut mit Frauen kann.«

»Wir wär's mit dem Burschen, der für Sie die Regie von ›Schwarzes Abendrot‹ geführt hat? Er hat seine Sache doch gut gemacht.«

»Dafür ist er nicht der Richtige; glauben Sie mir, ich kenne ihn. Ich werde ihn wieder einsetzen, aber nicht für diesen Film.« Michael wußte, daß sein erster Film ihm viel Publicity eintragen würde. Wenn Chuck Parish die Regie in seinem zweiten Film führte, würde die Branche sie als Partner betrachten, und dann würde er den Ruhm mit ihm teilen müssen. Er wollte jemand anderen.

»Sagen Sie mir, wen Sie wollen.«

Es klingelte an der Tür.

»Gehen wir jetzt zu den anderen«, schlug Goldman vor.

Sie standen auf und gingen zur Tür.

»Übrigens«, warnte Goldman, »Bob Hart ist kleiner, als Sie glauben, lassen Sie sich Ihre Überraschung nicht anmerken.«

18

Robert Hart war tatsächlich kleiner, als Michael geglaubt hatte. Obwohl er Cowboystiefel trug, reichte er Michael nur bis zum Kinn. Er hatte auch abgenommen und war grau geworden, und Michael sah ihn sofort als den Dr. Madden in »Kalifornische Romanze«.

Seine Frau Susan war sehr klein und hübsch und trug ihr bereits grau werdendes blondes Haar in einem strengen Knoten im Nacken. Michael erkannte an ihrem festen Händedruck und ihrem Blick die Kraft, an der es ihrem Mann fehlte.

Hart gab sich herzlich, aber reserviert; er war offenkundig gewöhnt, daß man ihm eine Achtung erwies, die er in charmanter, beinahe fürstlicher Art entgegennahm. Susan war gesprächig. Die beiden schienen sich gut zu ergänzen.

»Wie sehen Ihre nächsten Pläne aus?« fragte Goldman Hart, als sie es sich im Wohnzimmer bequem gemacht hatten und jeder sein Glas in der Hand hielt.

Susan Hart kam ihrem Mann mit der Antwort zuvor.

»Wir sind dabei, uns ein paar Angebote anzusehen«, erklärte sie. »Alle sind hinter Bob her.«

Es klingelte wieder an der Tür, und kurz darauf brachte Amanda Goldman Mark Adair ins Zimmer. Adair war vom Augenblick seines Eintreffens an aufgeschlossen und witzig, fand Michael. Er war um die Sechzig, weißhaarig und von einer Art knautschiger Eleganz – genau das richtige Image für einen Romanschriftsteller seines Rufes.

Als alle wieder Platz genommen hatten, stellte Goldman die obligatorische Frage: »Was steht bei Ihnen an, Mark? Was führt Sie an die Westküste?«

»Ich bin hauptsächlich damit beschäftigt, unmögliche Ideen abzulehnen«, erklärte Adair vergnügt. »Paramount hat mich unter dem Vorwand hergelockt, ich könne hier etwas Bedeutsames machen, aber es war Schrott. Es gibt ein halbes Dutzend Schmierer in Hollywood, die es besser machen als ich. Haben Sie eine Ahnung, was die auf die Idee bringt, mich für solches Zeug auch nur in Betracht zu ziehen?«

»Die wollen, daß Ihr Name ihrem Projekt Gewicht verleiht«, sagte Goldman glattzüngig.

»Ausgemachter Blödsinn, Leo, das wissen Sie ganz genau«, wehrte Adair ab, aber man konnte ihm trotzdem ansehen, daß ihm das Kompliment gut tat.

Ein Mann in einem weißen Jackett trat ein und verkündete, daß das Abendessen angerichtet sei.

Sie aßen in einem verglasten Raum mit gefliestem Boden und vielen Pflanzen. Da Adair allein gekommen war, war die übliche Sitzordnung, in der sich immer ein Mann und eine Dame abwechseln, nicht zustandegekommen, und Michael saß zwischen Amanda Goldman und Mark Adair.

»Ich war immer sehr von Ihren Arbeiten beeindruckt«, sagte Michael zu Adair, als sich dazu die Gelegenheit bot. »Ganz besonders hat mir ›Ewiges Eis‹ gefallen.« Das war das einzige Buch Adairs, das er gelesen hatte.

»Vielen Dank«, strahlte Adair, als ob er noch nie ein Kompliment erhalten hätte. »Leo hat mir erzählt, Sie hätten einen hervorragenden Film produziert, den wir nach dem Essen zu sehen bekommen.«

»Das habe ich selbst eben erfahren«, meinte Michael. »Wenn Sie ihn sehen, hoffe ich nur, daß Sie nicht glauben, daß sich meine Interessen auf dieses Genre beschränken.«

»Ich versuche auch immer, mich nicht festzulegen«, erwiderte Adair.

»Tatsächlich bin ich im Augenblick dabei, etwas vorzubereiten, und mir ist durch den Kopf gegangen, daß Sie vielleicht der einzige Schriftsteller sind, von dem ich glaube, daß er dem Stoff gerecht werden könnte.«

»Michael«, grinste Adair, »es mag ja sein, daß Sie hier draußen neu sind, aber das karierte Geschwätz von Hollywood haben Sie sich wirklich schnell angeeignet.«

Michael lachte. »Wenn Sie mehr über das Projekt wissen, denken Sie vielleicht auch, daß ich nur die Wahrheit gesagt habe.«

»Dann erzählen Sie«, forderte Adair ihn auf.

Michael sah sich um und vergewisserte sich, daß alle anderen in ihre eigenen Gespräche vertieft waren. »Erinnern Sie sich an einen Roman mit dem Titel ›Kalifornische Romanze‹?«

Adair nickte. »Ich hab' ihn als Teenager gelesen und auf der

High School sogar eine Arbeit darüber geschrieben. Aber selbst wenn Sie mich erschlagen, erinnere ich mich nur an eine Szene aus dem Buch, in der der ältere Arzt dem jungen Mädchen vorsingt.«

»Es war Mildred Parsons' einziger Roman; sie hat etwa ein Jahr darauf Selbstmord begangen, ehe das Buch eine Menge Leser fand.«

»So etwas ist mir auch in Erinnerung.«

»Ich glaube, sie hätte eine große Karriere gemacht«, fuhr Michael fort. »Ich finde es jammerschade, daß das Buch nicht bekannter ist.«

»Aber sagen Sie mir, warum Sie ausgerechnet mich für so besonders qualifiziert halten, aus diesem Buch ein Drehbuch zu machen.«

»Weil Sie ein Schriftsteller von der Art sind, wie Mildred Parsons es war; Ihre Empfindungen sind nicht die eines Hollywoodschmierers, wie Sie es vorhin formuliert haben, sondern die des echten Schriftstellers. Der Roman eignet sich hochgradig für den Film, aber ich möchte, daß er so erhalten bleibt, wie Mildred Parsons ihn geschrieben hat, sowohl in seinem Aufbau als auch in seiner Absicht. Der Dialog in dem Buch ist brillant – Sie mögen das als Teenager nicht so gesehen haben, aber wenn Sie das Buch heute wieder lesen, werden Sie sehen, was ich meine.« Jetzt holte Michael tief Luft. »Hören Sie, der Hauptgrund, weshalb ich möchte, daß Sie das Drehbuch schreiben, ist folgender: Schriftsteller haben natürlich genauso ein Ego wie alle anderen Menschen auch, aber ein typischer Hollywood-Drehbuchautor würde dieses Buch nehmen und es so umschreiben, wie es ihm paßt. Was ich will, ist, daß man Mildred Parsons' Buch so sieht, wie man es liest, und dazu ist ein sehr guter Schriftsteller erforderlich. Der Erfolg des Buches beruht einzig und allein auf dem Gefühl, das sie hineingelegt hat, und ich möchte, daß jemand sich in sie hineinversetzt und genau diese Gefühle auf die Leinwand bringt.«

Adair musterte ihn nachdenklich. »Gefühl ist das richtige Wort für dieses Buch«, sagte er. »Ich erinnere mich daran, daß es Gefühle vermittelte, ohne dabei sentimental zu sein.«

»Dann wissen Sie bereits, was ich will«, erklärte Michael. »Jetzt brauchen Sie das Buch nur noch einmal zu lesen.«

»Das will ich gern tun.«

»Sie bekommen noch heute abend ein Exemplar«, versprach Michael.

Als die Vorführung beendet war und Michael von allen Anwesenden Lobpreisungen entgegengenommen hatte, beugte Goldman sich zu ihm hinüber und sagte: »Ich nehme mir jetzt Bob Hart vor; Sie schnappen sich Susan.«

Michael fand sie im Flur, als sie aus der Toilette zurückkam. »Susan«, sagte er und nahm ihren Arm, »Leo ist gerade dabei, Bob eine Rolle anzubieten. Ich würde, wenn Sie erlauben, gern kurz mit Ihnen darüber sprechen.«

»Gut«, nickte sie.

Er steuerte sie durch eine Glastür in den Garten hinaus, wo er eine Bank fand, wo sie sich hinsetzen konnten. Der Duft tropischer Blüten hing schwer in der Luft. Michael sah ihr in die Augen. »Ich wollte mit Ihnen sprechen, weil ich glaube, Ihnen gegenüber Dinge aussprechen zu können, die ich zu Bob nicht sagen kann.«

»Das passiert mir die ganze Zeit«, erklärte sie. »Schießen Sie los.«

Er reichte ihr ein Exemplar des Buches. »Leo gibt Bob auch ein Exemplar; ich wollte, daß Sie beide eines bekommen. Bob hat eine wunderbare Karriere gemacht; er hat hier und dort ausgezeichnete Arbeit geleistet, aber ich glaube, daß die Art von Rollen, die ihm in der Vergangenheit zugänglich waren, nur einen kleinen Teil dessen gezeigt haben, wozu er fähig ist.«

Sie blickte nachdenklich drein. »Ich glaube, dem kann ich zustimmen«, nickte sie.

»In diesem Buch gibt es eine Rolle, die ihm die Gelegenheit geben wird, eine ganz neue Dimension seines Talentes zum Vorschein zu bringen.« Er atmete tief ein. »Diese Rolle wird Mut erfordern. Bob wird in einer Art und Weise aus sich herausgehen müssen, wie das bisher nie von ihm verlangt wurde. In dieser Geschichte gibt es keine Schurken, die zu besiegen sind, keine Rauschgiftrazzien und keine Räuberduelle auf der staubigen Straße einer Westernstadt; die ganze Handlung spielt sich in einem Sommerhaus mit Blick auf den Pazifik ab. Aber dieses Buch ist so voller Ausdruckskraft und echter Gefühle, und die Rolle, die ich Bob zugedacht habe – Dr. Madden –, ist die beste Rolle im ganzen Buch. Er wird mit einer neuen Schauspielerin zusammenarbeiten – einem sehr talentierten Mädchen, aber hier und da wird er sie tragen müssen. Er wird die Sprache einer kultivierten Gruppe von Menschen in den zwanziger Jahren sprechen müssen. Es ist eine höfliche Sprache, und der Dialog, den ich ihm zugedacht habe, ist sehr anspruchsvoll. Ich habe Mark Adair gebeten, das Drehbuch zu schreiben. – Ich wollte das mit Ihnen besprechen, weil es für Bob etwas Neues sein und er sich vielleicht nur mit Ihrer Hilfe dazu aufraffen wird. Die ›Kalifornische Romanze‹ wird es ihm ermöglichen, praktisch alles zu spielen, was er will; sie wird sein Talent aus den engen Grenzen der Genrefilme befreien und der ganzen Branche zeigen, was für Möglichkeiten so lang in diesem Mann brach gelegen haben.«

Sie musterte ihn überrascht. »Also, Michael, ich weiß nicht, ob mir das Buch gefallen wird oder nicht und ob Bob die Rolle haben will, aber eines kann ich Ihnen sagen: Etwas so Schönes habe ich noch von keinem Produzenten gehört.«

Michael lachte laut. »Ihnen steht eine große Überraschung bevor, Susan.«

»Es ist lange her, daß man mich überrascht hat, Michael.«

»Die Überraschung besteht darin, daß Sie, wenn Sie das Buch gelesen haben, wissen, daß alles, was ich gesagt habe, untertrieben ist.«

Michael und Vanessa gingen als letzte. Amanda Goldman küßte sie beide auf die Wange, und Goldman brachte sie zu ihrem Wagen.

»Nun, wie ist es gelaufen?« erkundigte er sich.

»Ich hatte die Gelegenheit, Mark und Susan mein Lied vorzusingen. Ich denke, sie werden das Buch lesen; jetzt können wir nur hoffen, daß es ihnen gefällt.«

»Wenn die beiden mitmachen«, versprach Goldman, »werde ich Sie nicht auf ein Budget von acht Millionen festnageln; ich gehe dann bis zwanzig Millionen. Ich möchte, daß das eine erstklassige Produktion wird, und Susan wird nicht zulassen, daß Bob schlampt.«

»Vielen Dank, Leo«, erwiderte Michael, »aber ich glaube nicht, daß das zusätzliche Budget notwendig sein wird. Ich glaube, daß Bob bis Ende der Woche zusagt, und ich gehe jede Wette ein, daß Mark Adair morgen noch vor dem Mittagessen anruft.«

»Was in aller Welt haben Sie zu Mark gesagt, das Sie so sicher macht?« fragte Goldman ungläubig. »Er ist ein harter Brocken, müssen Sie wissen. Viel härter als Bob Hart.«

»Nun, zuerst einmal«, gestand Michael, »habe ich ihm Ihr wunderschön in Leder gebundenes Exemplar des Buches gegeben.«

Goldman musterte Michael einen Augenblick mit beinahe starrem Blick und lachte dann brüllend. »Jetzt laust mich doch der Affe!«

»Bis morgen, Leo«, verabschiedete sich Michael. Er legte den Gang seines Porsche ein und fuhr den Stone Canyon hinunter.

»Sag«, drängte Vanessa und legte den Kopf auf Michaels Schulter, »werde ich jetzt ein Filmstar?«

»Alles im Kasten, Liebes«, meinte Michael. »Du brauchst dir überhaupt keine Sorgen zu machen.«

19

Als Michael sein Büro betrat, sah er seine Sekretärin mit dem Telefonhörer in der Hand an ihrem Schreibtisch stehen. Sie hielt die Hand über die Sprechmuschel. »Ich habe hier jemand am Telefon, der nur sagt, er heiße Tommy«, erklärte Margot in einem Anflug von Verzweiflung.

»Ist schon gut«, sagte Michael. »Sie können ihn immer durchstellen, wenn ich allein bin.« Er eilte in sein Büro und nahm den Hörer ab. »Tommy?«

»Na, wie sieht's in Hollywood aus, Kleiner? Wie geht's dem großen Produzenten?«

»Du hast ja keine Ahnung, wie gut«, lachte Michael. »Wann kommst du mich besuchen?«

»Was hältst du von Samstag?«

»Im Ernst?«

»Natürlich im Ernst! Wo soll ich denn wohnen?«

»Im ›Bel-Air‹, ich werd' mich darum kümmern. Wie lange wirst du hier sein?«

»Bloß bis Montag. Ich habe am Wochenende eine Kleinigkeit zu erledigen. Aber am Samstag essen wir zusammen zu Abend, ja?«

»Aber klar.«

»Besorgst du mir ein Mädchen?«

»Kein Problem.«

»Ich komme gegen vier an.«

»Wir treffen uns an der Bar im ›Bel-Air‹ um sieben.«

»Ich freu' mich«, sagte Tommy. »Bis dann.« Er legte auf.

Michael stand da, hielt den Hörer in der Hand und blickte zur Decke. Woher in aller Welt sollte er ein Mädchen bekommen? Er kannte niemand in Los Angeles.

»Das war sehr eigenartig.«

Michael sah Margot in der Tür stehen. »Was?«

»Sie haben wie ein New Yorker geredet. Ich habe Sie noch nie so reden hören.«

Michael lachte. »Das war ein alter Freund aus New York. Wir reden immer so miteinander. Er kommt am Samstag. Könnten Sie für ihn ein Mädchen besorgen?«

»Selbstverständlich. Etwas Bestimmtes?«

»Sie soll schön sein. Und es wäre kein Schaden, wenn sie aus der Branche wäre; das würde ihm gefallen. Und sehen Sie zu, daß es diskret geht; er ist verheiratet.«

»Sie können sich drauf verlassen. Noch etwas?«

»Ja. Besorgen Sie ihm eine Suite im ›Bel-Air‹ für Samstag und Sonntag – etwas Hübsches; die sollen mir die Rechnung schicken.«

»Möchten Sie vielleicht, daß ihm Blumen und eine Flasche Champagner aufs Zimmer gestellt werden?«

»Ja, bitte.«

»Es hat noch einen Anruf gegeben, von Mark Adair, vor zehn Minuten. Er ist im ›Beverly Hills‹; wollen Sie, daß ich Sie verbinde?«

»Ja, bitte.« Michael nahm an seinem Schreibtisch Platz und wartete auf das Gespräch. Adair war der Schlüssel zu allem. Das Telefon summte; er nahm den Hörer ab. »Mark?«

»Ja, Michael.«

»Guten Morgen. Haben Sie gut geschlafen?«

»Fast überhaupt nicht. Ich bin fast die ganze Nacht wach gewesen und habe Ihr gottverdammtes Buch gelesen und mir Notizen gemacht.«

Notizen gemacht; das klang gut. »Und, was denken Sie?«

»Ich denke, das gibt einen großartigen Film, *wenn* Sie Bob Hart dazu bewegen können, den Doktor zu spielen. Wenn Sie ihn kriegen, gehör' ich Ihnen.«

»Das klingt ja herrlich, Mark.« Er spürte, daß er im Augenblick in einer günstigen Position war. »Mark, ich muß Ihnen sagen, daß Leo mir für diesen Film ein sehr knappes Budget bewilligt hat.«

Auf der anderen Seite wurde es still. »Wie knapp?« fragte Adair dann.

»Ihr Agent soll mich anrufen.«

»Kommen Sie, Michael, was bieten Sie?«

»Mark, ich weiß, Sie sind mehr Geld gewöhnt, aber ich kann allerhöchstens hunderttausend bieten.«

»Du liebe Güte! Glauben Sie wirklich, daß ich Ihnen diesen Scheiß von wegen knappes Budget glaube?«

»Mark, ich bin ganz ehrlich. Dieser Film wird um unter acht Millionen gedreht, oder ›Centurion‹ finanziert nicht. So steht's nun mal, tut mir leid.«

»Ich will eine viertel Million. Gewöhnlich krieg' ich vierhunderttausend.«

»Mark, ich gehe auf hundertfünfzig, aber davon kommen fünfzig aus meinem eigenen Honorar als Produzent. Nur damit Sie sehen, wie wichtig es mir ist, daß Sie dieses Buch schreiben.«

»Na gut, einverstanden. Zwei Entwürfe und eine Endfassung und kein Wort mehr.«

»Gemacht. Wenn Sie das nicht mit zwei Entwürfen und einer Endfassung schaffen, kann es ein anderer erst recht nicht.«

»Sie sind der schlimmste Schmeichler, der mir je untergekommen ist. Ich habe einen ersten Entwurf in sechs Wochen fertig; schicken Sie mir fünfzig Riesen und einen Vertrag – sobald Bob Hart zugesagt hat.« Adair legte auf.

Michael vollführte einen kleinen Tanz, während Margot ihm von der Tür aus zusah. Er bemerkte sie und erstarrte; das war das zweite Mal, daß sie ihn an diesem Vormittag ertappt hatte.

»George Hathaway hat angerufen. Er möchte sich gern um drei mit Ihnen treffen.«

»Mit mir treffen? George?«

Sie setzte eine geheimnisvolle Miene auf. »Ich habe ihm gesagt, Sie hätten eine halbe Stunde Zeit.«

»Na, meinetwegen. Das bin ich ihm ja wohl schuldig dafür, daß er dieses Büro so schnell eingerichtet hat.«

»Susan Hart hat ebenfalls angerufen; an Ihrer Stelle würde ich sie nicht warten lassen.«

Michael blieb fast das Herz stehen. »Her mit ihr!« Er setzte sich und atmete ein paarmal tief durch; er wollte nicht zu interessiert klingen. Das Telefon summte. Er atmete noch einmal durch und hob ab. »Susan? Tut mir leid, daß Sie so lange warten mußten; ich habe mit Mark Adair telefoniert.«

»Wird er es machen?«

»Ganz sicher; er war die ganze Nacht wach, um das Buch zu lesen.«

»Bob und ich auch. War eine kluge Idee von Ihnen, jedem von uns ein Exemplar zu geben. Ich halte es für interessant. Bob macht einen Thriller für ›Fox‹; er könnte ›Kalifornische Romanze‹ für nächsten Herbst in Erwägung ziehen.«

»Susan, wir fangen am ersten April mit den Dreharbeiten an. Der Film spielt im Frühling.«

»Ausgeschlossen«, entgegnete sie. »Das ›Fox‹-Projekt ist eine Fünfzig-Millionen-Dollar-Produktion mit einem Spitzenstar in der weiblichen Hauptrolle. Sie brauchen Bob, Michael; verschieben Sie auf Oktober und lassen Sie den Film im Herbst spielen. Bob will zwei Millionen.«

Michael überlegte schnell. Goldman hatte gesagt, er würde das Budget notfalls erhöhen. »Susan, können Sie einen Augenblick warten? Auf meiner anderen Leitung kommt gerade Paul Newman.« Er drückte den Knopf, ehe sie etwas sagen konnte. Herrgott, dachte er und starrte gebannt auf das blitzende Lämpchen. Habe ich sie zu sehr unter Druck gesetzt? Er sah auf die Uhr; er würde sie wenigstens eine Minute auf der Warteleitung festhalten müssen, sonst würde sie wissen, daß er sie angelogen hatte. Nach einer Minute und fünfzehn Sekunden nahm er den Hörer wieder auf. »Susan, es tut mir schrecklich leid, aber ich mußte das Gespräch annehmen.«

»Wie können Sie es wagen, mich warten zu lassen!« fauchte sie.

»Es tut mir wirklich leid, ehrlich, aber Sie sollen wissen, daß ich Bobs Situation bezüglich des ›Fox‹-Projekts durchaus verstehe, und wenn er das machen will, werde ich wohl oder übel damit leben müssen. Es hätte ohnehin nicht funktioniert; ich habe nur acht Millionen in meinem Budget und hätte Bob nur eine halbe Million anbieten können.«

»Sie haben erwartet, daß Bob für eine halbe Million arbeiten würde?« fragte sie ungläubig.

»Liebste Susan, ›Centurion‹ läßt mich dieses Projekt nicht durchziehen, wenn ich es nicht für acht Millionen schaffe. Wir werden ohnehin nur einundvierzig Tage drehen, und Bob hätte nur an zweiundzwanzig arbeiten müssen.«

»Wie kann der Hauptdarsteller bei einundvierzig Drehtagen nur an zweiundzwanzig arbeiten? Das ist ja absurd.«

»Ich habe ein wenig am Drehplan jongliert, um Bob entgegenzukommen, aber ehrlich gesagt bin ich erleichtert, daß das jetzt nicht nötig sein wird. Ich möchte viel lieber in Folge drehen. Außerdem hat das Mädchen mehr Szenen, Bob aber die *besten* Szenen.«

»Wann wollen Sie mit den Dreharbeiten beginnen?«

»Am ersten April in Carmel, wenn wir uns die Drehorte sichern können.«

»Wie lange in Carmel?«

»Drei Wochen; der Rest sind Innenaufnahmen, die wir hier auf dem Gelände drehen können.«

»Du liebe Güte, ich bin seit Jahren nicht mehr in Carmel gewesen.«

»Dort ist's wirklich wunderschön, nicht wahr?« Michael war nie in Carmel gewesen, aber das Buch spielte dort. »Ich freue mich schon sehr darauf.«

»Wie steht es um die Unterbringung?« wollte Susan wissen.

»Die beste, die es gibt. Das schaffe ich mit meinem Budget.«

»Wir würden eine Suite haben wollen.«

»Sie meinen, Sie ziehen mein Angebot in Betracht, Susan?«

»Wenn ich Sie bloß nicht erwische, daß Sie mich wegen Mark Adair angelogen haben und er das Drehbuch gar nicht schreibt!«

»Aber Susan!«

»Und Bob wird auf einer Million bestehen.«

»Susan, in dem Budget ist für eine Million kein Platz. Mit einer halben Million hätte Bob die höchste Gage in der Besetzung. Ich nehme nur hunderttausend als Honorar.«

»Ich möchte bis morgen mittag eine Kopie des Budgets«, erklärte sie und legte auf.

»Margot!« schrie er.

Sie tauchte in der Tür auf. »Ja?«

»Drucken Sie eine Kopie des Budgets für ›Kalifornische Romanze‹ aus! Ich habe für den männlichen Hauptdarsteller eine dreiviertel Million und dreihunderttausend für das Drehbuch eingesetzt; ändern Sie diese Zahlen auf eine halbe Million und auf hundertfünfzigtausend und verteilen Sie die Differenz auf die anderen Bereiche. Schaffen Sie das in einer Stunde?«

»Sicher.«

»Geben Sie mir die Rechtsabteilung.« Als das Telefon summte, nahm Michael ab. »Ja, bitte?«

»Mervyn White, Leiter der Rechtsabteilung«, meldete sich eine leicht beleidigt klingende Stimme.

»Mervyn, hier Michael Vincent. Ich brauche sofort einen Vertrag für einen Film mit dem Titel ›Kalifornische Romanze‹.«

»So etwas ist nicht in der Planung«, wandte White ein.

Michael konnte hören, wie er in seinen Papieren wühlte. »Mir ist egal, ob er in der Planung ist«, erklärte er mit fester Stimme. »Schreiben Sie den Vertrag für Robert Hart auf eine halbe Million aus, tätig vom ersten April nächsten Jahres bis zum ersten Mai, Luxusunterkunft, Reise mit dem ›Centurion‹-Firmenjet, De-Luxe-Wohnwagen als Garderobe. Er kriegt einen Assistenten für zehntausend Eier.«

»Das muß ich mit Mr. Goldman besprechen«, erklärte White steif. »Ganz besonders die Sache mit dem Flugzeug.«

»Mervyn«, sagte Michael langsam, »wenn Leo sieht, daß er Bob Hart um eine halbe Million kriegt, wird er sich selbst an den Steuerknüppel setzen. Ich brauche den Vertrag in«, er sah auf die Uhr, »eineinhalb Stunden auf meinem Schreibtisch, und wenn er dann nicht hier ist, komme ich hinüber und zünde Ihren Schreibtisch an, haben Sie verstanden?«

»Schon gut, schon gut«, meinte White verdrießlich.

»Gut.« Michael legte den Hörer auf. Er hatte Mark Adair und Robert Hart für vierhunderttausend weniger als im Budget vorgesehen an Land gezogen. Er befand sich im siebten Himmel Hollywoods.

Dann meldete sich plötzlich ein nagender Zweifel. Da war doch noch etwas. O ja, er besaß die Filmrechte für das Buch noch nicht. »Margot«, rief er, »wenn der Kontrakt kommt, schicken Sie ihn mit dem Budget an Susan Hart. Und noch etwas: Bringen Sie in Erfahrung, wem das Copyright für ›Kalifornische Romanze‹ gehört.«

20

Michael saß in dem Büro des Rechtsanwalts und starrte den Mann an. Michaels Schätzung nach war er Mitte Siebzig und schon ziemlich abgewirtschaftet. Eine Flasche Single-Malt Scotch Whiskey stand neben einem geschliffenen Glas auf seinem Schreibtisch. Michael hatte die Einladung auf einen Drink bereits abgelehnt.

Was war mit diesem Burschen los? In Los Angeles spielte sich *alles* über das Telefon ab, und dieser Typ bestand auf einem persönlichen Gespräch!

»Und Sie sind ganz sicher, daß Sie nichts wollen?« fragte Daniel J. Moriarty.

»Ganz sicher«, erwiderte Michael. »So, können wir jetzt bitte zum Geschäft kommen, Mr. Moriarty?«

»Selbstverständlich, selbstverständlich«, erwiderte der Anwalt. »Was kann ich für Sie tun?«

»Sie erinnern sich an unser kurzes Telefongespräch vor einer Stunde?« fragte Michael. Er kochte.

»Ja, ja. Sie wollten sich mit mir wegen dieser Filmrechte treffen?«

»Ich wollte mich nicht treffen, Mr. Moriarty. Ich bin nur hier, weil Sie darauf bestanden haben. Ich bin daran interessiert, die Filmrechte an dem Roman ›Kalifornische Romanze‹ von Mildred Parsons zu erwerben. Nach meiner Information kontrollieren Sie die Rechte.«

»Ja, das ist richtig, Mr. Vincent, das ist richtig. Sehen Sie, Mildreds jüngerer Bruder Montague – Monty haben wir ihn alle genannt – war mein engster Freund. Monty und ich haben zusammen Rechtswissenschaft studiert. Wir waren sehr gut befreundet.«

»Und Montague Parsons kontrolliert die Rechte?«

»Monty ist leider letztes Jahr verstorben. Ich bin sein Nachlaßverwalter.«

»Gab es keine anderen überlebenden Verwandten?«

»Nein. Die Rechte an allen Werken Mildred Parsons' sind bei ihrem Tod auf Monty übergegangen; diese Rechte sind jetzt Teil seines Nachlasses. Die Einnahmen aus diesen Rechten kommen dem Carlyle Junior College zu, das ist ein Vermächtnis der Erblasserin. Und ich bin wie gesagt der Nachlaßverwalter.«

»Sind Sie als Nachlaßverwalter bevollmächtigt, für den Nachlaß zu handeln?«

»Ja, ich bin bevollmächtigt.«

»Sie brauchen also nicht die Genehmigung von jemand vom Carlyle Junior College?«

Moriarty schmunzelte. »Nein. Das College bekommt die Einkünfte, aber ich treffe alle Entscheidungen.«

»Sehr gut. Ich würde gern die Filmrechte an ›Kalifornische Romanze‹ erwerben. Ich kann Ihnen fünftausend Dollar für eine Option auf ein Jahr anbieten, zu erneuern um denselben Betrag für ein weiteres Jahr. Falls ich die Option ausübe, zahle ich weitere zwanzigtausend Dollar.«

»Vertreten Sie ein größeres Studio?«

»Ich bin unabhängiger Produzent«, erklärte Michael.

»Ah, unabhängig.« Moriarty nahm einen kleinen Schluck von seinem Scotch. »Diese Stadt wimmelt geradezu von Unabhängigen. Sagen Sie, Mr. Vincent, Sie *haben* doch fünftausend Dollar?«

Michael schaffte es, nicht aufzubrausen. »Mr. Moriarty, ich bin unabhängiger Produzent und arbeite im Auftrag von ›Centurion Pictures‹, und in dieser Eigenschaft steht das Studio ganz hinter mir. Wenn Sie wollen, kann ich veranlassen, daß Mr. Leo Goldman Sie anruft und meine Position bestätigt.«

Moriarty hob abwehrend die Hand. »Bitte, seien Sie nicht beleidigt, Mr. Vincent. Es ist nur so, daß diese Stadt voll von Leuten ist, die sich als unabhängige Produzenten bezeichnen. ›Centurion‹ ist ein angesehenes Studio, und ich akzeptiere, daß Sie ›Centurion‹ vertreten.«

»Vielen Dank. Nehmen Sie mein Angebot an?«

»Wie war das Angebot doch gleich?«

Michael kämpfte dagegen an, mit den Zähnen zu knirschen. Er wiederholte sein Angebot.

»Nein«, erklärte Moriarty, »ein solches Angebot kann ich nicht annehmen.«

»Was für einen Preis hatten Sie denn im Sinn?« erkundigte sich Michael.

»Oh, ich hatte eigentlich nichts Bestimmtes im Sinn«, meinte Moriarty und schenkte sich Scotch nach.

»Also schön, Mr. Moriarty, dann biete ich Ihnen zehntausend gegen fünfundzwanzig an, aber das ist wirklich das beste Angebot, das ich Ihnen machen kann.«

»Ist es das, Mr. Vincent – ist es das wirklich?«

Michael starrte den Mann an. Was trieb dieser Anwalt für ein Spiel? »Mr. Moriarty, Sie verschwenden meine Zeit. Was wollen Sie für die Rechte?«

Moriarty zuckte zusammen, als ob man ihn aus einem Traum gerissen hätte. »Hm, die Rechte, ja, ganz richtig, die Rechte.«

»Ja«, sagte Michael.

»Ja.«

Michael verspürte den Drang, den Mann zu erwürgen. »Mr. Moriarty, es muß Ihnen doch bewußt sein, daß das Copyright auf ›Kalifornische Romanze‹ in drei Wochen abläuft. Ich könnte also auch einfach warten und die Rechte dann umsonst bekommen. Wenn Sie also vorhaben, für Ihr College etwas Geld zu verdienen, sollten Sie jetzt Ihr Glas wegstellen und anfangen, zur Sache zu kommen.«

»Ha, ha!« rief Moriarty. »Sie sind also vom früheren Urheberrecht ausgegangen – Leben plus fünfzig Jahre heißt das, nicht wahr? Also, mein lieber junger Freund, das trifft hier nicht zu! Das Recht an Miss Parsons' Roman beruht auf dem neuen Urheberrecht, dem, das zum Zeitpunkt ihres Todes Gültigkeit hatte. Wenn Sie mich also mit dem Auslauf des Rechts unter Druck setzen wollen, müssen Sie noch zwanzig Jahre warten! Ha, ha!«

Das muß ein Alptraum sein, dachte Michael. Das ist ein böser Traum, und ich werde gleich daraus erwachen, und dann wird alles gut sein.

»Wollen Sie sonst noch was sagen, Mr. Vincent?«

»Offen gestanden bin ich sprachlos, Mr. Moriarty. Wollen Sie diese Rechte verkaufen?«

»Tatsächlich würde ich Ihnen diese Rechte mit dem größten Vergnügen verkaufen, aber ich kann nicht.«

»Was?«

»Als ich Monty Parsons' Nachlaßverwalter wurde, habe ich ihm versprochen, daß ich nie und unter keinen Umständen die Filmrechte an Mildreds kleinem Roman verkaufen werde. Sie müssen wissen, daß er den Film gehaßt hat; er hielt Filme für vulgär. Er hätte nie zugelassen, daß das einzige Werk seiner Schwester auf solche Weise entstellt würde.« Moriarty kippte das, was in seinem Glas noch verblieben war, mit einem einzigen Schluck hinunter und lachte dann leise. »Haben Sie gedacht, daß Sie der erste sind, Mr. Vincent? Im Lauf der Jahre sind ganze Heerscharen von ›unabhängigen Produzenten‹ hier gewesen und wollten dieses Buch verfilmen. Ich selbst war auch immer der Meinung, daß es einen hübschen kleinen Film abgeben würde, aber ich mußte zu allen nein sagen.«

Michael war wie vom Blitz gerührt. »Warum, wenn ich fragen darf, haben Sie mich dann zu diesem lächerlichen Gespräch hierherkommen lassen?«

Moriarty spreizte die Hände. »Wissen Sie, in diesem Büro ist es recht langweilig. Es vertreibt einem die Zeit, ein wenig mit einem Produzenten zu quatschen. Ich fürchte, Mr. Vincent, Sie werden warten müssen, bis ich das Zeitliche gesegnet habe. Dann können Sie ja zum Treuhandausschuß des Carlyle Junior College gehen und mit denen abschließen. Die haben Monty Parsons nichts versprochen.«

Michael stand auf. »Einen guten Tag noch, Mr. Moriarty.«

Moriarty hob sein leeres Glas. »Ihnen auch noch einen guten Tag, Mr. Vincent. Und vielen Dank für Ihren Besuch. Beehren Sie mich wieder einmal!«

21

Michael fuhr wütend zum Studio zurück, riß den Porsche mit quietschenden Reifen um Straßenecken, überholte andere Autos und hätte zweimal fast Fußgänger überfahren. Am Tor von »Centurion« waren zwei Wagen vor ihm, und er wartete, atmete ein paarmal tief durch und versuchte seine Wut in den Griff zu bekommen. Als er schließlich durchgelassen wurde, war er bereits wieder fähig, dem Wachmann zuzulächeln und sein freundliches Winken zu erwidern.

Er parkte auf seinem Platz und ging die paar Meter zu seinem Büro. Sein Verstand lief immer noch auf Hochtouren. Er besaß die Rechte an »Kalifornische Romanze« nicht. Wie konnte er also den Film machen? Er verfügte über einen Spitzenstar und einen Spitzendrehbuchautor, die beide bereit waren, ihre Arbeit aufzunehmen, aber er besaß die Rechte an dem Stoff nicht!

Er ging durch das Vorzimmer, und Margot hielt ihm eine Handvoll rosafarbener Zettel mit Telefonanrufen hin.

»Die PR-Abteilung möchte, daß Sie einer der Fachzeitschriften ein Interview geben, mit Fotos«, sagte sie und folgte ihm in sein Büro. »Wann wollen Sie es machen?«

»Irgendwann nächste Woche«, sagte er. »Vormittags.«

»Gut.« Sie zog die Nase hoch. »Michael, alles in Ordnung?«

»Ja«, nickte er und nahm hinter Randolphs mächtigem Schreibtisch Platz. »Ich habe bloß gerade an etwas gedacht.«

Das Telefon klingelte, und sie nahm den Hörer ab. »Büro Mr. Vincent. O ja, Leo, er ist hier.« Sie drückte einen Knopf. »Leo auf eins.«

»Sagen Sie ihm, ich rufe ihn zurück.«

»Das geht nicht. Ich habe ihm schon gesagt, daß Sie hier sind. Leo mag es nicht, wenn man ihn warten läßt; Sie müssen schon mit ihm sprechen.«

Michael nahm den Hörer ab und zwang sich zu einem Lächeln. »Leo, wie geht's?«

»Großartig, Junge! Ich hatte gerade Sue Hart am Telefon; sie hat mir alles erzählt. Gratuliere!«

»Vielen Dank, Leo.«

»Und Mark haben Sie auch gekriegt! Das ist eine klasse Leistung, Michael. Ich bin stolz auf Sie.«

»Es wird eine gute Produktion werden«, meinte Michael etwas lahm.

»Wie kommen Sie mit den Rechten voran?«

Michael schluckte. »Das ist noch in Arbeit; ich rechne nicht mit Problemen.«

»Gut, gut. Ich bin froh, daß alles so glatt läuft. Bis später, Junge.« Goldman legte auf.

Michael legte ebenfalls auf und stellte fest, daß ihm der Schweiß ausgebrochen war.

Margot steckte den Kopf herein. »George Hathaway ist hier; er ist richtig aufgekratzt.«

»Schon gut, schon gut«, sagte Michael und bemühte sich, das Rechteproblem aus seinen Gedanken zu verdrängen und sich ganz auf den Augenblick zu konzentrieren.

George Hathaway kam herein. Er trug eine dicke Rolle Papier unter dem Arm. »Michael«, strahlte er und legte die Rolle auf den Schreibtisch, »ich habe das Buch gelesen, und es hat mir prima gefallen! Ich war die ganze Nacht wach und habe Skizzen gemacht, weil ich an nichts anderes denken konnte.« Er rollte das Papier auseinander und zeigte ihm die Skizze eines Hauses.

Michael starrte die Skizze an. Es war, als ob George seine Gedanken gelesen und seine eigene Vorstellung von dem Haus der Hauptperson in »Kalifornische Romanze« verwirklicht hätte.

»Was meinen Sie?«

»Perfekt, George; genau das ist es. Wie haben Sie das nur gemacht?«

»Na ja, ich war ja schließlich einmal Art Director, mein Junge, und nicht bloß für die Requisiten zuständig.« Er blätterte in seinen Skizzen: Es war alles da – das Musikzimmer, ihr Schlafzimmer, das Arbeitszimmer des Doktors –, jede wichtige Szene des Buches war wiedergegeben.

»Jetzt bin ich platt«, sagte Michael. »Wie haben Sie das alles so schnell geschafft?«

»Ich war immer einer von der schnellen Truppe«, erklärte George. »Würden Sie mir glauben, daß ich diese Kulisse«, er machte eine weit ausholende Handbewegung, die das Arbeitszimmer von »The Great Randolph« umschloß, »in einer halben Stunde gezeichnet habe?«

Michael lehnte sich in seinem Sessel zurück. »George, wollen Sie diesen Film mit mir machen?« fragte er.

Georges Gesicht lief rosig an. »Ich wäre sehr geehrt, mein Junge«, strahlte er. Er fing zu blinzeln an, und plötzlich klang seine Stimme heiser. »Es ist schon lange her, daß jemand mir etwas Wichtiges angeboten hat.«

»Und wichtig ist es«, stimmte Michael zu, stand auf und schlug dem alten Mann auf die schwächliche Schulter. »Mark Adair wird das Drehbuch schreiben, und Robert Hart hat sich bereit erklärt, den Doktor zu spielen.«

»Das ist ja fabelhaft«, rief George. »Und wer macht die Kostüme?«

»Wen würden Sie vorschlagen?«

»Edith Head, aber die ist tot, wie die meisten, die ich kenne.«

»Denken Sie nach.«

»Es gibt jemand«, erinnerte sich George. »Sie wohnt in derselben Anlage wie ich und bemüht sich schon eine Weile um Arbeit. Jung, aber sehr talentiert, denke ich.«

»Sagen Sie ihr, sie soll ein paar Skizzen machen und sich von Margot einen Termin geben lassen. Wie heißt sie?«

»Jennifer Fox. Ich werd' es ihr sagen und selbst mit ihr an den Skizzen arbeiten.« George lächelte. »Wissen Sie, welche Szene mir in dem Buch am besten gefallen hat?«

»Welche?«

»Die, wo der Doktor vor der jungen Frau singt: ›Dein ist mein ganzes Herz.‹«

»Ja, die Szene ist wunderschön. Aber wir werden sie herausschneiden müssen. Ich bezweifle, ob Bob Hart das bringt.«

»Warum nicht? Er braucht nicht zu singen – das läßt sich doch synchronisieren. Oh, ich liebe Lehár.«

»Wen?«

»Lehár, Franz Lehár.«

Michael versuchte etwas mit dem Namen anzufangen. »Oper?« tippte er dann.

»Operette«, klärte George auf. »Er hat ›Dein ist mein ganzes Herz‹ geschrieben.«

»Aha«, machte Michael. Er hatte keine Ahnung.

»Haben Sie es noch nie gehört?«

»Das ist lange her«, log Michael.

»Haben Sie noch zehn Minuten Zeit?«

»Aber sicher, George.« Was zum Teufel hatte der alte Mann vor?

George lief ins Vorzimmer, nahm Margots Telefon und führte ein kurzes Gespräch. Fünf Minuten später tauchten zwei Arbeiter auf, die einen Flügel auf einem Kamerawagen vor sich herschoben und ihn in der Nähe einer Wand abstellten. Gleich darauf erschienen zwei ältere Männer. Einer der beiden hatte ein paar Notenblätter unter dem Arm.

»Bitte«, sagte George und dirigierte Michael mit einer Handbewegung zu einem Sofa, »setzen Sie sich.«

Michael setzte sich.

»Mr. Vincent«, verkündete George förmlich, »darf ich Ihnen Anton Gruber und Hermann Hecht vorstellen?«

»Freut mich«, sagte Michael. Dann klingelte es in ihm bei dem Namen Gruber. Der Mann hatte in den dreißiger und vierziger Jahren die Musik für Dutzende von Filmen geschrieben. Von Hecht hatte Michael noch nie gehört.

Anton Gruber setzte sich an den Flügel und spielte ein paar Takte, dann stellte Hecht sich in Konzertpose, die Hände vor der Brust gefaltet, und fing zu singen an.

Michael hatte die Musik noch nie gehört. Sie war altmodisch, gewiß, aber die Melodie war wunderschön. Der Mann sang in einem etwas brüchigen Bariton, aber mit so viel Gefühl, daß Michael ein Kloß in der Kehle saß, als der Mann geendet hatte und der Flügel verstummt war. Er stand auf und klatschte laut. »Meine Herren, das war wunderbar. Ich habe das noch nie schöner gehört!«

»Ich dachte, daß es Ihnen gefallen würde«, sagte George. »Jetzt spüren Sie selbst, weshalb es für die Story so wichtig ist, daß der Doktor sich am Ende der jungen Frau mit einem Lied erklärt, während er es vorher nicht fertiggebracht hat, über seine Gefühle zu reden.«

»Sie haben recht, George«, pflichtete Michael ihm bei. »Das könnte der Höhepunkt des Films sein, das könnte wunderbar werden, wenn sich Bob Hart nur überzeugen läßt.«

»Er ist doch Schauspieler, oder?« meinte George. »Jeder Schauspieler hat auch etwas vom Schmierenkomödianten an sich. Selbst wenn er nicht singen kann, wird er eine Szene wie die nie sausen lassen. Hermann könnte sie für ihn synchronisieren.«

»Es könnte klappen«, meinte Michael versonnen. Ja, verdammt, es würde auch klappen, dachte er; den Zuschauern würde es die Tränen in die Augen treiben, so wie es ihm beinahe ergangen wäre.

Aber verdammt, er besaß die Rechte an dem Roman nicht. Er konnte förmlich hören, wie Daniel J. Moriarty ihn auslachte.

22

Michael steuerte den Porsche langsam den Sunset Boulevard hinauf in Richtung des Hotels »Bel-Air«. Vanessa saß neben ihm und kontrollierte ihr Make-up in dem Spiegel auf der Rückseite der Sonnenblende. »Sag mir noch mal, wer der Mann ist, mit dem wir uns treffen«, bat sie.

»Er heißt Tommy Provensano«, antwortete Michael. »Wir kennen uns aus New York und sind miteinander aufgewachsen.«

»Oh, richtig, jetzt erinnere ich mich.«

»Wundere dich nicht, wenn er mich hier und da mit Vinnie anspricht. Das ist eine Art Spitzname.«

»Gut. Bringt er jemand mit?«

»Sie heißt Mimi; das ist alles, was ich über sie weiß. Kann sein, daß die beiden zum ersten Mal verabredet sind.«

»Wie alt ist dieser Tommy?«

»Zwei, drei Jahre älter als ich.«

»Wenn er langweilig ist, muß ich da auch nett zu ihm sein?«

»Vanessa, in Hollywood muß man zu *jedem* nett sein. Man weiß nie, mit wem man gerade redet.«

Tommy öffnete die Tür und umarmte Michael heftig. »Hallo, Freund und großer Hollywoodproduzent!«

Er hatte etwas abgenommen und trug einen teuren italienischen Anzug.

»Hallo, Tommy«, erwiderte Michael. »Ich möchte dir Vanessa Parks vorstellen.«

Tommy wurde auf einen Schlag zum Gentleman. »Freut mich, Vanessa«, sagte er. »Ich möchte euch beide mit Mimi bekannt machen.«

Ein zierliches dunkelhaariges Mädchen erhob sich vom Sofa und gab beiden die Hand. Sie war dezent gekleidet und sehr schön. Margot hatte ihre Sache gut gemacht, fand Michael.

Tommy ließ den Korken einer Flasche Champagner für sie knallen. Dom Pérignon, registrierte Michael und erinnerte sich, daß er sie bezahlt hatte. Tommy schenkte ein, und als die Gläser gefüllt waren, wandte er sich an die kleine Gruppe. »Dieser Bursche hier und ich«, sagte er, packte Michael an der Schulter und schüttelte ihn wie einen Sack, »wir haben uns als

Halbwüchsige zusammen auf der Straße herumgetrieben. Wir haben Obst von den Marktständen gestohlen, Betrunkene ausgenommen und all die schrecklichen Dinge getan, die eben Halbwüchsige auf der Straße tun, und jeden Abend sind wir zu unserer Mutter nach Hause gegangen.«

»Tommy«, meinte Michael verweisend, »du weißt ganz genau, daß wir nie auch nur einen einzigen Apfel gestohlen haben.« Er wandte sich den anderen zu. »Tommy sieht unsere Jugend durch eine romantisch verklärende Brille.«

»Hör' sich einer an, wie er redet!« fuhr Tommy fort und kniff Michael in die Wange. »Früher hat er wie ich geredet. »So, und wo werden wir jetzt essen?«

»Ich dachte, ›Spago‹ würde dir vielleicht Spaß machen«, meinte Michael trocken. »Die Pizza ist dort einmalig.«

»Ich hab' schon verstanden«, nickte Tommy. »Ich werd' mich in Zukunft benehmen.«

»Nein«, widersprach Michael, »du wirst die Pizzas dort wirklich mögen. Die sind ein wenig anders als das, was du gewöhnt bist.«

Sie hatten einen Tisch mit Blick auf den Sunset Boulevard und die großen Reklametafeln mit den neuesten Filmen.

Tommy war von dem Lokal ganz hingerissen. »Ich kann's immer noch nicht glauben, daß ich im selben Restaurant wie Burt Reynolds sitze«, flüsterte er Michael heiser zu.

»Tut mir leid, daß nicht mehr Stars hier sind«, erwiderte Michael. »Gewöhnlich sind sie das nämlich.« Für ihn war das freilich auch der erste Besuch in dem Restaurant.

Vanessa stand auf. »Ich geh' mal auf die Toilette«, verkündete sie. »Kommen Sie mit, Mimi?«

Die Frauen ließen Michael und Tommy allein.

Tommy war plötzlich ganz ernsthaft. »So, und jetzt erzähl mir, wie es wirklich läuft, Vinnie.«

»Tommy, es fällt mir wirklich schwer, dir mit wenigen Worten zu erklären, wie gut es läuft. ›Schwarzes Abendrot‹ wird im Lauf des Herbsts Premiere haben, und ich habe bereits Robert Hart dafür gewonnen, die Hauptrolle in meinem nächsten Film zu übernehmen.«

»Robert Hart, den Filmstar?« staunte Tommy.

»Filmstars sind Leute, die Hauptrollen in Filmen übernehmen, Tommy. Und ein großer Romanschriftsteller namens Mark Adair wird das Drehbuch schreiben.«

»Von dem habe ich gehört. Meine Frau hat eines seiner Bücher gelesen.«

»Wie geht es Maria?«

»Gut. Ich kann dir sagen, es macht ihr Spaß, die Frau eines Capo zu sein. Ihre Freundinnen begegnen ihr jetzt mit viel mehr Respekt.«

»Und wie gefällt es dir, Capo zu sein?«

»Das ist das erste Mal, daß ich richtige Macht auskosten kann«, erklärte Tommy. »Es ist wie bei gutem Wein: Man kann nie genug kriegen.« Er sah sich in dem Lokal um. »Mir gefällt der Laden. Ob es hier Wanzen gibt?«

Michael lachte. »Ganz sicher nicht. Du brauchst dir keine Sorgen zu machen.«

»Hör zu, heutzutage muß man immer damit rechnen, daß man abgehört wird – von Wanzen und von den Typen, die verdrahtet rumlaufen. Das FBI ist anscheinend überall.« Er beugte sich über den Tisch. »Nur zu dir gesagt: Es sieht so aus, als ob der Don in den Knast wandern würde.«

Michael wurde einen Augenblick wieder zu Vinnie. »Ehrlich?«

»Er wird mächtig brummen. So wie die Dinge laufen, dürfte er Weihnachten bereits hinter Gittern sein. Frankie Bigboy redet sich im Zeugenstand die Zunge fusselig; die geben ihm Zeugenschutz, und keiner kommt an ihn ran.«

»Ich hätte nie gedacht, daß Frankie der Typ wäre, der singt, besonders nicht gegen den Don. Er ist ein toter Mann.«

»Das bezweifle ich. Eine Minute nachdem die Geschworenen ›schuldig‹ gesagt haben, wird er in Peoria oder sonstwo Manager einer Kegelbahn. Wir kriegen den nie mehr zu sehen.«

Michael musterte Tommy scharf. »Dir scheint ja nicht gerade das Herz zu bluten, daß die den Don hinter Gitter stecken.«

Tommy lächelte verschlagen.

»Wird es Ärger mit der Nachfolge geben?«

Tommy sah sich im Restaurant um. »Ich bin hierhergeflogen, um dabei nicht unter die Räder zu kommen. Ich habe gehört, daß man an diesem Wochenende einen umlegen will. Da möchte ich nicht in der Nähe sein.«

»Bin ich ein Alibi für dich?« fragte Michael.

»Keine Sorge, so weit wird es nicht kommen. Ein paar Stewardessen haben mich im Flugzeug gesehen, und dann ist da immer noch das Hotel.«

»Wenn du mich brauchst, dann mußt du es nur sagen«, erbot sich Michael, erleichtert darüber, daß er nicht in die Sache hineingezogen würde. »Übrigens, Tommy, vielen Dank für das Auto und deine Unterstützung bei dem Banker. Du glaubst ja nicht, wie gut diese Bank ist. Meine Knete arbeitet bereits auf der Straße.«

Tommy legte seine Hand auf die Michaels. »Du brauchst es bloß zu sagen, wenn du etwas haben willst, Kleiner. Jederzeit. Ich hab' hier recht gute Verbindungen.«

»Die hast du allerdings. Übrigens«, Michael holte tief Luft, »ich habe da ein kleines juristisches Problem, bei dem du mir behilflich sein könntest.«

»Raus mit der Sprache!«

»Ich habe da ein paar Schwierigkeiten, die Rechte für

das Buch zu bekommen, aus dem ich einen Film machen möchte.«

»Wer ärgert dich denn?«

Michael nahm eine Cocktailserviette, schrieb den Namen Daniel J. Moriarty und die Adresse seiner Kanzlei darauf und berichtete Tommy von seinem Gespräch mit dem Anwalt.

»Ich werde mich drum kümmern«, versprach Tommy und steckte die Serviette ein. Er blickte auf und sah die beiden Frauen zurückkommen. »Übrigens, 'ne klasse Braut, die du mir da besorgt hast. Meinst du, sie wird sauer sein, wenn ich sie bumsen will?«

»Sie gehört dir, und du kannst alles mit ihr machen, was du willst«, versicherte Michael.

Tommy schlug ihm auf die Schulter. »So gehört sich's, Kleiner. Du sorgst für mich, und ich sorge für dich.«

23

Das Klingeln des Telefons riß Michael aus dem Schlaf. Er sah auf die Uhr auf dem Nachttisch; erst kurz nach sechs Uhr an einem Montagmorgen. Er nahm den Hörer ab. »Hallo?« ächzte er. Irgendein Idiot, der sich verwählt hatte, da war er ganz sicher.

»Raus aus den Federn, Kleiner!« hörte er Tommys Stimme.

»Himmel noch mal, Tommy, weißt du, wie spät es ist? Du bist in deinem ganzen Leben noch nie so früh aufgestanden. Wo bist du?«

»In New York, wo sonst? Ich wollte dir bloß Bescheid sagen, daß ich dieses kleine Problem erledigen werde, von dem du mir erzählt hast.«

»Vielen Dank, Tommy, ich stehe wieder einmal in deiner Schuld.«

»Vergiß es. Sagt dir Ecke Sunset Boulevard und Camden Street was? Ich meine, weißt du, wo das ist?«

»Sicher, in Beverly Hills.«

»Stell deinen Wagen heute früh um Punkt acht Uhr dorthin, an die Südostecke; ein Typ wird dich abholen. Er ist so etwas wie ein Berater in solchen Angelegenheiten.«

»Wie heißt er?«

»Das brauchst du nicht zu wissen; er wird deinen Namen auch nicht kennen.«

»In Ordnung.«

»Hör zu, ich hab' im Hotel ziemliche Unordnung hinterlassen; tut mir leid.«

»Zerbrich dir darüber nicht den Kopf; die sind das gewöhnt.«

»Tatsächlich? Also ich muß schon sagen, du hast einfach Stil, Kleiner, und ich danke dir dafür, daß du mir den roten Teppich ausgerollt hast.«

»Und ich danke dir für deine Hilfe, Tommy. Laß mal von dir hören.«

»Ganz bestimmt. Ciao.« Tommy legte auf.

Michael wälzte sich aus dem Bett und vergrub das Gesicht in beiden Händen. Himmel, was hatten sie nur gestern abend getrunken? Er blickte zu Vanessa hinüber. Sie sägte einfach vor sich hin, wie sie das immer tat; es gab nichts, was dieses Mädchen wecken konnte, solange sie nicht wollte.

Er duschte und machte sich sein Frühstück. Ein Gefühl der Erleichterung hatte ihn erfaßt. Er wußte nicht, wie Tommy die Sache mit den Rechten hinbiegen würde, aber er vertraute ihm blind. Wenn Tommy sagte, daß die Sache geregelt war, dann war sie das auch.

Er zog sich an, nahm den Lift in die Garage hinunter und

fuhr zu der angegebenen Stelle, wo er zehn Minuten zu früh eintraf. Während er wartete, hörte er sich das Geplapper eines Diskjockeys an und trommelte mit den Fingern den Takt zur Musik.

Ein großer Cadillac hielt neben ihm, und die Scheibe auf seiner Seite summte herunter. Ein Mann Anfang Zwanzig, unrasiert und mit öligem Haar, sah ihn an.

»Haben Sie und ich 'nen gemeinsamen Freund?«

»Ja«, erwiderte Michael.

»Steigen Sie ein.«

Michael stieg in den Cadillac um. Auf dem Sunset Boulevard herrschte dichter Verkehr. »Wo fahren wir hin?«

Der Fahrer war auf die Camden Street gefahren und bog jetzt nach links ab. »Dieser Typ, dieser Moriarty«, sagte er.

»Hm?«

»Ich muß wissen, wie er aussieht, nicht?«

»Natürlich. Aber wo fahren wir hin?«

Der Fahrer hielt ihm eine aus einem Telefonbuch gerissene Seite hin; der Name des Rechtsanwalts war eingekreist. »Ihn ansehen.«

Der Cadillac bog in den Bedford Drive und hielt dann an.

»Was nun?« fragte Michael.

»Lassen Sie mich das machen, ja?« erwiderte der Fahrer sichtlich genervt.

»Schon gut.«

»Das da ist sein Haus«, sagte der Fahrer. »Wir warten.«

Michael schaltete das Radio ein und wählte einen Sender mit Musik. Sie saßen beinahe eine halbe Stunde da, dann blickte er auf und sah Daniel J. Moriarty mit einer Aktentasche in der Hand aus dem Haus kommen. »Das ist er«, erklärte er. »Sehen Sie genau hin.«

So wie Moriarty die Aktentasche schwang, konnte Michael erkennen, daß sie leer war, abgesehen vielleicht von einer Flasche Scotch. Warum machte sich der alte Knabe überhaupt die Mühe, ins Büro zu gehen?

Der Fahrer schaltete den Motor des Cadillacs ein und löste sich langsam vom Randstein, sah in den Rückspiegel. Im Augenblick war auf der Straße nichts los. Moriarty ging um einen ziemlich angejahrten Volvo-Kombi herum und suchte unterdessen in der Tasche nach dem Schlüssel. Als er den Schlüssel ins Schloß schob, gab der Fahrer des Cadillacs Vollgas.

»Was zum Teufel –!« schrie Michael und stemmte sich mit der Hand gegen das Armaturenbrett. »Was wollen –«

Der Cadillac scharrte an der Flanke des Volvo entlang, erfaßte Moriarty und schleuderte ihn durch die Luft. Michael hörte, wie er auf das Dach des Cadillacs stürzte, und sah die Tür des Volvo davonfliegen.

Der Cadillac kam quietschend zum Stehen, so daß Michael gegen das Armaturenbrett geschleudert wurde. »Sind Sie total bescheuert?« schrie er.

Der Fahrer sah sich über die Schulter um. »Scheiße!« stieß er zwischen zusammengebissenen Zähnen hervor. »Warten Sie hier.« Er stieg aus und ging auf Moriarty zu, der nicht nur noch am Leben war, sondern erstaunlicherweise auch versuchte, über die Straße zu kriechen.

Michael versuchte auf der Sitzbank nach links hinter das Steuer zu rutschen und wegzufahren; dann sah er, daß kein Schlüssel im Zündschloß steckte – ja daß es überhaupt kein Zündschloß gab. Er blickte über die Straße, wo gerade ein Mann in einem Mercedes aus einer Einfahrt gerollt kam. Er hielt an und blickte zuerst auf Moriarty, dann auf Michael. Michael sah nach rechts und entdeckte eine Frau in mittleren Jahren im Bademantel und mit Lockenwicklern im Haar, die eine Zeitung in der Hand hielt und ihn ansah. Er drehte sich um und blickte durch das Heckfenster.

Der Fahrer ging die hundert Meter, die zwischen dem Cadillac und Moriarty lagen, zielstrebig, aber nicht schnell. Er hielt ein Messer in der Hand. Jetzt hatte er die letzten Meter zu dem sich mühsam über die Straße quälenden Moriarty zurückgelegt, versetzte ihm einen Tritt, so daß er auf den Rücken rollte, trieb ihm das Messer in die Brust, drehte es einmal herum, ließ das Messer in der Leiche stecken und ging zu dem Cadillac zurück.

Michael warf wieder einen Blick auf den Mann in dem Mercedes und die Frau mit der Zeitung. Sie beobachteten beide den Fahrer, wie er zu dem Wagen zurückging, in dem immer noch Michael saß.

Der junge Mann stieg ein, griff unter das Armaturenbrett, hantierte dort an ein paar Drähten herum, worauf der Motor zum Leben erwachte. Er legte den Gang ein und fuhr los, bog an der nächsten Ecke nach rechts. »Man sollte meinen, daß für einen so alten Knaben ein Auto reicht, nicht wahr?«

Michael war vor Wut und Angst sprachlos. Er kauerte sich in seinen Sitz – warum hatte er das nicht schon vorher getan? Ein paar Minuten später stand er wieder allein neben seinem Wagen.

Er stieg ein, ließ den Motor an, fuhr bis zur Ecke, bog dann in den Sunset Boulevard ein und mischte sich in den Verkehr, voll panischer Angst vor allen, die ihn umgaben. In der Ferne konnte er Polizeisirenen hören.

Sie hatten ihn gesehen, diese zwei Leute. Der Mann in dem Mercedes war möglicherweise in der Branche tätig, jemand, mit dem er eines Tages geschäftlich zu tun haben konnte. Die Frau konnte mit jemand bei »Centurion« verheiratet sein; durchaus möglich! Sie hatten ihn mit neugierigen Blicken gemustert, sich seine Gesichtszüge gemerkt; da war er ganz sicher. Er setzte seine dunkle Brille auf und bog auf den Freeway. In ein paar Minuten würde er kehrtmachen und zum Studio zurückfahren; aber zuerst einmal mußte sein Herz wieder normal schlagen und sein Puls unter zweihundert kommen. Wenn er eine Weile fuhr, würde er das schaffen.

24

Aber als er eine Stunde später ins Studio kam, schlug sein Herz immer noch wie verrückt. Er knallte die Wagentür zu und ging in sein Büro.

»Guten Morgen«, sagte Margot und gab ihm ein paar Notizen über Anrufe.

Michael ging wortlos in sein Büro und ließ sich schwer in seinen Sessel fallen.

Margot kam ihm nach. »Es gibt ein Problem.«

»Wie?« Er hatte nicht zugehört.

»Im ›Bel-Air‹.«

»Wovon reden Sie?«

»Ihr Freund. Er hat das Mädchen verprügelt, das ich ihm besorgt habe.«

»Was?«

»Krankenhausreif. Ich habe jetzt Ärger mit ihrer Madame und Sie mit dem ›Bel-Air‹.«

»Tommy hat sie verprügelt?«

»Ihr Freund hat das Mädchen so schrecklich zugerichtet, daß sie wahrscheinlich nie wieder dieselbe sein wird. Ihre Madame ist auf hundertachtzig, das Hotel ist auf hundertachtzig – ich konnte sie überreden, nicht die Polizei zu rufen –, und Sie wird das recht teuer zu stehen kommen.«

»Wie meinen Sie das?«

»Das Mädchen will fünfundzwanzigtausend Dollar bis heute mittag, sonst geht sie zur Polizei, hat sie gesagt.«

»Sagen Sie ihr, daß das in Ordnung geht.«

»Die Madame wird wahrscheinlich einen Teil davon für sich behalten. Ich kann versuchen, sie ein wenig herunterzuhandeln.«

»Sagen Sie ihr, daß es in Ordnung geht. Ich zahle.« Er blätterte in seinem Adreßbuch, fand die Nummer und wählte.

Der Banker meldete sich.

Michael winkte Margot, sie solle hinausgehen. »Hier spricht Callabrese.«

»Ja, Mr. Callabrese, was kann ich für Sie tun?«

»Ich brauche fünfundzwanzigtausend in bar. Eine Frau wird sich bei Ihnen am Empfang melden; fragen Sie nicht nach einem Ausweis, geben Sie ihr einfach das Geld.«

»Wie Sie wünschen.«

Michael legte auf und ging zur Tür. »Margot, bitte fahren Sie zu dieser Adresse und holen Sie dort einen Umschlag ab; in dem Umschlag wird Geld sein. Geben Sie es der Madame und tun Sie alles, was nötig ist, daß sie den Mund hält.« Er reichte ihr einen Zettel.

Margot schnappte sich ihre Handtasche und eilte zur Tür.

Michael nahm den Hörer und rief zu Hause an.

»Ja?« meldete sich Vanessa schläfrig.

»Vanessa, wach auf und hör mir gut zu.«

»Wie?«

»Verdammt noch mal, du sollst aufwachen und zuhören!«

»Schon gut, Michael, ich hör' ja zu!«

»Ich sage dir jetzt, was wir beide, du und ich, heute morgen getan haben: Wir sind früh aufgewacht, haben uns geliebt und dann miteinander geduscht. Ich bin gegen halb zehn weggegangen – später als üblich – und ins Büro gefahren. Hast du das mitbekommen?«

»Wenn du es sagst.«

»Es ist wichtig, falls jemand fragen sollte.«

»Schon gut. Darf ich jetzt weiterschlafen?«

Michael knallte den Hörer auf die Gabel. Ob seine Fingerabdrücke in dem Wagen waren? Am Türgriff? Ja, und am Armaturenbrett, wo er sich abgestützt hatte. Herrgott, wenn die je diesen Wagen finden sollten ...

Das Telefon klingelte.

»Hallo?«

»Mr. Vincent? Sind Sie es selbst?«

»Ja, und wer sind Sie?«

»Ich heiße Larry Keating; ich habe Ihnen ein Drehbuch geschickt. Ich würde mich gern mit Ihnen treffen.«

»Rufen Sie heute nachmittag meine Sekretärin an.« Er legte auf.

Das Telefon klingelte wieder; diesmal ließ er es klingeln. Er saß da und ließ das Telefon klingeln, bis Margot zurückkam.

»Alles in Ordnung?« fragte er.

»Ja, alles in Ordnung. Die Madame kann das hinbiegen. Sie ist sehr verärgert, aber sie wird den Mund halten und auch dafür sorgen, daß das Mädchen den Mund hält.«

»Gut.«

»Ich hatte vorhin noch keine Gelegenheit, Ihnen das zu sagen, aber Ihre Verabredung mit der Fachzeitschrift ist morgen, ein Interview und Fotos.«

»Gut«, nickte er und setzte sich dann kerzengerade auf. »Nein!«

»Morgen geht nicht? Sie haben nichts im Kalender stehen.«

»Ich mache es telefonisch.«

»Michael, die können am Telefon keine Fotos machen.«

»Ich hab' keine Zeit, mich mit diesen Leuten abzugeben; sagen Sie dem Mann, wenn er reden will, soll er mich morgen vormittag anrufen.«

»In Ordnung.«

»Und keine Anrufe, bis ich es Ihnen sage. Ich muß nachdenken.«

»In Ordnung.«

Er versuchte nachzudenken, schaffte es aber nicht. Schließlich ließ er Margot kommen. »Stellen Sie fest, wer Vorsitzender des Treuhandausschusses des Carlyle Junior College ist, und dann machen Sie mir so bald wie möglich einen Termin mit dem Mann.« Das war gefährlich, aber er mußte es tun, wenn er nicht völlig verrückt werden wollte.

Der Vorsitzende hieß Wallace Merton und hatte sein Büro in einer Anwaltskanzlei im Geschäftsviertel von Los Angeles. Man ließ Michael ein paar Minuten warten, was seine Nervosität steigerte. Als man ihn schließlich in Mertons Büro führte, atmete er tief durch und versuchte sich zu entspannen.

»Guten Morgen, Mr. Vincent, was kann ich für Sie tun?« fragte Merton und winkte Michael zu einem Stuhl. Er war es sichtlich nicht gewöhnt, sich mit Fremden abgeben zu müssen.

Michael setzte sich und stellte seinen Aktenkoffer auf den Boden. »Guten Morgen, Mr. Merton. Ich werde Ihre Zeit nicht lange in Anspruch nehmen.«

»Gut.«

»Ich bin Produzent bei ›Centurion Pictures‹ und interessiere mich für die Filmrechte an einem Buch, das, wie ich erfahren habe, dem College vermacht worden ist.«

Merton sah ihn ausdruckslos an. »Ich habe nicht die leiseste Ahnung, wovon Sie sprechen.«

»Vom Nachlaß von Mildred Parsons und von Daniel J. Moriarty. Ich war letzte Woche bei ihm, aber er hat auf mich einen ziemlich vertrottelten Eindruck gemacht, und ich konnte mit dem, was er mir gesagt hat, nicht viel anfangen. Ich habe nur so viel begriffen, daß der Treuhandausschuß befugt ist, die Rechte zu verkaufen.«

»Nun, letzte Woche war das noch nicht der Fall – da hatte

nur Moriarty Vollmacht. Aber er ist heute früh vor seinem Haus überfahren worden. Fahrerflucht.«

»Oh, das tut mir leid.«

»Ich war heute praktisch nur mit Mr. Moriarty und seinen Problemen beschäftigt.«

»Wenn ich das gewußt hätte, hätte ich sicherlich eine Zeitlang gewartet, aber da ich jetzt schon einmal hier bin, erlauben Sie mir vielleicht trotzdem, daß ich Ihnen erkläre, worum es mir geht?«

»Nur zu.«

»Ich habe vor kurzem das Buch von Mildred Parsons gelesen und dachte, man könnte einen hübschen künstlerischen Film daraus machen, falls ich in unseren Drehplänen dafür Platz finde. Normalerweise schwirren immer ein paar Dutzend Projekte von der Art bei uns herum.«

Merton musterte Michael scharf. »Ich habe früher mit Filmleuten Geschäfte gemacht, und das klingt mir so, als würden Sie versuchen, billig an wertvollen Filmstoff zu kommen.«

Michael stand auf und legte dem Mann seine Karte auf den Schreibtisch. »Es tut mir leid, Ihre Zeit in Anspruch genommen zu haben, Mr. Merton; Sie sind heute offenbar sehr beschäftigt. Wenn Sie Interesse haben sollten, die Rechte zu verkaufen, rufen Sie mich bitte an.« Er wandte sich zum Gehen.

»Oh, setzen Sie sich doch, Mr. Vincent«, bat Merton. »Sagen Sie mir wenigstens, was Sie sich als Honorar gedacht haben.«

Michael setzte sich wieder. »Nun, ich hatte daran gedacht, Ihnen zehntausend für eine einjährige Option gegen einen Kaufpreis von fünfundzwanzigtausend Dollar anzubieten.«

»Bringen wir es doch gleich hinter uns, Mr. Vincent: fünfundzwanzigtausend gegen fünfzig. Ich habe eine treuhänderische Verpflichtung dem College gegenüber, einen anständigen Preis zu erzielen.«

»Zwanzig gegen vierzig. So weit kann ich gehen, ohne meine Vollmachten zu überschreiten.«

Merton stand auf und streckte ihm die Hand hin. »Einverstanden. Schicken Sie mir einen Vertrag und einen Scheck.«

Michael schüttelte die Hand des Anwalts. »Das mit Mr. Moriarty tut mir leid.«

»Alter Saufbold«, brummte Merton. »Er hatte eine Leber so groß wie eine Wassermelone. Mir hat er erzählt, sein Arzt habe ihm noch sechs Monate gegeben, und das liegt schon beinahe ein Jahr zurück; ich glaube nicht, daß er den nächsten Monat noch überlebt hätte.«

Als Michael in sein Büro zurückkam, warteten zwei Männer in seinem Vorzimmer.

»Mr. Vincent, die beiden Herren sind von der Polizei«, erklärte Margot. »Sie hätten Sie gern gesprochen.«

25

Michael setzte sich und sah die beiden Polizeibeamten an. Für ihn war das ein völlig neues Erlebnis. In der Vergangenheit hatte er es immer vermieden, mit Polizisten zu sprechen.

»Ich bin Sergeant Rivera«, sagte der größere der beiden. »Und das ist Detective Hall.«

»Was kann ich für Sie tun, meine Herren?« fragte Michael ruhiger, als es seinem augenblicklichen Gemütszustand entsprach.

»Kennen Sie einen Rechtsanwalt namens Daniel J. Moriarty?« wollte Rivera wissen.

»Ja, wenn man das als kennen bezeichnen kann.«

»Was wollen Sie damit sagen?«

»Ich will damit sagen, daß ich einmal mit dem Mann gesprochen habe, in seinem Büro, und da war er voll wie eine Haubitze. Er hatte eine Flasche Scotch auf dem Schreibtisch stehen, während wir miteinander sprachen.«

»Wann war das?«

»Ende letzter Woche – Donnerstag oder Freitag.«

»Ihr Name stand in seinem Terminkalender. Freitag früh.«

»Dann wird es so gewesen sein. Ich nehme an, bei Ihrem Besuch geht es um seinen Tod.«

Der Polizist musterte ihn ein paar Augenblicke, ehe er weitersprach. »Wieso wissen Sie von seinem Tod, Mr. Vincent? Er ist erst heute morgen gestorben.«

»Ich habe mit Mr. Moriarty über den Erwerb der Filmrechte an einem Roman gesprochen, der ›Kalifornische Romanze‹ heißt. Er verfügte über die Rechte, aber wie ich schon sagte, er war betrunken. Ich habe so viel von ihm verstanden, daß sämtliche Rechte an dem Werk an das Carlyle Junior College vererbt worden sind, und deshalb habe ich mich heute vormittag mit dem Vorsitzenden des Treuhandausschusses getroffen, einem Rechtsanwalt namens Wallace Merton. Von ihm habe ich erfahren, daß Mr. Moriarty überfahren worden ist und daß der Täter Fahrerflucht begangen hat.«

»Ich verstehe«, meinte der Polizist. Seine Stimme klang enttäuscht.

»So, meine Herren, und damit wissen Sie auch schon alles, was ich über Mr. Moriarty weiß.«

»Nur noch eines, Mr. Vincent«, sagte der Beamte. »Hat Mr. Moriarty sich geweigert, Ihnen diese Rechte zu verkaufen?«

»Das mag sein; angesichts seines Zustandes war es schwer herauszufinden, was er wirklich meinte. Jedenfalls gewann ich den Eindruck, daß ich, um weiterzukommen, mit Mr. Merton sprechen mußte.«

»Waren diese Rechte für Sie sehr wertvoll, Mr. Vincent?«

»›Sehr‹ würde ich nicht sagen. Das Buch ist in den zwanziger Jahren erschienen und ist heute kaum mehr bekannt. Ein Freund hat es mir irgendwann letztes Jahr zu lesen gegeben, und ich habe mir gedacht, daß man einen Film daraus machen könnte. Ich kam dann schließlich dazu, mich um die Rechte zu kümmern. Bis letzte Woche wußte ich nicht einmal, wer darüber verfügte. Nehmen Sie es mir nicht übel, aber ich finde es ein wenig weit hergeholt, mich jetzt nach einem Unfall mit Fahrerflucht zu verhören.«

»Es war ein wenig mehr«, erklärte der Polizist. »Mr. Moriarty ist in Wirklichkeit nicht durch den Zusammenstoß ums Leben gekommen. Der Fahrer ist ausgestiegen und hat ihn, um ganz sicherzugehen, erstochen.«

»Du lieber Gott!« sagte Michael. »Das ist ganz schön brutal.«

»Ja, allerdings.«

»Und Sie verhören jetzt jeden, der irgend etwas mit ihm zu tun hatte.«

»Richtig. Und es gibt erstaunlich wenige Leute, die mit ihm zu tun hatten.«

»Was für eine Ironie, daß man ihn ermordet hat«, sinnierte Michael. »Wallace Merton hat mir gesagt, daß Moriarty nicht mehr lange zu leben hatte – eine kranke Leber.«

»Das haben wir von seiner Teilzeitsekretärin auch gehört. Mr. Vincent, können Sie mir sagen, wo Sie heute morgen zwischen acht und neun Uhr waren?«

Michael zuckte mit keiner Wimper. »Natürlich. Ich bin heute morgen später als sonst aufgestanden. Ich habe das Haus erst um halb zehn verlassen und war vor zehn im Büro.«

»Gibt es jemand, der das bestätigen kann?«

»Ja, meine Sekretärin kann Ihnen sagen, wann ich heute im Büro eingetroffen bin, und die Frau, mit der ich zusammenlebe, kann Ihnen sagen, wann ich das Haus verlassen habe.«

»Und wie heißt die?« Der Polizist hatte sein Notizbuch parat.

»Vanessa Parks.« Michael nannte ihm die Telefonnummer.

»Was für einen Wagen fahren Sie, Mr. Vincent?«

»Einen Porsche Cabrio.«

»Farbe?«

»Schwarz.«

»Kennen Sie jemand, der einen roten Cadillac fährt?«

»Nein. In dieser Branche fahren anscheinend alle Leute ausländische Autos – Sie brauchen bloß draußen auf den Parkplatz zu sehen.«

Der Polizist lächelte. »Ja, das habe ich bemerkt.« Er blickte sich in dem Raum um. »Der Raum hier sieht genauso aus wie einer, den ich einmal in einem Film gesehen habe.«

»Gut beobachtet. Das war das Arbeitszimmer in einem Film aus den dreißiger Jahren. Er hieß ›The Great Randolph‹.«

»Genau! Ich hab' doch gleich gewußt, daß ich es schon einmal gesehen habe.«

»Sie interessieren sich also fürs Kino?«

»Und wie!«

»Möchten Sie unser Gelände kennenlernen?«

»Mit dem größten Vergnügen, Mr. Vincent, aber ein andermal. Heute nachmittag haben wir eine ganze Menge zu tun.«

»Sie können jederzeit meine Sekretärin anrufen, sie arrangiert das für Sie.«

»Und wann kann ich damit rechnen, ›Kalifornische Romanze‹ auf der Leinwand zu sehen?«

»Oh, schwer zu sagen. Ich habe die Rechte erst heute gekauft, und das Drehbuch muß erst noch geschrieben werden. Ich würde sagen, frühestens in einem Jahr.«

»Dann haben Sie die Rechte also doch bekommen?«

»Mr. Merton und ich haben uns sehr schnell geeinigt. Ich glaube nicht, daß er jemals ein Angebot über diese Rechte bekommen hat. Möchten Sie übrigens gern seine Nummer haben?«

»Danke, die haben wir schon.«

Michael stand auf. »Meine Herren, wenn sonst nichts mehr ist...«

Die beiden Polizisten standen auf und blieben an der Tür noch einmal stehen.

»In dem Cadillac waren zwei Männer«, sagte Rivera.

»Ja? Irgendwelche Hinweise?«

»Ja, ein oder zwei. Das war Profiarbeit, so viel wissen wir.«

»Klingt interessant. Ich will Ihnen was sagen, Sergeant. Wenn Sie jemand festgenommen haben, rufen Sie mich an, dann reden wir darüber. Vielleicht läßt sich ein Film daraus machen.«

»Das werde ich vielleicht tun, Mr. Vincent«, sagte Rivera.

»Aber warten Sie nicht, bis der Betreffende vor Gericht steht. Rufen Sie mich sofort an, wenn Sie ihn verhaftet haben, ehe die Zeitungen und das Fernsehen es überall herumposaunt haben.« Michael lächelte. »Ich hab' nämlich keine Lust, mich auf eine Versteigerung einzulassen.«

Der Polizist lachte und gab ihm die Hand. »Versteigerung klingt gar nicht schlecht.« Er gab Michael seine Karte. »Rufen Sie mich an, wenn Ihnen noch etwas einfällt, was Sie mir sagen wollen.«

Michael gab ihm seine Karte. »Ebenfalls. Verbrechen sind immer noch gutes Material für Filme.« Er winkte den beiden zu und ging in sein Büro zurück. Er wartete eine Weile, bis er sicher war, daß sie das Gebäude verlassen hatten, und rief dann Vanessa an.

»Hallo?«

Wenigstens war sie jetzt wach. »Tag, Liebes. Erinnerst du dich noch an unser Gespräch heute morgen?«

»Ja«, erwiderte sie ein wenig gereizt, »wir haben miteinander geschlafen und dann zusammen geduscht, und du bist erst um halb zehn weggegangen.«

»Ein Polizist wird dich anrufen und dich danach fragen.«

»Was ist denn los, Michael?«

»Letzte Woche habe ich versucht, einem Anwalt namens Moriarty die Filmrechte für ›Kalifornische Romanze‹ abzukaufen. Er wollte sie mir nicht verkaufen, also habe ich den Anwalt aufgesucht, der das College vertritt, dem die Rechte gehören, und der hat sie mir verkauft. Und dann wird Moriarty überfahren – allem Anschein nach ermordet –, und die Bullen statten mir einen Besuch ab, weil ich in Moriartys Terminkalender stand.«

»Und wo warst du heute morgen?«

Michael hielt den Atem an. »Bist du denn gar nicht aufgewacht, als ich aufgestanden bin?«

»Nein.«

Seine Spannung legte sich. »Na, zu Hause war ich. Ich hab' mir das Frühstück gemacht wie immer und dann noch ein Drehbuch durchgelesen, ehe ich ins Studio gefahren bin. Deshalb bin ich später weggekommen.«

»Und warum hast du das der Polizei nicht gesagt?«

»Weil du es dann ja nicht hättest bestätigen können, wenn du geschlafen hast.«

»Oh.«

»Bis später dann. Wir fahren zum Abendessen nach Malibu, einverstanden?«

Er konnte spüren, wie ihre Stimmung sich aufhellte. »Prima.«

»Ich habe den Bullen die Nummer gegeben; sie werden anrufen.«

»Schon gut, ich weiß, was ich sagen muß.«

Er legte auf. »Margot!« rief er. »Holen Sie mir Leo an die Leitung.«

Goldman nahm den Anruf entgegen. »Ja, was gibt's, Junge?«

»Ich wollte Ihnen bloß sagen, daß ich die Rechte für ›Kalifornische Romanze‹ jetzt unter Dach und Fach habe.«

»Wieviel?«

»Zwanzig Riesen gegen vierzig.«

»So mag ich's. Bis bald mal.« Goldman legte auf.

Michael legte ebenfalls auf. Er dachte daran, sich wieder einen Bart stehen zu lassen.

Auf dem Nachhauseweg machte Michael an einer Telefonzelle halt und rief eine Nummer an, die Tommy Pro ihm gegeben hatte. Eine Tonbandstimme meldete sich: »Bitte geben Sie eine Nummer an, wo man Sie jetzt erreichen kann.« Dann folgten ein paar Pieptöne.

Michael gab die Nummer der Telefonzelle ein, legte dann auf und wartete nervös. Zehn Minuten verstrichen, dann klingelte das Telefon. Er riß den Hörer beinahe von der Gabel. »Tommy?«

»Von wo rufst du an?«

»Eine Telefonzelle an der Pico.«

»Wie geht's, Kleiner? Gibt's was Neues?«

»Tommy, du hättest mich beinahe in eine Mordsache reingeritten. Was zum Teufel hast du dir da eigentlich gedacht?«

Tommy ging sofort in Verteidigungsstellung. »Hör zu, mir tut das wirklich leid, Kleiner. Der Typ ist mir in den höchsten Tönen empfohlen worden; wer hätte denn ahnen können, daß der den Cowboy spielt? Keine Sorge, er ist bereits weg vom Fenster.«

»Tommy, es gibt Leute, die mich mit ihm zusammen in dem Wagen *gesehen* haben. Die Bullen waren bereits in meinem Büro.«

»Das ist doch ganz normal; schließlich hattest du doch ein

Gespräch mit dem Typen, oder? Jetzt beruhige dich, und alles wird in Ordnung kommen.«

»Tommy, ich begreif' einfach nicht, wie du mich in eine solche Situation bringen konntest.«

Jetzt wurde Tommys Stimme ein wenig härter. »Dein Problem ist gelöst, stimmt's?«

»Ja, aber –«

»Ich muß jetzt weg.« Tommy legte auf.

Michael stand da und hielt den stummen Telefonhörer in der Hand.

26

Michael saß an einem Tisch in einem »McDonald's« am Santa Monica Boulevard und wartete auf Barry Wimmer. Als der kleine, bärtige Mann zur Tür hereinkam, erkannte er ihn nach dessen eigener Beschreibung sofort und winkte ihn an seinen Tisch. Wimmer machte kurz Station an der Theke und ließ sich dort einen Big Mac und Pommes frites geben.

Michael schüttelte dem Mann die Hand.

»Das erste Mal in meinem Leben, daß ich eine Besprechung in einem ›McDonald's‹ führe«, meinte Wimmer, während er sich setzte.

»›Morton's‹ schien mir nicht passend.«

Wimmer lachte wehmütig. »Nein, ich kann mir schon vorstellen, daß Sie sich mit mir nicht bei ›Morton's‹ sehen lassen wollen.«

»Oder an anderen Branchentreffs«, meinte Michael.

Einen Augenblick sah Wimmer richtig krank aus. »Vielen Dank, daß Sie mich daran erinnern«, meinte er bitter.

»Wann sind Sie denn rausgekommen?« wollte Michael wissen.

»Vor vier Monaten.«

»Und wovon leben Sie?«

»Ich habe für Freunde ein paar Budgets aufgestellt«, antwortete Wimmer und machte sich über den Big Mac her.

Michael griff in den Aktenkoffer, der neben ihm stand, und zog ein Budget für »Kalifornische Romanze« heraus. »Sagen Sie mir, was Sie davon halten«, sagte er und reichte Wimmer den dünnen Stapel Papiere über den Tisch.

Wimmer legte seinen Hamburger beiseite und fing zu blättern an, wobei er abwesend weiterkaute. Er ließ sich Zeit. »Sehr knapp«, erklärte er schließlich. »Ich habe noch selten ein so straffes Budget gesehen, aber es könnte klappen, wenn Sie außerhalb von Los Angeles drehen.«

»Ich will in Carmel drehen.«

Wimmer nickte. »Wenn Sie schon ein Budget haben, weshalb wollten Sie dann mit mir sprechen?«

»Ich habe einiges Gute über Sie gehört.«

»Aber nicht in letzter Zeit, kann ich mir vorstellen. Im Augenblick habe ich in dieser Stadt keinen guten Namen.«

»In allerletzter Zeit. Ich habe gehört, daß Sie möglicherweise im Laufe der letzten zehn Jahre verschiedenen Studios an die fünf Millionen Dollar abgeknöpft haben.«

»Man hat mich für zweihundert Riesen in den Knast geschickt«, erklärte Wimmer. »Mehr gebe ich nicht zu.«

»Was haben Sie mit dem vielen Geld gemacht?« wollte Michael wissen. »Ich bin neugierig.«

»Gut gelebt.«

»High gelebt, würde ich sagen, nach allem, was ich gehört habe.«

Wieder ein wehmütiges Lächeln. »So könnte man es formulieren.«

»Nehmen Sie das Zeug noch immer?«

»Na ja, gut getan hat mir der Knast nicht gerade, aber wenigstens bin ich das Kokain los. Die hatten dort ein ziemlich gutes Therapieprogramm.«

»Haben Sie von all dem Geld, das Sie auf die Seite gebracht haben, etwas gespart?«

»Glauben Sie, daß ich dann für zweihundert Riesen in den Knast gegangen wäre?« prustete Wimmer. »Dann hätte ich zurückgezahlt.«

»Was haben Sie für Pläne?«

»Ich hatte daran gedacht, eine Privatschule für Produktionsleitung aufzumachen.«

»Sind Sie daran interessiert, wieder in der Branche einzusteigen?«

»Womit denn? Requisiten verwalten?«

»Als Produktionsleiter.«

Wimmer hörte zu kauen auf und musterte Michael eine Weile. »Reden Sie keinen Scheiß, Mister.«

»Ich meine es ernst.«

»An diesem Projekt?« Wimmer tippte auf das Budget.

»An diesem Projekt.«

»Sie vertrauen darauf, daß ich nichts stehle?«

Michael wischte sich den Mund und warf seine Serviette auf den Tisch. »Barry, wenn Sie für mich arbeiten, wird Ihre Hauptaufgabe das Stehlen sein.«

Wimmer starrte Michael an, offensichtlich zu verblüfft, um etwas sagen zu können.

»Lassen Sie mich Ihnen eine Frage stellen«, fuhr Michael fort. »Wieso hat man Sie denn bei den Zweihunderttausend erwischt?«

Wimmer stocherte in seinen Pommes frites herum. »Ich hatte einen Produzenten, der genauso schlau wie ich war.«

»Ich bin schlauer als Sie, Barry«, erklärte Michael. »Und wenn Sie von meiner Produktion stehlen würden, würde ich Sie dabei erwischen.«

Wimmer nickte. »Jetzt verstehe ich«, sagte er. »Wir teilen uns das, was ich beiseite bringe?«

»Nicht ganz.«

»Was hatten Sie im Sinn?«

»Ich gebe Ihnen zwanzig Prozent von allem, was Sie aus dem Budget abstauben.«

»Und was passiert, wenn man uns erwischt?«

»Wer soll Sie denn erwischen, wenn nicht ich?«

»Hat ›Centurion‹ denn gar keine Kontrollen?«

»Natürlich, und zwar sehr gründliche. Aber nach allem, was ich gehört habe, sind Sie so etwas wie ein Genie, wenn es darum geht, die Studios reinzulegen.«

»Das könnte man sagen«, nickte Wimmer.

»Was steht ganz am Ende des Budgets für eine Zahl?« fragte Michael und deutete mit einer Kopfbewegung auf die Papiere.

»Acht Millionen und ein paar Zerquetschte.«

»Was wäre das in dieser Stadt für ein Budget?«

»Ein knappes, wie man es auch nimmt; aber wer ist Ihr Star?«

»Robert Hart.«

Wimmers Augen weiteten sich. »Und wer schreibt Ihr Drehbuch?«

»Mark Adair.«

»Regie?«

»Ein höchst intelligenter Junge von der UCLA-Filmakademie.«

»Dann sind acht Millionen ein unmögliches Budget, selbst mit einem jungen, unbekannten Regisseur.«

»Wären zehn Millionen eher angemessen?«

»Fünfzehn Millionen wären angemessen, wenn man die Kosten richtig ausquetscht und Hart statt einer Gage Prozente nimmt.«

»Angenommen, wir einigen uns auf neuneinhalb Millionen.

Wir drehen den Film für acht Millionen, und Sie setzen Ihre besonderen Fähigkeiten ein und plustern das auf neuneinhalb auf. Meinen Sie, Sie könnten das schaffen?«

»Um zwanzig Prozent? Mit der linken Hand.«

Michael lächelte. »Das dachte ich mir.«

»Was bezahlen Sie mir für den Film?«

»Sie werden billig arbeiten. Niemand wird darüber überrascht sein; in Ihrer augenblicklichen Lage würden Sie so ziemlich jede Stelle annehmen, oder nicht?«

»Doch, das würde ich.«

»Sie haben noch nie mit jemand an so etwas – äh – zusammengearbeitet, oder?«

»Nein.«

»Nun, dann sollten wir ein paar Dinge gleich zu Anfang klarstellen. Vor allem wird es nie irgendwelche Barzahlungen zwischen Ihnen und mir geben. Sie werden jede Woche zum hiesigen Büro von ›Federal Express‹ gehen und achtzig Prozent von dem, was Sie beiseite geschafft haben, an eine Adresse schicken, die Sie von mir bekommen. Und denken Sie immer daran, daß ich schlauer bin als Sie, Barry; das ist für unsere Zusammenarbeit sehr wichtig.«

»Ganz klar, Sie sind schlauer als ich. Damit kann ich leben.«

»Mein Anteil an dem Geld wird so verwaltet werden, daß man ihn nicht aufspüren kann; ich werde Ihnen dabei behilflich sein, daß das mit Ihrem Anteil genauso läuft. Es liegt nicht in meinem Interesse, daß man Sie erwischt.«

»Was passiert, wenn man mich erwischt? Ich meine, für den Fall, daß Sie die Kontrollen von ›Centurion‹ unterschätzt haben?«

»Ich versichere Ihnen, daß das nicht der Fall ist, aber ich will Ihnen trotzdem eine klare Antwort auf Ihre Frage geben: Wenn man Sie erwischt, gehen Sie hops. Ich werde selbst gegen Sie aussagen; Sie werden keine Möglichkeit haben, mich zu belasten, und wenn Sie es doch versuchen, dann sorge ich dafür, daß alles noch schlimmer für Sie wird.«

»Sie sind ein richtiger Schatz«, meinte Wimmer.

»Gibt es sonst jemand in der Stadt, der Sie engagieren würde?«

»Nein.«

»Dann haben Sie recht: Ich bin ein Schatz – solange alles glatt läuft. Wenn Sie Mist bauen, wandern Sie wieder in den Knast zurück; wenn Sie *mich* aufs Kreuz legen – und das sollten Sie sehr ernst nehmen, Barry –, sind Sie ein toter Mann. Das ist nicht bloß eine Floskel, das ist ein ernstgemeintes Versprechen.«

Wimmer starrte Michael an.

»Aber um die positive Seite hervorzuheben: Sie werden hübsch Geld machen, und die ganze Branche wird sehen, daß Sie sich rehabilitieren. Ich werde eine Menge Filme machen, und solange unsere Beziehung funktioniert, werden Sie einen Job haben.«

»Das klingt gut«, nickte Wimmer.

»Dann verstehen wir einander also? Ich möchte nicht, daß es irgendwelche Mißverständnisse gibt.«

»Wir verstehen einander vollkommen«, erklärte Wimmer mit fester Stimme.

»Gut.« Michael streckte seine Hand aus, und Wimmer griff danach. »Seien Sie morgen früh in meinem Büro auf dem ›Centurion‹-Gelände. Bis dahin habe ich einen Schreibtisch für Sie, und am Tor wird ein Passierschein für Sie bereitliegen.«

»Ja«, sagte Wimmer und lächelte.

27

Montag abend bei »Morton's«. Die Crème de la crème der Filmbranche saß in dem schummrig beleuchteten Restaurant an der Melrose Avenue, und jeder ließ jeden sehen, wie bedeutend und wichtig er war. Michael und Vanessa saßen mit Leo und Amanda Goldman an einem Tisch zwischen dem von Michael Ovitz, dem Leiter der Creative Artists Agency, und dem Peter Grubers, dem Chef von »Sony Pictures«. Michael war beiden Männern vorgestellt worden und hatte mit beiden Belanglosigkeiten ausgetauscht. Sich in ihrer Gegenwart als Gleichberechtigter fühlen zu dürfen, verschaffte ihm ein Gefühl der Befriedigung, wie er es nicht mehr empfunden hatte, seit er seine Übereinkunft mit »Centurion« geschlossen hatte.

Als die beiden Frauen sich nach dem Essen auf die Damentoilette zurückgezogen hatten, stützte Goldman beide Ellbogen auf den Tisch und beugte sich vor. »Ich habe da jemanden, den Sie für die Regie von ›Kalifornische Romanze‹ in Betracht ziehen sollten«, meinte er. »Er heißt Marty White.«

»Ich weiß Ihren Vorschlag zu schätzen, Leo«, entgegnete Michael, »aber ich denke, ich habe bereits einen Regisseur.«

Goldman hob die Augenbrauen. »Wen? Wie konnten Sie das, ohne daß ich davon weiß?«

»Leo, ich sollte Sie eigentlich nicht daran erinnern müssen, daß ich Sie nicht zu fragen brauche, wenn ich einen Regisseur engagieren will.«

»Himmel, Arsch und Zwirn, das weiß ich; ich weiß nur nicht, warum ich nicht *weiß*, daß Sie jemand engagiert haben. Ich weiß *alles*, was in meinem Studio vor sich geht.«

»Das habe ich gehört«, schmunzelte Michael.

»Ich kann mir einfach nicht vorstellen, daß Sie sich mit jemand über diesen Job unterhalten haben, ohne daß ich es erfahre.«

»Der Mann hat auch noch nie Regie geführt. Deshalb wissen Sie nicht über ihn Bescheid.«

Goldman beugte sich vor und bemühte sich, leise zu sprechen. »Sie haben irgendeinen Trottel engagiert, der noch nie Regie in einem Film geführt hat?«

»Nun ja, auf der Schule hat er Regie geführt.«

»Auf der Schule?«

»Er studiert an der UCLA-Filmakademie.«

»Sie haben einen Studenten als Regisseur dieses Films engagiert?«

»Leo, *ich* war auch Student an einer Filmakademie, als ich ›Schwarzes Abendrot‹ produziert habe.«

»Das ist etwas anderes.«

»Nein, das ist nichts anderes; es ist genau dasselbe.«

»Ich glaube, Sie haben den Verstand verloren, Michael.«

»Haben Sie sich den Streifen angesehen?«

»Welchen Streifen?«

»Leo, ich habe Ihnen letzten Mittwoch einen Streifen von dem Jungen geschickt.«

»Ich bin noch nicht dazu gekommen.«

»Nun, wenn Sie dazu gekommen wären, wäre Ihr Blutdruck jetzt wesentlich niedriger.«

»Was ist auf der Spule?«

»Eine Szene aus einem Henry-James-Roman, die so gut war, daß ich es nicht fassen konnte.«

»Bloß eine Szene?«

»Eine Szene von acht Seiten mit einer langen Einstellung, einem Orchester und sieben Sprechrollen.«

»Und wer ist dieser Wunderknabe?«

»Er heißt Eliot Rosen.«

»Na, wenigstens ist er Jude.«

Michael lachte.

»Sind Sie Jude, Michael? Ich bin da nie dahintergekommen.«

»Zur Hälfte«, log Michael. »Meine Mutter.«

»Und was war Ihr Vater?«

»Italiener.«

»Wie haben die beiden sich bezüglich ihrer religiösen Erziehung geeinigt?«

»Ich war als Sechsjähriger schon abtrünniger Katholik.«

»Wenn Sie ein richtiger Jude wären, wären Sie perfekt.«

»Von Eliot Rosen werden Sie begeistert sein. Er wird Sie wahrscheinlich zur Verzweiflung treiben, aber Sie werden trotzdem von ihm begeistert sein. Er könnte der neue Orson Welles werden.«

Goldman stöhnte. »Haben Sie eine Ahnung, wieviel Geld die Leute verloren haben, die Orson Welles unterstützt haben?«

»Eliot wird Ihnen eine Menge Geld verdienen, dafür werde ich schon sorgen.«

»Na ja, ich habe noch nie jemand erlebt, der so auf dem Geld gesessen hat wie Sie; wenn Sie mit ihm zurechtkommen, wird er Geld für mich verdienen.« Goldman schnippte die Asche von seiner Zigarre. »Ich höre, Sie haben einen Produktionsleiter von außerhalb engagiert.«

»Das stimmt, Leo; ich wollte jemand haben, der mir berichtet und nicht Ihnen.«

»Sie haben Barry Wimmer engagiert.«

»Das stimmt.«

»Michael, Sie müssen wissen, daß der Mann wegen Veruntreuung gesessen hat.«

»Da stand er unter Koks. Jetzt ist er sauber.«

»Ich mach' mir Sorgen.«

»Leo, er ist mir für die Chance, die ich ihm gebe, so dankbar, daß er dreimal so hart arbeiten wird wie jeder andere.« Michael machte eine kleine Pause. »Und billig obendrein.«

»Das gefällt mir. Wenn er mich beklaut, stehen Sie mir dafür gerade.«

»Dagegen ist nichts zu sagen.«

»Was zahlen Sie diesem jüdischen Anfänger?«

»Zweihunderttausend.«

Goldman grinste breit. »Passen Sie auf, daß er Ihnen keinen Mist baut.«

»Leo, selbst wenn er Mist baut, wird er Sie nicht annähernd so viel Geld kosten, wie Marty White das würde.«

Die Frauen kamen jetzt zurück, und als sie sich setzten, strich Amanda Goldmans Fuß über Michaels Wade. Er lächelte ihr kurz zu und registrierte gern ihren Annäherungsversuch.

28

Michael legte Mark Adairs ersten Entwurf des Drehbuchs von »Kalifornische Romanze« beiseite und griff nach dem Telefon.

»Hallo?« meldete sich eine tiefe Stimme.

»Mark, hier spricht Michael Vincent.«

»Und, wie hat's Ihnen gefallen?« wollte Adair wissen.

»Ich finde es wunderbar. Sie haben das Buch sowohl in seinem Aufbau als auch in seiner Absicht erfaßt und den Dialog wunderschön zum Leben erweckt.«

»Aber?«

»Gar nichts aber. Ich denke, man kann danach drehen, so wie es ist.«

»Das hat bisher noch kein Produzent zu mir gesagt«, meinte Adair argwöhnisch. »Da gibt es doch noch einen Pferdefuß.«

»Ja, aber das mindert das, was Sie geschaffen haben, in keiner Weise.«

»Und was wäre das?«

»Gegen Ende zu haben Sie eine wesentliche Stelle weggelassen und dafür etwas anderes eingesetzt, das bei weitem nicht so gut paßt.«

»Meinen Sie die Szene, in der der Doktor vor dem Mädchen singt und ihr Herz gewinnt?«

»Die meine ich.«

»Es gibt zwei Gründe, weshalb das in diesem Film nicht funktionieren würde, Michael.«

»Und was sind das für Gründe?«

»Zum ersten, weil es auf den heutigen Zuschauer rührselig und unglaubwürdig wirken würde; zum zweiten, weil Sie Bob Hart nie dazu überreden werden, diese Szene zu machen.«

»Mark, die Szene ist sentimental, das gebe ich ja zu, aber sie ist ganz und gar nicht rührselig – wenigstens nicht so, wie wir sie drehen werden.«

»Sagen Sie mir einen Film, in dem so etwas funktioniert hat.«

»Na schön: ›Zimmer mit Aussicht‹.«

Adair blieb einen Augenblick stumm. »Aber da ist nicht gesungen worden.«

»Nein, aber der Film spielt in einer Zeit, in der Sentimentalität als etwas Normales empfunden wurde. Die Zeit, in der ›Kalifornische Romanze‹ spielt, ist mehr oder weniger dieselbe, und die Personen der Handlung sind auch nicht viel anders.«

»Und was ist mit Bob Hart? Wie kriegen Sie ihn dazu, daß er es macht?«

»Das überlassen Sie mir. Aber wenn es soweit ist, möchte ich, daß Sie mir dabei helfen, ihn zu überreden.«

»Ich weiß nicht.«

»Mark, lassen Sie uns folgenden Kompromiß ganz unter uns schließen. Setzen Sie die Szene wieder ein – so wie sie im Buch ist –, und wenn sie Ihnen dann auf der Leinwand nicht gefällt, drehe ich Ihre Szene als Ersatz.«

»Das ist ein Angebot, zu dem ich nicht nein sagen kann. Und jetzt sagen Sie mir, was Sie sonst noch an meinem Drehbuch zu kritisieren haben.«

»Mir fällt sonst nichts ein. Ich bin sicher, daß Bob Hart – und ganz besonders auch Susan Hart – etwas daran herumkritteln werden, und der Regisseur vielleicht auch, aber das wird für Ihr Drehbuch ohne Belang sein; dafür würde ich sorgen.«

»Wer wird Regie führen?«

»Ein junger Regisseur namens Eliot Rosen. Er ist sehr intelligent und äußerst sensibel; Sie werden von ihm begeistert sein.«

»Ich mache mich sofort an den zweiten Entwurf.«

»Schreiben Sie keinen zweiten Entwurf; fügen Sie einfach die Szene ein und lassen Sie alles andere so, wie es ist.«

»Der Herr segne Sie.« Adair legte auf.

Wie gut doch alles lief, stellte Michael fest. Seine Sprechanlage summte. »Ja?«

»Michael«, meldete sich Margot, »Sergeant Rivera ist hier; ich habe ihm gesagt, daß Sie heute vormittag ziemlich beschäftigt sind, aber er möchte Sie trotzdem gern sprechen, wenn Sie es einrichten können.«

Michael verspürte ein kleines Prickeln von Angst im Magen. »Schicken Sie ihn rein«, sagte er, ohne daß seiner Stimme etwas anzumerken war.

Diesmal war Rivera allein. »Vielen Dank, daß Sie sich die Zeit für mich nehmen«, sagte er und streckte die Hand aus. »Ich werde Ihre Zeit nicht lange beanspruchen.«

»Freut mich, Sie zu sehen, Sergeant«, erwiderte Michael,

schüttelte ihm die Hand und forderte ihn auf, Platz zu nehmen. Er hob Mark Adairs Drehbuch hoch. »Hier ist der erste Entwurf des Drehbuchs von ›Kalifornische Romanze‹, und er ist prima. So wie es jetzt aussieht, werden wir im Frühling drehen.«

»Gut«, meinte der Sergeant und ließ sich auf den Stuhl sinken. »Ich habe mir gedacht, ich erzähle Ihnen, wie wir mit dem Moriarty-Mord vorankommen.«

»Na prima, ich bin ganz Ohr. Ich habe ein paar Wochen lang nichts davon in den Zeitungen gelesen.«

»Ich habe den Zeitungen nichts freigegeben.«

»Haben Sie schon jemand verhaftet?«

»Nein, und ich bin auch nicht sicher, ob wir das werden.«

Michael hütete sich, Erleichterung in sich aufkommen zu lassen. »Warum nicht?«

»Sieht wie ein Mafiamord aus, schlicht und einfach, ein Auftragsmord.«

»Moriarty hatte Beziehungen zur Mafia?«

»Vielleicht, vielleicht auch nicht. Aber jemand, der solche Beziehungen hatte, hat Moriartys Tod bestellt.«

»Erzählen Sie mir mehr.«

»Der Wagen wurde von einem billigen Gauner aus Las Vegas gesteuert, Dominic Ippolito – ein richtiger Kotzbrocken.«

»Wie haben Sie das rausgefunden?«

»Wanderer haben Dominics Leiche in der Wüste gefunden, in der Nähe von Twenty-Nine Palms; seine Fingerabdrücke waren registriert.«

»Haben Sie den Wagen gefunden?«

»Ja, Dominics Leiche war in dem Wagen. Ziemlich zugerichtet – hundertfünfzig Meter tief in einer Schlucht.«

»Und das ist alles?«

»Nicht ganz. Wir haben in dem Wagen noch andere Abdrücke gefunden, die interessant waren.«

Michael stockte fast das Herz, aber er zuckte mit keiner Wimper. »So?«

»Der Wagen war gestohlen; also waren da natürlich die Abdrücke des Wagenbesitzers und die seiner Frau. Aber dann waren da noch andere, und die waren ungewöhnlich.«

»Nämlich?«

»Sie gehörten jemand namens ...« Er zog ein zusammengefaltetes Blatt Papier aus der Tasche, warf einen Blick darauf und reichte es dann Michael. »Vincente Michaele Callabrese.«

Michael sah sich plötzlich seiner eigenen Geburtsurkunde gegenüber. »Wer ist das?« brachte er heraus. Er legte das Papier auf den Schreibtisch, damit Rivera nicht sah, wie seine Hände zitterten.

»Er ist der Sohn von Onofrio und Marina Callabrese und ist achtundzwanzig Jahre alt. Das ist alles, was ich weiß; es steht alles auf der Geburtsurkunde.«

Michael, der schon das Klicken der Handschellen gehört hatte, sah einen Schimmer von Hoffnung. »Sonst konnten Sie nichts herausfinden?«

»Nichts, und das ist äußerst ungewöhnlich. Allem Anschein nach gibt es über diesen Burschen kein weiteres Stück Papier – keine Sozialversicherungsnummer, keinen Führerschein, keine Versicherung –, der Mann hat nie eine Kreditkarte oder ein Bankkonto besessen. Der einzige Grund, daß wir überhaupt von ihm erfahren haben, war, daß er als Achtzehnjähriger einmal verhaftet wurde wegen Autodiebstahls – die Anklage wurde wegen Mangels an Beweisen fallengelassen –, und damals hat man seine Fingerabdrücke abgenommen, die dann in die Fingerabdruckarchive des FBI gewandert sind. Ein Foto war nicht in den Akten; ich weiß nicht, warum.«

Michael erinnerte sich gut daran. »Sie meinen, es gibt keine Möglichkeit, ihn aufzuspüren?«

»Nein. Aber für mich ist er fast hundertprozentig ein Mann der Mafia.«

»Warum sagen Sie das? Weil er Italiener ist?«

»Nein, es ist nur so, daß es in diesem Land fast unmöglich ist, daß man achtundzwanzig Jahre alt wird und es kein Stückchen Papier über einen gibt. Die einzigen Leute, über die es kein Papier gibt, sind Leute, die ihr ganzes Leben lang gefälschte oder gestohlene Papiere benutzt haben, und das deutet auf die Mafia.«

»Und was bedeutet das jetzt alles?«

»Es bedeutet wahrscheinlich etwa folgendes: Moriarty hat irgendwann einmal mit jemand zu tun, der Verbindungen hat, und etwas läuft schief; er schafft sich einen Feind. Der Feind redet mit jemand, Geld wechselt den Besitzer. Callabrese, oder unter welchem Namen er auch herumläuft, ist wahrscheinlich die Verbindung zur Mafia. Er war der zweite Mann im Wagen. Er – oder jemand, den er kennt – engagiert Ippolito, um die Sache durchzuziehen, und Callabrese fährt mit, um sich zu vergewissern, daß alles richtig läuft. Dann, nachdem alles vorbei ist, jagt Callabrese Ippolito eine Kugel in den Kopf und beseitigt ihn und den Wagen in der Wüste und macht es auf die Weise Ippolito unmöglich, jemals jemand zu sagen, wer ihn engagiert hat. Nur daß Callabrese nicht schlau genug war, seine Fingerabdrücke im Wagen abzuwischen. Das sagt mir etwas über ihn.«

»Was?«

»Daß er nicht das Hirn hinter alldem ist, sonst hätte er mehr Sorgfalt aufgewendet, um seine Spuren zu verwischen.«

»Verstehe.«

Rivera hatte recht; er war dumm gewesen. Aber er hatte solche Angst gehabt, daß er erst viel später an die Fingerabdrücke gedacht hatte. »Und was ist jetzt Ihr nächster Schritt?«

»Es gibt keinen nächsten Schritt«, erwiderte Rivera. »Aber

irgendwann einmal wird dieser Callabrese einen Fehler machen und festgenommen werden. Ich habe seine Abdrücke markiert; wenn er also je wieder verhaftet wird und man seine Fingerabdrücke abnimmt, wird mich das FBI innerhalb einer Woche anrufen.«

»Sergeant, ich will ganz offen sein; das sieht mir nicht nach einem Film aus. Das ist alles zu unvollständig.«

»Das habe ich mir auch gedacht.«

»Aber wenn Sie je auf einen anderen Fall stoßen sollten, der gut aussieht, will ich von Ihnen hören.« Michael hatte das als abschließende Bemerkung gedacht, um den Polizisten zu entlassen, aber Rivera regte sich nicht von der Stelle.

»Es gibt noch etwas, woran ich gern meine Neugierde befriedigen würde«, sagte er.

»Was denn?«

»Nun, es ist doch interessant, daß dieser Callabrese zwei Namen hat, die dem Ihren ähneln – Vincente und Michaele.«

»Ja, wirklich, das ist ein interessanter Zufall«, meinte Michael. Jetzt stellte sich wieder die Angst ein.

»Wie alt sind Sie, Mr. Vincent?«

»Dreißig.«

»Gibt es irgendein Papier, das das bestätigt?«

»Aber sicher.« Darauf war Michael vorbereitet; er zog die Schublade mit dem Hängeregister heraus und suchte kurz in seinen persönlichen Akten. »Hier«, sagte er und reichte dem Beamten eine Geburtsurkunde.

Rivera las das Dokument sorgfältig. »Ja, Sie sind dreißig, und Callabrese ist in der Bellevue-Klinik zur Welt gekommen, während Sie im St. Vincent geboren sind.« Er blickte auf. »Sind Sie italienischer Herkunft?«

Michael schüttelte den Kopf. »Jude.«

»Ich sehe, Sie lassen sich einen Bart wachsen.«

»Ich habe immer wieder mal einen Bart getragen.«

»Ich hätte gern gewußt, ob Sie bereit wären, sich mit anderen in eine Reihe zu stellen.«

»Das soll wohl ein Witz sein?« erwiderte Michael. »Ich habe als Junge mal einen Film gesehen, da hat einer sich dazu bereit erklärt, und dann hat man ihn herausgepickt, obwohl er unschuldig war.«

»Nun, Sie haben das Recht abzulehnen«, nickte Rivera und stand auf.

»Ich bestehe nicht stur auf meinen Rechten«, meinte Michael, während er mit ihm zur Tür ging. »Ich habe nur für so etwas keine Zeit. Mich würde das einen halben Tag kosten, und das ist in dieser Branche eine Menge Geld.«

»Sicher, ich versteh' schon.« Der Beamte streckte ihm die Hand hin. »Ich sag' Ihnen Bescheid, wenn ich wieder einen Fall habe, aus dem man einen Film machen könnte.«

»Ja, tun Sie das«, sagte Michael. »Und könnte ich meine Geburtsurkunde zurückhaben?«

»Oh, tut mir leid.« Rivera gab sie ihm zurück.

»Ich mache Ihnen gern eine Kopie, wenn Sie sie brauchen«, erbot sich Michael.

»Nein, nicht nötig.«

Die Urkunde war echt und in den Akten – dafür hatte Tommy Pro vor Jahren gesorgt. Aber jetzt waren Michaels Fingerabdrücke darauf. Er setzte sich hinter seinen Schreibtisch und atmete ein paarmal tief durch. Er konnte nur hoffen, daß Rivera wirklich zufrieden war.

Margot kam mit der Post herein. »Hier ist das, was ich nicht gleich in den Papierkorb geworfen habe«, sagte sie und legte den Stapel Papier auf seinen Schreibtisch.

»Danke.« Er suchte auf seiner Schreibtischplatte und in den Schubladen herum.

»Was suchen Sie?« fragte sie.

»Meinen Brieföffner.«

»Sie verlegen dauernd etwas; ich suche ihn, während sie beim Mittagessen sind.«

Als Michael vom Essen zurückkam, lag der Brieföffner auf dem Schreibtisch.

29

Michael saß hinter seinem Schreibtisch und blickte auf den Regisseur, der ihm gegenübersaß. Eliot Rosen war groß, hager und schlecht rasiert.

»Eliot«, sagte Michael, »ich habe Bob und Susan Hart Ihre Aufnahmen gezeigt, und sie sind beeindruckt, möchten Sie aber trotzdem noch kennenlernen. Von diesem Gespräch hängt eine Menge ab, Eliot.«

»Das weiß ich«, nickte Rosen.

»Vergessen Sie nicht, Sie sprechen nicht nur mit dem Schauspieler, sondern auch mit seiner Frau. Susan Hart ist von den beiden die Schwierigere, und ich möchte nicht, daß Sie das vermasseln, indem Sie vor Hart zu sehr buckeln. Beziehen Sie sie in alles ein, was Sie sagen, und wenn Sie dabei ein wenig Charme versprühen können, würde das auch nicht schaden.«

»Ich werde mir Mühe geben«, versprach Rosen.

»Wenn es über etwas eine Auseinandersetzung gibt, dann lassen Sie sich von mir führen, versprechen Sie mir das?«

»Hören Sie, ich habe meine eigene Meinung.«

»In diesem Augenblick nicht. Wenn Sie eine Meinung haben, dann äußern Sie diese Meinung vorher mir gegenüber, unter vier Augen. Wenn ich dann der Meinung bin, daß wir in dem Punkt durchkommen könnten, werde ich mich für Sie einsetzen. Einverstanden?«

Rosen nickte. »Einverstanden«, sagte er mürrisch.

»Eliot«, versuchte Michael ihn zu besänftigen, »ich glaube, daß Ihnen eine große Karriere bevorsteht, aber Sie stehen erst am Anfang. Versauen Sie sich das nicht, indem Sie sich einen mächtigen Star und seine einflußreiche Frau zu Feinden machen. Wenn die beiden etwas wollen, das schlecht für den Film ist, werde ich es verhindern, da brauchen Sie keine Angst zu haben. Und wenn wir zu dem Punkt kommen, wo es um die Gesangsszene geht, sagen Sie nichts; Sie nicken dann nur zustimmend.«

»Ich habe mit dieser Szene meine Probleme«, erklärte Rosen.

»Eliot, das haben wir doch schon mehrfach besprochen. Die Szene bleibt. Ich will nichts mehr darüber hören.«

»Schon gut, schon gut. Sie sind der Chef.«

»Darüber sollten Sie sich nicht grämen, Eliot; jeder hat hier einen Chef, bloß Leo Goldman nicht, und der ist praktisch der liebe Gott. Leo hat mir viel Freiheit eingeräumt, und ich werde nicht zulassen, daß jemand daran rüttelt, ganz besonders nicht einer, der zum ersten Mal Regie führt.«

»Schon gut, schon gut.«

»Keine Angst, dieser Film wird für Sie der Durchbruch sein.« Michael lächelte. »Nach ›Kalifornische Romanze‹ werde ich Sie mir nicht mehr leisten können.«

Rosen lächelte. »Das klingt nicht übel.«

Es klopfte an der Tür, dann führte Margot Robert und Susan Hart herein.

Michael ging zuerst zu Susan, umarmte sie liebevoll, gab ihr einen Kuß auf die Wange und schüttelte dann Bob die Hand. »Ich freue mich sehr, Sie beide hier zu sehen«, sagte er, »und kann es kaum erwarten, Ihre Meinung von dem Drehbuch zu erfahren. Darf ich Ihnen Eliot Rosen vorstellen?«

Der junge Regisseur schüttelte beiden die Hand. »Ihre Filme machen mir viel Vergnügen«, sagte er zu Bob Hart.

»Ich bin entzückt davon, an dem neuen mitarbeiten zu dürfen.«

Hart nahm sein Lob wohlwollend entgegen, dann setzten sie sich auf die beiden Sofas vor dem riesigen Kamin.

»An die Kulisse erinnere ich mich«, sagte Hart. »Ich war von dem Film begeistert und von Randolph auch. Das ist eine Rolle, die ich schon immer spielen wollte.«

Michael lächelte. »Das ist eine sehr gute Idee«, sagte er. »Wenn wir mit ›Kalifornische Romanze‹ fertig sind, sollten wir uns darüber einmal unterhalten.« Er beugte sich auf dem Sofa vor. »So«, fuhr er fort, »und jetzt sagen Sie mir, was Sie von dem Drehbuch halten.«

»Mir hat es sehr gut gefallen«, verkündete Hart.

»Es gibt einige Probleme«, wandte Susan ein.

Michael griff sich ein Exemplar des Drehbuchs von einem Stapel auf dem Couchtisch. »Die möchte ich alle kennenlernen, ganz von Anfang an.«

Susan, die ohne irgendwelche Notizen sprach, arbeitete sich Szene für Szene durch das ganze Drehbuch und brachte größere und kleinere Kritikpunkte an. Michael stellte fest, daß es beinahe jedesmal darum ging, die Rolle ihres Mannes auszuweiten und ihm mehr Dialog zu verschaffen. In mehr als der Hälfte der Punkte stimmte er Susan sofort zu und versprach, über den Rest mit Mark Adair und dann wieder mit ihr zu sprechen.

»Aber die Gesangsszene«, sagte sie zuletzt, »die muß weg.«

Michael reagierte nicht sofort, sondern wandte sich ihrem Mann zu. »Bob, was halten Sie von der Szene?«

»Das schaffe ich schon«, meinte Hart.

»Nein«, erklärte Susan entschieden. »Bob hat die letzten fünfundzwanzig Jahre ein Image aufgebaut, das Gold wert ist. Ich werde nicht zulassen, daß er etwas tut, das dieses Image zerstört; eher steigen wir aus dem Film aus.«

»Lassen Sie mich sagen, was ich in dem Punkt denke, Susan«, meinte Michael zu ihr, wandte sich dann aber fast ausschließlich Bob zu. »Bob steht an einem Wendepunkt seiner Karriere; die Goldader Polizei-, Wildwest- und Actionfilme hat er brillant ausgeschöpft und einen Punkt erreicht, wo er sich einfach totlaufen würde, wenn er weiter in diesem Bergwerk arbeitete. Wenn er so weitermacht, wird er allmählich die Fans und Kritiker langweilen, die bisher immer begeistert waren. Und noch etwas: Es ist lange her, daß ein Drehbuch wirklich Bobs ganzes Talent als Schauspieler gefordert hat.«

»Das stimmt wirklich«, sagte Hart.

Seine Frau warf ihm einen scharfen Blick zu.

»Bob verfügt über Fähigkeiten, die sein Publikum bis jetzt noch nicht kennt, und dieser Film wird es faszinieren, das verspreche ich Ihnen. Hier haben wir es mit einem etwas zurückhaltenden, aber durch und durch maskulinen Helden mit vielen, vielen Facetten zu tun. Er beweist, daß er ein ganzer Mann ist, als er sich gegen den Trainer stellt, der Pferde mißhandelt hat, und zeigt in den Szenen mit den Kindern eine bemerkenswerte Einfühlungsgabe. Trotzdem ist er nicht fähig, sich der Frau gegenüber zu erklären, weil er Angst hat, sie könnte für ihn zu jung sein. Aber in dieser einen, ungemein bewegenden Szene gewinnt er ihr Herz für immer. Jetzt frage ich Sie: Was gibt es daran auszusetzen?«

»Sicher, das, was Sie von der Trainer-Szene sagen und auch von der mit den Kindern, stimmt«, meinte Susan, »und der Held muß natürlich das Mädchen gewinnen. Aber warum zum Teufel muß er singen?«

»Weil er ein unverbesserlicher Romantiker ist, Sue, und weil dies ein unverbesserlich romantischer Film ist. Das ist seine große Stärke, und das ist es auch, was diesem Film ungeheure Mundpropaganda eintragen wird. Was ist am Singen auszusetzen?«

Susan richtete sich auf und setzte zur Antwort an, aber erstaunlicherweise ließ ihr Mann sie nicht zu Wort kommen.

»Das wäre nicht das erste Mal, daß ich singe«, erklärte Bob Hart.

Susan starrte ihn an. »Was?«

»Lange bevor wir uns kennengelernt haben, Liebling, bin ich für Musicals ausgebildet worden; ich dachte damals sogar, daß meine Karriere in diese Richtung gehen würde.«

»Das hast du mir nie erzählt«, staunte sie.

»Es hat sich nie ergeben. Ehe ich zum ›Actors Studio‹ ging, habe ich mich in erster Linie darauf konzentriert, eine Rolle in einem Musical zu bekommen. Lee Strasberg hat das schauspielerische Talent in mir erkannt und mir eine andere Richtung gegeben.«

»Wofür wir ihm alle zu Dank verpflichtet sind«, warf Michael ein. »Sagen Sie, Susan, haben Sie die Musik, um die es hier geht, je gehört?«

»Nein, und das ist auch nicht der Punkt«, erwiderte sie.

»Ich möchte, daß Sie sie jetzt gleich hören«, fuhr Michael fort. Er nahm den Hörer ab. »Margot, schicken Sie bitte Anton und Hermann herein.«

Anton Gruber und Hermann Hecht traten ein, und die bereits Anwesenden lehnten sich zurück, um ihnen zuzuhören.

Anton spielte ein paar Takte, dann fing Hermann zu singen an. Michael warf hier und da Susan Hart verstohlene Blicke zu, aber ihr Gesicht war wie eine ausdruckslose Maske. Als Hermann fertig war, klatschten alle Beifall, dann gingen die beiden Männer wieder hinaus.

Michael wandte sich Bob und Susan zu. »Nun?«

»Ich kann das singen«, erklärte Bob. »Das ist in meiner Tonlage. Ich muß nur ein wenig üben.«

»Susan?« fragte Michael.

»Ich gebe ja zu, es ist sehr schön«, sagte sie, »aber warum muß es in Deutsch sein?«

»Ich will Ihnen was sagen, Susan. Lassen Sie uns die Szene einfach drehen, und dann entscheiden wir«, schlug Michael vor. »Ich verspreche Ihnen, ich will nicht, daß Bob dumm dasteht. Wenn sie Ihnen nicht gefällt, sobald sie fertig ist, drehen wir eine Ersatzszene.«

Sie sah ihren Mann an. »Bist du damit wirklich einverstanden?«

Hart zuckte die Achseln. »Sehen wir, wie es läuft.«

»Also schön«, meinte Susan. »Wir sehen uns die Szene im Film an und entscheiden dann. Aber niemand – und damit meine ich wirklich niemand – in der ganzen Branche bekommt sie zu sehen, solange wir sie nicht freigegeben haben.«

»Das ist mir recht«, erklärte Michael. »Eliot?«

»Mir auch«, antwortete Rosen. Das war das erste Mal, daß er etwas sagte.

»Ich melde mich wieder bei Ihnen wegen des Drehbuchs, sobald ich mit Mark gesprochen habe«, versprach Michael.

Damit war die Besprechung beendet.

Als die Harts gegangen waren, meldete Eliot Rosen sich wieder zu Wort. »Und Sie glauben wirklich, daß sie diese Szene freigeben wird?« fragte er. »Mir scheint sie ein ziemlicher Widerspruchsgeist zu sein.«

»Vertrauen Sie mir«, erwiderte Michael. »Jedenfalls hat diese Szene sie davon abgehalten, Fragen über Sie zu stellen.«

»Langsam gefällt mir die Szene«, lächelte Rosen.

30

Michael stand in der Mitte von Leo Goldmans riesigem Büro und sonnte sich im Glanz der ihm zuteil werdenden Bewunderung. Die Crème de la crème der Filmbranche – Produzenten, Studiochefs, Schauspieler, Regisseure und Journalisten – füllten den Raum. Sie hatten alle gerade die erste Vorführung von »Schwarzes Abendrot« gesehen, und es gab niemand, der sich nicht den allgemeinen Lobeshymnen anschloß.

Michaels Bart war inzwischen wieder nachgewachsen, und er fühlte sich in dieser Umgebung einigermaßen sicher, wenn er auch die ersten zehn Minuten der Party benutzt hatte, sich jedes Gesicht in der Menge gründlich anzusehen. Keiner von ihnen war der Mann in dem Mercedes, der Zeuge des Mordes an Daniel J. Moriarty gewesen war, und keine war die Frau in Lockenwicklern auf der anderen Straßenseite.

Er nahm gerade die Glückwünsche eines der gefragtesten Regisseure der Stadt entgegen, als Goldmans Sekretärin ihn am Ärmel zupfte. »Was gibt es?« fragte er, bemüht, nicht gereizt zu erscheinen.

»Der Wachmann am Haupttor ist am Apparat und möchte Sie sprechen. Offenbar ist da jemand, der Sie zu kennen behauptet und herein möchte.«

Michael entschuldigte sich bei seinem Gesprächspartner und ging ins Vorzimmer, um dort das Gespräch entgegenzunehmen.

»Mr. Vincent, hier spricht Jim vom Haupttor. Hier ist ein Mann namens Parish. Er sagt, er sei der Regisseur Ihres Films, und will zur Vorführung kommen.«

»Chuck Parish?« fragte Michael. Das kam ihm jetzt ungelegen.

»Ja, so heißt er.«

Michael überlegte kurz. »Jim, sagen Sie ihm, wie er zu meinem Büro kommt. Ich werde mich dort mit ihm treffen.«

»Ja.«

Michael legte auf und verließ das Gebäude. Er ging mit schnellen Schritten zu seinem Büro und traf dort gerade rechtzeitig ein, um Chuck Parish aus einem ziemlich zerbeulten Sportwagen steigen zu sehen. Als Michael näherkam, stolperte Chuck beim Aussteigen und fiel auf die Nase. Eine Aktentasche, die er in der Hand gehalten hatte, flog davon und blieb ein paar Schritte von ihm entfernt liegen.

Michael hob die Aktentasche auf und war dann dem jungen Mann beim Aufstehen behilflich.

»Verdammte Karre!« schimpfte Chuck. »Ich gewöhn' mich einfach nicht daran; die Kiste gehört einem Freund.«

»Komm rein.« Michael schloß die Tür auf, schaltete das Licht ein und führte Chuck in sein Büro. »Das ist eine ziemlich böse Aufschürfung an deiner Stirn«, sagte Michael. »Ich hol' dir etwas.« Er ging an die Bar, goß ein wenig Wodka auf eine Papierserviette und betupfte damit Chucks Stirn, bis die Schürfwunde sauber war. Der Alkoholgeruch mischte sich mit dem, was Chuck getrunken hatte, was es auch gewesen war.

»Meinst du, ich könnte ein wenig von dem Zeug in einem Glas kriegen?« fragte Chuck.

»Aber sicher.« Michael warf ein paar Eiswürfel in ein Glas und goß Wodka darüber. »Tonic?«

»Nein, nur Eis, das reicht schon.«

Michael gab ihm das Glas und ließ ihn auf einem der beiden Sofas Platz nehmen. »Ich wußte gar nicht, daß du in Los Angeles bist. Warum hast du mich nicht angerufen?«

»Ich bin schon seit zwei Wochen hier«, erklärte Chuck und nahm einen großen Schluck von seinem Wodka. »Ich habe gehört, daß mein Film heute vorgeführt wird.«

»Da bist du leider zu spät dran«, erwiderte Michael. »Das

war schon vor über einer Stunde. Ich wünschte, ich hätte gewußt, daß du in der Stadt bist, dann hätte ich dich eingeladen.«

»Wie hat er ihnen gefallen?«

»Die Reaktion war gemischt«, log Michael.

»Es wird also nichts draus?«

»Es ist noch zu früh, das zu sagen.«

»Wie geht's der reizenden Vanessa?« fragte Chuck mit Bitterkeit in der Stimme.

»Ganz gut, denke ich«, erwiderte Michael und wechselte dann schnell das Thema. »Und dir? Was machst du gerade?«

»Ich habe wieder ein Drehbuch geschrieben«, meinte Chuck und starrte in den Kamin, in dem kein Feuer brannte.

»Das würde ich gern lesen.«

Chuck klappte seine Aktentasche auf und warf Michael ein Manuskript hin.

Michael sah auf den Umschlag. »Royal Flush. Hübscher Titel. Worum geht's denn da?«

»Mir wäre lieber, du würdest es lesen, ohne daß ich dir vorher zu viel sage.«

»Gut, ich werde zusehen, daß ich es am Wochenende lese.«

»So lange kann ich nicht warten.«

»Wie bitte?«

»Ich möchte es dir jetzt verkaufen.«

»Aber ich habe es doch noch gar nicht gelesen.«

»Es ist besser als ›Schwarzes Abendrot‹. Das kann ich dir versichern.«

»Das bezweifle ich gar nicht, Chuck, aber ich kann es doch nicht kaufen, ohne es vorher zu lesen.«

»Warum nicht? Hast du hier denn gar nichts zu sagen? Ich kann mir nicht vorstellen, Michael, daß du dich auf einen Vertrag mit dem Studio eingelassen hast, bei dem du nicht freie Hand hast.«

»Die Vollmacht habe ich schon, Chuck, aber findest du es

nicht ein wenig unfair, von mir zu verlangen, es ungesehen zu kaufen?«

»Ich brauche das Geld, Michael.«

Michael war wie vom Blitz gerührt. »Chuck, als ich dich das letzte Mal sah, hattest du eine dreiviertel Million Dollar in bar. Was soll das heißen – du brauchst das Geld?«

»Ich brauch' es eben.«

»Warum?«

»Es gibt da ein paar Leute, die mich unter Druck setzen.«

»Was sind das denn für Leute?«

»Sehr hartnäckige Leute.«

»Was ist aus all dem Geld geworden, Chuck?«

»Na ja, ein paar ungünstige Anlagen und ein paar Pferde, die nicht so gelaufen sind, wie ich mir das gedacht habe. Und dann eine recht teure Frau«, gestand Chuck. »Wir, das heißt sie und ich, haben uns da eine kleine Gewohnheit zugelegt...«

»Koks?«

Chuck nickte. »Herrgott, ich kann einfach nicht verstehen, daß das Geld sich so schnell verflüchtigt hat.«

»Ich hätte geglaubt, du würdest die Finger vom Koks lassen, nachdem du gesehen hast, was aus Carol Geraldi geworden ist.«

»Hör zu, ich komm' damit schon klar. Ich mache nächste Woche eine Entziehungskur – ich hab' schon einen Platz in einer Klinik im Norden. Ich muß bloß ein paar Schulden zahlen und über Wasser bleiben, bis die Kur anfängt, weißt du?«

Michael blätterte in dem Drehbuch. Es war unmöglich, es so schnell zu beurteilen, aber es schien zumindest formal in Ordnung zu sein. Und Chuck Parish war ein sehr talentierter Autor. »Wieviel willst du dafür haben?«

»Himmel, das weiß ich nicht. Ich schulde einem Kredithai über fünfzig Riesen, und dann sind da noch ein paar andere Leute, die an die dreißig von mir haben wollen.«

Herrgott, der Mann saß wirklich in der Patsche.

»Wie wär's mit einer Viertelmillion?«

»Chuck –«

»Ich weiß, ich weiß, du kennst es nicht. Glaub mir, Michael, das ist meine beste Arbeit. Das Buch ist umwerfend.«

»Wie schnell brauchst du das Geld?«

»Sofort.«

»Sofort? Chuck, jetzt ist es neun Uhr abends; um diese Zeit bekomme ich keinen Scheck.«

»Dann gleich morgen früh?«

»Ich kann dir nicht unbesehen eine Viertelmillion zahlen.«

»Wieviel?«

»Du schuldest diesen Leuten wirklich achtzig Riesen?«

»Mindestens.«

»Also gut, Chuck, ich werde dir hunderttausend dafür geben, unbesehen.«

»Einverstanden«, nickte Chuck ohne zu zögern.

Michael ging an seinen Schreibtisch, holte einen Standardvertrag aus der Schublade und kam dann zum Sofa zurück. Er legte den Vertrag auf den Tisch und reichte Chuck einen Kugelschreiber. »Hier mußt du unterschreiben«, sagte er und deutete auf eine gepunktete Linie.

»Da sind eine Menge leere Stellen«, stellte Chuck fest.

»Die werde ich später ausfüllen.«

»Wann bekomm' ich das Geld?«

»Ich werde gleich morgen früh einen Scheck ausstellen lassen.«

»Ich brauche Bargeld, keinen Scheck.«

»Also gut, dann sei um, sagen wir, elf in der Bank des Studios an der Ecke Wilshire und Beverly Glen. Nein, sagen wir besser zwölf.«

»Zwölf. Versprochen?«

»Natürlich.«

Chuck unterschrieb den Vertrag.

Michael verwahrte ihn in einer Schublade. »Chuck, ich würde mich gern länger mit dir unterhalten, aber ich muß weg.«

Chuck stand auf. »Ich will die Regie in dem Film übernehmen«, sagte er.

»Das hätte ich auch gern«, erwiderte Michael, »aber darauf kann ich mich jetzt nicht gleich festlegen.«

»Wo ist meine Vertragskopie?«

»Ich werde die leeren Stellen ausfüllen und deine Ausfertigung mitbringen, wenn wir uns in der Bank treffen. Und jetzt mußt du mich bitte entschuldigen, Chuck.«

Sie gaben sich die Hand, und Michael ging mit ihm zu seinem Wagen. »Morgen mittag«, sagte er.

»Morgen mittag.«

Mal sehen, dachte Michael. Bloß wenn es wirklich gut ist. Er winkte ihm zu, ging in Goldmans Büro zurück, um sich von allen zu verabschieden, und dann wieder in sein Büro. Er nahm sich einen Block und einen Stift, schob sich eine Leselampe zurecht und machte es sich auf dem Sofa bequem. So, und jetzt wollen wir sehen, ob dieses Ding etwas taugt, dachte er und schlug das Manuskript auf. Wenn nicht, wird Chuck lange vor der Bank warten müssen.

Zwei Stunden später legte Michael das Manuskript weg und sah sich seine Notizen an. Chuck hatte recht gehabt; das Drehbuch bedurfte zwar noch einiger Arbeit, die er selbst erledigen konnte, aber es war wirklich umwerfend. »Royal Flush« würde sein nächster Film werden, gleich nach »Kalifornische Romanze«. Er fuhr nach Hause und fühlte sich großartig.

31

Michael kam am nächsten Tag früh ins Büro und bereitete Chucks Vertrag vor. Als Margot eintraf, gab er ihr das unterzeichnete Exemplar und bat sie, die leeren Stellen auszufüllen. Dann rief er Leo Goldman an.

»Prima Vorführung, was?« gluckste Goldman.

»Ja, ist ganz gut gelaufen.«

»Gut? Großartig war das, Junge – ich rieche schon Oscar-Nominierungen!«

»Freut mich, das zu hören.«

»Und was macht ›Kalifornische Romanze‹?«

»Läuft ausnehmend gut. Wir werden bald ein fertiges Drehbuch haben.«

»Unter fertig verstehen Sie: von Susan Hart freigegeben?«

»Genau das.«

»Sehr gut. Sie ist schwierig, aber Sie machen das gut. Lassen Sie sich einen Rat hinsichtlich der Harts geben: Bob ist viel schwächer, als er scheint. Er hat sich schon ein paarmal trockenlegen lassen und kommt dann eine Weile ganz gut zurecht, aber sobald er eine Rolle hat, die ihm Angst macht, hängt er gleich wieder an der Flasche. Seine ganz besondere Schwäche sind gute französische Weine. Susan hat ihn Anfang des Jahres überreden können, seinen ganzen Keller per Auktion zu verkaufen. Das hat ihm über eine Million Dollar eingebracht. Der Mann hatte die größte Sammlung von einundsechziger rotem Bordeaux in den Vereinigten Staaten; er hat jahrelang gesammelt. Ich habe selbst ein paar Flaschen gekauft, noch vor der Auktion, aber ich bringe sie nicht auf den Tisch, wenn die Harts im Haus sind. Ein Mouton Rothschild macht den Mann völlig hilflos.«

»Bei unserer ersten Drehbuchbesprechung hat er auf mich

einen recht sicheren Eindruck gemacht; auch seiner Frau gegenüber.«

»Der Mann ist Schauspieler, und zwar ein guter; das sollten Sie nicht vergessen. Susan ist kein Ungeheuer, sie will bloß verhindern, daß es zu Situationen kommt, die Bob wieder zum Trinken bringen. Sie gibt sich mächtig Mühe. Wenn Sie zu drehen anfangen, müssen Sie Bob unter allen Umständen von Wein fernhalten.«

»Ich werd's mir merken.«

»Haben Sie eine Ahnung, was Sie machen werden, wenn Sie mit ›Kalifornische Romanze‹ fertig sind?«

»Deshalb rufe ich an, Leo. Ich habe ein Drehbuch gekauft – genaugenommen sogar erst gestern abend.«

»Um was geht es dabei?«

»Es nennt sich ›Royal Flush‹ und handelt von einem freundlichen, jede Woche stattfindenden Pokerspiel, bei dem drei Spieler sich zusammentun, um den vierten völlig auszunehmen.«

»Wer hat es geschrieben?«

»Chuck Parish. Das ist der, der ›Schwarzes Abendrot‹ geschrieben hat.«

»Klingt nicht übel. Was haben Sie bezahlt?«

»Zweihunderttausend. Wenn irgendein Agent damit hausieren ginge, wäre es eine halbe Million wert.«

»Großartig!«

»Eines noch, Leo: Chuck ist in der Klemme und will sein Geld in bar. Ich habe ihm gesagt, ich würde mich heute vormittag auf der Bank mit ihm treffen und einen Scheck mitbringen, den er sofort zu Bargeld machen kann.«

»Haben Sie einen unterschriebenen Vertrag?«

»Ja.«

»Und das Drehbuch an einem sicheren Ort verwahrt?«

»Ja.«

»Ich werde die Buchhaltung anrufen und veranlassen, daß der Scheck ausgestellt wird, und die Bank rufe ich ebenfalls an und sage denen, daß Sie ihn in bar einlösen wollen.«

»Sagen Sie den Leuten, daß wir für die Transaktion einen separaten Raum brauchen.«

»Geht in Ordnung. Hören Sie, Junge, wollen Sie, daß ich das Drehbuch lese, ehe Sie das machen?«

»Ich möchte sehr gern, daß Sie es lesen, sobald ich ein paar Kleinigkeiten geändert habe, aber jetzt ist das nicht nötig.«

»Ich vertraue Ihrem Urteil, Junge. Ihr Scheck liegt in einer Stunde bereit.«

Michael war um halb zwölf in der Bank. Er hatte seinen eigenen und einen billigen Aktenkoffer aus Kunststoff dabei. Er suchte den Filialleiter auf und stellte sich ihm vor.

»Ich bin sehr froh, daß Sie vorher angerufen haben«, meinte der. »Um so viel Bargeld zusammenzukriegen, brauchten wir etwas Zeit.«

Michael reichte dem Mann beide Koffer. »Ihre Leute sollen bitte je hunderttausend hineintun«, bat er. »Ich erwarte einen Mr. Parish und werde Ihnen den girierten Scheck geben, sobald der Mann hier ist.«

»Ich bin froh, daß Sie zwei gebracht haben«, erwiderte der Filialleiter und nahm die beiden Koffer in Empfang. »Wir hatten nicht genügend Hunderter, deshalb ist das meiste in Zwanzigern und Fünfzigern.« Er brachte Michael in ein Besprechungszimmer und ging mit den beiden Koffern weg. »In fünf Minuten bin ich wieder da. Ich muß natürlich den Scheck haben, ehe ich Ihnen das Geld übergeben kann.«

»Selbstverständlich«, sagte Michael. »Würden Sie das Geld bitte so lange auf Ihrem Schreibtisch bereithalten, bis ich Mr. Parishs Unterschrift auf dem Scheck habe?«

»Sehr gern.« Der Mann ging mit den beiden Koffern wieder hinaus.

Chuck traf fünf Minuten vor zwölf ein und wurde in das Besprechungszimmer geführt. Er nahm sich keine Zeit für Höflichkeitsfloskeln. »Hast du das Geld mitgebracht?«

Michael zog einen Umschlag aus der Innentasche seiner Jacke. »Ich habe den Scheck hier, du mußt ihn girieren.« Er zog den Scheck aus dem Umschlag, legte ihn mit der Vorderseite nach unten auf den Konferenztisch und reichte Chuck seinen Kugelschreiber. »Hier mußt du unterschreiben.«

Chuck unterschrieb hastig. Seine Hände zitterten, und er sah noch schlechter aus als am Abend zuvor.

»Ich bin gleich wieder da«, versprach Michael, ging hinaus und trug den Scheck zum Schreibtisch des Filialleiters. »Hier ist Ihr girierter Scheck.«

Der Mann warf einen Blick darauf. »Und Sie versichern mir, daß dieser Mann auch derjenige ist, der er zu sein behauptet?«

»Ja, das versichere ich Ihnen.«

Der Filialleiter gab ihm die beiden Koffer.

Michael kehrte in das Besprechungszimmer zurück, stellte seinen eigenen Koffer neben dem Tisch auf den Boden und den anderen auf den Tisch. »Ich möchte, daß du nachzählst«, forderte er Chuck auf.

Der klappte den Koffer auf, blätterte kurz in den Geldscheinen und klappte den Koffer wieder zu. »Wird schon in Ordnung sein; ich vertraue dir.«

»Es ist alles da«, erklärte Michael. Er holte weitere Papiere aus der Jackentasche. »Hier ist eine Kopie des Vertrags mit meiner Unterschrift.« Er reichte Chuck die zusammengefalteten Papiere, und der steckte sie, ohne einen Blick darauf zu werfen, in die Tasche. Dann holte Michael ein weiteres Blatt Papier heraus und legte es auf den Tisch. »Du mußt mir jetzt noch eine Quittung unterschreiben, dann gehört das Geld dir.«

Chuck unterschrieb, wiederum ohne hinzusehen, und stand dann auf. »Danke, ich verschwinde jetzt.«

»Chuck, ehe du gehst, möchte ich, daß dir eines klar ist.«

»Ja?«

»Auf dem Vertrag und der Quittung ist der Betrag mit zweihunderttausend Dollar angegeben.«

»Was?«

»Ich habe meine Gründe dafür. Praktisch betrachtet habe ich dir gerade zweihunderttausend Dollar gegeben, und du hast sie in Empfang genommen.«

»Ich verstehe nicht.«

»Zerbrich dir darüber nicht den Kopf, das steigert nur deinen Preis in dieser Stadt. Du kannst immer einen Vertrag herzeigen, auf dem zweihunderttausend steht und nicht nur hunderttausend Dollar. Und es liegt in deinem Interesse, falls man dich je fragen sollte, auch zu sagen, daß du zweihunderttausend bekommen hast.«

»Michael, stiehlst du mir Geld?«

»Chuck, wenn du so etwas noch einmal zu mir sagst – oder zu jemand anderem –, haben wir beide das letzte Geschäft miteinander gemacht. Aber wenn du unzufrieden bist, kannst du diesen Koffer wieder auf den Tisch stellen; ich gebe dir dann deinen Vertrag zurück, und die ganze Sache ist vergessen.« Michael wartete auf eine Antwort.

»Ich bin zufrieden«, meinte Chuck. »Schließlich, wer würde mir sonst hundert Riesen für ein Drehbuch geben, das er noch nicht einmal gelesen hat?«

»Ganz richtig, Chuck.« Michael lächelte. »Denke immer daran, du und ich werden noch eine lange Zeit in dieser Branche tätig sein; wir haben bereits einiges Geld zusammen verdient und werden noch eine ganze Menge mehr verdienen.«

Chuck schüttelte ihm die Hand und ging hinaus. Michael wartete fünf Minuten, dann nahm er seinen eigenen Koffer und ging ebenfalls. Dem Filialleiter winkte er beim Hinausgehen zu.

Er stieg in den Porsche und fuhr zu seiner eigenen Bank, dem »Kensington Trust«. Derek Winfield empfing ihn in seinem Büro.

»Ich würde gerne eine Einzahlung machen«, erklärte Michael.

»Selbstverständlich«, nickte Winfield. »Ich lasse das Geld nur schnell durch die Zählmaschine laufen.« Er verließ den Raum auf ein paar Minuten, kam dann zurück und übergab Michael den leeren Koffer und eine Quittung. »Kann ich sonst noch etwas für Sie tun?«

»Ich würde gern meinen derzeitigen Kontostand erfahren«, bat Michael.

»Selbstverständlich.« Winfield zog einen Schlüssel aus der Tasche und schob ihn in ein Computerterminal auf seinem Schreibtisch. Er schlug ein paar Tasten an, sah auf den Bildschirm und schlug dann einige weitere Tasten an. Ein Drucker auf einem Beistelltisch summte und spuckte dann ein Blatt Papier aus. Winfield gab es Michael. »Morgen werden die Zinsen für letzte Woche gutgeschrieben«, sagte er. »Die sind noch nicht in diesem Betrag enthalten.«

Michael warf einen Blick auf das Blatt und lächelte. »Vielen Dank«, sagte er. »Ich bin sehr zufrieden.«

»Das freut mich«, entgegnete Winfield. »Und Ihre heutige Einzahlung wird von morgen an Zinsen tragen.«

Als Michael Winfields Büro verließ, pfiff er vergnügt vor sich hin. Eigentlich konnten die Dinge gar nicht besser für ihn stehen.

32

Special Agent Thomas Carson aus dem Büro Los Angeles des FBI beugte sich über die Arbeitstheke und preßte sich den Kopfhörer ans Ohr. Auf der knapp vier Meter langen Theke waren ein halbes Dutzend Ampex-Recorder aufgereiht, in deren Anzeigenfenstern es beständig zuckte.

»Das ist das zweite Mal, daß er die Bank aufsucht«, sagte der Techniker und drehte dabei die Lautstärke etwas höher, damit Carson besser verstehen konnte.

»Was war beim ersten Mal?« wollte Carson wissen. »Helfen Sie meinem Gedächtnis auf die Sprünge.«

»Wenn ich mich recht erinnere, hat er einen größeren Geldbetrag eingezahlt, aber Sie müssen sich die Niederschriften ansehen, um ganz sicher zu sein. Callabreses Name ist an dem Datum im Log verzeichnet, und das Log sollte inzwischen die entsprechenden Quervermerke haben.«

»Danke, Ken«, nickte Carson. »Ich werde mir Mr. Callabrese ansehen.« Er ging an die Akten, fand den Namen, schlug das Datum nach und ging dann an einen anderen Aktenschrank, um die Niederschrift zu holen. Er setzte sich, las sie Zeile für Zeile durch und nahm sich anschließend noch einmal die Akte der »Kensington Trust« vor. In ein paar Minuten würde die wöchentliche Besprechung mit dem Bürochef stattfinden, und Carson hatte nur wenig zu bieten; auf die Weise hatte er etwas, worüber er berichten konnte. Er ging in den Computerraum zurück, forderte ein Profil von Vincente Callabrese an und wartete dann am Drucker, bis der es ausspuckte. Er war nicht der erste, der sich für Callabrese interessierte, konnte er dem Logbuch entnehmen. Ein Sergeant der Polizei von Los Angeles namens Rivera war ihm zuvorgekommen. Er rief Rivera an. »Hier spricht Tom Carson vom FBI«, meldete er sich.

»Hallo.«

Nicht gerade eine begeisterte Reaktion. Wie kam es eigentlich, daß die Bullen das FBI so haßten? Er verstand das einfach nicht. »Ich habe da gerade einen gewissen Vincente Callabrese durch unser System laufen lassen und sehe, daß Sie sich auch für ihn interessierten. Was haben Sie denn?«

»Seine Fingerabdrücke befanden sich in einem Wagen, der für ein Verbrechen benutzt wurde. Ein Mafiakiller aus Las Vegas namens Ippolito hat einen Wagen gestohlen und damit einen Mann überfahren. Typischer Auftragsmord. Callabreses Fingerabdrücke waren am Armaturenbrett.«

»Und was mutmaßen Sie daraus?«

»Ich mutmaße, daß er sich in dem Wagen befunden hat. Ein Zeuge hat ausgesagt, daß ein zweiter Mann dabei war.«

»Und was ist jetzt Ihr nächster Schritt?«

»Gar nichts«, erwiderte Rivera. »Der Bursche ist im System eine völlige Null – keinerlei Papiere. Ich kann nur seine Akte markieren und darauf warten, daß er verhaftet wird. Über kurz oder lang wird das passieren, so ist das immer.«

»Genau«, pflichtete Carson ihm bei. »Vielen Dank für Ihre Unterstützung.«

»Moment mal«, erwiderte Rivera. »Ich habe ausgepackt, und jetzt packen Sie aus.«

»Oh, wir haben sogar noch weniger als Sie«, erklärte Carson. Er konnte Rivera fluchen hören, als er den Hörer auflegte.

Carson ging an seinem Schreibtisch vorbei, um die für ihn eingegangenen Mitteilungen mitzunehmen, klemmte sich dann den Aktendeckel unter den Arm und ging über den Flur zu dem großen Büro an der Ecke, wo sein Chef residierte. Zwei weitere Abteilungsleiter waren zugegen – Personal und Ermittlungen; Carson war Leiter der Überwachungsabteilung.

Carson erduldete den Personalbericht schweigend, den der

Ermittlungsabteilung mit Interesse und war dann selbst an der Reihe.

»Was haben Sie für mich, Tom?« wollte der Chef wissen.

»Sie erinnern sich, daß wir seit letztem Mai die Büros der ›Kensington Trust‹ angezapft haben.«

»Nein, ich erinnere mich nicht«, fiel der Chef ihm ins Wort. »Was zum Teufel ist ›Kensington Trust‹?«

»Es handelt sich um eine Privatbank mit Zentrale in London und Büros auf der ganzen Welt.«

»Und?« Der Chef sah auf seine Uhr. Der Mann kam aus dem für Kapitalverbrechen zuständigen Bereich des FBI, und Finanzkram langweilte ihn. Aber für Mafiasachen hatte er etwas übrig; das wußte Carson.

»Wir haben die Leute seit längerer Zeit im Verdacht, in großem Stil Geldwäsche zu betreiben, aber sie sind aalglatt, und man kann ihnen deshalb kaum etwas anhängen. Allerdings«, fuhr Carson schnell fort, ehe der Chef ihn unterbrechen konnte, »jetzt glauben wir, daß es eine wichtige Verbindung zur Cosa Nostra gibt.«

Plötzlich war der Chef ganz Ohr. »So? Da will ich mehr hören.«

»Vor ein paar Monaten ist in den Büros der ›Kensington Trust‹ ein neues Gesicht aufgetaucht. Sein Name ist Callabrese.«

»Und er hängt mit der Cosa Nostra zusammen?«

»Das nehmen wir an.« Carson besaß kaum Beweise, um seine Schlußfolgerung zu untermauern, aber das war jetzt das erste Mal seit Wochen, daß der Chef Interesse zeigte, und das war eine Chance, die er nicht ungenutzt lassen wollte. »Bei seinen beiden ersten Besuchen in den ›Kensington‹-Büros hat Callabrese ein neues Anlagenkonto mit siebenhundertsechzigtausend Dollar eröffnet. Hunderttausend davon waren bar, der Rest ein Bankscheck auf eine New Yorker Bank.«

»Welche Bank?«

»Das wissen wir nicht, und um es herauszufinden, müßten wir ihre Unterlagen beschlagnahmen. Ich glaube, das lohnt sich im Augenblick noch nicht.«

»Weiter.«

»Callabrese hat ausdrücklich verlangt, daß sein Geld, und jetzt zitiere ich, ›auf der Straße investiert wird‹.«

»Himmel noch mal, Carson, das könnte doch auch Wall Street bedeuten. Was soll das denn?«

»Sie müßten sich die Bänder anhören, um die feinen Nuancen mitzubekommen, Chef. Aber ich glaube nicht, daß er Wall Street gemeint hat. Er hat gesagt, er erwarte einen Ertrag von drei Prozent die Woche, und der Manager der ›Kensington‹ hat gesagt, das könne er zusagen.«

Der Chef nickte. »Das klingt nach Kredithai«, sagte er, »aber wir haben nicht genug Beweise dafür, oder?«

»Jetzt noch nicht, aber selbst wenn wir welche hätten, würde ich nicht auf die ›Kensington‹ losgehen. Ich halte die Bank für wichtig, weil sie uns zu einem wirklich großen Fisch führen könnte. Sie ist für uns als Informationsquelle wesentlich wichtiger denn als Objekt einer Razzia.«

»Ich verstehe«, nickte der Chef. »Wieviel Zeit gibt uns denn die gerichtliche Anweisung noch?«

»Drei Wochen«, erwiderte Carson.

»Und haben wir einen kooperativen Richter?«

»Cooper. Er ist recht gut.«

»Warten Sie noch zwei Wochen und verlangen Sie dann sechs Monate Verlängerung«, erwiderte der Chef.

Carson strahlte. Genau das hatte er gewollt. Es war ihm richtig zuwider, einen Abhörauftrag auslaufen zu lassen; er kam sich dabei immer wie ein Versager vor.

»Was war bei Callabreses zweitem Besuch?« wollte der Chef wissen.

»Er hat weitere hunderttausend in bar mitgebracht.«

»Dann muß er ein Gangster sein. Niemand läuft mit so viel Bargeld herum.«

»Bei seinem ersten Besuch hat er eine Verbindung in New York erwähnt, aber keinen Namen genannt. Aber ich wette, daß er Verbindungen hat.«

»Mit einem Namen wie Callabrese? Klar hat er die. Haben Sie ihn durch das System laufen lassen?«

»Ja, und auch gefunden, aber bloß eine Belanglosigkeit. Man hat ihn vor elf Jahren, als Jugendlichen, einmal verhaftet und Fingerabdrücke von ihm genommen, aber seitdem war nichts. Ein Beamter vom Morddezernat Los Angeles hat kürzlich eine Anforderung eingegeben; ich habe mit ihm darüber gesprochen. Dabei erfuhr ich, daß Callabreses Abdrücke in einem Wagen aufgetaucht sind, den ein Mafiakiller aus Las Vegas gestohlen und zu einem Mord mit Fahrerflucht benutzt hat. Dieser Beamte hat allerdings überhaupt nichts über ihn gefunden – es gibt kein Stückchen Papier über Callabrese.«

»Dann ist er eindeutig ein Gangster«, erklärte der Chef, der jetzt sichtlich Feuer gefangen hatte, »und das klingt auch nicht so, als ob er bloß auf der Durchreise wäre. Haben Sie ein Foto bestellt?«

»In den Akten ist keines. Da muß die Polizei damals Mist gebaut haben. Aber ich habe seine Akte markiert. Wenn er verhaftet wird, werde ich das erfahren.«

»Setzen Sie Callabrese auf die Überwachungsliste«, ordnete der Chef an. »Ich möchte, daß der Name sowohl unter Banken als auch unter Kredithaien vermerkt wird.«

»Ja.«

Der Chef erhob sich. »Vielen Dank, meine Herren. Dann bis nächste Woche um dieselbe Zeit.«

33

Sergeant Ricardo Rivera wurde vom Klingeln des Telefons geweckt. Er wälzte sich auf die Seite und sah auf die Nachttischuhr: halb sieben. Dabei fing sein Dienst erst um elf an. »Hallo?«

»Hallo, Ricky.«

Er hätte es wissen müssen. »Cindy«, schnaufte er, »warum zum Teufel rufst du mich so früh an?«

»Ich denke, das weißt du doch«, sagte sie.

»Verdammt noch mal, ich fange erst um elf an; ich hätte noch drei Stunden schlafen können.« Sie hatte lange genug mit ihm zusammengelebt, um zu wissen, daß er, wenn er einmal aufgewacht war, nicht mehr einschlafen konnte.

»Tut mir leid, ich wollte nur ganz sicher gehen, daß ich dich erwische.«

»Wie geht's Georgie?« Er hatte den Namen nie leiden können, aber sie hatte darauf beharrt, ihren Sohn nach ihrem Vater zu benennen. George Rivera klang in seinen Ohren einfach nicht richtig.

»Er hat sich gestern beim Football einen Finger gebrochen.«

»Bist du sicher, daß er gebrochen ist?«

»Ja. In der Notaufnahme hat man ihm einen Gipsverband gemacht. Den wird er sechs Wochen tragen müssen.«

»Ein Ehrenzeichen«, sagte Rivera und mußte unwillkürlich lächeln. Er hatte einmal einen Gipsverband am Arm gehabt, und das hatte die Mädchen ungemein beeindruckt.

»Ich mußte einen Scheck für das Krankenhaus ausschreiben«, sagte sie.

Er spürte, wie sich sein Magen verkrampfte. »Wieviel?«

»Dreihundertzwanzig Dollar.«

»Himmel! Man möchte meinen, er habe sich das Rückgrat gebrochen!«

»Die mußten ihn röntgen. Eigentlich ist es gar nicht so übertrieben, wenn man bedenkt, was dieses medizinische Zeug heutzutage kostet.«

»Hast du denn so viel auf der Bank?«

»Deshalb ruf' ich ja an. Ich muß heute etwas einzahlen, damit der Scheck gedeckt ist, und das hab' ich nicht.«

»Laß ihn doch einfach zurückgehen«, sagte er. »Übermorgen ist Zahltag.«

»Das kommt nicht in Frage, Ricky«, entgegnete sie. »Ich will mir finanziell nichts zuschulden kommen lassen, jetzt, wo ich allein bin. Für Arztkosten bist du zuständig, so ist es bei der Scheidung festgelegt worden.«

»Schon gut«, gab er nach. »Ich fahre heute früh auf dem Weg zur Arbeit bei einer Zweigstelle vorbei.«

»Danke«, sagte sie. »Und, Ricky –«

»Ja, dein Scheck kommt schon pünktlich, keine Sorge.«

»Kann ich mich darauf verlassen, Ricky?«

»Ja, ganz bestimmt.«

»Weil du nämlich dreimal zu spät dran warst und das jedesmal alles bei mir durcheinandergebracht hat.«

»Diesmal kommt er pünktlich.«

»Mein Anwalt hat mir gesagt, wenn du dich wieder verspätest, soll ich dich an diesem Wochenende Georgie nicht besuchen lassen.«

»Du willst mich also mit dem Jungen erpressen?«

»Nur wenn ich den Scheck nicht pünktlich bekomme«, meinte sie.

»Der kommt pünktlich, das verspreche ich dir.«

»Und du zahlst das Geld ganz bestimmt noch heute vormittag ein, das versprichst du mir?«

»Ja, das verspreche ich dir.«

»Danke, Ricky. Also dann bis zum Wochenende.«

Rivera stieg aus dem Bett und wühlte in der Schreibtischschublade nach seinem Scheckbuch; sein Kontostand betrug dreihunderteinunddreißig Dollar. Wenn er den Scheck ausgeschrieben hatte, würde er noch elf Mäuse übrig haben. Er sah in die Hosentasche; da waren zwölf Mäuse. Das bedeutete Fertiggerichte bis zum Zahltag. Er setzte sich an den Schreibtisch, holte eine Handvoll Rechnungen aus der obersten Schublade und zählte die Beträge zusammen. Nachdem er die Rechnungen bezahlt und Cindys Scheck ausgestellt hatte, würde er bis zum nächsten Zahltag knapp hundert Dollar zur Verfügung haben.

Seit der Scheidung, die jetzt mehr als ein Jahr zurücklag, besaß er kein Geld mehr. Es reichte hinten und vorn nicht.

Als sie noch verheiratet gewesen waren, hatten sie anständig gelebt; sie hatten ein recht hübsches Haus im Valley gehabt und zwei Autos. Das Haus und den Kombi hatte sie bekommen, aber er zahlte natürlich für beides die Raten. Sie hatten sich einiges erspart, aber den Löwenanteil davon hatte der Richter ihr zugesprochen. Er kannte sie gut; wenn er seine Zahlungsverpflichtungen nicht erfüllte, würde sie sich um das alleinige Sorgerecht für den Jungen bemühen und würde es wahrscheinlich auch bekommen. Er seufzte tief. Sein ganzes Leben war im Eimer.

Er machte bei der Bank halt, zahlte die dreihundertzwanzig Dollar auf ihr Konto ein und fuhr dann zur Arbeit. Er kam zu früh und fand einen Zettel auf seinem Schreibtisch vor, er solle Chico anrufen. Da er Zeit hatte, ging er gleich zu ihm.

Chico saß über das Negativ eines Daumenabdrucks gebeugt und inspizierte es sorgfältig mit einem Vergrößerungsglas.

Rivera wartete, bis er sich aufrichtete, ehe er ihn ansprach. »Na, wie geht's, Amigo?« fragte er.

»Gut, mein Junge, und dir?«

»Geht schon. Hast du was für mich?«

»Ja. Tut mir leid, daß es so lange gedauert hat.«

»Ist schon gut, war ja nicht eilig.«

Chico suchte in einer Schublade, bis er einen Plastikbeutel mit einem länglichen silberfarbigen Gegenstand fand. Eine Fingerabdruckskarte war an den Beutel geklemmt. »Der rechte Zeigefinger stimmt überein«, sagte er. »Das war's doch, was du wolltest?«

»Das bestätigt jedenfalls meine Vermutung«, meinte Rivera ohne große Begeisterung, »aber es bringt mich eigentlich auch nicht weiter. Ich kann nicht beweisen, wann die Abdrücke dort hingekommen sind, wo man sie gefunden hat.«

»Ja, so ist das oft«, bestätigte Chico, als er ihm den Beutel reichte.

Rivera nahm ihn entgegen. »Vielen Dank, Amigo. Du hast was gut bei mir.« Er ging zu seinem Schreibtisch zurück und spürte, wie sein Herzschlag sich beschleunigte. Jetzt hatte er diesen Hurenbock! Was er jetzt hatte, reichte für eine Verhaftung und eine Gegenüberstellung aus.

Er setzte sich an seinen Schreibtisch und dachte gründlich nach. Wenn er seine Karten jetzt richtig ausspielte, gab es auch für ihn ein Licht am Ende seines ganz persönlichen Tunnels. Er nahm den Hörer ab und wählte. »Hallo«, meldete er sich. »Hier spricht Sergeant Rivera. Ich würde ihn gern so bald wie möglich sprechen.«

»Warten Sie bitte einen Augenblick«, bat die Frau.

»Michael, da ist dieser Sergeant Rivera wieder am Telefon. Er will Sie so bald wie möglich sprechen.«

Michael dachte einen Augenblick nach. »Margot«, sagte er, »erinnern Sie sich daran, wie ich vor einer Weile meinen Brieföffner verlegt habe?«

»Ja«, sagte sie.

»Wo haben Sie ihn denn gefunden?«

»Gar nicht. Ich bin einfach ins Büromateriallager gegangen und habe Ihnen einen neuen geholt.«

»Aha«, nickte er nachdenklich. »Fragen Sie Rivera, ob er zum Mittagessen frei ist.«

34

Michael traf eine halbe Stunde vor der vereinbarten Zeit am Strand ein. Er hatte sich Margots kleinen BMW ausgeliehen und parkte ihn am äußersten nördlichen Ende des Parkplatzes abseits von den anderen Fahrzeugen. Er stieg aus und stapfte durch den Sand zum Meer. Auf halbem Wege blieb er stehen und blickte zur Straße zurück. Um diese Zeit, noch dazu an einem Wochentag, war der Strand kaum bevölkert; das war gut. Ein paar hundert Meter weiter nördlich stand ein kleiner Betonbau, in dem sich Toiletten befanden. Er ging hin und sah sich die Herrentoilette an: drei Pißbecken, zwei Kabinen und ein Waschbecken. Er griff nach hinten und schob die Pistole, die er sich in den Gürtel gesteckt hatte, zurecht. Dann verließ er den Bau und ging zum Parkplatz zurück.

Rivera war pünktlich. Er parkte seinen Wagen und kam dann auf Michael zu, der ihm lächelnd die Hand hinstreckte. »Schön, Sie wiederzusehen, und vielen Dank, daß Sie sich hier draußen mit mir treffen. Für mich war das wesentlich bequemer.«

Rivera schüttelte ihm die Hand, sagte aber nichts.

»Lassen Sie uns einen kleinen Spaziergang machen. Wir können uns ja im Gehen unterhalten«, schlug Michael vor. Er ging den Strand hinauf, auf die Toiletten zu, und Rivera folgte ihm. Sie hatten den Wind im Rücken. »Was gibt's Neues?« erkundigte sich Michael. »Irgendwelche Fortschritte in Ihrem Fall?«

»Komisch, daß Sie fragen«, meinte Rivera. »Der Fall ist gelöst. Ich habe ihn heute morgen abgeschlossen.«

Michael spürte ein Gefühl der Übelkeit in sich aufsteigen. »Gratuliere! Erzählen Sie.«

»Soll ich Ihnen die ganze Geschichte schildern, oder wollen Sie bloß die Ergebnisse hören?«

»Die ganze Geschichte«, bat Michael. Noch hundert Meter bis zu den Toiletten.

»Es ist ungefähr so gelaufen«, fing Rivera an und keuchte ein wenig; das Gehen im weichen Sand war anstrengend. »Unser Mann Callabrese war ein Mafiatyp in New York. Mafiatypen haben immer falsche Ausweise – Sozialversicherungskarte, Führerschein und so weiter –, und deshalb gab es nirgends Papiere über Callabrese unter seinem eigenen Namen. Aber Callabrese hat plötzlich Lust auf L. A. und kommt hierher, nimmt einen ordentlichen Job an und ist darin recht erfolgreich. Dann kommt ihm Moriarty in die Quere. Der Anwalt hat etwas, was Callabrese haben will, und Moriarty will es ihm nicht verkaufen. Das paßt Callabrese nicht, und plötzlich erwacht seine Vergangenheit wieder in ihm. Er ruft jemand an, der seinerseits jemand in Las Vegas anruft, der wiederum Ippolito nach L. A. schickt, damit er sich um Moriarty kümmert. Ippolito stiehlt ein Auto, trifft sich irgendwo mit Callabrese, wahrscheinlich damit der ihm Moriarty zeigen kann, und dann parken sie in Moriartys Straße und warten, daß er auftaucht. Er kommt aus dem Haus, um in seinen Wagen zu steigen, Ippolito überfährt ihn, steigt dann aus dem Wagen, geht zurück und gibt dem alten Mann mit dem Messer den Rest. Callabrese sieht sich alles das vom Wagen aus an, und zwei Anwohner beobachten ihn dabei.«

Fünfzig Meter bis zu den Toiletten. »Gut, weiter.«

»Dann trennen sich Callabrese und Ippolito, und irgend jemand, ein Dritter wahrscheinlich, lockt Ippolito in die Wüste und gibt ihm dort eins über die Rübe, um sicherzustellen, daß der Mann Callabrese nicht ans Messer liefern kann. Aber Callabrese hat einen dummen Fehler gemacht; er hat ein paar Fingerabdrücke in dem Wagen hinterlassen.«

»Und wie finden Sie ihn?« fragte Michael. Zwanzig Meter bis zu den Toiletten. Weit und breit niemand zu sehen.

Rivera blieb stehen. »Ich glaube, ich weiß, wo ich ihn zu fassen kriege.«

Michael nahm ihn am Arm und zog ihn sachte mit sich. »Ich muß mal pinkeln«, sagte er.

Rivera redete weiter. »Ich brauche mir diesen Burschen nur zu holen, seine Fingerabdrücke abzunehmen und eine Gegenüberstellung zu veranlassen. Ich habe eindeutige Fingerabdrücke, die beweisen, daß Callabrese in dem Wagen war, und zwei Augenzeugen, die bestätigen werden, daß er am Tatort war. Ein sicherer Schuldspruch auf Mord ersten Grades. Und vergessen Sie nicht, wir haben hier in Kalifornien immer noch die Todesstrafe.«

Zehn Meter bis zu den Toiletten. »Ich muß einen Augenblick da hinein«, sagte Michael. Er ging in die Herrentoilette und stellte sich vor ein Pißbecken.

Rivera folgte ihm.

Michael wußte, daß das, was er vorhatte, ziemlich gewagt war, aber eine andere Möglichkeit gab es nicht. Als er fertig war, zog er den Reißverschluß hoch und trat einen Schritt zurück. Seine rechte Hand griff nach hinten.

Ein scharrendes Geräusch war an der Tür zu hören, und ein Mann und ein kleiner Junge traten ein. Wo zum Teufel kamen die beiden jetzt her? Michael tat so, als stopfe er sich das Hemd in die Hose. Rivera trat an das Waschbecken, wusch sich die Hände und ging hinaus. Michael folgte ihm. Was sollte er jetzt tun? Er setzte sich in Richtung auf den Parkplatz in Bewegung. Jetzt mußte es eben im Wagen passieren; vielleicht war das ohnehin am besten.

Die beiden Männer stapften eine Weile stumm durch den Sand, dann fuhr Rivera fort.

»Also, jetzt habe ich meinen Mann«, sagte er. »Meinen Sie, daß da ein Film drin ist?«

»Schon möglich«, meinte Michael.

»Ich hab' mich schon immer für die Filmbranche interessiert«, fuhr Rivera fort.

»So? Gibt es da etwas Spezielles, was Sie interessiert?« Vielleicht gab es einen anderen Weg.

»Entwicklung, Produktion, so etwas.«

»Vielleicht könnten Sie da gut sein. Wie heißen Sie mit Vornamen?«

»Ricardo; meine Freunde sagen alle Rick zu mir.«

»Nun, Rick, im Filmgeschäft ist immer Raum für junge Talente.«

»Das habe ich mir auch gedacht, Michael«, erwiderte Rivera. »Mir ist sogar aufgefallen, daß es in Ihrem Gebäude ein paar leere Büros gibt.«

»Richtig. Ich bin noch dabei, Personal einzustellen. Ich werde einen Produktionsassistenten brauchen, vielleicht auch zwei. Sind Sie interessiert?«

»Könnte sein«, nickte Rivera.

»Was meinen Sie denn, daß Sie für den Job mitbringen?«

»Also, ich hab' an einer Unmenge interessanter Fälle gearbeitet, die man vielleicht für den Film verwerten könnte«, erwiderte Rivera. »Und dann könnte ich als technischer Berater für Polizeifilme nützlich sein.«

»Sehr interessant«, meinte Michael, »und ein heller Kopf sind Sie offensichtlich auch. Sie könnten es im Filmgeschäft sicher zu etwas bringen.«

Sie hatten jetzt beinahe Riveras Wagen erreicht.

»Ist das ein Angebot?« wollte Rivera wissen.

»Ich müßte wissen, was ich von Ihnen bekomme«, war Michaels Antwort darauf.

»Soll ich ganz offen sein?«

»Natürlich. Ich bin immer für Offenheit.«

»Zum einen würden Sie im Filmgeschäft bleiben«, erklärte Rivera.

»Wie würde ich wissen, daß ich in meiner Position sicher bin?« fragte Michael.

»Sie hätten meine persönliche Garantie«, erwiderte Rivera.

»Aber wie können Sie so etwas garantieren?«

»Nun ja, verstehen Sie, in einem solchen Fall wäre normalerweise auch mein Partner eingeschaltet – Sie haben ihn bei unserem ersten Besuch in Ihrem Büro kennengelernt –, aber er hat gerade zwei Wochen Urlaub, also habe ich diesmal die Beweise ganz allein gesammelt.«

»Ich verstehe. Und wo befinden sich die Beweise?«

»Im Augenblick in einem Safe im Büro meines Anwalts. Das habe ich getan, damit mein Anwalt, falls ich nicht eines natürlichen Todes sterben sollte, entsprechende Schritte unternehmen kann.«

Sie standen jetzt vor Riveras Wagen.

Wahrscheinlich lügt der Mann, dachte Michael, aber das Risiko konnte er nicht eingehen. »Rick, ich denke, Sie könnten mir sehr nützlich sein. Lassen Sie uns ein Geschäft machen. Warum treten Sie nicht in mein Produktionsteam ein? Sie bekommen ein Büro und könnten Polizeistorys für mich entwickeln.«

»Das klingt gut«, meinte Rivera. »Und ich könnte zusätzlich für Ihre Produktion im Sicherheitsbereich tätig sein.«

»Klingt nicht schlecht. Was halten Sie von hunderttausend jährlich?«

»Was meinen Sie zu hundertfünfzig?«

Michael lachte. »Sie schätzen Ihren Wert hoch ein.« Er mußte eine Entscheidung treffen; entweder mußte er diesem Bullen jetzt sofort eine Kugel in den Kopf jagen oder ihn einstellen. Wie hatte Lyndon Johnson es einmal formuliert? Es ist besser, einen Feind im Zelt zu haben, der nach draußen pißt, als einen vor dem Zelt, der ins Zelt hereinpißt.

»Ich glaube, ich bin einiges wert«, meinte Rivera. »Und ich würde ja schließlich, wenn ich diesen Job annehme, mein Beweismaterial nicht mehr an meine Vorgesetzten weitergeben können, ohne mich selbst in ein schiefes Licht zu bringen. Ich glaube, mich in Ihrem Team zu haben wäre eine sehr gute Versicherung, und hundertfünfzig Riesen sind im Filmgeschäft nicht viel Geld. Ich würde natürlich mehr haben wollen, sobald ich es wert bin.«

»Das ist klar«, nickte Michael. »Im Filmgeschäft gibt es keine Grenze nach oben.« Sein Entschluß stand fest. »Also einverstanden, Rick! Wann können Sie die Arbeit antreten?«

»Praktisch sofort«, erklärte Rivera. »Ich werde sofort meinen Abschied einreichen, sobald wir den Vertrag unterschrieben haben.«

»Den lasse ich noch heute ausfertigen«, versprach Michael.

»Oh, ich hätte gern einen kleinen Vorschuß, um unsere Übereinkunft sozusagen zu besiegeln«, meinte Rivera. »Wie wär's mit fünfundzwanzigtausend in bar, unter dem Tisch? Nennen wir es eine Abschlußprämie. Ich würde ungern dafür Steuern zahlen.«

»Ich glaube, das läßt sich machen«, meinte Michael und schüttelte ihm die Hand. »Kommen Sie doch morgen gegen fünf vorbei, dann habe ich Ihren Vertrag fertig. Sie können sofort anfangen, sobald Sie aus der Polizei raus sind.«

»Klingt nicht übel«, sagte Rivera und streckte ihm noch einmal die Hand hin. »Wie Bogart zu Claude Rains gesagt hat:

›Ich glaube, das könnte der Anfang einer schönen Freundschaft sein.‹«

Michael schüttelte ihm noch einmal die Hand. »Das hoffe ich auch«, sagte er. Bis du ins Gras gebissen hast, dachte er dabei.

35

Michael schaltete den Porsche in den zweiten Gang herunter und bog vom Sunset Boulevard in den Stone Canyon ein. Er sah zu Vanessa hinüber, die stumm neben ihm saß. »Hör mal, das soll heute abend eine Feier werden. Meinst du nicht, du könntest ein etwas freundlicheres Gesicht aufsetzen?«

»Und was für eine Feier!« meinte Vanessa mürrisch.

»›Schwarzes Abendrot‹ ist als bester Film benannt worden, verdammt noch mal! Kannst du dich darüber nicht freuen?«

»Ja, und Carol Geraldi auch! In *meiner* Rolle! Die Nominierung hätte *ich* bekommen können!«

»Gibst du *mir* die Schuld daran? Chuck hat dir die Rolle weggenommen.«

»Ich habe das anders gehört«, fauchte sie mit zusammengebissenen Zähnen. »Ganz anders.«

»Ich habe wirklich keine Ahnung, wovon du redest.« Sie fuhren gerade am Hotel »Bel-Air« vorbei; bis zum Haus der Goldmans war es nur noch ein kurzes Stück.

»Ich habe Chuck zufällig im ›Bistro Garden‹ getroffen«, sagte sie. »Du hast mir nicht einmal gesagt, daß er hier ist.«

»Großartig! Der Schwachkopf hat eine dreiviertel Million verpulvert, seit wir den Film gemacht haben, und kifft sich inzwischen um sein bißchen Verstand. Mich überrascht, daß er sich das ›Bistro Garden‹ leisten kann.«

»Er sieht recht gut aus; er kommt gerade aus der Reha und scheint mir recht gut beisammen zu sein.«

»Na prima, freut mich, das zu hören.«

»Du hast mir nicht erzählt, daß du sein Drehbuch gekauft hast.«

»Das habe ich noch niemand erzählt; ich arbeite noch daran.«

»Er scheint der Ansicht zu sein, daß du ihn beschummelt hast.«

Michael trat heftig auf die Bremse, so daß der Wagen mit quietschenden Reifen zum Stehen kam. »Ihn beschummelt? Laß dir erklären, wie es wirklich war. Chuck kam zu mir in bitteren Geldnöten; er hatte das ganze Geld in den Sand gesetzt, das er mit ›Schwarzes Abendrot‹ verdient hatte, und die Kredithaie und die Rauschgiftdealer waren hinter ihm her. Ich habe ihm für sein Drehbuch zweihunderttausend Dollar gegeben, unbesehen, weil ich eine hohe Meinung von seinem Talent habe und ihm helfen wollte. Glaubst du, daß es auf der ganzen Welt sonst noch jemand gibt, der das getan hätte?«

»Er hat mir auch erzählt, wie du Carol Geraldi in den Film hineinbugsiert hast und wie ich rausgeflogen bin.«

»Na schön, dann will ich dir ganz genau sagen, was da gelaufen ist. Chuck kam eines Tages während der Proben in der Mittagszeit zu mir und sagte, seiner Ansicht nach schafftest du die Rolle nicht, du eignetest dich nicht dafür. Ich sagte, vom Typ her seist du nicht ganz die richtige Besetzung; du seist aber eine so gute Schauspielerin, daß du die Rolle trotzdem glänzend spielen könntest. Er bestand darauf, daß wir jemand anderen für die Rolle suchten; er war der Regisseur des Films, und ich konnte ihm da letzten Endes nicht dreinreden. Also zog ich los und fand Carol Geraldi, die ziemlich am Ende war, und habe dann Chuck überredet, sie zu nehmen. Dich habe ich ja kaum gekannt; für mich warst du damals irgendeine Schauspielerin, und der Regisseur wollte jemand anderen für die Rolle. Wenn Chuck dir etwas anderes erzählt hat, dann hat er gelogen.«

Vanessa blieb stumm.

Er beugte sich zu ihr hinüber, nahm sie bei den Schultern und drehte sie zu sich herum. »Hör zu«, sagte er. »Ich habe dich aus deiner Laufbahn als Model herausgeholt und dir die Rolle deines Lebens in ›Kalifornische Romanze‹ gegeben, wo du mit einem Weltstar zusammen spielst. Ich habe dich in eine wunderschöne Wohnung gesetzt, deine Karriere gefördert und zahle dir fünftausend Dollar die Woche, die du, wie ich vielleicht hinzufügen darf, für Kleidung und ein teures Auto ausgibst. Alles das habe ich in der Überzeugung getan, daß du eine gute Schauspielerin bist, und weil ich dich liebe. Und das einzige, was ich jetzt dafür bekomme, ist, daß du sauer auf mich bist, weil der Regisseur dich aus einer Rolle entfernt hat, für die du eigentlich gar nicht die richtige Besetzung warst, und diese Rolle einer anderen Schauspielerin gegeben hat, die sich eine Oscar-Nominierung erspielt hat.« Er griff an ihr vorbei und öffnete die Beifahrertür. »Jetzt ist die Zeit gekommen, daß du dich entscheidest, wo deine wahren Interessen liegen, Vanessa, daß du dich entscheidest, ob du mit mir oder Chuck Parish zusammenleben willst, daß du dich entscheidest, ob du die Rolle in ›Kalifornische Romanze‹ wirklich willst. Da ist die Tür; steig entweder aus und geh deiner Wege, oder mach die Tür wieder zu und entschuldige dich bei mir.«

Vanessa ließ einen Augenblick ihr schönes Köpfchen hängen, dann streckte sie die Hand aus und zog die Tür zu. Sie wandte sich ihm zu, legte ihm den Arm um den Nacken und küßte ihn. »Es tut mir leid, Michael«, sagte sie.

»Wie leid?«

Ihre Hand griff in seinen Schritt und begann ihn dort zu massieren. »Ich bin ein undankbares Biest. Du bist wunderbar zu mir gewesen, und du sollst wissen, wie sehr ich dich deshalb liebe.« Sie zog seinen Reißverschluß auf und zog ihn heraus. Ihr Kopf senkte sich über seinen Schoß, und ihre Lippen schlossen sich über ihm.

Michael lehnte sich im Sitz zurück, drückte den Kopf gegen die Kopfstütze und fuhr ihr mit den Fingern durch das Haar. »Süßes Mädchen«, sagte er.

Vanessa konzentrierte sich ganz auf das, was sie gerade tat, und ihr Kopf bewegte sich dabei auf und ab, wobei sie kleine Laute von sich gab.

Es war lange her, daß sie das getan hatte, und Michael hatte beinahe vergessen, wie gut sie es konnte, wie sehr sie sich darauf verstand, einem Mann Vergnügen zu bereiten, wie kunstfertig sie mit ihren Lippen und ihrer Zunge war. Dann ordnete sie seine Kleidung wieder und zog den Reißverschluß zu. »Hast du mir verziehen?« fragte sie und gab ihm einen kleinen Kuß aufs Ohr.

»Dir ist verziehen«, antwortete Michael. Er legte den Gang ein und setzte die Fahrt zum Haus der Goldmans und der Bewunderung, die ihn dort erwartete, fort.

36

Michael lenkte den Porsche in die Zufahrt vor dem Haus und gab dem Parkhelfer die Schlüssel. Hinter ihm wartete eine ganze Schlange von Fahrzeugen, daß sie an die Reihe kämen.

Ein englischer Butler begrüßte sie an der Tür. »Alle sind um den Pool versammelt, Sir«, sagte er.

Sie gingen der Musik nach und mischten sich unter die Leute, von denen die meisten zu den Montagsgästen bei »Morton's« gehörten, wo Michael inzwischen Stammgast war.

Amanda Goldman löste sich aus einer Gruppe, umarmte Vanessa und drückte Michael einen festen Kuß auf den Mundwinkel. Einen Augenblick fand ihre Zunge verstohlen den Weg in seinen Mund. Sie schien jedesmal, wenn er sie zu Gesicht bekam, ein wenig heißer zu werden. »Ihr seht beide großartig aus«, sprudelte es aus ihr heraus. »Und meinen herzlichen Glückwunsch noch zu deiner Nominierung, Michael.« Sie wandte sich Vanessa zu. »Ich weiß, daß wir nächstes Jahr um diesselbe Zeit für dich eine Party geben werden. Ich kann es gar nicht erwarten, ›Kalifornische Romanze‹ zu sehen.«

Michael dankte ihr. »Wo ist Leo?« erkundigte er sich.

»Auf der anderen Seite des Pools, glaube ich«, erwiderte Amanda.

Vanessa bemerkte eine ihrer Freundinnen und schlenderte davon.

Amanda nahm Michaels Arm und zog ihn auf das Haus zu. »Komm, ehe die anderen sich auf dich stürzen. Ich habe dir noch nie unseren Weinkeller gezeigt, oder?«

»Den Weinkeller?«

Sie zerrte ihn in einen Korridor und dann über eine schmale Treppe in die Tiefe; unten angelangt, legte sie einen Schalter um, worauf sich vor ihnen ein Raum von etwa fünf mal fünf Metern öffnete. Die bis zur Decke reichenden Regale an den Wänden waren mit Flaschen gefüllt, und an jedem Regal war säuberlich ein Etikett angebracht.

»Amanda, das ist wirklich sehr eindrucksvoll. Aber was zum Teufel machen wir hier unten?«

»Ich wollte bloß einen Augenblick mit dir allein sein«, sagte sie, trat dicht an ihn heran und legte die Arme um ihn.

»Das ist sehr nett«, lächelte er. »Und warum wolltest du mit mir allein sein?«

»Das wollte ich, seit ich dich das erste Mal gesehen habe, damals bei Barbara Mannering in New York.«

»Das ist das Netteste, was ich heute gehört habe.«

»Jedesmal, wenn du in meiner Nähe bist, kann ich an nichts anderes denken, als daß ich mit dir ins Bett steigen möchte.«

»Hör zu, Amanda«, meinte er, »glaubst du nicht, daß das so, wie die Dinge liegen, ein wenig gefährlich wäre? Schließlich ist dein Mann mein Chef.«

»Wir wollen eines gleich klarstellen«, erklärte sie. »Ich bin nicht daran interessiert, Leo deinetwegen zu verlassen; du kommst da also gar nicht unter Druck. Ich will bloß hier und da mit dir bumsen, und wenn wir es dabei belassen, glaube ich, können wir beide eine Menge Spaß haben.«

»Der Gedanke hat seinen Reiz, das muß ich zugeben.«

»Ich werde dich anrufen«, sagte sie. »Und das werde ich ganz bestimmt.«

»Aber nicht zu Hause. Und wenn du im Büro anrufst, dann unter dieser Nummer.« Er holte einen Filzstift heraus und schrieb sie ihr auf die Handfläche. »Da meldet sich nicht Margot; die Leitung führt direkt zu mir.«

»Ah, die liebe Margot«, sagte Amanda mit einem boshaften Grinsen. »Hast du sie schon gebumst?«

»Nein«, erwiderte Michael mit gespielter Strenge. »Dazu arbeite ich zu eng mit ihr zusammen.«

»Das hat sie bisher nie davon abgehalten«, meinte Amanda.

»Zwischen uns ist alles rein geschäftsmäßig«, erklärte er.

Sie holte eine Flasche aus einem Regal hinter sich. »Da, als kleines Andenken an unsere Übereinkunft«, sagte sie und reichte ihm die Flasche.

»Château Mouton Rothschild 1961«, las Michael auf dem Etikett. »Eine von Bob Harts Lieblingslagen, wie Leo mir erzählt hat.«

»Der arme Bob«, jammerte Amanda. »Der darf nicht mehr trinken. Leo hat diesen Wein von ihm gekauft, mußt du wissen.« Sie griff nach seiner Hand. »So, und jetzt wollen wir uns unter die Leute mischen, ehe die das ganze Haus nach uns absuchen.«

Sie führte ihn von Gruppe zu Gruppe und stellte ihn den Leuten vor, die er noch nicht kannte, während er immer wieder Glückwünsche entgegennahm. Schließlich brachte sie ihn mit einem Journalisten von der »Los Angeles Times« zusammen. »Michael, das ist Jack Farrell. Seien Sie nett zu ihm, sonst verreißt er Ihre Filme.« Nach einem kleinen Händedruck ließ sie die Männer allein.

»Ich fand ›Schwarzes Abendrot‹ wundervoll«, schwärmte Farrell.

»Vielen Dank. Wir haben uns große Mühe damit gegeben.«

»Was ist aus dem Regisseur geworden? Wie hieß er doch gleich?«

»Chuck Parish«, antwortete Michael. »Sprechen wir hier unter uns?«

»Selbstverständlich. Den Journalisten habe ich heute zu Hause gelassen.«

»Chuck ist es leider ziemlich dreckig gegangen. Das Geld, das er mit dem Film verdient hat, ist alles weg – schnelle Frauen und weißes Pulver. Er ist vor einer Weile bei ›Centurion‹ aufgekreuzt, weil er dringend Geld brauchte, und wollte mir sein neues Drehbuch verkaufen.«

»Sie haben es doch nicht etwa gekauft?«

»Doch, unbesehen.«

»Unglaublich. Was haben Sie ihm dafür bezahlt?«

»Zweihunderttausend.«

»Himmel! Wußte Leo, daß Sie es nicht gelesen hatten?«

»Das bleibt unter uns«, bat Michael.

»Und wo ist Parish jetzt?«

»Ich habe ihm eine Reha-Behandlung besorgt, und er hat sie abgeschlossen, das muß man ihm zugute halten. Hoffentlich hält er durch, aber ...« Michael schüttelte bedauernd den Kopf.

»Ich mußte ihm sagen, daß ich nur fertige Arbeit von ihm kaufen kann. Auf die Weise produziert er, wissen Sie. Das Schlimmste, was man mit einem solchen Typen machen kann, ist, ihm vorher Geld zu geben. Das würde dann zu einem Dealer wandern, und er würde nie etwas fertigbekommen.«

»Ja, ich verstehe«, meinte Farrell mitfühlend. »Ich finde es jedenfalls großartig, daß Sie ihm geholfen haben. In dieser Stadt lassen die Leute Junkies einfach fallen.«

Michael entdeckte Goldman am anderen Ende des Pools. »Würden Sie mich entschuldigen? Ich muß Leo etwas sagen.«

»Sicher. Hören Sie, darf ich Sie mal anrufen und mich ein wenig über Ihre Arbeit informieren?«

»Aber selbstverständlich, jederzeit.«

»Ich melde mich.«

Michael winkte ihm kurz zu und ging dann zu der Bank hinüber, auf der Goldman sich niedergelassen hatte und große Rauchringe aus seiner Zigarre blies. »Wie steht's denn so, Leo?« fragte er und setzte sich neben ihn.

Goldman schlug ihm aufs Knie. »Ich möchte dir in aller Form zur Nominierung gratulieren.«

Seit kurzem duzten die beiden Männer einander.

Michael zeigte Goldman die Flasche Wein. »Deine reizende Frau hat mich bereits belohnt.«

»Sie hat dir also den Keller gezeigt, was?«

»Ich war sehr beeindruckt. Die Flasche hier werde ich mir für einen besonderen Anlaß aufheben.«

»Gut, solche Anlässe wird's genug geben. Übrigens, deine Präsentation von ›Kalifornische Romanze‹ hat mich sehr beeindruckt. Drehbuch, Kostüme, Produktionsentwürfe – sieht alles prima aus. Und das mit einem Budget von neuneinhalb Millionen. Ein richtiges Wunder ist das!«

»Ich habe vor, immer so zu drehen, Leo. Ich glaube, in dieser Stadt wird zu viel Geld ausgegeben.«

»Ganz meine Meinung, Kleiner. Wir werden herrliche Musik miteinander machen.«

»Worauf du dich verlassen kannst«, grinste Michael.

»Hör zu, Kleiner, ich glaube, das Studio ist dir eine kleine Belohnung schuldig. Wie wär's, wenn du dir ein Haus aussuchen würdest, etwas Hübsches? Das Studio wird es erwerben und es dir dann für die Hälfte von dem, was es bezahlt hat, verkaufen.«

»Leo, das ist sehr großzügig.«

»Nein, das ist es nicht, das ist nur eine kluge Investition. Wir beide, du und ich, werden gemeinsam eine Menge Geld verdienen, Junge.«

»Das glaube ich auch.«

»Fang morgen an, dich nach einem Haus umzusehen. Am besten rufst du Marie Berman an, das ist die beste Immobilienmaklerin in der ganzen Stadt.« Goldman kritzelte ihren Namen auf die Rückseite einer Visitenkarte. »Und vergiß nicht – etwas Hübsches. Du kannst bis fünf Millionen gehen.«

»Leo, das ist fürstlich.«

»Ich bin ein König, Kleiner, der Fürst bist du.«

Das war Musik in Michaels Ohren.

37

Michael war bereits angezogen, als Vanessa aufwachte. »Was machst du?« fragte sie. »Heute ist Samstag.«

»Ich muß im Studio noch ein paar Dinge erledigen, ehe wir morgen nach Carmel fahren«, sagte er, während er sich das Haar bürstete.

»Ich dachte, wir würden heute zusammen zu Mittag essen«, schmollte sie.

»Nein, heute nicht, Vanessa.«

»Wohin bist du denn gestern abend mit Amanda verschwunden?« Ihre Stimme klang gereizt.

»Sie wollte mir Leos Weinkeller zeigen.« Er schlüpfte in einen Leinensakko und musterte sich im Spiegel.

»Hast du sie gevögelt?«

Michael sah sie an. »In einem Weinkeller?«

»Dir würde das nichts ausmachen. Und ihr auch nicht.«

»Vanessa, du fängst an, wie eine Ehefrau zu reden.«

»So? Und was wäre daran auszusetzen? Ich will auch eine Ehefrau sein. Wir wären das goldene Paar von Hollywood.«

»Das können wir auch ohne Trauschein sein.«

»Warum putzt du dich denn so heraus, wenn du arbeitest?«

»Ich bin nur leger angezogen.«

»Ich will mit dir ins Studio.«

»Und was würdest du im Studio tun, außer daß du mich von der Arbeit abhältst? Du würdest dich zu Tode langweilen.«

»Ich will mit.«

»Nein. Wir sehen uns später.« Er verließ das Schlafzimmer, ehe sie antworten konnte. Auf dem Weg zur Wohnungstür stellte er fest, daß sich die ganze Wohnung in einem chaotischen Zustand befand; dabei war das Mädchen erst gestern da gewesen. Vanessa fing wirklich an, ihm auf die Nerven zu gehen.

Er übergab den Porsche dem Türsteher am Hotel »Beverly Hills« und ging ins Restaurant. Marie Berman erwartete ihn bereits. Er setzte sich zu ihr und bestellte sich ein Schinkenbrot und Kaffee.

»Sie wollen sich also Häuser der Preislage vier bis fünf Millionen ansehen«, meinte die Maklerin.

»Ich habe darüber nachgedacht und es mir anders überlegt.«

»Und was heißt das?«

»Ich will mir keine Häuser ansehen; ich will mir ein Haus ansehen.«

»Ein Haus?«

»Bloß eines. Gehen Sie in Gedanken Ihre Kartei durch. Ich will das beste Haus in der ganzen Stadt, das unter fünf Millionen zu haben ist.«

Sie musterte ihn nachdenklich. »Was genau wollen Sie?«

»Ich will große Räume, Sonne, einen hübschen Garten, einen Pool und einen Tennisplatz. Die Gästezimmer möglichst weit weg von meinem Schlafzimmer.«

»Was halten Sie vom Strand?«

»Eine ganze Menge.«

»Frühstücken Sie zu Ende.«

Er folgte ihrem Wagen auf dem Pacific Coast Highway durch Malibu und rechnete immer wieder damit, daß sie an einem der Hunderte von Strandhäusern anhalten werde, aber sie fuhr weiter. Schließlich bog sie links ab und hielt an einem Wachhäuschen. Der Wachmann hob die Schranke, und sie fuhren hinein.

Er folgte ihr an einer Anzahl schöner Häuser vorbei, bis sie in eine kreisförmige Zufahrt einbog und schließlich vor einem äußerst eindrucksvollen Haus im modernen Stil anhielt. Sie stiegen aus den Fahrzeugen.

»Wissen Sie, wo wir sind?« fragte sie.

»Ich bin ziemlich neu hier; sagen Sie es mir.«

»Das hier ist Malibu Colony. Auf dieser kleinen Halbinsel stehen die größten und besten Häuser; die Gegend hat den besten Strand und die besten Nachbarn.«

»Gefällt mir von außen gut«, meinte Michael. »Sehen wir es uns von innen an.«

Sie schloß auf, und sie gingen hinein. Ihre hohen Absätze klapperten auf dem Marmorboden der luftigen Halle, die bis zum Strand führte. Im Erdgeschoß gab es ein riesiges Wohnzimmer, eine Küche, ein Eßzimmer und, das Beste von allem, wie Michael fand, eine große Bibliothek, die ein beeindruckendes Büro für ihn abgeben würde.

Sie führte ihn eine Treppe hinunter. »Hier geht's zum Weinkeller, natürlich mit Temperaturkontrolle das ganze Jahr über. Und hier –« Sie öffnete eine zweiflüglige Tür, hinter der ein Vorführraum mit zwei Dutzend Plätzen und Projektoren der neuesten Bauart wartete.

Im Obergeschoß gab es eine riesige Suite mit Schlafzimmer, Wohnraum, einer kleinen Küche, zwei Ankleidezimmern und zwei Bädern. Dazu kam eine Sauna und ein großer Whirlpool auf einer Terrasse mit Blick auf den Pazifik.

Sie führte ihn wieder nach unten und ins Freie. Hinter einer hohen Mauer stand ein Gästehaus mit zwei kompletten Suiten, einem Swimmingpool sowie einem Tennisplatz. Michael hatte, mit Ausnahme von Handball und Federball, nie Sport getrieben, aber Tennis reizte ihn. Zum einen gefiel ihm die Kleidung, die man dabei trug, und dann machte es ihm auch Spaß, schönen Frauen beim Spielen zuzusehen.

»Auf der anderen Seite des Hauses hinter der Küche ist noch ein Dienstbotentrakt«, erklärte die Maklerin.

»Wieviel?« wollte Michael wissen.

»Vor drei Jahren hat es sieben Millionen Dollar gekostet, dieses Haus zu bauen. Der Besitzer war Chef eines Studios, den man dann abgesägt hat. Es steht seit fast einem Jahr leer.«

»Klingt mir ein wenig teuer«, bedauerte Michael.

»Leo Goldman ist ein guter Freund von mir«, sagte sie. »Ich würde ihm gern eine Gefälligkeit erweisen. Ich weiß zufällig, daß die Bank, die die Hypothek auf das Anwesen hält, da liebend gern raus möchte. Der Markt für große Häuser ist in der jetzigen Rezession praktisch zusammengebrochen. Wenn ich denen ein Angebot mache, das den größten Teil der Hypothek und meine Provision abdeckt, könnte ich mir vorstellen, daß sie bereit wären, den Rest abzuschreiben. Sie müßten den Kaufpreis allerdings bar auf den Tisch legen.«

»Wieviel?«

»Bieten Sie vier Millionen sechshundert«, meinte sie, »und schließen Sie schnell ab.«

»Machen Sie das Angebot«, sagte Michael. »Ich kann sofort abschließen.«

»Ich werde den Vorstand der Bank zu Hause anrufen.« Sie ging in die Küche und holte ein tragbares Telefon aus ihrer Handtasche.

Michael ging um den Pool herum und warf einen Blick in das Badehäuschen. Dann sah er sich den Belag des Tennisplatzes an. Perfekt wie alles andere. Ein Blick durch das Küchenfenster zeigte ihm Marie Berman, die gestikulierend auf und ab ging. Er sah auf die Uhr; sie telefonierte schon fünf Minuten. Jetzt klappte sie ihr Telefon zusammen.

Michael blickte ihr entgegen, als sie durch die Schiebetür herauskam. Es hat nicht geklappt, dachte er.

Sie blieb vor ihm stehen. »Wenn das Studio am Dienstag abschließt, geht alles in Ordnung.«

Michaels Herz machte einen Satz. »Ich bin entzückt, das zu hören«, sagte er mit einem breiten Lächeln.

Sie gab ihm die Schlüssel. »Soweit es mich betrifft, gehört Ihnen das Haus von dieser Minute an. Wer wird die Innendekoration für Sie machen?«

»Wer ist der Beste?«

»James Fallowfield«, erwiderte sie. »Sofern Sie bereit sind, wenigstens eine halbe Million auszugeben.« Sie griff in ihre Handtasche. »Hier ist seine Nummer.«

»Arbeitet er samstags? Ich verreise morgen auf drei Wochen.«

»Vielleicht.«

Michael gab ihr die Karte zurück. »Rufen Sie ihn bitte an. Sagen Sie ihm, daß ich eine halbe Million Dollar ausgebe, wenn er in einer Stunde hier ist.«

Sie zog ihr kleines Telefon heraus und wählte. »James? Ich bin's, Marie. Gut, und Ihnen? Das freut mich. Hören Sie, ich habe einen neuen Kunden für Sie, aber er hat es sehr eilig. Das Budget beträgt eine halbe Million. Richtig. Malibu Colony. In einer Stunde. Vor dem Haus parkt ein schwarzer Porsche. Der Name Ihres Kunden ist Michael Vincent.« Sie klappte das Telefon zu. »Er ist schon unterwegs.«

»Vielen Dank, Marie, ich bin Ihnen wirklich dankbar.«

»Keine Ursache. Ich bin für die Provision dankbar. Soll ich Leo verständigen?«

»Das wäre nett. Marie, ich möchte, daß außer Leo und mir niemand von dem Kauf weiß. Ich habe keine Lust, in den Fachblättern darüber zu lesen.«

»Ich verstehe. Wenn Sie mich jetzt nicht mehr brauchen – ich muß jemand ein Haus in Bel-Air zeigen.«

»Nein, vielen Dank, ich komme allein zurecht.«

Sie gaben sich die Hand, und sie verließ ihn.

Während Michael auf den Innenarchitekten wartete, ging er durch das Haus. Es gefiel ihm jetzt noch besser als vorher.

James Fallowfield traf eine halbe Stunde später ein.

»Das Budget beträgt eine Million Dollar und keinen Cent mehr – und das schließt Ihr Honorar ein«, erklärte Michael.

»Mein Honorar beträgt zehn Prozent von dem, was Sie ausgeben, und ich werde Ihnen eine ganze Menge Sachen zum Einstandspreis plus zehn Prozent beschaffen.«

»In Ordnung. In sechs Wochen will ich dieses Haus fertig möbliert und bewohnbar vorfinden – Geschirr in den Schränken, Handtücher in den Bädern, Bücher auf den Regalen und

Bilder an den Wänden. Ich will mich um nichts kümmern müssen.«

»Kein Problem«, nickte Fallowfield. »Haben Sie eine bestimmte Vorliebe, was den Stil angeht?«

»Kostbar, elegant, dezent; weiche, behagliche Möbel. Im Wohnzimmer hätte ich gern einen Steinway-Flügel. Kaufen Sie nichts Neues; ich möchte, daß das Haus bewohnt wirkt. Ich möchte zur Tür hereinkommen und das Gefühl haben, ich hätte schon immer hier gelebt.«

»Wird eine Frau im Haus wohnen?«

»Ja, aber sie wird nichts mit der Dekoration zu tun haben.«

»Ich brauche also bei nichts die Zustimmung einer Frau einzuholen?«

»Nein, bloß die meine.« So würde es einfacher sein; er würde Vanessa damit überraschen, wenn »Kalifornische Romanze« fertig war.

»Das wird eine Unmenge Zeit sparen.«

Michael schrieb etwas in sein Notizbuch, riß dann die Seite heraus und gab sie Fallowfield. »Ich fahre morgen nach Carmel; das ist meine Adresse dort. Schicken Sie mir Skizzen; die Rechnungen bitte in mein Büro zu Margot Gladstone.«

Fallowfield sah auf die Uhr. »Ich fange am besten gleich an.«

»Tun Sie das.«

Der Mann verließ ihn, und Michael ging noch einmal um das Haus herum. Perfekt.

38

Michael stand am Strand von Carmel und sah zu, wie Robert Hart angeritten kam. Vanessa wartete im Vordergrund der Einstellung auf Hart. Die Sonne war ein riesiger roter Feuerball, der hinter ihnen im Pazifik versank und die Szene mit unerwarteter Vollkommenheit ausleuchtete. Hart stieg vom Pferd, begrüßte Vanessa mit einem Kuß und griff nach ihrer Hand. Er führte sie und das Pferd am Strand entlang auf die Fassade des Hauses zu, das George Hathaway entworfen hatte.

»Nicht schneiden«, flüsterte Michael Eliot Rosen zu. »Drehen Sie einfach weiter; das wird Material, mit dem wir die Titel unterlegen können.«

Eliot nickte. »Gut, nicht wahr?«

»Könnte nicht besser sein.«

»Das wär's!« rief der Kameramann. »Machen wir noch eine Einstellung, ehe das Licht weg ist?«

»Nein, für heute machen wir Schluß!« rief Eliot zurück.

Der Mann hob den Daumen, um zu zeigen, daß er verstanden hatte.

Michael nahm Eliots Arm und ging mit ihm am Strand entlang auf das Haus zu. »Sie haben Ihre Sache hier sehr gut gemacht; das wollte ich Ihnen ausdrücklich sagen.«

Rosen wurde rot. »Vielen Dank.«

»Wenn wir nächste Woche im Studio die Innenaufnahmen machen, möchte ich, daß Sie Bob Hart ein klein wenig anders anpacken.«

»Wie soll ich das verstehen?«

»Während der ganzen Außenaufnahmen haben Sie sich Bob gegenüber respektvoll verhalten, und das ist gut, wenn man seine und Ihre Position in dieser Branche in Betracht zieht. Außerdem ist der Doktor bei den meisten Aufnahmen als jemand gezeigt worden, der die Dinge im Griff hat, selbstbewußt. Aber in den Szenen, die im Inneren spielen, ist der Doktor viel weniger selbstsicher, weil er nicht weiß, ob das Mädchen je etwas für ihn empfinden kann. Bob wird seinem Wesen nach immer selbstbewußt auftreten und in fast jeder Szene den Eindruck erwecken, alles unter Kontrolle zu haben, aber Sie dürfen nicht zulassen, daß er das auch bei den Innenaufnahmen tut. Ich möchte, daß Sie ein wenig mit der Peitsche knallen, ihn durcheinanderbringen! Lassen Sie ihm nicht die kleinste Kleinigkeit durchgehen; wiederholen Sie die eine oder andere Szene, auch wenn es nicht notwendig ist.«

»Ich weiß nicht, ob ich es fertigbringen werde, Robert Hart so zu behandeln«, wandte Eliot ein. »Glauben Sie, er wird es sich bieten lassen?«

»Doch, das wird er, weil er weiß, daß er das muß. Aber Susan wird es sich nicht gefallen lassen.«

»Schlecht«, erwiderte Eliot. »Ich muß Ihnen sagen, ich habe vor der Frau eine Heidenangst.«

»Das sieht man auch. Ich werde dafür sorgen, daß sie Sie so weit wie möglich in Ruhe läßt, aber wenn sie anfängt, an Ihnen herumzumäkeln, dann sagen Sie ihr ganz ruhig, daß Sie der Regisseur sind und daß das gemacht wird, was Sie sagen. Wenn ihr das nicht paßt, schicken Sie sie zu mir. Ich werde mich in jeder Hinsicht hinter Sie stellen.«

»In Ordnung«, nickte der junge Mann. »Michael, ich habe Ihnen das bisher noch nicht gesagt, aber Susan hat mich noch einmal wegen der Gesangsszene angesprochen. Sie will unter keinen Umständen, daß Bob das macht.«

»Ich weiß, und weder Sie noch ich werden es fertigbringen, sie umzustimmen. Aber wir werden die Szene drehen.«

»Ich mache mir Sorgen, daß ihre Meinung Bob beeinflussen könnte. Sein Selbstvertrauen und die Sicherheit, es zu schaffen, könnten darunter leiden.«

»Das könnte auch zu unserem Vorteil sein, Eliot. Der Doktor muß am Anfang der Szene ohnehin ein wenig unsicher wirken und wird erst mit der Zeit selbstbewußter. Bob wird das schaffen, dafür werde ich sorgen.«

»Ich weiß nicht, wie Sie das anstellen wollen«, meinte Eliot, »aber ich wünsche Ihnen viel Glück.«

»Sie knallen so laut wie möglich mit der Peitsche, und in der bewußten Szene überlassen Sie Bob ganz mir.«

Als das Team nach Los Angeles zurückkehrte, war Michaels Büro der reinste Ameisenhaufen. Michael beschäftigte jetzt neben Margot und Rick Rivera zwei Produktionsassistenten und arbeitete jeden Tag im Schneideraum mit Eliot Rosen, der Cutterin und deren Assistentin daran, die Außenaufnahmen in Form zu bringen. Für Michael war der ganze Prozeß, der mit »Kalifornische Romanze« zusammenhing, ungeheuer anregend, und er konzentrierte sich voll und ganz darauf. Wenn er dann schließlich spätabends das Studio verließ, erwartete ihn Vanessa zu Hause. Sie war bei den Außenaufnahmen nicht sehr beschäftigt gewesen und hatte sich dabei sehr wohlgefühlt. Jetzt hingegen, da die Dreharbeiten sie ebenso stark wie Robert Hart belasteten, war sie nervös, angespannt und gelegentlich verbiestert. Michael hatte eine Weile ihre Texte mit ihr gelesen; als ihn aber ihre Unsicherheit fast in den Wahnsinn getrieben hatte, hatte er eine Schauspielerin, die für eine Nebenrolle eingesetzt war, eine erfahrene Frau, dazu engagiert, mit ihr zu arbeiten, und sich angewöhnt, im Büro zu schlafen.

Tagsüber war Goldman immer dabei, ebenso wie Margot, die Notizen machte. Er investierte viel in den Film und wollte den Überblick behalten. Gegen Ende der Dreharbeiten bat er Michael, als die anderen am Gehen waren, noch im Vorführraum zu bleiben. »Michael, ich finde, es läuft hervorragend«, meinte er.

»Freut mich, wenn du das so empfindest, Leo.« Michael glaubte zu wissen, was jetzt kommen würde, und hatte sich auch nicht geirrt.

»Junge, Susan Hart war heute morgen bei mir. Ich glaube, ihre Bedenken sind berechtigt, Michael. Sie kann sich einfach nicht vorstellen, daß Bob diese letzte Szene hinkriegt, und sie kennt ihn weiß Gott besser als sonst jemand. Sie war heute morgen richtig außer sich; ich habe sie noch nie so erlebt.«

»Eliot wird mit ihr kurzen Prozeß machen. Ich werde versuchen, sie ein wenig zu beschäftigen.«

»Ich glaube nicht, daß du das schaffst.«

»Herrgott noch mal, Leo!« brauste Michael auf. »Ich habe ihr gesagt, daß ich, wenn sie und Bob mit der Szene nicht hundertprozentig einverstanden sind, eine andere drehen werde. Was kann ich denn sonst noch tun?«

»Vielleicht solltest du einfach diese andere Szene drehen und die Gesangsszene ganz vergessen.«

»Nein, unter gar keinen Umständen.«

Goldman zündete sich eine Zigarre an und blies den Rauch von sich. »Ich glaube, ihr Problem ist, daß sie nicht möchte, daß es Aufnahmen gibt, in denen Bob sich lächerlich macht. Sie hat Angst, die Leute in der Stadt könnten es irgendwie mitbekommen. Als Bob sein Alkoholproblem hatte, war er nicht überall beliebt; er hat Feinde.«

»Ich verstehe.«

»Das hoffe ich. Du wirst dir irgend etwas einfallen lassen müssen, um mit Susan klarzukommen, sonst wird sie nicht zulassen, daß Bob die Szene dreht.«

»Ich werde mir Mühe geben.«

»Ja, das kann ich dir nur dringend raten.«

Michael saß in einem Übungsstudio und hörte Robert Hart zu, wie er »Dein ist mein ganzes Herz« sang. Anton saß am Flügel, und Michael hatte das Gefühl, daß alles sehr gut lief. Hart sang tatsächlich wesentlich besser, als Michael zu hoffen gewagt hatte. Seine Stimme war ein heller Bariton und klang recht angenehm. Anton gefiel es auch, das konnte er sehen. Susan Hart war dabei und winkte jetzt Michael hinaus.

»Michael«, sagte sie, als sie im Flur standen, »ich will nicht, daß Bob diese Szene macht.«

»Susan, wir haben uns doch geeinigt.«

»Die Szene macht Bob verrückt. Ich höre die ganze Zeit davon, wenn wir zu Hause sind.«

»Fanden Sie nicht, daß er gut gesungen hat?« Michael seufzte. »Also schön, Susan. Wir machen übermorgen Schluß. Ich werde die Szene streichen; wir drehen die andere Version.«

»Gut«, sagte sie und gab ihm einen Kuß auf die Wange. »Wann bekomm' ich die zu sehen?«

»Ich möchte, daß Mark die Stelle vorher noch einmal überarbeitet. Wir wär's mit Freitagmorgen um zehn in meinem Büro? Wir müssen einen Kulissenwechsel vornehmen und werden erst nach dem Mittagessen drehbereit sein.«

»Versprochen?«

»Ja.«

Sie strahlte ihn an und ging den Korridor hinunter zur Damentoilette.

Michael blickte ihr nach. Sein Gehirn arbeitete fieberhaft.

39

Donnerstags übernachtete Michael wieder in seinem Büro, und am Freitagmorgen, dem letzten Drehtag von »Kalifornische Romanze«, hielt er mit Eliot Rosen und dem Produktionsleiter Barry Wimmer um acht eine Besprechung ab. »Barry, ich möchte, daß Sie jetzt gleich die Kulisse für die Salonszene vorbereiten.«

»Welche Salonszene – die Gesangsszene oder die andere?«

»Wir werden sie beide drehen – die andere zuerst.«

»Hat das jemand Bob Hart gesagt?«

»Überlassen Sie das mir. Wir drehen um halb elf. Eliot, für heute sind im Plan drei Kameras vorgesehen, stimmt's?«

»Stimmt. Ich wollte Bob mit der einen aufnehmen und die beiden anderen gleichzeitig für Vanessas Reaktion und auch die der anderen Beteiligten nehmen.«

»In der Gesangsszene setzen wir alle drei Kameras auf Bob ein und drehen die Reaktionen dann später. Sagen Sie das den Kameraleuten, Barry.«

»Ganz wie Sie wünschen.« Barry stand auf.

»Und sorgen Sie dafür, daß Bob nichts davon erfährt, bis ich soweit bin, daß ich es ihm sage.«

»Geht in Ordnung.« Barry ging hinaus.

Eliot machte einen beunruhigten Eindruck. »Haben Sie das Susan gesagt?«

»Sie sollte um zehn hier sein, und sie wird eine Viertelstunde zu früh kommen. Da werde ich es ihr beibringen.«

»Und Sie sorgen dafür, daß sie mich in Ruhe läßt?«

»Sie wird bei den Aufnahmen nicht dabei sein.«

»Was werden Sie machen, um sie aus der Kulisse herauszuhalten?«

»Überlassen Sie das mir. Jetzt gehen Sie zu Ihren Leuten und sorgen Sie dafür, daß alles um Punkt halb elf bereit ist. Anton soll sich am Klavier bereithalten; besorgen Sie ihm ein Kostüm.«

Eliot schüttelte im Hinausgehen den Kopf.

Michael ging an seinen Schreibtisch, wo sein Aktenkoffer stand, in dem er ein Glas mit Valium hatte. Er ließ zwei Pillen in seine Hand fallen. Dann überlegte er kurz und fügte noch eine dritte hinzu, holte eine Kaffeetasse aus dem Barschrank und benutzte die Kappe seines dicken Mont-Blanc-Füllfederhalters dazu, die Pillen zu feinem Pulver zu zerreiben. Er ließ ein paar Tropfen heißes Wasser aus dem Wasserhahn darauffallen und rührte, bis das Beruhigungsmittel sich völlig aufgelöst hatte; dann kippte er die Flüssigkeit in ein Glas aus der Bar, das er wieder in das Regal zurückstellte. Wenn das nicht funktionierte, würde er sie, wenn nötig, bewußtlos schlagen müssen.

Um dreiviertel zehn führte Margot Susan Hart in Michaels Büro. Er ließ sie auf dem Sofa Platz nehmen und gab ihr die Blätter zu lesen. »Gerade von Mark gekommen, noch warm aus dem Faxgerät«, erklärte er. Es waren die Seiten, die er aus dem ersten Entwurf von Adairs Drehbuch entfernt hatte. Sie fing zu lesen an.

Er ging an die Bar. »Etwas zu trinken?«

»Nein, vielen Dank«, sagte sie, ganz auf ihre Lektüre konzentriert.

»Fruchtsaft? Perrier?« Jetzt komm schon, dachte er, andernfalls setzt's einen Handkantenschlag in den Nacken.

»Na schön, ich nehme einen V-8.«

Er nahm das präparierte Glas, öffnete die Dose mit dem Gemüsesaft, schüttete ihren Inhalt in das Glas und rührte dann schnell um. Sich selbst schenkte er einen Perrier ein und ging dann zur Couch. »Hier bitte«, sagte er und drückte ihr das Glas in die Hand.

Susan nippte ein paarmal an dem Saft und las weiter. Schließlich legte sie die Blätter beiseite und lächelte. »Ich finde, diese Szene ist viel besser als die Gesangsszene, denken Sie nicht auch?«

»Wenn Sie meinen, Susan.«

Sie nahm wieder einen Schluck. »Wann drehen wir?«

»Punkt eins. Die bauen gerade die neue Kulisse auf.«

»Gehen wir doch hinüber und sehen sie uns an.«

»Ich habe George Hathaway versprochen, daß wir sie uns erst ansehen, wenn sie ganz fertig ist. Wenn Sie dann Einwände haben, reicht die Zeit noch leicht zu Änderungen.«

»Gut«, gähnte Susan. »Entschuldigung, ich habe letzte Nacht schlecht geschlafen.«

Heute wirst du gut schlafen, dachte Michael. »Machen Sie es sich bequem. Ich würde Sie gern etwas lesen lassen, wenn Sie Zeit haben.«

»Gern. Etwas von Bob?«

»Eigentlich nicht. Ich würde bloß gern eine unbefangene Meinung hören.« Er reichte ihr das Drehbuch für »Royal Flush«. »Sie sind die erste, die es zu lesen bekommt – nicht einmal Leo hat es bisher gesehen.«

Sie nahm das Drehbuch entgegen. »Der Titel gefällt mir.«

»Lesen Sie den ersten Akt und sagen Sie mir, was Sie davon halten.«

»Gern.«

»Wenn Sie mich einen Augenblick entschuldigen würden, ich muß etwas erledigen.«

»Schon gut, ich lese inzwischen.« Sie nahm wieder einen Schluck vom V-8.

»Soll ich nachschenken?«

»Nein, vielen Dank.«

Michael verließ das Büro und schloß die Tür.

Er wartete zehn Minuten ab und kehrte dann zurück. Susan saß auf dem Sofa, der Kopf war ihr auf die Brust gesunken, und sie schnarchte leise. Michael legte ein Kissen auf die Armlehne, bettete ihren Kopf behutsam darauf und hob ihre Beine auf die Polster.

Er ging an einen Schrank, entnahm ihm eine Schachtel in Geschenkverpackung, verließ das Gebäude und ging schnell zu dem Bungalow, der Robert Hart als Garderobe diente.

Hart saß an seinem Make-up-Spiegel und las Zeitung. »Kommen Sie rein, Michael«, sagte er. »Sind wir drehbereit?«

»Ein paar Minuten noch, Bob.« Michael hielt ihm die Schachtel hin. »Das lag vor Ihrer Tür.«

»Von wem?« fragte Hart und griff nach dem Päckchen.

»Ich weiß nicht. Machen Sie es doch auf.«

»Ich höre, wir drehen die Ersatzszene«, sagte Hart. Er riß das Band und die Folienverpackung auf und öffnete die Schachtel.

»Das stimmt.«

»Wo ist Susan?«

»In meinem Büro. Sie liest ein Drehbuch.«

Der Schauspieler warf einen Blick in die Schachtel und gab dann einen erstaunten Laut von sich. »Du lieber Gott!« sagte er. »Sehen Sie sich das an!« Er nahm eine Flasche Wein heraus und hielt sie Michael hin.

»Ich verstehe nicht viel von Wein«, meinte dieser. »Ist das etwas Gutes?«

»Das ist ein Château Mouton Rothschild 1961; eine Menge Leute, die davon etwas verstehen, würden sagen, daß es der größte Wein des Jahrhunderts ist.«

»So etwas habe ich noch nie getrunken«, erwiderte Michael. »Ich nehme an, Sie werden sich den Wein für einen besonderen Anlaß aufheben.«

Hart nahm zwei Gläser und einen Korkenzieher aus der Schachtel. »Den werden wir jetzt sofort aufmachen«, sagte er. »Kosten Sie und sagen Sie mir, was Sie davon halten.«

»Mit dem größten Vergnügen«, nickte Michael und sah zu, wie Hart liebevoll den Korken entfernte, dann den Flaschenhals abwischte und ein Glas einschenkte. Er ließ die rote Flüssigkeit im Glas kreisen und roch genießerisch daran. »Großartiges Bouquet«, sagte er und reichte Michael das Glas.

Der nahm es entgegen und hielt es ans Licht. »Herrliche Farbe«, sagte er und roch ebenfalls an dem Wein. »Sie haben recht, das Bouquet ist wirklich wunderbar.« Er führte das Glas zum Mund und nippte daran. »Mein Gott!« staunte er. »So etwas habe ich noch nie gekostet!«

»Ist er wirklich so herrlich?« fragte Hart mit unverhohlenem Neid.

»Wissen Sie, Bob«, meinte Michael, »in dieser Szene soll der Doktor ja ein, zwei Gläser Wein intus haben.«

»Das sollte ich besser nicht«, meinte Hart mit Bedauern in der Stimme. »Ich bin trocken. Trotzdem, wenn es gut für die Szene wäre, dann kann ja ein halbes Glas wohl nicht schaden.«

Michael nahm die Flasche und füllte das zweite Glas. »Ich kann mir wirklich nicht vorstellen, daß das schaden könnte«, pflichtete er ihm bei.

Hart roch wieder an dem Glas und nahm einen winzigen Schluck. »Wunderbar! Ein Hauch von schwarzen Johannisbeeren, würden Sie das nicht auch sagen?«

»Ja, allerdings.« Michael hatte keine Ahnung, was schwarze Johannisbeeren überhaupt waren.

Hart nahm einen zweiten Schluck. »Herrgott, was für Erinnerungen das in mir wachruft!« Er nahm einen dritten, diesmal etwas größeren Schluck. »Ah!« hauchte er. »Wissen Sie, Michael, ich habe mir wegen dieser Gesangsszene mehr Gedanken gemacht, als ich mir vielleicht habe anmerken lassen.«

»So? Man hat jedenfalls nichts davon bemerkt.«

Hart trank wieder aus seinem Glas, und Michael schenkte nach. »Ich fürchte, ich habe mich da von Susan ein wenig unter Druck setzen lassen. Ich meine, bei der Probe ging es ja ganz gut, aber ich hatte Angst. Ist schließlich dreißig Jahre her, seit ich zum letzten Mal vor Zuhörern gesungen habe.«

»Nun, jetzt brauchen Sie sich keine Sorgen mehr zu machen.«

»Ich weiß, aber ich hätte die Szene wirklich gern im Film gesehen. Ich meine, es wäre mir nicht recht, wenn ein anderer sie zu sehen bekäme, aber sie würde mich interessieren.«

»Wenn Sie wollen, können wir eine Probe drehen.«

»Ja.« Hart leerte sein Glas.

Michael kam mit Bob Hart in die Kulisse und rief Eliot Rosen zu sich. »Machen Sie eine schnelle Aufnahme der Ersatzszene«, forderte er ihn auf. »Nicht mehr.«

»Alles herhören!« rief Rosen den Schauspielern und der Crew zu. »Wir wollen drehen; das ist keine Probe.«

Sie drehten die Szene. Der Doktor unterbrach Vanessa, die am Piano saß und spielte, und hielt ihr seine Rede.

»Schnitt!« rief Eliot. »Alles im Kasten, was wir brauchen.«

Leichte Unruhe kam auf, als die Schauspieler sich von ihren Plätzen erhoben.

Michael betrat die Kulisse. »Einen Augenblick noch, bitte!« Er drehte sich zu Hart um. »Bob, ich habe mir gedacht, Sie könnten uns als kleines Bonbon ›Dein ist mein ganzes Herz‹ singen.«

»Ja, ja!« riefen ein paar Nebendarsteller.

Hart, der unter seinem Make-up ein wenig errötet war, blickte in die Runde, wie um zu sehen, ob seine Frau zugegen sei. »Na schön, gern. Nur einen Augenblick.« Er trat aus dem von den Scheinwerfern ausgeleuchteten Bereich.

Michael erwartete ihn. Er reichte dem Schauspieler ein Glas Wein und hob dann das seine. »Auf Ihr Wohl!«

»Vielen Dank, Michael, und auf das Ihre«, erwiderte Hart und hob seinerseits das Glas. Er leerte es und wandte sich wieder der Kulisse zu.

Die Schauspieler klatschten höflich Beifall.

Michael sah zu Eliot Rosen hinüber, und der nickte. Alle drei Kameras waren auf Hart gerichtet.

»Lassen Sie uns drehen«, bat Michael.

»Ganz wie Sie meinen«, erwiderte Hart mit einer lockeren Handbewegung.

Anton nahm am Flügel Platz.

»Ruhe bitte!« rief der Regieassistent. Stille legte sich über die Bühne.

»Kamera an!« sagte Rosen leise.

»Kamera läuft!« bestätigte jeder einzelne Kameramann.

»Bitte!« sagte Rosen.

Hart wartete einen Augenblick und hielt dann seine kurze Rede. Er nickte Anton zu, der eine kurze Einleitung spielte, und fing zu singen an.

Michael stand wie verzaubert da. Die Musik übte auf ihn dieselbe Wirkung aus wie beim ersten Mal, als er sie gehört hatte, und als er in die Runde blickte, gab es für ihn keinen Zweifel, daß die Zuhörer, alles Schauspieler in Nebenrollen, ebenfalls hingerissen waren. Hart spielte die Szene beinahe inbrünstig. Er sang voller Hingabe, und als das Lied dem Ende zuging, konnte man sehen, daß ihm Tränen über die Wangen rollten.

Rosen wartete eine Minute, ehe er rief: »Schnitt! Wunderbar, Bob! Im Namen aller vielen Dank!«

Michael nahm ihn beiseite. »Jetzt können Sie die Reaktion für das Playback drehen. Sehen Sie zu, daß Sie es so schnell wie möglich schaffen, und schicken Sie dann alles ins Labor. Ich möchte, daß wir morgen damit arbeiten können.« Er ging mit Hart zu seiner Garderobe. »Bob«, sagte er, »für mich war das ein faszinierender Augenblick. Ich wünschte, Ihr Publikum hätte diese Szene sehen können.«

»Ich wünschte mir nur, daß Susan sie gesehen hätte«, erwiderte der Schauspieler. »Aber sagen Sie ihr nichts.«

»Keine Sorge, Bob, ich schweige wie ein Grab.« Michael trennte sich vor der Tür von Harts Garderobe von dem Schauspieler und ging zu seinem Wagen. Beim Einsteigen blickte er sich um und sah, wie Vanessa an Harts Tür klopfte. Hart öffnete die Tür, und Vanessa ging hinein.

Michael war es nicht gewöhnt, daß man ihm Hörner aufsetzte. Er fuhr wütend zu seinem Büro zurück.

40

Michael sah zu, wie Hart sich über seine Frau beugte und ihr einen Kuß auf die Lippen gab. »Komm schon, Schneewittchen, wach auf.«

Susan schlug die Augen auf und sah ihren Mann an. »Hallo, ist jetzt Zeit zum Drehen?«

»Das haben wir bereits getan«, erklärte der Schauspieler. »Wir haben es auf einmal geschafft, und ich denke, es wird gut werden.«

Sie setzte sich auf, rieb sich die Augen und sah Michael an. »Warum haben Sie mich nicht geweckt?«

»Sie waren völlig erschöpft. Ich habe es einfach nicht übers Herz gebracht.«

»Du hast letzte Nacht schlecht geschlafen, weißt du?« meinte Hart zu seiner Frau.

»Ja, das stimmt; ich war wegen dieser letzten Szene ein wenig aufgekratzt. Wann kann ich sie sehen?« fragte sie Michael.

»Nicht vor Montag«, erklärte er. »Ich habe allen gesagt, daß sie nach Hause gehen und sich ein wenig erholen können. Wir sind gut im Plan, also brauchen wir dieses Wochenende nicht zu arbeiten.«

Plötzlich musterte sie ihren Mann argwöhnisch. »Bob, hast du getrunken?«

»Bloß ein Glas Wein«, meinte der. »Ein Fan hat mir eine Flasche geschickt.«

»Das hättest du nicht tun sollen«, erwiderte sie besorgt.

»Ist schon gut. Komm, fahren wir nach Hause.«

Michael brachte sie zu ihrem Wagen. Als er zurückkam, wartete Rick Rivera auf ihn.

»Ich höre, alles ist gut gelaufen«, meinte der ehemalige Sergeant.

»Ist es auch. – Was wollen Sie, Rick? Ich bin im Augenblick sehr beschäftigt.«

Rivera legte ein paar mit Schreibmaschine beschriebene Blätter auf Michaels Schreibtisch. »Ich habe da eine Skizze zu einem Drehbuch gemacht, die auf einem Fall beruht, den ich vor ein paar Jahren bearbeitet habe. Ich würde gern wissen, was Sie davon halten.«

»Ich sehe sie mir so bald wie möglich an«, versprach Michael. »Aber jetzt müssen Sie mich bitte entschuldigen...«

»Natürlich.« Rivera ging hinaus.

Michael warf einen Blick auf die Blätter und legte sie dann in eine Schublade.

Das Telefon klingelte. »Michael«, sagte Margots Stimme, »James Fallowfield – wollen Sie ihn sprechen?«

»Ja.« Michael hatte gespannt auf den Anruf gewartet. Nach Wochen, in denen er Fotos von Möbeln und anderen Einrichtungsgegenständen angesehen und Stoff- und Farbmuster genehmigt hatte, näherte das neue Haus sich jetzt der Fertigstellung. »James, wie geht es Ihnen?«

»Ausgezeichnet, Michael. Morgen sind es sechs Wochen, daß Sie mir den Auftrag gegeben haben, nicht wahr?«

»Stimmt.«

»Das Haus ist fertig. Wann wollen Sie es sehen?«

»Ich kann in einer Stunde da sein.« Michael legte auf und ging ins Vorzimmer. Er trat vor Margots Schreibtisch und reichte ihr einen Schlüssel. »Margot, besorgen Sie bitte ein paar Männer und einen Lieferwagen und fahren Sie mit ihnen zu meiner Wohnung, holen Sie meine Kleider ab und bringen Sie sie in das neue Haus.«

»Dann ist es also fertig?«

»Ja.«

»Soll ich Vanessas Sachen auch mitnehmen?«

»Nein.«

Margot sah ihn überrascht an. »Wie Sie wünschen.« Sie holte ihre Handtasche und verließ das Büro, als Barry Wimmer hereinkam.

»Barry, in mein Büro«, forderte Michael ihn auf. Er schloß die Tür hinter sich. »Wieviel?« wollte er wissen.

Barry zog einen Zettel aus der Tasche und reichte ihn Michael. »Etwas über eine Million Komma drei«, sagte er. »Ich habe zwanzig Prozent behalten, wie verabredet, und den Rest so, wie Sie es wollten, auf den Weg gebracht.«

»Es hätten eineinhalb Millionen sein sollen«, meinte Michael.

»Das hätte ich machen können, aber es wäre vielleicht aufgefallen«, wandte Barry ein. »Ich habe getan, was ich konnte.«

»Schon gut«, nickte Michael. »Dreht Eliot immer noch?«

»Ja. Er hat jetzt die Nebenrollen gedreht. Als nächstes kommen die Szenen mit Vanessa.«

»Gehen Sie zu Eliot und sagen Sie ihm, er soll Vanessa noch mindestens zwei Stunden beschäftigen.«

»Die schafft es aber in kürzerer Zeit.«

»Tun Sie es.«

»Schon gut. Übrigens – wenn Eliot mit Vanessa fertig ist, steigt eine kleine Party. Kommen Sie auch?«

»Vielen Dank, aber es geht nicht. Grüßen Sie alle von mir und schicken Sie mir die Rechnung.«

»Wird gemacht.«

Michael holte Rick Riveras Drehbuchentwurf aus der Schublade. »Lesen Sie das über das Wochenende durch, ja?« bat er Barry und gab ihm die Blätter. »Ich würde gern wissen, was Sie davon halten.«

»Aber sicher, mach' ich gern.«

»Noch etwas. Hat Rick je Interesse an den Budgets gezeigt?«

»Er hat mich gefragt, was wir für ›Kalifornische Romanze‹ ausgeben.«

»Haben Sie es ihm gesagt?«

»Es war ja nicht geheim.«

»Wenn er je wieder Fragen über Budgets stellt, will ich das wissen.«

»Natürlich.«

»Das wäre alles.«

Der Produktionsleiter ging hinaus.

Auf der Fahrt nach Malibu empfand Michael das gleiche erwartungsvolle Prickeln wie damals, als er nach Los Angeles gekommen war. Er hatte außer Kleidung und einem Wagen nie etwas besessen, und jetzt war er im Begriff, Hausbesitzer zu werden.

Der Wachmann an der Einfahrt von Malibu Colony ließ ihn ein, und Michael fuhr auf sein neues Haus zu. Er parkte in der kreisförmigen Zufahrt und schloß die Haustür mit seinem Schlüssel auf. Obwohl er die Entscheidung für jedes einzelne Stück billigte, das Fallowfield für das Haus erwarb, hatte Michael das Haus mit Bedacht nicht besucht, solange der Innenarchitekt tätig gewesen war. Es war daher, als würde er es jetzt zum ersten Mal betreten.

James Fallowfield erwartete ihn in der Eingangshalle und ging mit ihm durch das Haus. Michael folgte ihm stumm und trank die Atmosphäre seines neuen Zuhauses in sich hinein. Wohin sein Auge auch blickte, überall waren hübsche, behagliche Möbel, üppige Teppiche, gute Gemälde zu sehen. Das Haus kam ihm schon jetzt wie ein Teil seiner selbst vor.

Als sie alles besichtigt hatten, blickte Fallowfield ihn erwartungsvoll an. »Sie haben kein Wort gesagt«, meinte er.

»Es ist einfach wundervoll«, sagte Michael. »Sie haben genau das getan, was ich mir von Ihnen gewünscht habe.«

Fallowfield atmete tief durch. »Gott sei Dank. Sie haben mir ganz schön Angst eingejagt. Ich habe noch nie einen stummen Kunden gehabt.«

Michael ging mit ihm zur Haustür und streckte ihm die Hand hin. »Vielen herzlichen Dank«, sagte er.

»Im Kühlschrank ist Champagner«, meinte Fallowfield kurz und ging hinaus.

Als Michael gerade die Tür schließen wollte, kam ein Lieferwagen angefahren und dahinter Margots BMW. Michael zeigte den Männern, wo sie seine Kleidung hinbringen sollten, und kam dann wieder herunter. Er ging durch ein paar Räume, bis er Margot schließlich in seinem Arbeitszimmer fand, wo sie sich bewundernd umsah.

»Es ist sehr schön«, sagte sie. »Fallowfield hat es tatsächlich geschafft, daß das Haus so wie Sie ist.«

»In welcher Hinsicht?«

»Ich weiß nicht – alles ist sehr hübsch, geradezu sexy, aber es sagt einem nur sehr wenig über Sie.«

Michael gefiel das. »Entschuldigen Sie mich, ich muß kurz telefonieren, aber gehen Sie nicht weg.« Er nahm den Hörer, wählte die Nummer des Studios und bat, mit Eliot verbunden zu werden. Als der Regisseur sich meldete, fragte Michael: »Sind Sie fertig?«

»Gerade fertig geworden«, erwiderte Eliot.

»Wie ist es gelaufen?«

»Ausgezeichnet. Vanessa war sehr gut.«

»Ich möchte den Film morgen früh sehen und bis Montag um neun einen Rohschnitt.«

»Das läßt sich machen«, erklärte Eliot.

»Gratuliere, Sie haben gute Arbeit geleistet.«

»Vielen Dank, Michael. Sie haben mir sehr geholfen.«

»Ich werde nicht an der Party teilnehmen können. Bitte bedanken Sie sich in meinem Namen bei allen und sagen Sie ihnen, daß sie hervorragende Arbeit geleistet haben.«

»Mach' ich gern.«

»Und jetzt lassen Sie mich mit Vanessa sprechen.«

Vanessas Stimme klang müde, aber glücklich. »Hallo, Michael. Wo bist du?«

»Ich habe weg müssen. Du hast gute Arbeit geleistet, Vanessa. Du wirst eine Menge Angebote bekommen, wenn der Film in den Kinos erscheint.«

»Kommst du nicht zur Party?«

»Nein. Ich bin leider anderweitig beschäftigt.«

»Michael, du klingst so komisch.«

»Für dich ist jetzt die Zeit gekommen, in Hollywood deine eigenen Wege zu gehen, meine Liebe.«

»Was?«

»Ich bin aus der Wohnung ausgezogen.«

»Michael, ich verstehe nicht –«

»Du und ich, wir beide brauchen einander nicht mehr. Du wirst allein sehr gut zurechtkommen.«

»Michael –«

»Der Mietvertrag für die Wohnung läuft noch sechs Wochen; du hast also genügend Zeit, etwas Neues zu finden. Ich verdopple dein Gehalt, wie es unser Vertrag vorsieht. Wenn du etwas brauchst, ruf Margot an.«

»Michael –«

»Adieu, Vanessa.« Er legte auf. Als er sich umdrehte, musterte Margot ihn mit weit aufgerissenen Augen.

»Das war sehr eigenartig«, sagte sie.

»Kommen Sie in die Küche«, lud er sie ein. Er ging voraus, holte eine Flasche Champagner aus dem Kühlschrank und öffnete sie. »In der Tiefkühltruhe ist eine Menge zu essen«, sagte er. »Essen Sie mit mir zu Abend?«

»Michael, jetzt sagen Sie mir, was diese Einladung soll.«

Er nahm zwei Gläser und schenkte ein. »Nichts sehr Tiefschürfendes; bloß ein gutes Abendessen und dann ein Abend mit unverhohlenem Sex zwischen zwei Leuten, die einander sehr gut kennen. Bis Montag früh werden wir alles wieder vergessen haben.«

Sie lächelte. »In dem Fall nehme ich gern an.«

Er reichte ihr ein Glas. Er hatte immer viel für ältere Frauen übrig gehabt und sich schon immer gefragt, wie sie wohl im Bett sein würde.

41

Michael fuhr am Samstag ins Studio und sah sich die Szenen des letzten Drehtages an. Margot ließ er am Pool zurück. Er staunte darüber, wie kraftvoll Bob Hart wirkte. Die Cutterin Jane Darling und Eliot Rosen sahen sich die Aufnahmen mit ihm an.

»Das ist wirklich umwerfend, Michael«, freute sich Eliot. »Sie haben recht gehabt.«

»Jane, ich möchte, daß Sie die Szenen der Nebendarsteller auf ein Mindestmaß reduzieren«, sagte Michael. »Ich möchte, daß nichts von dieser Leistung ablenkt, die wir gerade zu sehen bekommen haben.«

»Und Vanessas Bilder?« wollte Eliot wissen.

»Die sind natürlich für die Szene wichtig, aber die gehört Bob, nicht Vanessa. Bringen Sie sie also nicht mehr, als unbedingt notwendig ist. Wie sieht es mit einem Rohschnitt aus?«

»Fast fertig. Ich brauche bloß noch diese Szene zu schneiden.«

»Kann ich am Montag früh alles sehen?«

»Oh, ich könnte ja morgen arbeiten«, meinte sie.

»Wenn Sie das tun, schicke ich Ihnen eine Wagenladung Blumen.«

»Wie könnte ich da widerstehen?« erwiderte sie trocken.

Als er zu dem neuen Haus zurückkam, war Margot verschwunden.

Michael traf am Montagmorgen Punkt neun in seinem Büro ein. Er begrüßte Margot nicht anders, als er das früher getan hatte, und auch ihre Miene blieb durchaus geschäftsmäßig. Genauso hatte er es gewollt. »Ich brauche Leo am Telefon«, sagte er.

»Morgen, Junge«, gähnte Goldman.

»Harte Nacht gehabt, Leo?«

»Eine lange. Poker mit den Boys.«

»Wärst du einer Vorführung des Rohschnitts von ›Kalifornische Romanze‹ gewachsen?«

»Jetzt schon? Und ob ich dem gewachsen wäre. Elf Uhr im Vorführraum A?«

»Bis dann.« Michael rief Margot über die Sprechanlage an: »Wir zeigen den Rohschnitt um elf in A. Ich will möglichst viel Leute haben, am besten den ganzen Saal voll, vor allem Sekretärinnen.«

»Darf ich auch kommen?«

»Unbedingt. Und dann brauch' ich die Harts am Telefon.«

Susan Hart klang müde. »Hallo, Michael.«

»Guten Morgen, Sue. Könnten Sie und Bob es bis elf zu einer Vorführung des Rohschnitts schaffen?«

»Bob fühlt sich – äh – nicht besonders wohl«, erklärte sie. »Aber ich werde kommen. Wie ist die Kopie denn geworden?«

»Wir werden sie gemeinsam zu sehen bekommen. Tut mir leid, daß es Bob nicht gut geht.«

»Michael, ich möchte wissen, was am Freitag passiert ist.«

»Wie meinen Sie das?«

»Ich meine, ich schlafe am hellichten Tag ein, was mir noch nie passiert ist, und Bob trinkt mit Ihnen Wein.«

»Bob hat mich zu einem Glas eingeladen«, sagte Michael.

»Wo hat er den Wein herbekommen?«

»Jemand hat ihm den Wein vor die Tür seines Bungalows gestellt. Ein Fan, hat er gesagt.«

»Ja, das hat er gesagt.«

»Susan, ist etwas nicht in Ordnung?«

»Wußten Sie nichts von Bobs Problem?«

»Wie bitte?«

»Bob kann nicht mit Alkohol umgehen. Er hat eine Entziehungskur gemacht und war seit Monaten trocken.«

»Daß er trocken ist, hat er erwähnt, aber ich habe daraus nicht geschlossen, daß er ein Problem hat.«

»Also gut. Wir sehen uns dann um elf.«

»Vorführraum A.« Er legte auf.

Barry Wimmer tauchte in seiner Tür auf. »Haben Sie einen Augenblick Zeit?«

»Höchstens einen Augenblick. Kommen Sie rein.«

Barry gab ihm ein paar Blätter. »Ich habe am Wochenende Ricks Entwurf durchgelesen.«

»Und?«

»Ganz interessant; jedenfalls lohnt es sich, daß Sie ihn auch lesen. Ich konnte mir, ehrlich gesagt, nie einen Reim darauf machen, was Rick hier eigentlich tut. Jetzt habe ich eine bessere Meinung von ihm.«

»Er ist mein Polizeispezialist.«

»Ein guter Drehbuchautor könnte daraus eine spannende Sache machen.«

»Ich werde den Entwurf so bald wie möglich lesen.« Als Barry hinausging, dachte Michael, daß Rivera vielleicht doch mehr als ein reiner Kostenfaktor sein würde. Jedenfalls würde dieser Entwurf, wenn er gut war, wie Barry behauptete, Ricks Anwesenheit auf der Gehaltsliste rechtfertigen. Goldman hatte diesbezüglich schon Fragen gestellt.

Michael holte Goldman in seinem Büro ab und ging mit ihm in den Vorführraum. Margot hatte ganze Arbeit geleistet; alle Plätze waren besetzt, ein paar Leute standen sogar.

»Was ist das denn – eine Premierenveranstaltung?« fragte Goldman, als er den Raum betrat.

Alle lachten.

Michael sah sich nach Susan Hart um und entdeckte sie in der vierten Reihe, wo Goldman sich gewöhnlich hinsetzte. »Leo«, flüsterte er.

»Ja?«

»Wenn Susan etwas sagen will, ehe alles vorbei ist, dann bring sie bitte zum Schweigen, ja?«

»Ja, schon gut.«

Michael folgte Goldman und setzte sich neben ihn. Die Polstersessel in der vierten Reihe waren mit kleinen ausklappbaren Schreibplatten versehen, und Goldman griff gleich beim Hinsetzen nach einem Bleistift.

Michael drückte einen Knopf in der Armlehne seines Sessels und sagte: »Gut, anfangen.«

Als der Film fünf Minuten gelaufen war, stand Michael auf, lehnte sich an die Wand und beobachtete die Gesichter der Zuschauer. Er brauchte den Film nicht zu sehen; ihre Reaktionen interessierten ihn viel mehr. Die Leute waren ausnehmend ruhig. Ihre Gesichter sagten ihm, daß er einen guten Film gemacht hatte.

Als die Gesangsszene anfing, warf Susan Hart ihm einen

haßerfüllten Blick zu. Sie flüsterte Goldman etwas zu und schickte sich an aufzustehen.

Goldman legte ihr die Hand auf den Arm und drückte sie in ihren Sessel zurück. Auf der Leinwand fing Hart zu singen an. Die meisten Zuschauer zeigten andächtiges Staunen, aber die wahre Überraschung für Michael war Goldman. Als Hart sein Lied beendete, war Goldmans Gesicht von Tränen feucht.

Die Cutterin hatte die Schlußszene, in der Bob und Vanessa über den Strand auf das Haus zugingen, geschickt mit einer Klavierfassung des Liedes untermalt. Als die Leinwand dunkel wurde, standen die Zuschauer in dem kleinen Saal auf und klatschten Beifall.

Michael brauchte ein paar Minuten, um bis zu Goldman vorzudringen. In der Menge konnte er einen kurzen Blick auf Susans Gesicht werfen, das vor Wut erstarrt war.

Schließlich befanden sich nur noch Michael, Goldman, Susan, Eliot und die Cutterin im Vorführraum.

»Michael«, sagte Susan, »ich möchte die Alternativszene sehen.«

»Es gibt keine Alternativszene«, erklärte Michael.

»Sie haben sie aber gedreht, das weiß ich doch.«

»Ich habe das Negativ heute morgen verbrannt.«

Sie wandte sich an Goldman. »Wirst du ihm das durchgehen lassen?«

»Susan«, rief Leo, »bin ich etwa verrückt? Hast du den Film, den ich gerade gesehen habe, nicht auch gesehen?«

»Natürlich habe ich ihn gesehen.«

»Hat er dir nicht gefallen?«

»Die Gesangsszene hat mir nicht gefallen.«

»Hast du die Reaktion der Zuschauerinnen nicht mitbekommen?«

»Man hat mich reingelegt!« erregte sich Susan. »Ich weiß

nicht, wie das gelaufen ist, aber ich lasse mich nicht für dumm verkaufen.«

Goldman legte ihr den Arm um die Schultern. »Susan«, sagte er eindringlich, »du solltest Michael danken.«

42

Aus einem Artikel in »Vanity Fair«:

»Je näher die Zeit der Oscar-Verleihungen rückt und die Fachjournale ebenso wie die Tageszeitungen mit Prognosen vollgepflastert werden, um so mehr richtet sich das Interesse auf einen ›kleinen‹ Film und seinen recht geheimnisvollen Produzenten, den relativ neu auf der Szene Hollywoods aufgetauchten Michael Vincent. Gemeint ist der Film ›Kalifornische Romanze‹, den Mark Adair nach einem obskuren gleichnamigen Roman der zwanziger Jahre von einer alten Jungfer names Mildred Parsons adaptiert hat. Der Film hat vier Nominierungen erhalten, und zwar für den besten Film, den besten Schauspieler, die beste Schauspielerin und das beste Drehbuch. Seit ›Unterwegs mit Miss Daisy‹ hat kein mit niedrigem Budget hergestellter Film so begeisterte Kritiken und übrigens auch solchen Erfolg an den Kinokassen gehabt. ›Variety‹ berichtete letzte Woche, daß die Kasseneinnahmen im Inland sich bereits auf mehr als siebzig Millionen Dollar belaufen, und nach Meinung von Branchenkennern könnte er, wenn einige der Nominierungen zum Erfolg führen, weltweit mehr als hundertfünfzig Millionen einspielen. Für den Produzenten wäre das eine besonders gute Nachricht; sein Vertrag räumt ihm nämlich, wenn unsere Gewährsleute bei ›Centurion Pictures‹ uns richtig informiert haben, zehn Prozent ein, falls er mit seinem Budget unter zwanzig Millionen bleibt. Die Herstellung von ›Kalifornische Romanze‹ soll weniger als zehn Millionen Dollar gekostet haben, wozu noch einmal die gleiche Summe für Kopien und Werbung kommt.

Michael Vincent traf vor zwei Jahren in Hollywood ein und hatte zu der Zeit nur einen einzigen Film vorzuweisen, das vielgepriesene ›Schwarze Abendrot‹, das in der Kategorie ›Bester Film‹ nominiert wurde, aber damit nicht durchkam, und einen Oscar in der Kategorie ›Beste Schauspielerin‹ erhielt. Dieser Oscar wurde Carol Geraldi, die kurz nach Abschluß der Dreharbeiten an einer Überdosis Rauschgift starb, postum verliehen, wobei alle sich darüber einig waren, daß ihre Leistung in dem Film ihre inzwischen etwas verblaßte Karriere wieder hätte beleben können. ›Schwarzes Abendrot‹ war von einem Studenten der Filmakademie der New York University namens Chuck Parish geschrieben worden, der auch die Regie führte. Unerklärlicherweise fiel aber das ganze Lob dem Produzenten des Films zu. Vincent hatte den gerade fertiggestellten Film an Leo Goldman von ›Centurion‹ verkauft und gleichzeitig mit dem Studio einen Produzentenvertrag abgeschlossen. Im Augenblick dreht Vincent ›Royal Flush‹, nach einem Drehbuch von Chuck Parish. Sein nächstes Werk wird, wie es heißt, ein Polizeifilm sein, den er einem ehemaligen Polizeibeamten verdankt, der jetzt ein enger Mitarbeiter von ihm ist. Diesmal wird Vincent die Regie führen.

Leo Goldman, der Vincent entdeckt hat, ist voll des Lobes für den einunddreißigjährigen Produzenten. ›Ich sehe in ihm einen neuen David Selznick‹, erklärte Goldman in einem Telefoninterview. ›Ich habe noch nie mit einem jungen Produzenten zusammengearbeitet, der so viel intuitives Verständnis für alles das zeigt, was einen Film ausmacht – *und* er hält die Kosten niedrig. Ich glaube, daß niemand sonst ›Kalifornische Romanze‹ mit dem Budget hätte drehen können, mit dem Michael das geschafft hat.‹

Vincent versteht sich in der Tat darauf, preiswert zu drehen. Sein Geheimnis scheint darin zu liegen, daß er es schafft, gute Leute dazu zu bewegen, für ein sehr niedriges Honorar zu arbeiten. So heißt es, daß Robert Hart, der normalerweise Honorare in der Größenordnung von drei Millionen bekommt, ›Kalifornische Romanze‹ für weniger als eine halbe Million gemacht hat, weil Mark Adair das Drehbuch schrieb und weil die Rolle Hart die Gelegenheit bot, einmal etwas völlig anderes zu bieten. Angeblich hat auch Adair für einen Bruchteil seines üblichen Honorars gearbeitet. Konkrete Angaben waren von keinem der beiden zu erhalten.

Eine weitere von Michael Vincent genutzte Möglichkeit, die Kosten niedrig zu halten, besteht darin, unbekannte Talente einzusetzen. Eliot Rosen, den Regisseur von ›Kalifornische Romanze‹, hat er aufgrund einer Acht-Minuten-Szene, die Rosen auf der Akademie drehte, ausgewählt. Und Vanessa Parks, die wunderschöne junge Schauspielerin, die für ihre Rolle in dem Film für den Oscar nominiert wurde, war ein kaum bekanntes Fotomodell, als Vincent ihre Bekanntschaft machte. Er nahm sie mit einem Gehalt von $ 5000 die Woche unter Vertrag und verdoppelte ihr Gehalt nach ›Kalifornische Romanze‹. Bei ihrer Ankunft in Los Angeles bewohnten Vanessa Parks und Michael Vincent die gleiche Wohnung in Century City.

Eigentlich müßten also alle von Michael Vincent entzückt sein, die mit ihm gearbeitet haben. Das ist allerdings nicht der Fall. Man beachte die Honorare, die er Robert Hart und Adair bezahlt hat, im Vergleich mit dem, was Vincent selbst mit dem Film verdient hat. Carol Geraldi, die während der Dreharbeiten von ›Schwarzes Abendrot‹ schwer heroinsüchtig war, ist jetzt tot; Robert Hart, der nach langjährigen Alkoholproblemen einige Monate trocken gewesen war, kehrte drei Tage nach Fertigstellung seiner hervorragenden Arbeit in ›Kalifornische Romanze‹ in die Betty-Ford-Klinik zurück.

Vanessa Parks ist ein weiterer Fall dieser Art. $ 5000 die Woche klingt zwar nach viel Geld, macht aber zusammengerechnet nur etwa eine Viertelmillion Dollar im Jahr aus, und obwohl Vincent ihr Gehalt inzwischen verdoppelt hat, so haben doch ihre Leistungen in ›Kalifornische Romanze‹ und ihre Oscar-Nominierung ihre Gage inzwischen auf $ 2 000 000 getrieben. Seit Julia Roberts hat sich die Karriere keiner Schauspielerin schneller entwickelt als die von Vanessa Parks, aber den größten Vorteil aus ihrem Erfolg wird Vincent ziehen, da er sie unter Vertrag hat.

Das ist nur Geschäftstüchtigkeit, könnte man sagen, aber man sollte dabei auch folgendes bedenken: Als Vanessa Parks ihren Vertrag mit Vincent unterschrieb, zog er ihren gesamten Aufwand – Kleidung, einen neuen Mercedes, eben alles – von ihrem wöchentlichen Gehalt ab. Dann kaufte er während der Dreharbeiten an ›Kalifornische Romanze‹ ein Traumhaus in Malibu Colony, ohne Vanessa Parks gegenüber etwas davon zu erwähnen, rief sie Minuten, nachdem die Dreharbeiten für ihre Rolle in dem Film beendet waren, an und erklärte ihr, er sei aus der gemeinsamen Wohnung in Century City ausgezogen; sie hatte nur wenige Wochen, sich eine neue Bleibe zu suchen. Danach nahm er von ihr nur noch geschäftliche Anrufe entgegen und lehnte ansonsten jedes Gespräch mit ihr ab. Vanessa Parks ist jetzt wieder mit Chuck Parish liiert, mit dem sie, bevor sie Vincent kennenlernte, befreundet war.

Ganz zu Anfang dieses Artikels wurde Vincent als geheimnisvoll bezeichnet. Aus folgendem Grund: Vincent ist jederzeit bereit, der Presse Interviews zu geben, stellt aber die Bedingung, daß von ihm, seinem Büro und seinem Haus keine Fotos gemacht werden und sein Privatleben aus dem Spiel bleibt. Bei der in diesem Artikel verwendeten Aufnahme handelt es sich um das einzige von Vincent existierende Foto, das vom Fernsehschirm aufgenommen wurde, als er den Carol Geraldi postum verliehenen Oscar entgegennahm. Die Rede, mit der er sich für diesen Oscar bedankte – ›Ich kannte Carol Geraldi vor den Dreharbeiten von ‚Schwarzes Abendrot' nicht und habe sie nachher nie wieder gesehen, aber ihr Talent hat unser aller Leben bereichert‹ –, ist inzwischen berühmt geworden. Den üblichen Fotos und Interviews nach der Feierlichkeit hat er sich entzogen, indem er sofort zu Swifty Lazars Oscar-Party bei ›Spago‹ eilte, wo er glaubte sich zeigen zu müssen.

Wenn man versucht, etwas über Michael Vincents Vorgeschichte zu erfahren, findet man nichts. Es ist bekannt, daß er in New York geboren wurde und auch dort aufwuchs, aber abgesehen von seinem kurzen Studium an der NYU-Filmakademie weiß niemand, welche Schule und welches College er besucht hat, noch ist bekannt, wo er vor ›Centurion‹ tätig war. Seine Eltern sind allem Anschein nach tot, da es bisher nicht möglich war, sie ausfindig zu machen.

So lebt der geheimnisvolle Mr. Vincent in aller Stille in seiner Villa in Malibu Colony, praktisch einem Geschenk von ›Centurion‹. Der einzige Mensch, dem er sich allem Anschein nach in gewissem Maße anvertraut hat, ist seine Direktionsassistentin, Margot Gladstone, eine gutaussehende ehemalige Schauspielerin, die früher einmal für Leo Goldman tätig war. Mrs. Gladstone bewacht die Tore und macht ihren Job perfekt.

Leo Goldman und ›Centurion‹ sind, wie nicht anders zu erwarten, von Michael Vincent entzückt, da die Bruttoeinnahmen für die beiden von ihm fertiggestellten Filme bei einer Investition von weniger als fünfunddreißig Millionen über hundert Millionen Dollar betragen. Vor kurzem hat Goldman Vincent aufgefordert, in den Verwaltungsrat von ›Centurion‹

einzutreten. ›Abgesehen von meiner Person‹, äußerte sich Goldman dazu, ›bestand unser Verwaltungsrat bisher aus Finanzleuten. Ich fand, es sei an der Zeit, einen Filmemacher in den Verwaltungsrat aufzunehmen.‹ So segelt der geheimnisvolle Vincent noch größeren Erfolgen in Hollywood entgegen, vielleicht sogar der Unsterblichkeit, und wen interessiert schon das Strandgut, das er in seinem Kielwasser hinterlassen hat? Diese Branche besteht zwar aus lauter Haien, aber Michael Vincent ist selbst für die Begriffe Hollywoods etwas Besonderes.«

43

Michael legte die Zeitschrift beiseite und sah nachdenklich zum Fenster hinaus. Er versuchte sich immer wieder einzureden, daß das einfach Teil seines Berufs war und zum Geschäft gehörte. Trotzdem brachte er es nicht fertig, die Angst, die an ihm nagte, zu unterdrücken. Sie hatten sich mit seiner Vorgeschichte befaßt, und das war wirklich äußerst beunruhigend. Sie hatten nicht viel gefunden, weil er damit gerechnet hatte, daß es solche Nachforschungen geben würde, und die entsprechenden Vorsichtsmaßnahmen getroffen hatte. Aber falls ein wirklich kluger Kopf Anlaß haben sollte, gründlicher zu bohren, würde die Wahrheit schließlich herauskommen.

Er wandte seinen Blick der Vergangenheit zu und beobachtete Vinnie, den Geldeintreiber, dabei, wie er seine Runden machte, Leuten die Finger brach oder die Nase, Leuten Geld abpreßte, selbst aus Steinen noch Blut herausquetschte. Das war sein Job gewesen. Vinnie war ein anderer Mensch aus einer anderen Zeit, und es gab nicht die geringste Ähnlichkeit mit Michael, der alles war, was Vinnie je hatte sein wollen.

Das Telefon klingelte und riß ihn aus seinen Gedanken. Er arbeitete jetzt viel zu Hause. Margot konnte jeden Anrufer durchstellen. Nur eine Handvoll Leute besaßen die Privatnummer.

»Hallo?«

»He, Junge!« sagte Goldman. »Ich weiß, du läßt dich in letzter Zeit nicht mehr dazu herab, ins Büro zu kommen, aber ich verlasse mich darauf, daß du um zwei zur Sitzung des Verwaltungsrates kommst.«

»Ich werde da sein, Leo.«

»Ich freue mich schon darauf, dich den anderen vorstellen zu können, und die wiederum freuen sich darauf, den Produzenten kennenzulernen, der ihnen so viel Geld in die Taschen schaufelt.«

Michael hatte noch nie an einer Verwaltungsratssitzung teilgenommen. »Was wird denn dort von mir erwartet, Leo?«

»Du brauchst bloß mir zuzustimmen, Junge, so abzustimmen wie ich.«

»Gibt es denn heute etwas, worüber abgestimmt werden soll?«

»Das wirst du um zwei schon hören. Bis dann.« Goldman legte auf.

Fast im gleichen Augenblick klingelte das Telefon wieder, und diesmal war es das besondere Klingeln, das ihn wissen ließ, daß es ein Anruf vom Haupttor war.

»Mr. Vincent, hier ist eine Dame, die Sie besuchen möchte«, sagte der Wachmann.

»Eine Dame?« fragte Michael irritiert. In letzter Zeit war er gelegentlich mit dem einen oder anderen Filmsternchen ausgegangen, aber es paßte ihm nicht, wenn sie ohne Vorankündigung bei ihm zu Hause aufkreuzten. »Wie heißt sie?«

»Sie sagt, ich soll nur sagen: Amanda.«

Michael war nicht mehr irritiert. »Ist schon in Ordnung.

Schicken Sie sie rein.« Er ging schnell durch das Haus, um sich zu vergewissern, daß alles so war, wie es sein sollte. Das war auch der Fall; das war es immer, und das ließ er sich einiges kosten.

Die Türglocke ertönte, und er ging zur Tür.

Amanda Goldman stand in einem leicht durchsichtigen Seidenkleid da; das blonde Haar fiel ihr bis auf die Schultern. Sie sah hinreißend aus. »Guten Morgen, Sir«, sagte sie. »Ist es zu früh für eine Lieferung ins Haus?«

»Du kannst dich mir ja selbst ausliefern«, lächelte Michael und gab ihr einen Kuß. »Hat lange gedauert, bis du gekommen bist.«

»Ich dachte, die Vorfreude würde dir gut tun«, meinte sie. »Zeig mir das Haus.«

Michael führte sie im Erdgeschoß herum, zeigte ihr den Vorführraum sowie den Pool und den Tennisplatz.

»Und jetzt das Obergeschoß«, sagte sie.

Michael zeigte ihr das Obergeschoß.

Amanda nickte gelegentlich bewundernd, während sie herumgingen, und als er ihr dann die Terrasse im Obergeschoß mit dem geheizten Whirlpool zeigte, leuchteten ihre Augen auf. »Oh, das ist genau das, wofür ich jetzt in Stimmung bin«, sagte sie. Sie griff sich an den Hals, löste dort etwas, und das dünne Seidenkleid fiel ihr um die Füße. Sie trug nichts darunter. »Kommst du mit?« fragte sie und stieg in den Pool.

Michael kam mit.

Der Verwaltungsrat von »Centurion Pictures« begann seine Sitzung kurz nach zwei, nachdem die einzelnen Teilnehmer ein wenig miteinander geplaudert hatten. Michael hatte allen die Hand geschüttelt, ehe er den Sitzungssaal betrat, aber trotzdem stellte Goldman ihn förmlich vor.

»Es ist mir ein großes Vergnügen, heute unser neuestes Verwaltungsratsmitglied Michael Vincent in unserer Mitte begrüßen zu dürfen. Ich erwarte, daß Michael die Intelligenz und das kreative Denken eines erstklassigen Filmemachers als seinen Beitrag einbringt und dazu ein gerüttelt Maß guten alten Pferdeverstand.«

Höflicher Beifall.

Goldman blieb stehen. »Meine Herren, es handelt sich heute um eine Sondersitzung dieses Verwaltungsrates, nicht etwa um ein routinemäßiges Zusammentreffen. Ich habe diese Sitzung einberufen, damit wir über ein Übernahmeangebot diskutieren können.«

Einen Augenblick war Michael verblüfft, dann fragte er sich, was das für ihn bedeuten könnte.

»Ich wäre sehr überrascht«, fuhr Goldman fort, »wenn noch niemand von Ihnen gehört hätte, daß so etwas im Busch ist. Solche Dinge sprechen sich meistens schnell herum.«

Ein grauhaariger Mann meldete sich zu Wort. »Nun, ich habe ganz bestimmt nichts davon gehört, Leo, und ich glaube, meine Verbindungen sind nicht schlechter als die aller anderen hier.«

»Harry«, grinste Goldman, »wenn Sie nichts davon gehört haben, dann hat auch sonst keiner etwas erfahren.«

Ein amüsiertes Murmeln ging um den Tisch.

»Das Angebot kommt von der ›Yamamoto Corporation‹ aus Tokio«, erklärte Goldman. Er nannte eine sehr hohe Zahl.

Michael wünschte sich plötzlich, er besäße einige »Centurion«-Aktien.

»›Yamamoto‹?« fragte ein anderes Verwaltungsratsmitglied. »Ich bringe diese japanischen Firmen immer durcheinander.«

»Die ›Yamamoto Corporation‹ hat weitgespannte Interessen – Elektronik selbstverständlich, Immobilien in diesem Land und in Europa, eine Automobilproduktion in Thailand, pharmazeutische Firmen. Allem Anschein nach ist sie der

Meinung, daß ein großes amerikanisches Filmstudio gut zu ihr passen würde.«

»Wenn die Japse den Betrag anbieten, werden sie auch mehr bieten«, erklärte Harry. »Ich stelle den Antrag, daß wir denen sagen, sie sollen sich ihr Angebot in ihre schiefen orientalischen Ärsche stecken.«

»Es liegt ein Antrag vor, das Angebot abzulehnen«, sagte Goldman. »Wird der Antrag von jemand unterstützt?«

»Unterstützt«, sagte eine Stimme unten am Tisch.

»Sonst noch jemand?« fragte Goldman.

Alle unterstützten Harry.

»Gegenstimmen?«

Schweigen.

»Harrys Antrag ist einstimmig angenommen«, verkündete Goldman.

»Leo«, meinte Harry, »bloß weil mir ihr Angebot nicht gefällt, heißt das noch lange nicht, daß man mich nicht dazu überreden könnte, an der richtigen Zahl Gefallen zu finden.«

»Harry«, entgegnete Goldman, »ich möchte, daß Sie und alle anderen Mitglieder dieses Verwaltungsrates wissen, daß ich nie ein Angebot einer japanischen Gesellschaft akzeptieren werde. Ich will hier nicht den Rassisten spielen, aber diese kleinen Mistkerle haben bereits ›Universal‹ und ›Columbia‹ eingesackt. ›Centurion‹ steht unter gar keinen Umständen zum Verkauf.«

»Alles steht zum Verkauf, Leo«, stellte Harry fest, »selbst ›Centurion‹.«

»Nicht, solange ich vierundfünfzig Prozent der stimmberechtigten Anteile kontrolliere«, widersprach Goldman kopfschüttelnd.

Harry sagte nichts.

»Und nun, meine Herren, da es keine weiteren Tagesordnungspunkte gibt, können wir die Sitzung beenden. Verteilen

Sie sich heute nachmittag in die vier Winde, aber vergessen Sie nicht, daß das Abendessen heute auf meine Rechnung geht. In meinem Haus um sieben.«

Die Verwaltungsratsmitglieder standen auf und entfernten sich plaudernd aus dem Sitzungssaal.

Zehn Minuten später war Michael mit Goldman in dessen Büro allein. »Eines mußt du mir sagen, Leo«, meinte er. »Diese Männer sind aus dem ganzen Land zu dieser Sitzung gekommen, nicht wahr?«

»Ja, das stimmt.«

»Du hast sicherlich gute Gründe für diese Sitzung, das weiß ich, aber ich glaube, wenn ich einer von ihnen wäre und man mich für eine fünfminütige Verwaltungsratssitzung hierherbeordert hätte, wäre ich ein wenig sauer.«

»Ich habe einen Grund«, gab Goldman zu. »Diese ganze Gruppe von Japsen ist ein recht gefährlicher Haufen hartgesottener Hurensöhne. Ich wollte, daß mein Aufsichtsrat weiß, daß ich nicht zulassen werde, daß man der Annahme eines derartigen Angebots positiv gegenübersteht. Nicht solange ich vierundfünfzig Prozent der Aktien kontrolliere.«

»Warum nicht, Leo?«

»Weil *ich* dieses Studio bin. Es ist mein Leben. Ich werde es verkaufen, wenn ich auf dem Totenbett liege – falls ein umwerfendes Angebot auf dem Tisch liegt.«

»Ich verstehe.«

»Gut. Ich will dich nämlich auf meiner Seite haben und daß du gute geschäftliche Gründe dafür findest, an diesem Studio festzuhalten.«

Michael ging zur Tür. »Ich werd's mir merken.«

»Dann also bis heute abend bei mir zu Hause«, rief Goldman ihm nach und fuchtelte dabei mit seiner Zigarre.

44

Rick Rivera saß an dem Pool hinter dem Haus in West-Hollywood und betrachtete die junge Frau, die nackt auf dem Liegestuhl neben ihm lag und schlief. Sie war schlank, vom Kopf bis zu den Zehen gebräunt und fühlte sich ölig an. Es war erst fünf Uhr an einem Samstagnachmittag, und er hatte sie schon zweimal gevögelt.

Rivera lehnte sich zurück und dachte über die Veränderungen in seinem Leben nach, seit er Michael Vincent kennengelernt hatte. Er hatte das Haus zwar nur gemietet; wenn er aber die Anzahlung aufbringen konnte, hatte er eine Option darauf, es zu erwerben. Cindy und der Junge waren jetzt versorgt; das ewige Gemeckere, immer wenn die Unterhaltszahlungen fällig waren, war verstummt, wenn sie auch in letzter Zeit ein paarmal Andeutungen bezüglich eines neuen Autos hatte fallen lassen.

Sein Sexualleben hatte dank seiner Position in der Filmbranche athletische Dimensionen angenommen. Solange es Filme gab, würde es auch hübsche Frauen geben, die Rollen haben wollten. Wenn heute eine Wasserstoffbombe auf Los Angeles fiele und sämtliche Studios auslöschte, würden morgen diese Mädchen aus Nebraska und Alabama aufkreuzen und zwischen den Ruinen herumstochern, auf der Suche nach einem Produzenten, von dem sie sich für eine Statistenrolle bumsen lassen konnten. Ein tiefer, befriedigter Seufzer entrang sich ihm.

Das schnurlose Telefon klingelte.

»Hallo?«

»Mr. Rivera?«

»Ja.«

»Hier spricht Miss Callahan von der ›Bank of America‹.«

Er spürte, wie sich in seiner Magengrube ein kleiner Knoten bildete. »Ja?«

»Ihre Visa-Zahlung ist einen Monat überfällig«, sagte sie. »Wann können wir mit der Zahlung rechnen?«

»Oh, das tut mir leid«, erwiderte er. »Das muß meine Sekretärin übersehen haben. Ich werde veranlassen, daß sie Ihnen nächste Woche einen Scheck schickt.«

»Bis dahin hat bereits die nächste Abrechnungsperiode angefangen, Mr. Rivera. Falls Sie die Karte weiter benutzen wollen, müßte ich die Zahlung bis spätestens Dienstag haben.«

»Kein Problem. Tut mir leid.«

»So wie die Post heute arbeitet, wäre es vielleicht am besten, wenn Ihre Sekretärin den Betrag persönlich zu einer unserer Zweigstellen bringen würde.«

»Ja, das werde ich veranlassen«, meinte Rivera und schaltete den Apparat ab. Zahltag war erst nächsten Freitag; er würde die Zahlung in letzter Minute zu einer Zweigstelle bringen müssen und konnte nur hoffen, daß der Scheck erst dann eingelöst wurde, wenn er seinen Gehaltsscheck eingereicht hatte.

Der Nachmittag war ihm jetzt verdorben. Ein ganzer Samstag, an dem Sex und behagliche Entspannung auf dem Programm gestanden hatten, ruiniert wegen einer blöden Rechnung. Eigentlich erstaunlich, dachte er. Als er noch bei der Polizei gewesen war, hatte er von Zahltag zu Zahltag gelebt und war gerade so durchgekommen. Jetzt bezog er hundertfünfzigtausend im Jahr und lebte immer noch von Zahltag zu Zahltag. Auf einem anderen Niveau natürlich – er fuhr jetzt einen BMW statt eines Toyota, und seine augenblickliche Adresse war viel besser. Aber trotzdem kam er gerade über die Runden. Er mußte sein Einkommen um vielleicht fünfzigtausend im Jahr erhöhen. Auf diese Weise würde jeden Monat, nachdem alle Rechnungen bezahlt waren, ein wenig Geld auf dem Konto übrigbleiben.

Michael hatte einen seiner seltenen Bürotage eingelegt und arbeitete sich durch einen Stapel Post, der sich im Lauf der letzten Wochen angesammelt hatte. Das Negativ von »Royal Flush« war geschnitten. Der Film würde ihm vielleicht nicht gerade eine Nominierung in der Kategorie »Bester Film« eintragen, aber er würde Geld verdienen, und mit seinen Prozenten und dem Geld, das Barry Wimmer für sie beide absahnte, würde er nächstes Jahr reicher sein. Das Telefon summte.

»Ja?«

»Rick würde Sie gerne sprechen«, sagte Margot. »Er sagt, es sei wichtig.«

Sie waren bei dem förmlichen Sie geblieben; es war, als ob jenes Wochenende, an dem er mit ihr sein neues Haus eingeweiht hatte, nie stattgefunden hätte. So war es auch besser.

»Also schön, soll reinkommen«, seufzte er. Rivera konnte einem den letzten Nerv töten.

Rivera trat ein und legte ein neues Drehbuch auf Michaels Schreibtisch. »Gerade getippt«, sagte er. »Das läßt sich so drehen, schätze ich. Wann fangen wir an?«

»Ich werde den Film nächste Woche in die Produktionsvorbereitung geben, wenn das Drehbuch jetzt stimmt.«

»Wer wird Regie führen?«

»Ich.«

»Gut, sehr gut. ›Royal Flush‹ nach zu schließen, werden Sie ein Spitzenregisseur sein.«

Warum mußte er eigentlich hier sitzen und sich das Gesülze dieses widerwärtigen Exbullen anhören? fragte sich Michael. Am liebsten hätte er ihn sofort hinausgeworfen. Er hatte zwar ein geeignetes Drehbuch aus Riveras Entwurf gemacht, aber dieser Entwurf war die einzige produktive Arbeit, die Rivera geleistet hatte, seit er sich mit der Brechstange Zugang zu Michaels Büro verschafft hatte. »Vielen Dank, Rick. Gibt's sonst noch was?«

Rivera stand auf, schloß die Tür und setzte sich dann wieder. »Ich hatte am Wochenende einen Anruf«, erklärte er.

»Ja?« fragte Michael gereizt.

»Von einem FBI-Agenten in Los Angeles«, log er.

Jetzt fing Michael an, unruhig zu werden, bemühte sich aber, sich nichts anmerken zu lassen. »Und?«

»Dieser Agent sagt, er habe eine Aktensuche nach einem gewissen Callabrese durchgeführt und dabei festgestellt, daß ich vor einer Weile dasselbe getan habe.«

»Was hat ihn dazu veranlaßt?« fragte Michael, jetzt tief beunruhigt.

»Das hat er nicht direkt gesagt, er wollte bloß wissen, ob ich sonst noch etwas über diesen Burschen herausgefunden hätte – etwas, das vielleicht in den FBI-Akten wäre.«

»Rick, lassen Sie sich nicht jedes Wort aus der Nase ziehen. Was glauben Sie, daß der Bursche in der Hand hat?« Da kann nichts sein, sagte sich Michael. Er hatte sich nie etwas zuschulden kommen lassen, was in die Zuständigkeit der Bundesbehörden fiel; er hatte nie etwas getan, das die Aufmerksamkeit des FBI auf ihn ziehen konnte, nicht in Los Angeles.

»Also, ich weiß zufällig, daß dieser Mann die Abhöraktivitäten im Bereich Los Angeles leitet«, erklärte Rivera. »Vielleicht ist er auf die Weise auf den Namen Callabrese gestoßen.«

»Was noch?« wollte Michael wissen.

»Das war's«, erwiderte Rivera. »Ich soll ihn anrufen, wenn ich wieder etwas hören sollte.«

»Na fein, lassen Sie sich keine grauen Haare darüber wachsen. Ich muß jetzt ein paar Telefonate erledigen, Rick.«

»Äh – Michael, ich hab' mir gedacht, Sie werden ja bald mit der Produktion meines Films anfangen. Wäre das nicht ein guter Anlaß für eine Gehaltserhöhung?«

»Jetzt hören Sie mir zu, Rick. Sie sind schon recht lange hier, und ich habe Ihnen eine Menge Geld gezahlt, und Sie haben genau *einen* Entwurf für ein Drehbuch geliefert. Das einzige, was Sie tun, ist, daß Sie Besetzungssitzungen für nicht vorhandene Filme abhalten und jede Schauspielerin bumsen, die auf Ihr Geschwätz hereinfällt. Denken Sie mal darüber nach, was Sie jetzt machen würden, wenn Sie nicht für mich arbeiteten, wenn ich nicht da wäre und Sie stützte.«

»Hören Sie, Michael, ich wollte nicht –«

»Aber sicher wollten Sie, Rick! Sie haben gedacht, Sie könnten mir noch mehr Geld aus der Nase ziehen, oder nicht? Ich will Ihnen mal was sagen: Wenn Sie weiterhin das verdienen wollen, was Sie jetzt bekommen, dann sollten Sie bald einmal ein paar wirklich geeignete Ideen anbringen, haben Sie mich verstanden?«

»Ja, sicher, Michael, ich werd' gleich damit anfangen.«

»Ja, das würde ich an Ihrer Stelle auch, und in Zukunft will ich keine Flittchen mehr in Ihrem Büro sehen. Treiben Sie Ihren Besetzungsschwindel irgendwo anders, ist das klar?«

Rick entfernte sich rückwärts aus Michaels Büro. »Geht in Ordnung, Michael, ganz wie Sie wünschen. Hören Sie, Michael, da war ein Fall, den ich vor ein paar Jahren hatte –«

»Schreiben Sie einen Entwurf und legen Sie ihn mir bis Ende der Woche auf den Tisch«, forderte Michael.

»Klar, geht in Ordnung.«

»Und falls Sie noch einmal etwas von diesem FBI-Mann hören, hängen Sie sich ein Tonband in Ihr Telefon. Ich will das Band hören.«

»Sicher, Michael, wird gemacht.« Rivera schob sich hinaus und schloß die Tür.

Michael dachte nach. Er brauchte nicht lange zu überlegen, um darauf zu kommen, daß es nur einen einzigen Ort in Los Angeles gab, wo er je den Namen Callabrese benutzt hatte. Er verließ sein Büro, stieg in seinen Wagen und fuhr ein Stück, bis er eine funktionierende Telefonzelle fand. Er suchte eine

Nummer in dem Adreßbuch, das er in der Tasche hatte, und wählte. Ein piepsendes Geräusch kam aus dem Hörer.

»Nachricht für Mr. T.«, sagte er. »V. heute abend von einem guten Telefon aus anrufen.« Er legte auf, stieg in seinen Porsche und fuhr zum Studio zurück.

45

Michael stand an der Haustür und beobachtete, wie die Stretchlimousine das kurze Stück Straße vom Tor zu seiner Einfahrt zurücklegte. Dann hielt der Wagen an, der Chauffeur sprang heraus und hielt Tommy Pro, gefolgt von einer Blondine, die Tür auf.

Michael ging ihnen entgegen und umarmte Tommy. »Mann, hast du abgenommen!« Er schob Tommy ein Stück von sich und musterte ihn von oben bis unten. »Und einen neuen Schneider hast du auch; du siehst großartig aus!«

Tommy grinste. »Zwei Riesen das Stück.« Er drehte sich um und stellte die Blondine vor. »Das ist Sheila.«

»Hallo, Sheila«, sagte Michael.

»Hallo«, antwortete das Mädchen. Sie war nervös und sah so aus, als ob ihr ein wenig übel wäre.

Michael wandte sich jetzt dem Chauffeur zu. »Tragen Sie die Koffer hinein. Innen geht's nach links und dann zum Gästehaus am Pool.«

»He, das ist aber 'ne erstklassige Bleibe«, staunte Tommy, nachdem er sich kurz umgesehen hatte. »Viel bessser als das ›Bel-Air‹!«

»Ich dachte, es würde dir gefallen, bei mir zu wohnen«, meinte Michael und begann mit der Führung durch das Haus.

»Tommy«, flüsterte Sheila und zupfte an seinem Ärmel.

»Ja, ist schon gut«, sagte Tommy. »Vinnie, hat jemand etwas für mich abgegeben?«

»Ja, dort«, erwiderte Michael und griff nach einem dicken braunen Umschlag, der auf einem Tischchen im Flur lag.

Tommy nahm den Umschlag und hielt ihn dem Mädchen hin, nahm ihn ihr dann aber wieder weg. »Übertreib's nicht. Wir gehen zur Oscar-Verleihung, und ich will nicht, daß du da vorher dein bißchen Verstand verkiffst.« Er reichte ihr das Päckchen, worauf sie hinter dem Chauffeur zum Gästehaus trottete.

Tommy schüttelte den Kopf und lachte. »Junkies müssen einfach ihren Stoff haben.«

»Meinst du, daß sie wieder in Ordnung kommt, Tommy?« erkundigte sich Michael.

»Sicher. Sie hat bloß eine lange Reise hinter sich; sobald sie gefixt hat, ist sie wieder auf dem Damm.« Er bemerkte Michaels besorgtes Gesicht und lachte. »Keine Angst, Kleiner, ich lass' dich nicht wieder mit 'ner abgetörnten Braut sitzen.«

Michael führte ihn weiter durch das Haus und ging dann mit ihm auf die Terrasse hinaus, von der man das Meer überblicken konnte. Ein Mann in einem weißen Jackett tauchte auf.

»Darf ich Ihnen irgend etwas bringen?« fragte er.

»Bloß einen Vermouth on the Rocks«, bat Tommy. Er sah Michael verschwörerisch an. »Die harten Sachen muß ich stehen lassen – mein Gewicht, du weißt schon.«

»Ich nehme einen Pellegrino«, sagte Michael.

Sie machten es sich auf Korbsesseln bequem und blickten auf den Pazifik hinaus.

»Schon eine feine Sache, das hier«, meinte Tommy und schüttelte den Kopf. »Ein ganzer Ozean direkt vor der Tür. Und ein blauer Ozean auch noch. Hast du eine Ahnung, was es heutzutage kostet, auf Long Island an den Ozean ranzukommen? Millionen, und dann kriegt man immer noch bloß den grauen Atlantik.«

»Du siehst wirklich gut aus, Tommy«, sagte Michael. »Ich hab' dich noch nie so schlank gesehen.«

»Na ja, heutzutage muß man doch Eindruck machen, weißt du?« Tommy beugte sich vor. »Ich lass' mir dreimal die Woche einen Fitneßtrainer ins Haus kommen. Maria kann's gar nicht glauben.«

»Wie geht es Maria?« erkundigte sich Michael. »Und den Kindern?«

Tommy machte eine wegwerfende Handbewegung. »Ach, sie ist halt Maria, meckert die ganze Zeit. Den Kindern geht's klasse. Stell dir vor, den kleinen Tommy haben sie hopsgenommen«, lachte Tommy.

»Was?«

»Ja, weil er eine Spritztour mit einem Mercedes gemacht hat, der irgendeinem Typen gehört hat. Stell dir vor, ein zwölfjähriger Junge klaut einen Mercedes.«

»Nicht übel«, sagte Michael und dachte daran, daß seine eigene Vorstrafe wegen Autodiebstahls der Anlaß dieser Zusammenkunft war.

»Hör mal, auf diese Oscar-Sache freu' ich mich richtig. Wie hast du das hingekriegt?«

»Ich bin jetzt selbst Mitglied der Akademie«, erklärte Michael. »Eure Plätze werden allerdings nicht ganz vorn sein. Die sind für die Nominierten reserviert.«

»Das ist ganz in Ordnung. Ich will sowieso nicht in deiner Nähe sein. Ich möchte nicht, daß man im Augenblick irgendeine Verbindung zwischen dir und mir herstellt, weißt du?«

»Erzähl mir, wie es in New York läuft«, bat Michael.

»Könnte nicht besser laufen«, erwiderte Tommy. Er nahm sein Glas von dem silbernen Tablett und wartete, bis der Butler weggegangen war. »Engländer?«

»Ire; das sind die besten.«

»Ich bin sehr beeindruckt, Junge.«

»Also, erzähl mir von New York.«

»Nun, du hast ja wahrscheinlich in der Zeitung gelesen, daß es in der Familie eine kleine Auseinandersetzung gegeben hat.«

»Mhm. Ich habe gelesen, daß es Benny Nickels und Mario B. erwischt hat.«

»Ja, und zwar, als sie aus einem Restaurant an der Park Avenue kamen, stell dir vor.«

»Und du hast daraus Nutzen gezogen?«

»Und ob! Ich habe alle Leute von Benny und etwa die Hälfte von Marios Mannschaft in meine Organisation übernommen. Der Don ist augenblicklich sehr, sehr zufrieden mit mir.«

»Und wie geht's dem Don?«

»Schlecht. Seine Leber. Er hat schon immer zu viel getrunken.«

»Und was passiert, wenn er abgeht?«

Tommy lächelte verschmitzt. »Ich.«

»Klingt ja großartig.«

Tommy sah sich um. »Hast du hier mit diesem Haus gemacht, was ich dir gesagt habe?«

»Ja, es ist erst heute morgen noch einmal gründlich untersucht worden. Nichts, du kannst mir glauben. Und hier draußen will mir auch keiner was anhaben.«

»Bloß das FBI«, meinte Tommy.

»Nicht einmal das. Mein Gewährsmann sagte, daß der Agent, der hier die Abhöraktivitäten leitet, auf Callabrese gestoßen ist. Wie ich schon am Telefon sagte: In der ganzen Stadt hier gibt es nur einen Ort, wo dieser Name je benutzt worden ist.«

Tommy nickte. »Die Bank. Ich habe schon veranlaßt, daß jemand mit Winfield spricht. Er wird aufpassen.«

»Tommy, ich weiß nicht, ob ich mein Geld bei den Leuten lassen soll. Was meinst du?«

»Wieviel hast du denn dort liegen?«

»Etwa drei Millionen vierhunderttausend.«

»He, nicht schlecht. Hast wohl den Zins stehen lassen?«

»Ja, fast alles. Hier und da brauche ich ein wenig Bares, das keiner auf mich zurückverfolgen kann, weißt du?«

»Als ob ich das nicht wüßte!« lachte Tommy.

»Jedenfalls bist du hier sicher. Malibu Colony achtet sehr darauf, daß man hier für sich bleiben kann. Sehr.«

»Gut, gut.« Tommy lehnte sich wieder vor. »Hör zu, ich bin wirklich stolz auf dich, Kleiner; du machst das prima. Ich lese die ganze Zeit über dich.«

»Hast du diesen Artikel in ›Vanity Fair‹ gelesen?«

»Ja. Das war ein bißchen hart.«

»Mit der Zeit beruhigt sich das alles wieder. Ich habe eine viertel Million für einen Branchenfonds für die AIDS-Hilfe gestiftet – anonym, weißt du? Am nächsten Tag stand es in den Fachblättern.«

Tommys Kinnlade fiel herunter. »Du hast eine viertel Million *verschenkt*?«

»Eine billige Investition. Jetzt kennt mich die Branche als Menschenfreund. Das einzige Ärgerliche daran ist, daß jetzt sämtliche Wohltätigkeitsorganisationen der Stadt aus dem Busch gekommen sind. Ich stifte mal zehn Riesen hier und zwanzig dort.«

»Kannst dir's ja leisten, Kleiner, mit dreieinhalb Millionen auf der Straße.«

»Tommy, das ist noch das wenigste. Ich habe an drei Filmen fast fünfzehn Millionen verdient, und da kommt noch mehr.«

»Wieviel ist dir denn davon geblieben?«

»Na ja, nach den Steuern rund vier Millionen, die an der

Börse für mich arbeiten. Und dann eben das, was auf der Straße ist.«

»Steuern!« wunderte sich Tommy und schüttelte den Kopf. »Man stelle sich vor: Wir beide, du und ich, zahlen Steuern!«

»Du auch?«

»Ich führe jetzt ein Dutzend kleine Firmen über eine Holdinggesellschaft. Wir haben Büros in einem Bürogebäude. Und wir zahlen Steuern! Die Bullen vom FBI macht das wahnsinnig.«

»Darin liegt die Zukunft«, erklärte Michael. »Legale Geschäfte.«

»Ich bin immer auf der Suche nach guten Investitionsmöglichkeiten«, meinte Tommy. »Ein paar Freunde von mir haben sogar die Rede auf die ›Centurion‹-Studios gebracht.«

Michael wäre fast das Glas aus der Hand gefallen.

»›Centurion‹?«

»Stimmt genau. Ich habe da ein paar Kontakte in Japan. Die haben dort drüben ihre eigene Cosa Nostra, nur daß die das Yakuza nennen.«

»Das ist ja sehr interessant«, meinte Michael.

»Genaugenommen sind die uns sogar eine Nasenlänge voraus – ich meine, wenn es darum geht, legale Geschäfte zu machen. Die haben sich schon seit Jahren in den großen Firmen breitgemacht, den ganz großen, meine ich. Nur zu dir gesagt: ›Yamamoto‹ haben die fest in der Hand.«

»Tatsächlich?«

»Und sie meinen, daß man im Filmgeschäft eine Menge Geld verdienen kann.«

»Da haben sie recht«, bestätigte Michael. »›Universal‹ und ›Columbia‹ gehören ja bereits den Japanern.«

»Meine Freunde glauben, daß sie sogar noch mehr Geld als diese Studios machen können, indem sie, sagen wir mal, erprobte, echte Methoden anwenden.«

»Das ist wirklich sehr interessant«, wiederholte Michael.

»Und du bist im Verwaltungsrat von ›Centurion‹.«

»Neulich war ich bei meiner ersten Verwaltungsratssitzung.«

»Und?«

»Leo Goldman hat dem Verwaltungsrat klargemacht, daß er nie verkaufen wird, ganz besonders nicht an die Japaner. Er besitzt vierundfünfzig Prozent der stimmberechtigten Aktien, weißt du?«

Tommy lächelte. »Nicht besitzt, *kontrolliert.* Das ist ein großer Unterschied.« Er stand auf. »Also, ich mach' mich jetzt besser frisch. Wir unterhalten uns später noch mal darüber.« Er ging ins Haus zurück und ließ Michael allein.

Michael saß da und sah den Wellen zu, wie sie sich am Strand brachen. Er versuchte sich ein Bild davon zu machen, was das für ihn bedeuten könnte, was Tommy ihm erzählt hatte.

46

Am Nachmittag holte eine Limousine des Studios Michael ab und brachte ihn zum Dorothy-Chandler-Pavillon, wo die Oscar-Verleihung stattfinden sollte. Goldman hatte Michael zu überreden versucht, eine Schauspielerin mitzunehmen, die in einem der Filme der »Centurion« eine Hauptrolle spielte, aber Michael bestand darauf, allein hinzufahren.

An der Windschutzscheibe seines Wagens klebte ein Passierschein, der es dem Fahrer erlaubte, seine Fahrgäste am Haupteingang abzusetzen, wo die Fernsehkameras standen. Michael kam unmittelbar hinter Meryl Streep und ihrem Mann, aber der Fernsehinterviewer erkannte ihn nicht. Das war ihm nur recht. Seit dem Artikel in »Vanity Fair« hatte er es für richtig gehalten, das Image des geheimnisvollen Einzelgängers zu kultivieren und anonym wohltätige Spenden zu leisten, die in der Öffentlichkeit bekannt wurden.

Als er drinnen war, bemerkte er Goldman und Amanda und mischte sich mit ihnen unter die Menge. Goldman stellte ihn den Stars vor. Kurz darauf kam eine Ansage.

»Meine Damen und Herren«, ertönte eine Lautsprecherstimme, »nehmen Sie bitte Ihre Plätze ein; wir gehen in zwölf Minuten auf Sendung.«

Michael saß mit Goldman und Amanda zehn Reihen hinter dem Orchester. Als die Musik begann, setzte er sich seine dunkle Brille auf. Auch nach Rick Riveras Neutralisierung hatte er Angst, er könne von einem Zeugen des Mordes an Moriarty erkannt werden. Er blickte nach rechts und sah Vanessa Parks und Chuck Parish auf der anderen Seite des Ganges sitzen. Er nickte ihnen zu, aber beide ignorierten ihn.

Nach zehn Monologminuten des Moderators und weiteren zehn, in denen gesungen und getanzt wurde, begannen die Verleihungen. Michael interessierten davon nur vier: die Titel, die »Kalifornische Romanze« sich erworben hatte: beste Schauspielerin, bester Schauspieler, bester Film und bestes Drehbuch. Wirklich interessierte ihn sogar nur »bester Film«, weil das ein Oscar war, der ihm zufallen würde. Seine Gedanken wanderten von seiner Bankverbindung, der »Kensington Trust«, zu den bevorstehenden Studiovorführungen seines neuen Films und zu Tommy Pros überraschender Erklärung, wonach er mit den Japanern in Verbindung stand, die ein Angebot auf »Centurion« abgegeben hatten. Er überlegte, was Tommy mit seiner Feststellung gemeint hatte, daß Goldman die Mehrheit an den Aktien des Studios nur kontrollierte, aber nicht besaß.

Dann wurde Vanessas Name verlesen, und das riß ihn aus seinen Gedanken, und er sah, wie eine Szene aus »Kalifornische Romanze« auf eine riesige Leinwand projiziert wurde. Dann folgte das übliche Zeremoniell mit dem Umschlag, und der Name einer anderen Schauspielerin wurde verlesen. Er blickte zu Vanessa hin und sah sie blaß und wie erstarrt dasitzen. Kaum daß die ausgezeichnete Schauspielerin ihre kurze Ansprache gehalten hatte, standen Vanessa und Chuck auf und verließen den Saal. Schlechter Stil, dachte Michael; darüber würde geschrieben werden, und er konnte nur hoffen, daß es keine nachteiligen Auswirkungen auf den Film hatte.

Wieder Tanz und Gesang, Witzeleien des Moderators, dann wurde der Preis für den besten Schauspieler bekanntgegeben. Michael sah sich um und entdeckte Bob Hart drei Reihen vor sich. Er wußte sehr wohl, wie gut der Schauspieler seinen Gesichtsausdruck im Griff haben würde, während die Namen der Nominierten verlesen und kurze Ausschnitte aus ihren Filmen gezeigt wurden. Bob war als letzter an der Reihe, und dann brandete Beifall auf.

Eine gertenschlanke Schauspielerin, Oscar-Gewinnerin des vergangenen Jahres, verlas: »Der Gewinner ist Robert Hart in ›Kalifornische Romanze‹.« Der Filmtitel wurde von dem brausenden Beifall aus dem Zuhörersaal übertönt.

Hart ging den Mittelgang hinunter und stieg aufs Podium. »Ich werde mich so kurz wie möglich fassen«, begann er. »Zuallererst muß ich meiner Frau Susan danken, ohne die ich, wie Sie alle wissen, nie etwas unternehme.« Beifall für Susan. Dann zählte Hart eine lange Liste von Namen auf. »Zuletzt«, erklärte er, »muß ich dem Mann danken, ohne dessen Weitblick und klugen Rat ›Kalifornische Romanze‹ nie Wirklichkeit geworden wäre.« Er holte tief Luft.

Michael spürte wohlige Wärme in sich aufwallen. Er lächelte, ohne es zu wollen.

»Leo Goldman«, sagte Hart, dann hob er den Oscar in die Höhe und verließ triumphierend die Bühne.

Michael war wie vom Blitz gerührt. Amandas Hand griff nach seinem Arm, und Goldman beugte sich über sie. »Das war mies von ihm«, sagte er.

Michael holte tief Luft und gab sich Mühe, weiterhin gelassen zu wirken. Innerlich drängte es ihn, aus dem Saal zu fliehen, aber er beruhigte sich dann etwas.

Endlich, endlich war der Oscar für den besten Film an der Reihe, und Michael sah mit glasigen Augen zu, wie Ausschnitte aus dem Film gezeigt wurden. Er hatte gerade eine persönliche Beleidigung vor den Augen von zwei Milliarden Menschen auf der ganzen Welt hinnehmen müssen und dachte an nichts anderes, als wie er es wohl schaffen würde, den Saal zu verlassen, ohne den Anwesenden in die Augen sehen zu müssen.

»›Kalifornische Romanze‹, Produzent Michael Vincent«, sagte jemand.

Michael starrte immer noch die Rückenlehne des Sessels vor ihm an.

Plötzlich schlug Goldman ihm auf die Schulter und schrie: »Schau, daß du nach vorn kommst, Junge, du hast gewonnen!«

Michael stand wie benommen auf und setzte sich in Richtung Mittelgang in Bewegung. Er stieg langsam, als wäre er erschöpft, die Stufen zum Podium hinauf, wo ihm eine Schauspielerin, die er schon sein ganzes Leben lang bewunderte, einen Kuß auf die Wange gab.

Der Beifall verstummte, als er an das Rednerpult trat und sich räusperte. »Allen, die Teil an dem wunderbaren Erlebnis hatten, das ›Kalifornische Romanze‹ für mich war, habe ich bereits wiederholt und ausführlich gedankt, auch dem einfach wunderbaren Leo Goldman, so daß mir jetzt nur noch bleibt, Ihnen allen dafür zu danken, daß Sie mir diesen Preis zuerkannt haben, und der Akademie, daß sie ihn hier präsentiert. Gute Nacht.«

Jemand nahm ihn am Ellbogen und führte ihn von der Bühne.

Schwach und schwitzend von dem doppelten Schock, den Bob Harts Beleidigung und der Gewinn des Oscars ihm versetzt hatten, fand Michael sich plötzlich in einem Raum hinter der Bühne mit, wie es ihm vorkam, tausend Fotografen. Bob Hart beendete gerade seine Ausführungen vor einer Reihe von Mikrofonen, und Michael, der sich wieder gefangen hatte, ging quer durch den Raum und legte die Arme um den erstaunten Filmstar. »Na, du Hurensohn!« flüsterte er Hart ins Ohr; dann trat er zurück und schüttelte die Hand des Schauspielers, während tausend Blitzlichter zuckten und der Händedruck auf Film gebannt wurde.

Jemand führte den etwas verdatterten Hart von den Mikrofonen weg, und Michael sah sich einem Großaufgebot von Pressevertretern gegenüber. Er ignorierte die Fragen, die sie ihm zuriefen, hob beide Hände, von denen eine die erstaunlich schwere Statuette hielt, und verschaffte sich Ruhe. »Meine Damen und Herren«, sagte er. »Ich bin im Augenblick viel zu benommen, um Fragen beantworten zu können, und möchte deshalb nur sagen, daß dieser Preis durch die grandiosen Leistungen von Vanessa Parks und Robert Hart und durch die hervorragende Arbeit eines neuen Regisseurs, Eliot Rosen, möglich gemacht wurde. Ohne die Arbeit dieser Leute würde ich den Oscar nicht in der Hand halten können, den ich nie wieder loslassen will.«

Er wandte sich von den Mikrofonen ab und bahnte sich seinen Weg durch die Menge, wobei er immer wieder »Vielen Dank!« sagte. Es hatte keinen Sinn, zu seinem Platz zurückzukehren, da mit der Verleihung des Oscars für den besten Film die Veranstaltung endete und er bereits hören konnte, wie die letzten Töne der Musik erklangen. Statt dessen sah er sich nach der Bühnentür um, die zum Parkplatz der Limousinen führte. Er entdeckte ein zum Ausgang weisendes Zeichen und ging darauf zu, aber jemand nahm ihn am Arm und zog ihn in ein Büro, das vermutlich das des Inspizienten war. Er wollte schon dazu ansetzen, den lästigen Reporter wegzuschieben, aber da hielt ihm ein Mann eine aufgeklappte Brieftasche mit einem Ausweis vor das Gesicht.

»Mr. Vincent, ich bin Special Agent Thomas Carson vom FBI.« Er deutete mit einer Kopfbewegung auf seinen Begleiter. »Das ist Special Agent Warren. Wir würden uns gern mit Ihnen unterhalten.«

»Was zum Teufel soll das?« fragte Michael verärgert.

»Sollte ich vielleicht sagen, Vincente Callabrese?«

Michael erschrak, bewahrte aber Fassung. »Wovon reden Sie?«

»Das ist doch Ihr richtiger Name, nicht wahr?« fragte der FBI-Agent.

»Mein Name ist Michael Vincent«, erwiderte er, »und ich fühle mich von Ihnen belästigt.«

»Weigern Sie sich, mit uns zu sprechen?« fragte der Agent.

»Allerdings tue ich das«, erwiderte Michael unbeeindruckt. »Wenn Sie mich sprechen möchten, können Sie mein Büro während der Geschäftszeit anrufen. Ist das klar?«

»Vielleicht würden Sie lieber in unser Büro kommen, um mit uns zu sprechen?«

»Verhaften Sie mich wegen irgend etwas?« wollte Michael wissen.

»Das nicht gerade.«

»Dann machen Sie, daß Sie wegkommen«, rief Michael, schob die beiden Männer beiseite und ging auf den Ausgang zu.

Draußen wartete ein Meer von Limousinen. Michael sah sich mit einem Anflug von Verzweiflung nach der seinen um, aber anscheinend sahen alle gleich aus.

»Mr. Vincent!« rief eine Stimme, und Michael entdeckte seinen Chauffeur.

»Ja, ja«, sagte er und eilte auf den Wagen zu.

»Meinen herzlichen Glückwunsch, Sir!« strahlte der Chauffeur.

»Sehen wir zu, daß wir hier wegkommen«, meinte Michael und ließ sich auf den Rücksitz des Wagens fallen. »Bringen Sie mich nach Hause.«

Der Chauffeur drehte sich zu ihm herum. »Wollen Sie nicht zu der Lazar-Party bei ›Spago‹?«

Michael zögerte. Wenn er nicht bei der Party erschien, würde das morgen in allen Zeitungen stehen. Er mußte das jetzt durchstehen. »Also schön, bringen Sie mich zu ›Spago‹, aber fahren Sie vorher ein wenig herum; ich will nicht als erster dort sein.« Er ließ sich in die Polster sinken und versuchte sich in den Griff zu bekommen.

47

Michael war vor Mitternacht zu Hause. Er sagte dem Chauffeur gute Nacht, gab ihm hundert Dollar Trinkgeld und schloß die Tür auf. Die Dienstboten schliefen, und im Gästehaus brannte kein Licht.

Er hatte es nur mit Mühe geschafft, zu den Gastgebern und den anderen Gästen auf der Party nicht unhöflich zu sein; sein Verstand hatte die ganze Zeit fieberhaft gearbeitet und sich mit der Bedrohung befaßt, die vom FBI ausging. Sie kannten seinen richtigen Namen und wußten, daß Rick Rivera ihn auch kannte; sie mußten auch wissen, weshalb Rick ihn kannte. Er hatte nicht viel Zeit.

Er ging am Pool vorbei zum Gästehaus, klopfte an die Tür

und trat ein. Tommy und Sheila waren noch nicht zurückgekehrt. Er brauchte nicht lange, um das zu finden, was er suchte; er schnappte sich den braunen Umschlag und stopfte ihn sich in die Tasche. Dann ging er in die Küche und suchte dort eine Weile herum, bis er ein paar Plastikbeutel fand, wie man sie für Tiefkühlkost benutzt. Er nahm zwei davon und ging zum Strand, wo er einen davon mit Sand füllte und ihn dann in den anderen steckte. Dann kehrte er ins Haus zurück, rollte den Beutel zusammen, bis er wie eine Wurst aussah, und verschloß ihn mit Klebeband. Unter dem Spülbecken fand er ein Paar Gummihandschuhe und steckte sie ein.

Der Wachmann machte nur bis Mitternacht Dienst, deshalb ging das Tor beim Herannahen des Porsche automatisch auf. Er fuhr langsam nach Los Angeles hinein, nahm dort den Freeway und verließ ihn wieder an der Ausfahrt Sunset. Wenig später befand er sich in West-Hollywood, wo er eine Weile brauchte, bis er die Adresse fand, die er suchte. Es war jetzt kurz nach eins.

Die Häuserzeile lag dunkel da, als er an dem Haus vorbeifuhr und am Ende der Straße parkte. Er ging zurück und blieb auf der Terrasse vor dem Haus stehen; nirgends brannte Licht. Er klingelte.

Kurz darauf wurde es hinten im Haus hell, und ein wenig später öffnete ein verschlafen blickender Rick Rivera die Tür.

»Michael? Was ist denn los?«

»Ich muß Sie sprechen, Rick.«

»Sicher, sicher, kommen Sie rein. Gratuliere zu dem Oscar, wirklich großartig! Möchten Sie etwas trinken?«

»Sind Sie allein?«

»Ja, völlig.«

»Kein Mädchen im Haus?«

»Kein einziges.« Rick wandte sich der Bar zu.

»Nichts für mich«, wehrte Michael ab.

»Wissen Sie«, sagte Rick und schenkte sich reichlich Bourbon ein, »wenn man bedenkt, was ich heute schon alles getrunken habe, kommt es auf einen mehr auch nicht mehr an.«

»Ich will Sie nicht lange aufhalten, Rick, aber es gibt da etwas, das ich wissen muß.«

»Ja?«

»Ich habe heute mit dem FBI zu tun gehabt, hinter der Bühne, gleich nach der Oscar-Verleihung.«

»Wirklich?«

»Was haben die über mich, Rick?«

»Ich habe Ihnen doch gesagt, daß ich glaube, die haben Sie abgehört.«

»Was genau haben die abgehört?«

»Das weiß ich nicht. Ich weiß nur, daß der Agent, der mich angerufen hat, dieser Carson, bei denen fürs Abhören zuständig ist.«

»Was haben die Sie gefragt?«

»Die haben mich gefragt, warum ich mich für Callabrese interessiert habe.«

»Und was haben Sie ihnen gesagt? Ganz genau?«

»Ich habe denen gesagt, daß ich die Callabrese-Abdrücke in dem Wagen gefunden habe, von dem dieser Rechtsanwalt überfahren worden ist.«

»Und was sonst?«

»Das war alles.«

»Rick, Sie haben gesagt, Sie hätten Beweismaterial mitgenommen, als Sie aus dem Polizeidienst ausgeschieden sind, stimmt das?«

»Das stimmt.« Rivera spreizte die Hände. »Schauen Sie, Michael, ich habe nicht vor, Sie auffliegen zu lasen; das ist für mich bloß eine Versicherung, sonst nichts.«

»Dieses Beweismaterial – woraus besteht es?«

»Es sind eine Fingerabdruckkarte mit den Abdrücken aus

dem Wagen und eine Karte mit den Archivabdrücken, die das FBI gefaxt hat.«

»Handelt es sich bei der Karte mit den Abdrücken aus dem Wagen um das Original?«

»Ja.«

»Gibt es zusätzliche Kopien?«

»Nein.«

»Gibt es irgendwelche andere Aufzeichnungen, in denen das Beweismaterial erwähnt ist, das Sie in dem Wagen gefunden haben?«

»Nein.«

»Ihr Partner weiß nichts davon?«

»Nein. Er hatte damals Urlaub.«

»Und wo ist das Material jetzt?«

»Das habe ich Ihnen doch gesagt: bei meinem Anwalt.«

»Verstehe.« Michael ging zur Tür und öffnete sie. »Kommen Sie mal her, ich möchte Ihnen etwas zeigen.«

Rivera ging zu der offenen Tür und sah in die dunkle Straße hinaus. »Was?«

Michael holte aus und versetzte Rick mit seinem selbstgemachten Totschläger einen kräftigen Hieb in den Nacken. Seine frühere Erfahrung aus New York kam ihm dabei gut zustatten.

Rick brachen die Knie ein, und er sackte zusammen. Michael zerrte ihn von der Tür weg, schloß sie und massierte die Nackenpartie des ehemaligen Sergeant, um zu vermeiden, daß dort ein Bluterguß entstand. Dann sah er sich schnell im Haus um, wobei er jedesmal, wenn er einen Raum betrat, das Licht anknipste und es hinter sich wieder ausmachte. Er ging ins Wohnzimmer zurück, wuchtete sich Rivera auf die Schulter, trug ihn ins Schlafzimmer und warf ihn auf das Bett. Er zog ihm den Bademantel aus, unter dem er nur Boxershorts trug, und deckte ihn zu.

Er holte Sheilas braunen Umschlag aus der Tasche, streifte sich die Gummihandschuhe über und öffnete das Päckchen. Es enthielt zwei Ampullen Morphium, ein halbes Dutzend Wegwerfspritzen und ein Stück Gummischlauch.

Rivera gab gurgelnde Laute von sich, und seine Augenlider begannen zu flattern.

Michael mußte jetzt schnell machen. Er füllte eine Spritze mit Morphium, trat hinter Rivera und wand ihm den Gummischlauch in derselben Richtung um den Arm, wie Rivera das selbst getan hätte; die Vene trat ganz deutlich hervor. Rivera zuckte zusammen und schlug die Augen auf, starrte Michael an.

Michael stieß ihm schnell die Nadel in die Vene und entleerte den Inhalt der Spritze in sie. Rivera machte den Mund auf, als ob er etwas sagen wollte, dann wurden seine Augen glasig, und der Kopf sackte ihm zur Seite. Michael ließ die Nadel in der Vene stecken, nahm Riveras andere Hand und drückte sie so auf die Spritze, daß seine Fingerabdrücke haften blieben. Dann versah er die anderen Spritzen und die Morphiumampullen ebenfalls mit Riveras Abdrücken und verwahrte sie in der Nachttischschublade.

Er begann jetzt systematisch das Haus zu durchsuchen, wobei er die Gummihandschuhe anbehielt. Nach zehn Minuten wurde er fündig; in einem kleinen Schreibtisch im Arbeitszimmer fand er einen Hauspostumschlag des Polizeipräsidiums von Los Angeles, der zwei Fingerabdruckkarten und Riveras Notizblock enthielt, ein Notizbuch, wie es alle Polizeibeamten hatten. Er schloß die Schublade, schaltete das Licht aus und kehrte ins Schlafzimmer zurück. Dann schob er Riveras Körper so zurecht, daß alles natürlicher wirkte, und schaltete zuletzt auch noch den Fernseher auf einen Film im Nachtprogramm. Er ließ die Nachttischlampe brennen, ging zur Haustür zurück und vergewisserte sich noch einmal, daß er keine Spuren seines Besuchs hinterlassen hatte; dann sah er auf der leeren Straße zuerst nach rechts, dann nach links, schloß die Tür hinter sich und hörte, wie der Riegel einschnappte.

Langsam ging er zu der Ecke, wo sein Porsche parkte, stieg ein und ließ den Wagen an. Ehe er die Scheinwerfer einschaltete, sah er in den Rückspiegel; in keinem der Häuser an der Straße brannte Licht. Sorgsam darauf bedacht, das Tempolimit nicht zu überschreiten, fuhr er nach Malibu zurück.

Mit Hilfe seiner Karte verschaffte er sich Einlaß am Tor und fuhr zum Haus, wo er den Wagen in der Garage abstellte. In keinem Haus in Malibu Colony brannte Licht, stellte er fest.

Er ging in die Küche, legte die Gummihandschuhe wieder unter das Spülbecken und fand ein Streichholzbriefchen. Er ging aus dem Haus und schlenderte im Mondlicht am Strand entlang, wobei er Sand aus dem Plastikbeutel rinnen ließ. Hundert Meter weiter ging er ans Wasser, vergewisserte sich, daß er allein war, riß ein Streichholz an und zündete den Umschlag an. Er hielt ihn beim Brennen vorsichtig in der Hand, bis er zu Asche verbrannt war, die er ins Wasser fallen ließ. Die Ebbe setzte gerade ein, und die Aschespuren wurden weggespült.

Er ging zum Haus zurück, und gerade als er nach oben gehen wollte, hörte er, wie Tommy die Haustür aufschloß, Sheila im Schlepptau. Er ging auf Michael zu und drückte ihn an sich.

»Du alter Gauner, du hast's geschafft!« rief Tommy und schüttelte Michael, als wäre er eine Puppe.

»Meinen herzlichen Glückwunsch, Michael«, sagte Sheila. »Tommy, ich will jetzt ins Bett.« Sie sah ziemlich mitgenommen aus.

»Geh nur, Süße, ich komm' gleich nach.« Die beiden Männer sahen der Blondine nach, wie sie nach draußen stöckelte.

»Tommy«, sagte Michael, »ich mußte mir Sheilas Vorrat ausborgen; ein Freund war plötzlich in Not geraten.«

»Alles?« fragte Tommy überrascht.

»Er war in ziemlich großer Not. Ich hoffe, du kannst das ohne zu viel Mühe ersetzen.«

»Kein Problem«, grinste Tommy. »Das bring' ich gleich morgen in Ordnung.«

»Ich bin völlig fertig, Tommy. Wir unterhalten uns morgen früh beim Frühstück.«

»Schon gut.« Tommy verpaßte Michael einen dicken Kuß auf die Wange und ging zum Gästehaus.

Michael quälte sich die Treppe hinauf, völlig ausgepumpt, aber überzeugt, seine Spuren gut verwischt zu haben.

48

Michael saß auf der Terrasse, von der aus man den Pazifik überblickte, und hatte bereits gefrühstückt, als Tommy in Pyjama und Morgenmantel aus dem Gästehaus kam.

»Guten Morgen, Vinnie«, begrüßte er Michael.

»Morgen, Tommy.«

Der irische Butler tauchte auf, und Tommy bestellte sein Frühstück.

Als er wieder gegangen war, legte Michael Tommy die Hand auf den Arm. »Du mußt mir helfen«, sagte er.

»Aber sicher, jederzeit. Was brauchst du?«

»Zweierlei: Ich brauche ein Alibi für die Zeit zwischen meiner Rückkehr gestern abend kurz vor zwölf bis etwa halb drei. Wie wär's, wenn du und Sheila um halb eins nach Hause gekommen seid und wir beide uns dann bis halb drei unterhalten haben?«

Tommy schüttelte den Kopf. »Mich kannst du da nicht brauchen. Wenn die Bullen meinen Namen hören, sitzen sie dir sofort im Nacken.« Er überlegte kurz. »Wir machen das so: Deine Hausgäste waren Sheila Smith und Don Tanner aus New York. Ansonsten ist es so gelaufen, wie du gerade gesagt hast.«

»Wer ist Don Tanner?«

»Der Mann ist sauber, soweit es die Bullen angeht; er arbeitet für mich in einem ganz legalen Geschäft. Mach dir keine Gedanken, der spielt mit.«

»Schön, das klingt gut.«

»Und was noch?«

»Kannst du Winfield bei der ›Kensington Trust‹ eine Nachricht zukommen lassen, ohne daß die Bullen das abhören?«

»Natürlich. Und wie lautet die Nachricht?«

»Sag ihm, daß es so gelaufen ist: Ich habe vor zwei Jahren über eine dreiviertel Million bei ihm eingezahlt und das Geld dann im letzten April abgezogen. Und dann sag ihm, er soll alles, was ich habe, von der Straße abziehen und es telegrafisch auf sein Zweigbüro auf den Cayman-Inseln überweisen.«

»Wird gemacht. Hör mal, Vinnie, ich hab' dir doch gestern von unserer Sache mit den Japsen erzählt.«

»Mhm.«

»Es läuft auf folgendes hinaus: Hättest du Lust, Chef eines Studios zu sein?«

»›Centurion‹?«

»Genau das.«

»Das ist eine höchst interessante Idee, Tommy.«

»Also, ich hatte da dich im Sinn. Mit dem Oscar, den du dir eingefangen hast, und mit deinem Ruf, die Kosten niedrig zu halten, kann ich dich problemlos an die Japse verkaufen.«

»Und was ist mit Leos Kontrolle über die stimmberechtigten Aktien?«

»Das sieht in Wirklichkeit so aus: Goldman besitzt weniger als zehn Prozent der Aktien persönlich. Der Schlüssel ist seine Frau. Sie ist eine Erbin – ihr alter Herr hatte seine Finger in allen möglichen Sachen und hat vor seinem Tod einen Stiftungsfonds für sie eingerichtet. Und diesem Stiftungsfonds gehören fünfundvierzig Prozent der stimmberechtigten Aktien von ›Centurion‹.«

»Mag schon sein, aber Leo kontrolliert diese Aktien.«

»Das ist so: Es gibt Treuhänder, die Mrs. Goldmans Treuhandvermögen kontrollieren; sie ernennen einen Vertreter, der im Verwaltungsrat sitzt und das Stimmrecht für die Aktien ausübt. Mrs. Goldman hat auch eine Menge zu sagen; deshalb ist Leo Goldman der Vertreter des Stiftungsfonds.«

Michael nickte. »Nur zu.«

»Das eigentliche Sagen in der Stiftung hat ein gewisser Norman Geldorf. Das ist eine Anlagenbanker, der mit dem Vater von Mrs. Goldman befreundet war; mit uns macht er auch ein paar Sachen.«

»Und was für Sachen?«

»Unwichtig! Alles legal – Geldorf macht nur legale Geschäfte. Es ist aber so, daß die Familie eine *Menge* legales Geld bei ihm angelegt hat, also hört er auf mich, und wenn ich ihm sagen kann, daß Mrs. Goldmans Stiftung aus einer Übernahme von ›Centurion‹ Vorteile ziehen könnte, dann haben wir ihn in der Tasche.«

»Aber wird er nicht auf Amanda Goldman hören? Wird er denn nicht ihre Wünsche berücksichtigen?«

»Sicher, das ist auch eine Erwägung. Man muß sie dazu bekommen, daß sie die Sache im richtigen Licht sieht.« Tommy lächelte und spreizte die Hände.

Michael blinzelte. »Du meinst, *ich* soll Amanda dazu überreden, mit ihrem Aktienpaket gegen Leo zu stimmen?«

»Das wäre sehr hilfreich.«

Michael schüttelte den Kopf. »Hör zu, Tommy, jetzt bewegst du dich im Bereich des Unmöglichen.«

»Unmöglich? Nicht bei dem Talent, das du bei Frauen entwickelst. Herrgott, Vinnie, wie ich dich kenne, würde es mich wirklich überraschen, wenn du sie nicht schon lange bumst.«

»Das tut hier nichts zur Sache«, fiel Michael ihm ins Wort. »Und hast du auch daran gedacht, welchen Einfluß Leo beim Verwaltungsrat hat? Die Gesellschaft hat nicht viele Aktionäre. Wenn der Treuhandfonds fünfundvierzig Prozent des Aktienkapitals besitzt, bedeutet das, daß Leo und die anderen Mitglieder des Verwaltungsrats zusammen über eine Mehrheit verfügen, und Leo hat jeden einzelnen dieser Burschen persönlich ausgewählt.«

»Das laß meine Sorge sein«, grinste Tommy selbstgefällig. »Du machst dich an Amanda Goldman heran und weckst in ihr ein paar Zweifel daran, wie Leo den Laden führt. Bloß ein paar. Wenn du ihr Vertrauen gewinnen kannst, dann wirst, wenn es zum Schlimmsten kommt, wenn wir Goldman – äh – ersetzen müssen, du der einzige Kandidat sein, der zur Verfügung steht.«

Michael musterte Tommy scharf. »Augenblick mal! Leo Goldman hat viel Gutes für mich getan. Ich werde ihm nicht ein paar Zementstiefel gießen, damit ihr ihn in den Pazifik kippen könnt.«

»Ruhig Blut, Kleiner«, sagte Tommy. »Dazu wird es nie kommen. Aber eines solltest du nicht vergessen: Leo Goldman ist Jude; er ist keiner von uns, er sorgt nur für sich. Der einzige Grund, daß er dich unterstützt, ist: Er weiß, daß du für ihn Geld machen wirst. Diese Leute sind genau wie wir; für die sind nur ihresgleichen wichtig. Das liegt in der Natur des Menschen.«

»Ich möchte nicht, daß Leo etwas passiert«, beharrte Michael.

»Dann sorge dafür, daß er begreift, was gut für ihn ist.«

Michael stellte seine Tasse ab. »Ich muß ins Büro; ich rechne damit, daß die Bullen vom FBI mich besuchen.«

»So?«

»Es hat etwas mit der Bank zu tun, denke ich.«

»Sag ihnen, daß Don Tanner dich dahin geschickt hat, daß die Firma, für die er tätig ist, mit ihnen im Geschäft ist. Er ist in der Stadt, wegen der Oscar-Verleihungen.«

»Sag mir noch mehr über diesen Tanner, falls sie fragen.«

»Er ist Rechtsanwalt und für einen Filmverleih tätig.« Tommy nahm einen Block und schrieb Tanners Adresse und Telefonnummer in Los Angeles darauf.

»Sehen wir uns heute abend?«

Tommy schüttelte den Kopf. »Nee, für mich war das bloß ein kurzer Trip; ich muß morgen früh wieder im Geschäft sein. Wir nehmen eine Mittagsmaschine.«

Die beiden Männer standen auf und umarmten sich.

49

Die beiden FBI-Agenten tauchten nach der Mittagszeit bei »Centurion Pictures» auf.

Michael führte sie in sein Büro. »Schön, was kann ich für Sie tun?« fragte er.

»Wir brauchen Ihre Hilfe«, sagte Carson.

»Wenn Sie meine Hilfe brauchen, hätten Sie das gestern abend bleiben lassen sollen«, erwiderte Michael. »Das hat mir gar nicht gefallen.«

»Ehrlich gesagt«, meinte Carson, »es ist mir scheißegal, ob Ihnen das gefallen hat oder nicht. Sie stecken in der Klemme, und Sie werden uns helfen, ob es Ihnen paßt oder nicht.«

Michael sah auf die Uhr. »Ich gebe Ihnen jetzt eine Minute, in einem vernünftigen Ton mit mir zu reden, und wenn nicht, können Sie mit meinem Anwalt sprechen.«

»Jetzt passen Sie mal auf, Callabrese, ich rede jetzt Klartext mit Ihnen.«

»Ich heiße Vincent. Ich habe vor sechs Jahren meinen Namen aus persönlichen Gründen völlig legal und korrekt im Staate New York ändern lassen. Eine Menge Leute lassen ihren Namen ändern.«

»Also schön, Sie sind Vincent. Aber ich kenne einen Mann im Morddezernat, der Sie wegen Mordes hinter Gitter bringen kann; ich brauche dem nur ein Wort zu sagen.«

»Sie sind verrückt.«

»Sie haben eine Unmenge Fingerabdrücke in dem Wagen hinterlassen, als Sie Moriarty überfahren haben.«

»Den Rechtsanwalt? Sergeant Rivera hat mir gesagt, der Mann sei von irgendeinem Mafiakiller getötet worden. Man hat ihn irgendwo tot aufgefunden.«

»Rivera hat die Callabrese-Abdrücke wahrscheinlich deshalb nicht erwähnt, weil er nicht wußte, daß Sie Callabrese sind. Wenn ich ihm das sage, wird er es wissen, und ich werde es ihm sagen, wenn Sie nicht mit mir kooperieren.«

»Was soll das heißen, mit Ihnen kooperieren?«

»Ich will die ›Kensington Trust‹ platzen lassen.«

»Was hat die ›Kensington Trust‹ mit mir zu tun?«

»Sie machen mit denen Geschäfte; die schleusen Ihr Geld auf die Straße zu den Kredithaien.«

»Was Sie da reden, ergibt immer weniger Sinn, Carson, und mir reißt jetzt langsam der Geduldsfaden.«

»Dann werde ich ein Wörtchen mit Rivera sprechen«, meinte der Agent und erhob sich, »und dann werden wir ja sehen, wie das mit Ihrer Geduld aussieht.«

»Ich will es Ihnen einfach machen«, erklärte Michael und

drückte einen Knopf auf seinem Lautsprechertelefon. »Margot, würden Sie bitte Rick Riveras Büro anrufen und ihn bitten, gleich zu mir zu kommen?«

»Ja, Mr. Vincent«, antwortete Margot.

»Augenblick!« staunte Carson. »Sie wollen sagen, Rivera ist für Sie tätig?«

»Ja, seit etwa eineinhalb Jahren«, klärte Michael ihn auf.

»Und was tut er?«

»Er ist Mitarbeiter in der Produktion und hat sich auf Polizeithemen spezialisiert.«

»Bockmist! Sie haben ihn gekauft.«

»Ich werde nächste Woche mit seiner ersten Story in Produktion gehen«, erklärte Michael. »Er ist ein guter Mitarbeiter.«

Margot meldete sich am Telefon. »Mr. Vincent, Mr. Rivera ist noch nicht da.«

Michael seufzte. »Das ist leider nicht ungewöhnlich«, sagte er. »Er war in letzter Zeit häufig nicht im Büro.«

»Lassen Sie uns noch einmal auf die ›Kensington Trust‹ zurückkommen«, sagte Carson. »Was für Geschäfte haben Sie mit der gemacht?«

»Als ich vor zwei Jahren hierher kam, habe ich etwa siebenhunderttausend Dollar bei den Leuten angelegt.«

»Wo hatten Sie das Geld her?«

»Verdient. Mit einem Film, der ›Schwarzes Abendrot‹ heißt.«

»Und?«

»Ein wenig später habe ich weitere hunderttausend Dollar bei ihnen eingezahlt, und dann, das war im April letzten Jahres, habe ich mein gesamtes Guthaben abgehoben und mein Konto aufgelöst.«

Carson sah ihn überrascht an. »Warum?«

»Weil ich mit ihrem Service nicht sehr zufrieden war. Ich

habe mein Guthaben auf zwei Maklerkonten verlegt. Möchten Sie die Namen meiner Makler haben?«

»Ja.«

Michael nahm einen Block vom Schreibtisch und schrieb die Namen auf.

»Noch etwas«, sagte Carson. »Wo waren Sie vergangene Nacht zwischen Mitternacht und zwei Uhr?«

»Zu Hause. Nach der Oscar-Veranstaltung bin ich zu Irving Lazars Party bei ›Spago‹ gefahren, aber nicht lange geblieben; ich war vor Mitternacht zu Hause.«

»Gibt es etwas, womit Sie diese Aussage stützen können?«

»Natürlich; ich hatte Hausgäste. Sie waren bereits zu Hause, als ich zurückkam, und wir sind bis halb drei wach geblieben und haben uns unterhalten.«

»Wer waren diese Gäste?«

»Don Tanner, der Anwalt eines Filmverleihs, und seine Freundin, Sheila Smith. Möchten Sie seine Nummer haben?«

»Ja.«

Michael schrieb Tanners Nummer auf den Block und schob ihn dann Carson hinüber. »Das wär's. Jetzt habe ich keine Zeit mehr für Sie.«

Carson und Warren erhoben sich.

»Wir kommen wieder«, erklärte Carson.

»Nein, das werden Sie nicht«, widersprach Michael und blieb sitzen. »Es sei denn, Sie hätten dann einen Haftbefehl gegen mich. Sonst treffen wir uns im Büro meines Anwalts.«

»Sie sind eine aalglatte Nummer, Callabrese«, meinte Carson, »aber jetzt sind wir Ihnen auf der Spur.«

»Ich heiße Vincent«, sagte Michael. »Raus jetzt.«

Die beiden Agenten gingen hinaus, und als die Tür sich hinter ihnen geschlossen hatte, ließ Michael seine Stirn auf die kühle Glasplatte seines Schreibtischs sinken. Er war gedeckt. Sie hatten nichts.

50

Michael und Amanda Goldman lagen nackt auf der hinteren Terrasse und ließen sich von der Nachmittagssonne bräunen. Sie hatten sich bereits einmal geliebt. Michael träufelte Öl auf ihren Rücken und rieb es mit sanften Fingern ein.

»Mmm!« seufzte Amanda. »Ich glaube, ich habe noch nie einen Mann gekannt, der so gut weiß, was Frauen mögen, Michael.«

»Freut mich, daß du das sagst«, sagte Michael mit weicher Stimme.

»Wenn ich nicht verheiratet wäre, wärst du gefährlich.«

»Du meinst, mit Leo oder einfach verheiratet?«

»Ich meine, mit Leo. Wenn ich mit jemand anderem verheiratet wäre, würde ich mir überlegen, ob ich deinetwegen meinen Mann verlasse.«

»Ich bin froh, daß du Leo nicht verlassen willst. Ich liebe diesen Mann; er hat mir nur Gutes getan.«

»Du solltest das nicht persönlich nehmen«, meinte sie. »Es ist ja nicht so, daß ihm diese Beziehung nicht eine Menge Geld einbringen würde.«

»Ich habe einen Freund, der hat mich neulich auch darauf hingewiesen.«

»Wer?«

»Eben ein Freund von mir. Du kennst ihn nicht; er kennt Leo auch nicht und hat nur eine objektive Feststellung getroffen.«

»Dein Freund hat Menschenkenntnis. Leute wie Leo bekommen ebenso viel, wie sie geben.«

»Ich halte Leo für einen großzügigen Menschen.«

»Großzügigkeit ist etwas, das nach beiden Seiten wirkt. Du bist doch sicher nicht so naiv zu glauben, daß es in dieser Stadt und in dieser Branche jemand gibt, der auch nur einen Funken Großzügigkeit zeigt, ohne mit Erwiderung zu rechnen. Da liest du in den Fachzeitschriften, daß jemand für eine wohltätige Sache einen Haufen Geld gestiftet hat – da würde ich jedesmal wetten, daß er es deshalb getan hat, weil er mit denjenigen, die hinter dieser Sache stehen, Geschäfte machen möchte.«

»Was gebt ihr euch denn, Leo und du? Wo findet da der Ausgleich statt?«

»Nun, überlegen wir mal! Leo verleiht mir in dieser Stadt einen Status, wie das nur noch zwei oder drei andere Männer könnten. Es gibt kaum jemand im ganzen Land, den ich nicht innerhalb von zwei oder drei Tagen als Gast an meinem Tisch haben könnte – bis hin zum Präsidenten der Vereinigten Staaten.«

»Was könntet ihr denn dem Präsidenten außer einem guten Abendessen bieten?«

»Leo könnte binnen einer Woche eine Million Dollar als Wahlkampfbeitrag aufbringen, und zwar mit der linken Hand. Das weiß jeder Politiker im Land.«

»Und was tut Leo sonst noch für dich?«

»In dieser Stadt ist Status alles«, erwiderte sie. »Ich kann bezüglich der Einladungen, die ich annehme, sehr wählerisch sein – und wir werden überallhin eingeladen. Ich kann mit einem Nobelpreisträger zu Mittag essen; ich kann jeder Wohltätigkeitsorganisation, die mir zusagt, zum Durchbruch verhelfen. Und Leo macht das alles möglich.«

»Und dann, nehme ich an, tut sein Geld ja auch nicht gerade weh.«

»Geld hat mit dem, was Leo mir gibt, nichts zu tun. Ich bin reicher als er.«

»Das wußte ich nicht.«

»Leo ist für eine reiche Frau der perfekte Ehemann. Er verwaltet mein Geld hervorragend. Seit wir verheiratet sind, hat er mein Vermögen um ein Vielfaches vermehrt. Wenn wir uns scheiden ließen, würde ich ihm Unterhalt zahlen müssen.«

»Und wie hat er das gemacht?«

»Mit dem Studio.«

»Dein Geld ist im Studio angelegt?«

»Mein Geld kontrolliert es praktisch. Der Treuhandfonds, den mein Vater für mich errichtet hat, besitzt fast die Hälfte der Aktien, und mit Leos Anteil kommen wir über die Fünfzig-Prozent-Marke. Das wissen nicht sehr viele Leute; Leo läßt die Branche gern in dem Glauben, daß die Kontrolle bei ihm persönlich liegt.«

»Ich schätze, das sorgt dafür, daß er spurt.«

Sie lachte. »Ja, allerdings. Ich kann dir versichern, daß Leo in all den Jahren, die wir verheiratet sind, nie mit einer anderen Frau geschlafen hat. Er weiß genau, daß ich, wenn er das täte und ich es herausbekäme, ihm den Pimmel abschneiden würde, und das wäre das Schlimmste, was einem Mann in dieser Stadt passieren kann.«

Michael lachte höflich. »Und was gibst du Leo, ich meine außer Geld?«

»Ich bin die cleverste und beste Gastgeberin dieser Stadt, vielleicht des ganzen Landes. Du solltest das eigentlich wissen; schließlich bist du oft genug in meinem Haus gewesen. Ich sorge dafür, daß Leo wie ein König erscheint, und für einen solchen hält er sich gern. Ich befriedige jede seiner Eitelkeiten, ich suche ihm seine Kleidung aus, ich wähle Essen und Wein für ihn aus, und dann ist da natürlich auch noch der Sex.«

»Und wie ist der?«

»Na ja, wir sind schon lange verheiratet. Leo ist damit zufrieden, wenn ich ihm gelegentlich einen blase, und in dem Punkt bin ich ein As, wie du sehr wohl weißt.«

»Ich weiß. Tut er denn gar nichts für dich?«

»Warum glaubst du wohl, daß ich's mit dir treibe?«

»Stets gern zu Diensten.«

Sie wälzte sich zur Seite. »Es ist mehr als nur Sex. Wenn ich wollte, könnte ich mich sehr leicht in dich verlieben.« Sie zuckte die Achseln. »Ach was, vielleicht habe ich das sogar schon getan.«

»Das ist das Netteste, was ich gehört habe, seit ich in L. A. bin.«

»Freut mich, daß du das denkst.«

»Was hältst du von mir?« fragte Michael. »Ich würde gern deine ganz offene Meinung hören.«

Sie blickte zu ihm auf. »Ich denke, daß du mehr bist als bloß ein junger Mann auf der Karriereleiter. Ich denke, daß du in ein paar Jahren ein legendärer Filmemacher sein könntest, einer, den man im gleichen Atemzug mit den Allerbesten nennt. Ich denke, wenn du deine Karten richtig spielst, könntest du diese Branche beherrschen.«

»Vielen Dank, ich muß dir recht geben.«

Beide lachten.

»Amanda, abgesehen davon, daß du gern mit mir schläfst – magst du mich auch?«

Sie lächelte. »Ja, das tu' ich.«

»Jetzt bin ich aber sehr erleichtert«, seufzte er. »Ich möchte wirklich gern, daß ich für dich mehr bin als bloß einer, der gut im Bett ist.«

»Das bist du.«

»Vertraust du mir?«

»Ja, soweit ich überhaupt jemand vertraue.«

»Dann gibt es etwas, was ich dir sagen muß.«

»Was?«

»Ich hätte das niemals angesprochen, aber ich wußte nicht, daß du starke finanzielle Interessen an dem Studio hast... Ich glaube, über ›Centurion‹ braut sich ein Gewitter zusammen.«

»Ein Gewitter?«

»Hat Leo dir von dem Angebot der Japaner erzählt?«

»Ja. Er hat gesagt, es sei viel zu niedrig.«

»Und was wäre, wenn sie es erhöhen würden? Was meinst du, daß Leo dann tun würde?«

»Ich hoffe, daß er es annehmen würde.«

Michael schüttelte den Kopf. »Ich glaube, daß er es unter keinen Umständen annehmen würde. Ihm macht es solchen Spaß, das Studio zu leiten, daß er viel zu starke gefühlsmäßige Bindungen daran hat, um eine gute geschäftliche Entscheidung zu treffen.«

»Ja, Spaß macht es ihm schon, weiß Gott«, stimmte sie ihm zu.

»Da ist noch mehr. Leo ist im Begriff, sich auf ein paar sehr kostspielige Projekte einzulassen – etwas, wovon er immer gesagt hat, daß er es nicht mag.«

»Du meinst den Science-Fiction-Film?«

»Ja. Ich bin beunruhigt, wieviel Geld schon für die Entwicklung draufgegangen ist, ohne daß ein fertiges Drehbuch vorliegt. Und dann ist da dieser Vietnam-Film; er würde auf den Philippinen gedreht werden müssen, und du weißt genau, wie labil die politische Lage dort ist.«

»Na ja, Vietnam hat ihn immer sehr beschäftigt, aber du hast recht: Das klingt riskant.«

»Ich glaube, im Verwaltungsrat gibt es einige Leute, die hinsichtlich dieser beiden Filme und auch des Angebots der Japaner etwas beunruhigt sind.«

»Wie beunruhigt?«

»Das ist schwer zu sagen. Ich spreche da ganz aus meinem Instinkt heraus.«

»Und was sagt dir dein Instinkt?«

»Daß sich da ein größeres Debakel zusammenbrauen könnte. Wenn Leo diese beiden Projekte aufgreift und es gleichzeitig ablehnt, ein Angebot für die Firma auch nur in Betracht zu ziehen, das den Verwaltungsrat interessiert, dann –«

»Dann – was wäre dann?«

»Es könnte zu einem Aufstand im Verwaltungsrat kommen.«

»Na wenn schon. Leo und mein Stiftungsfonds verfügen zusammen über eine absolute Mehrheit.«

»Das ist nicht die einzige Erwägung. ›Centurion‹ nimmt Bankkredite in Anspruch, um seine Filme zu finanzieren, so wie das alle Studios tun. Tatsächlich sind die Verbindlichkeiten von ›Centurion‹ sogar größer als die der meisten anderen. Wenn mehrere Mitglieder des Verwaltungsrats sich dazu entschließen würden, ihre Aktien an diese japanische Gruppe zu verkaufen, würden die Banken das als einen Mißtrauensbeweis für Leos Geschäftsführung ansehen, und dann könnte es für ihn recht gefährlich werden.«

»Und du machst dir deshalb ernsthafte Sorgen, Michael?« Sie wirkte jetzt beunruhigt.

»Es tut mir leid. Leo ist kein Narr; er kommt mit dieser Sache schon zurecht. Ich hätte das nicht erwähnen sollen.«

»Nein, nein, ich bin froh, daß du es getan hast. Ich sollte über diese Dinge informiert sein, aber Leo sagt mir nichts davon.«

»Erwähne um Himmels willen Leo gegenüber nichts davon. Er könnte sich sonst zusammenreimen, woher dein Wissen stammt.«

»Ich muß etwas unternehmen«, fuhr sie fort.

»Aber sag kein Wort zu Leo, was du auch unternimmst. Ich werde dich über die weitere Entwicklung auf dem laufenden halten. Und dann, wenn die Lage wirklich ernst wird, kannst du sagen, ein Mitglied des Verwaltungsrats sei an dich herangetreten und habe dich informiert.«

»Das ist wirklich ganz lieb von dir, Michael.« Sie streichelte seine Wange. »Ich weiß, daß du Leo gegenüber loyal bist. Ich weiß, daß du nie etwas tun würdest, das ihm schaden oder ihn verletzen würde.«

»Natürlich nicht. Ich möchte ihm Ärger ersparen, aber er verschließt sich zur Zeit jedem Ratschlag. Ich sage das ungern, aber in letzter Zeit spüre ich an Leo gelegentlich einen Anflug von Größenwahn.«

»Das ist nichts Neues.«

»Laß uns das Thema wechseln.«

»An was für ein Thema hast du denn gedacht?«

Er beugte sich zu ihr hinüber und biß sie leicht in eine Brustwarze.

»Oh!« stöhnte sie. »*Dieses* Thema.«

51

Michael saß in Goldmans Vorführraum neben seinem Büro und sah sich »Route 66« an, eine Komödie, die unter Leitung des Studiochefs entstanden war.

»Was hältst du davon?« fragte Leo Goldman, als es wieder hell wurde.

»Ich glaube, damit kann man ein Geschäft machen«, meinte Michael.

»Und das ist alles?«

»Leo, ich will dir nichts vormachen; es ist damit genauso wie mit ›Royal Flush‹: Der Film wird keine Nominierungen bekommen, aber er wird Geld einbringen. Ein guter Film, er hat mir gefallen.«

»Gut«, meinte Goldman erleichtert. »Harry Johnson nimmt mich immer wegen meiner persönlichen Produktionen unter Beschuß. Er und ich konnten uns nie über Filme einig werden; jetzt hofft er, daß ich mit dem Science-Fiction-Film auf die Nase falle.« Er gab Michael einen Wink. »Komm einen Augenblick in mein Büro.«

Michael folgte Goldman in dessen riesiges Arbeitszimmer.

»Wenn ich den Science-Fiction-Film um sagen wir achtzig Millionen machen kann«, sagte Goldman, »was meinst du dann, daß er in den USA einspielen wird?«

»Leo, hast du je erlebt, daß ich bei den Einspielergebnissen zu optimistisch war?« fragte Michael.

»Nein, niemals.«

»Gut. Dann solltest du mir auch glauben, wenn ich sage, daß er im Inland hundertfünfundsiebzig Millionen einspielen wird. Weiß der Himmel, wieviel er weltweit einbringen wird – vielleicht zweihundertfünfzig Millionen.«

Goldmans Augen leuchteten auf. »Das denke ich auch«, meinte er. »Du weißt ja, daß ich nichts von geplanten Kassenknüllern halte, aber auf den hier würde ich alles wetten.«

»Das wirst du vielleicht müssen, Leo.«

»Du meinst den Verwaltungsrat? Die werden meckern und schimpfen, bis sie die Einspielergebnisse sehen, und dann werde ich wieder ihr großer Held sein.«

»Ich denke, du hast recht, Leo. Wenn ich in deiner Haut stecken würde, würde ich alles auf eine Karte setzen.«

»Also, wenn du das sagst, Junge, dann ist das schon was, bei deinem Geiz.«

»Science-Fiction kann man nicht mit knappem Budget drehen.«

»Den Vietnam-Film möchte ich etwas zurückstellen«, fuhr Leo fort.

»Warum?«

»Nun, du weißt doch, daß auf den Philippinen gerade alles drunter und drüber geht.«

»Aber die Wahlen sind gut gelaufen«, wandte Michael ein. »Der richtige Mann hat gewonnen; die Kommunisten scheinen sich auf dem Rückzug zu befinden. Das könnte ein guter Zeitpunkt sein.«

»Glaubst du?«

»Kennst du jemand im Außenministerium?«

»Ja.«

»Ruf ihn an, bitte ihn, er soll mit jemand im Philippinen-Referat reden; dann siehst du, was los ist.«

»Gute Idee. Eigentlich würde ich die Arbeiten an dem Film nur ungern einstellen lassen; ich glaube, der könnte große Klasse werden.«

»Das glaube ich auch. Mir wäre es auch ein wenig Ärger auf den Philippinen wert, wenn dabei ein großer Film herauskommt.«

»Johnson, dieser eiskalte skandinavische Hundesohn, hat heute morgen wegen dieser beiden Filme angerufen. Ich weiß nicht, was in den alten Mistkerl gefahren ist; früher hat er mich immer bei allem unterstützt. Es ist ja schließlich nicht so, daß wir Geld verlieren.«

»Sag ihm doch, er kann dich«, riet ihm Michael. »Mach die Filme, zu denen du Lust hast. Dazu bist du doch Studiochef.«

»Du sagst es, Junge!« meinte Goldman. »Deshalb könnte ich auch diesen Laden nie verkaufen. Kannst du dir eigentlich vorstellen, wie es ist, wenn man jeden Film machen kann, zu dem man Lust hat, und niemand um Erlaubnis fragen muß?« Er ging zu seinem Schreibtisch hinüber und setzte sich.

»Beinahe«, lächelte Michael. »Du bist so gut zu mir gewesen und hast mir immer viel Freiraum gelassen.«

Goldman griff in die oberste Schreibtischschublade und holte einen kleinen, vergoldeten Revolver heraus. Er klappte die Trommel heraus und zeigte Michael, daß er geladen war. »Weißt du, was ich tun würde, wenn es so weit käme, daß jemand wie Johnson mir sagen könnte, welche Filme ich machen darf und welche nicht?« Er hielt sich die Waffe an die Schläfe.

»Leo –«, sagte Michael.

Goldman drückte ab.

Michael war halb aus seinem Stuhl geschossen, ehe er bemerkte, daß kein Schuß gefallen war.

»Hi, hi!« kicherte Goldman. »Jetzt hab' ich dich erschreckt, was?« Er schob Michael den Revolver über den Schreibtisch zu.

Michael klappte die Trommel heraus und entnahm ihr eine Patrone. Sie sah ganz echt aus, fühlte sich aber etwas leicht an.

»Die Jungs von den Spezialeffekten haben mir den vor ein paar Jahren gemacht«, erklärte Goldman. »Der Revolver ist ein seltenes Stück; Smith & Wesson haben nur zwei von dieser Art gemacht. Den anderen hatte Eisenhower.«

Michael zog das seidene Taschentuch aus seiner Brusttasche und wischte den Revolver sorgfältig ab. »Wunderschön ist der, Leo.« Er legte ihn auf den Schreibtisch zurück.

»Oh, ich hab' auch richtige Munition«, sagte Goldman, zeigte Michael eine Handvoll Patronen und ließ sie dann wieder in die Schublade zurückfallen. »Falls je ein Spinner an der Wache vorbeikommt und es bis zu diesem Gebäude schafft, ist es mir ganz recht, eine Knarre bei der Hand zu haben, weißt du?« Er legte die Waffe in die Schublade zurück.

»Ich hoffe, du hast einen Waffenschein, Leo.«

»Klar hab' ich den; ich dürfte den Revolver sogar ständig tragen, aber so paranoid bin ich nicht.«

»Das freut mich zu hören. Revolver sind gefährlich.«

»Du hast natürlich recht. Ich meine, ich bin keiner von diesen Fanatikern wie Chuck Heston, die für privaten Waffenbesitz auf die Barrikaden gehen, aber ich finde schon, daß jeder Mann das Recht haben sollte, zu seinem eigenen Schutz Waffen zu besitzen.«

»Ja, jeder verantwortungsbewußte Mann sollte das«, erwiderte Michael. Er sah auf die Uhr. »Ich sollte jetzt wieder in mein Büro gehen; die wollen mir die ersten Werbeideen für ›Royal Flush‹ vorlegen.«

»Sag mir Bescheid, wenn ich sie mir ansehen soll«, bat Goldman.

»Sicher«, versprach Michael. Er verließ das Büro und fragte sich, wie es wohl sein würde, wenn er sich niemals mehr für irgend etwas eine Genehmigung holen mußte.

Margot gab ihm ein paar Notizen zu Anrufen, die in seiner Abwesenheit gekommen waren. »Ich habe die Werbeleute in Ihr Büro gesetzt«, sagte sie.

»Gut«, nickte Michael und sah sich dabei die Notizen an.

»Wie war die Vorführung?« wollte Margot wissen.

»Ich fand sie gar nicht übel. Leo hat sich einen Revolver an die Schläfe gehalten, als die Vorführung vorbei war.«

Margot lachte. »Den vergoldeten?«

»Genau.«

»Das macht er seit Jahren, jedesmal wenn er jemand beeindrucken will.«

Michael sah sie an. »Wie wär's, wenn du dieses Wochenende rüberkommen und für uns beide Abendessen machen würdest?«

»Ja, gern, warum nicht?« lächelte Margot.

Michael verbrachte jetzt häufig die Nachmittage mit Amanda, aber an den Samstagabenden hatte er gern Margot um sich.

52

Michael betrat das Hotel »Beverly Hills« durch die Eingangshalle und ging in den Garten. Ein Hausmädchen wies ihm den Weg zu Bungalow vier. Ein Japaner kam an die Tür.

»Ich bin Michael Vincent.«

Der Mann verbeugte sich und komplimentierte Michael in ein Wohnzimmer. An einem Ende des Raumes stand ein großer Eßtisch, um den mehrere Männer saßen; alle, mit Ausnahme von dreien, waren Japaner.

Harry Johnson stand auf und ging mit ausgestreckter Hand auf Michael zu. »Hallo, Michael«, strahlte er. »Vielen Dank, daß Sie gekommen sind.«

Michael nickte gleichgültig.

»Bitte lassen Sie mich Ihnen diese Herren vorstellen.«

Alle um den Tisch Versammelten standen auf.

»Dies«, sagte Johnson und wies dabei auf einen weißhaarigen Japaner, »ist Mr. Matsuo Yamamoto, Chef der Gesellschaft, die seinen Namen trägt.«

Der Japaner verbeugte sich. »Freut mich, Sie kennenzulernen, Mr. Vincent«, sagte er mit leicht britisch klingendem Akzent.

»Freut mich auch«, erwiderte Michael und verbeugte sich leicht, wie man es ihm nahegelegt hatte.

»Dies«, fuhr Johnson fort, »ist Mr. Yamamotos Berater, Mr. Yasumara.«

Ein stämmiger Mann mit fliehender Stirn, der neben Yamamoto stand, verbeugte sich, sagte aber nichts.

Johnson stellte ihm noch drei weitere Japaner vor, dann die beiden Nicht-Japaner am Tisch.

»Das ist Norman Geldorf, Vorsitzender des Verwaltungsrates von ›Geldorf und Winter, Privatbankiers‹.«

Geldorf schüttelte Michael die Hand, machte aber einen recht reservierten Eindruck.

»Und das ist Mr. Thomas Provensano, ein Kollege von Mr. Geldorf.«

Tommy Pro streckte die Hand aus. »Freut mich sehr, Ihre Bekanntschaft zu machen, Mr. Vincent. Ich habe schon viel von Ihnen gehört.«

Johnson wies auf einen Stuhl. »Bitte setzen Sie sich.«

Als Michael Platz genommen hatte, wartete er darauf, daß Johnson wieder das Wort ergriff.

»Ich habe Sie gebeten zu kommen, Michael, damit Sie mithelfen, gewisse Besorgnisse auszuräumen, die von einigen Mitgliedern des Verwaltungsrats geäußert wurden.«

»Harry, Sie sind das einzige Verwaltungsratsmitglied, das ich hier sehe«, sagte Michael.

»Das stimmt, Michael, aber Mr. Geldorf ist der oberste Verantwortliche einer privaten Stiftung, die fünfundvierzig Prozent des Aktienvermögens von ›Centurion‹ besitzt.«

Michael sah ihn erstaunt an. »Mir war nicht bekannt, daß außer den Mitgliedern des Verwaltungsrats noch irgend jemand ›Centurion‹-Aktien besitzt.«

»Das ist wahrscheinlich, was Leo Goldman möchte, daß Sie denken«, erwiderte Johnson.

»Ich war der Ansicht, Leo besitze ein Mehrheitspaket.«

»Das stimmt nicht genau. Leo übt das Stimmrecht über ein Mehrheitspaket aus, aber Sie sollten wissen, daß er augenblicklich neben seinen eigenen Aktien auch das Stimmrecht für die im Besitz der Stiftung befindlichen Anteile ausübt.«

»Ich verstehe«, nickte Michael und bemühte sich, überrascht zu wirken.

»Ich habe diese Besprechung einberufen, um Mr. Geldorf und Mr. Provensano über den augenblicklichen Zustand von ›Centurion‹ informieren zu können.«

»Ich verstehe. Soll diese Information auch Mr. Yamamoto zugänglich sein?«

»Nun, Michael, Mr. Geldorf und ich vertreten zusammen eine stimmberechtigte Aktienmehrheit an ›Centurion‹ und waren der Ansicht, daß es durchaus angemessen ist, daß Mr. Yamamoto und seine Kollegen davon Kenntnis haben.«

»Weiß Leo davon?« wollte Michael wissen.

»Nein, Leo befindet sich heute in New York. Mr. Geldorf und ich hielten es für das Beste, uns in Abwesenheit Leos mit Mr. Yamamoto zu beraten.«

»Nun, das Recht haben Sie wahrscheinlich«, meinte Michael.

Jetzt ergriff Geldorf zum ersten Mal das Wort. »Mr. Vincent, ich würde in Vertretung der von mir verwalteten Stiftung gern Ihre Meinung über die augenblickliche Produktionsplanung von ›Centurion‹ erfahren. Mit Ausnahme Ihrer eigenen Produktion natürlich. Ich habe mit großer Freude gehört, welchen Beitrag diese Produktionen zu den Erträgen des Studios geleistet haben.«

»Meine Meinung?« fragte Michael.

»Bitte. Sie sind außer Goldman die einzige leitende Persönlichkeit aus der Filmbranche, die im Verwaltungsrat vertreten ist, und wir würden gern Ihre Ansicht hören.«

Michael zögerte immer noch.

»Michael«, meinte Johnson, »ich weiß, daß Sie sich Leo verpflichtet fühlen und ihm daher Loyalität entgegenbringen, aber Sie empfinden doch sicherlich auch Loyalität gegenüber dem Studio als Ganzem.«

»Natürlich«, nickte Michael. »›Centurion‹ hat es mir ermöglicht, erfolgreiche Arbeit zu leisten.«

»Dann sollten Sie mir bitte auch glauben, wenn ich Ihnen sage, daß es durchaus im wohlverstandenen Interesse des Studios liegt, wenn Sie Ihre Ansichten bezüglich der Produktionsplanung so offen wie möglich äußern.«

Michael sah Johnson und Geldorf an. »Können Sie mir garantieren, daß das, was ich sage, mit strengster Vertraulichkeit behandelt werden wird?«

»Ja, das können wir garantieren«, sagten Geldorf und Johnson gleichzeitig.

Michael musterte sein Spiegelbild in der auf Hochglanz polierten Tischplatte. »Ich mache mir etwas Sorgen über die Richtung, die das Studio augenblicklich einschlägt«, sagte er.

»Sorgen in welcher Beziehung?« wollte Geldorf wissen.

Michael sah ihn an. »Nach allem, was ich über die Geschichte von ›Centurion‹ weiß, waren es ausschließlich mit vernünftigem Aufwand und in hoher Qualität hergestellte Filme, die den Ruf und den Erfolg des Studios begründet haben, Filme, die einen überdurchschnittlich hohen Anteil an Oscar-Nominierungen und hohe Gewinne für das Studio eingebracht haben.«

»Das ist richtig«, bestätigte Johnson.

»Ich fürchte, daß sich das ändern wird«, erklärte Michael.

»Wieso?« wollte Geldorf wissen.

»Der augenblickliche Produktionsplan enthält zwei Projekte, die außergewöhnlich hohe Budgets erfordern und nicht das sind, was ich als hohe Qualität bezeichnen würde.«

»Und was für Projekte sind das?« fragte Geldorf.

»Zwei noch unbetitelte Projekte – ein Science-Fiction-Film und einer über den Vietnamkrieg.«

»Haben Sie die Drehbücher dieser Produktionen gelesen?« fragte Johnson.

»Ja, das habe ich.«

»Und haben Sie die Budgets und die Produktionspläne gesehen?«

»Ja, das auch.«

»Und wie beurteilen Sie die Erfolgschancen dieser Produktionen?«

»Nun, beide Filme könnten natürlich eine Menge Geld einbringen...«

»Werden sie das Ihrer Meinung nach?«

»Ich denke, daß beide Projekte hochgradig riskant sind – und damit meine ich ein höheres Risiko, als man es gewöhnlich eingeht, wenn man einen Film macht.«

»Warum?« fragte Geldorf.

»Das Drehbuch des Science-Fiction-Films basiert auf einem Roman, ist also eigentlich nicht für die Verfilmung geschrieben worden, und die Möglichkeiten zu Budgetüberziehungen sind gewaltig. Mr. Goldman plant, diesen Film für, wie ich glaube, etwa achtzig Millionen Dollar zu produzieren.«

»Und das ist mehr als das Doppelte dessen, was ›Centurion‹ bisher für seine teuerste Produktion ausgegeben hat, nicht wahr?«

»Ja, so ist es.«

»Und glauben Sie, daß der Film eine Chance hat, im Rahmen seines Budgets fertiggestellt zu werden?«

»Eine Chance vielleicht, aber nicht mehr.«

»Wenn Sie diesen Film produzieren würden, Michael, welches Budget würden Sie dann realistischerweise ansetzen?«

»Ich glaube nicht, daß ich ihn um weniger als hundertfünfundzwanzig Millionen drehen könnte«, erwiderte Michael.

»Und in welchem Bereich liegen die Inlandseinspielergebnisse, die Sie erwarten würden?« wollte Johnson wissen.

»Nun, der Film könnte sich natürlich als Knüller erweisen, aber ich glaube, daß es unklug wäre, mit mehr als hundertfünfzig Millionen zu rechnen.«

»Und wären damit die Produktion, die Kopien und die Werbung abgedeckt?«

»Aussichtslos.«

»Also könnte ›Centurion‹ sich mit dem Film Verlusten ausgesetzt sehen?«

»Das ist sehr wohl möglich.«

»Michael, für wie groß halten Sie die Chancen, daß der Film hundertfünfzig Millionen einbringt?«

»Nicht groß«, erwiderte Michael.

»Also könnte ›Centurion‹ sogar einen erheblichen Verlust erleiden?«

»Durchaus möglich.«

»Und was ist mit dem Vietnam-Film? Was halten Sie von dem?«

»Ich denke, daß er sich sehr ernsthaft mit den politischen Konsequenzen dieses Krieges auseinandersetzt.«

»Ist ein so ernsthafter Film im Augenblick eigentlich gefragt?«

»Mag sein, aber ich bin da nicht so sicher.«

»Gibt es in Verbindung mit diesem Film noch andere Risiken?«

»Er soll auf den Philippinen gedreht werden. Dort hat es zwar kürzlich Wahlen gegeben, aber die kommunistischen Aufständischen sind immer noch sehr aktiv; und wenn man so weit entfernt vom Studio dreht, dann bringt das auch eine ganze Menge anderer Schwierigkeiten mit sich.«

»Ich verstehe. Sind auf den Philippinen schon irgendwelche größeren Produktionen gedreht worden?«

»Francis Ford Coppolas ›Apocalypse Now‹ ist dort gedreht worden.«

»Und was ist mit dem Budget dieses Films passiert?«

»Es ist völlig außer Kontrolle geraten. Es gab einen Hurrikan, Krankheitsfälle, Katastrophen jeder nur vorstellbaren Art.«

»Hat der Film je Geld verdient?«

»Das weiß ich nicht; ich bezweifle es.«

»Michael, haben Sie kürzlich an der Vorführung einer neuen Produktion mit dem Titel ›Route 66‹ teilgenommen?«

»Ja.«

»Was halten Sie davon?«

»Ich glaube nicht, daß es ein großer Erfolg werden wird.«

»Warum nicht?«

»Ich glaube, die hatten kein sehr gutes Drehbuch, als sie zu drehen anfingen.«

»Das war doch eine persönliche Produktion von Leo Goldman, nicht wahr?«

»Ja.«

»Mr. Vincent«, fragte Geldorf, »welche Art von Filmen sollte Ihrer Meinung nach ›Centurion‹ zum gegenwärtigen Zeitpunkt machen?«

»Ich persönlich mache die Art von Filmen, von denen ich glaube, daß sie unseren Schwerpunkt darstellen sollten«, antwortete Michael. »Sehr knappe Budgets, keine hochbezahlten Stars, erstklassige Drehbücher. Filme mit niedrigem Risiko und hoher Ertragskraft.«

»Haben Sie eine Meinung dazu, ob ›Centurion‹ bei einem Eigentümerwechsel weiterhin solche Filme machen könnte?« fragte Geldorf weiter.

Michael sah Yamamoto an, um dessen Lippen ein kleines Lächeln spielte.

»Wenn man einem guten Management die Freiheit geben würde, ohne Behinderung gute Filme zu machen, dann ja.«

Johnson erhob sich. »Michael, wir sind Ihnen alle für Ihre Offenheit dankbar. Sie können versichert sein, daß wir alles, was wir von Ihnen gehört haben, streng vertraulich behandeln werden.« Er schüttelte Michael die Hand.

Alle erhoben sich. Michael begriff, daß er entlassen war.

Eine Stunde später parkte Michael in einer Seitenstraße des Sunset Boulevard, als eine Limousine neben seinen Wagen rollte und das hintere Fenster lautlos heruntergleitt.

Tommy Pro strahlte ihn vom Rücksitz des großen Wagens an. »Erste Sahne, Freund«, sagte er. »Jetzt wird Norman Geldorf Amanda Goldman aufsuchen.«

»Gut«, meinte Michael.

»Wann kommt Goldman aus New York zurück?«

»Morgen nachmittag.«

»Mach einen Termin für eine Besprechung in seinem Büro, ja?«

»Geht in Ordnung«, sagte Michael.

Die Scheibe glitt nach oben, und die Limousine setzte sich wieder in Bewegung.

Michael fuhr zu »Centurion« zurück und parkte vor dem Direktionsgebäude. Er rannte die Treppe zu Goldmans Büro hinauf. Goldmans Sekretärin saß an ihrem Schreibtisch.

»Hallo«, begrüßte er sie. »Wann dürfte Leo morgen nachmittag ins Büro kommen?«

»Er kommt immer unmittelbar vom Flughafen hierher«, sagte die Frau. »Er sollte bis vier hier sein.«

»Gut. Würden Sie mir für diese Zeit einen Termin bei ihm geben? Ich muß ihn gleich sehen, wenn er zurückkommt. Es ist sehr wichtig. Sagen Sie ihm, ich ließe mich nicht abweisen.«

Sie klappte einen Kalender auf. »Vier Uhr, gut.«

Michael griff nach dem Türknauf von Goldmans Büro. »Oh, ich habe hier gestern etwas vergessen; es liegt auf Leos Schreibtisch.«

»Gehen Sie nur hinein«, erwiderte sie.

Michael betrat Goldmans Büro und schloß die Tür hinter sich.

53

Michael blickte in die glasigen Augen Margot Gladstones und stieß ein wenig zu.

Margots Augen schlossen sich, und ein wimmernder Laut entrang sich ihren Lippen. »Noch mal«, sagte sie.

Michael gehorchte.

Margot kam lautlos zu ihrem Höhepunkt, wie sie das immer tat. Sie sank über Michael zusammen.

Er drückte sie an sich und rieb ihr über Rücken und Schultern, während ihr Orgasmus anhielt. Michael kam in den Sinn, daß sein Geheimnis im Bett vielleicht darin lag, daß es ihm das größte Entzücken bereitete, Frauen zum Höhepunkt zu bringen.

»Das war eine herrliche Wochenenderholung«, seufzte Margot. »Ich hab' gar nicht mehr mitgezählt, wie oft ich gekommen bin.«

»Sechs- oder siebenmal«, meinte Michael.

»Hör auf, so anzugeben«, lachte sie.

»Ich habe Hunger.«

»Schon gut, schon gut, ich mach' gleich das Essen fertig.«

Er hatte sie in der Küche aus der Arbeit gerissen und sie draußen am Pool auf der Doppelliege genommen. Margot stand auf, schob sich das Haar zurück und hechtete in den Pool. Sie schwamm an das andere Ende, schlüpfte dort in einen Frotteemantel und ging triefend zur Küche.

Durch die Glaswand, die die Küche vom Poolbereich abtrennte, sah er zu, wie sie das Essen zubereitete.

Als sie gegessen hatten, lehnte Michael sich in seinem Stuhl zurück und blickte zum Sternenhimmel auf. »Das war wunderbar«, lobte er. »Was war das?«

»Das war ein Cäsarsalat, Châteaubriand mit Sauce Béarnaise, Kartoffelsoufflé, Haricots verts und Börsenpudding.«

»Das letzte war es, was ich gemeint habe. Was war das noch mal?«

»Börsenpudding. Als ganz junges Mädchen habe ich als Aushilfsjob Führungen durch die Londoner Börse gemacht. Wir waren eine ganze Schar Mädchen und kochten immer zusammen – manchmal sogar recht aufwendiges Essen. Damals bekam ich das Rezept für den Pudding.«

»Der war köstlich.«

»Das warst du auch.«

»Was würde ich ohne dich tun?« meinte er.

»Witzig, daß du das jetzt sagst.«

»Wieso?«

»Michael, damals, als ich zu dir kam, habe ich gesagt, ich würde meine Zeit ableisten, bis die Anwartschaft für meine Pension voll ist. Du erinnerst dich doch?«

»Ganz vage«, erwiderte er.

»Nun ja, nächsten Monat ist Schluß.«

»Das kannst du nicht machen«, sagte er beunruhigt. »Ohne dich schaffe ich das nicht.«

Sie zuckte die Achseln. »Ich habe an Mexiko gedacht. Ich könnte mir ja ein kleines Häuschen irgendwo in der Gegend von Puerto Vallarta kaufen.«

»Ich lass' dich nicht gehen. Das kann ich nicht.«

»Michael, es hat immer großen Spaß gemacht, aber ich kann diese Arbeit nicht bis an mein Lebensende machen. Bis ich sechzig bin, sind es viel weniger Jahre, als ich wahrhaben möchte.«

Der Gedanke, Margot zu verlieren, versetzte Michael in echte Panik. Sie war es, die dafür sorgte, daß in seinem Leben alles funktionierte; wenn es für ihn überhaupt jemand gab, dem er vertraute, dann war das sie. »Und wenn ich dir einen anderen Job anbieten würde?« sagte er.

»Was meinst du damit?«

»Ich meine, etwas Besseres.«

Sie schüttelte den Kopf. »Mir würde das Produzieren von Filmen nicht so viel Spaß machen wie dir. Wirklich nicht.«

»Etwas Größeres.«

Sie musterte ihn aufmerksam. »Warum sagst du mir nicht einfach, was im Busch ist? Ich weiß, daß da etwas läuft; ich erkenne das immer.«

Michael lehnte sich zurück und nahm einen kleinen Schluck Wein. Er war ein wenig angeheitert – bei ihm eine Seltenheit – und genoß es, mit ihr zusammenzusein. Die Vorstellung, für sie Ersatz suchen zu müssen, gefiel ihm überhaupt nicht. Er traf eine Entscheidung. »Also schön, ich werd's dir sagen.«

Sie kuschelte sich in ihren Stuhl und wartete.

»In ein oder zwei Tagen wird Leo draußen sein.«

Ihre Augen weiteten sich.

»Und dann werde ich das Studio leiten.«

»Michael, du solltest Leos Einfluß im Verwaltungsrat nicht unterschätzen.«

»Der Verwaltungsrat ist zu mir gekommen. Die sind wegen Leo beunruhigt – ganz besonders, weil er überhaupt nichts von dem Angebot der Japaner wissen will.«

»Davon habe ich auch gehört«, sagte sie, »aber weißt du, daß Amandas Stiftung das größte Aktienpaket hat?«

»Ja. Der Stiftungsvorstand, Norman Geldorf, ist im Augenblick in der Stadt. Ich habe mich mit ihm, Harry Johnson und noch ein paar Leuten heute nachmittag getroffen.«

»Den Japanern?«

Michael nickte. »Und einem Freund von mir.«

»Tommy?«

»Dir entgeht auch gar nichts, was?«

»Ich lese Zeitung, und ich höre im Büro mehr, als du denkst.«

»Was hörst du denn?« fragte er ein wenig beunruhigt.

»Ach, komm, Michael, du kannst doch vor mir nichts geheimhalten. Dazu arbeiten wir viel zu eng zusammen.«

»Einiges halte ich vor allen geheim«, sagte er.

»Nicht vor mir.«

»Welches meiner Geheimnisse kennst du denn?«

»Alle«, erklärte sie. »Ich weiß, wieviel Geld du hast, wo es ist und wie du es verdient hast.«

»Wo ist es?«

»Also, du hast es von der ›Kensington Trust‹ abgezogen, aber ich weiß, wie es dort investiert war. Was hast du denn bekommen – drei Prozent die Woche?«

Jetzt war Michael verblüfft. »Was weißt du sonst noch?«

»Oh, ich habe die einzelnen Puzzlesteine zusammengesetzt. Ich weiß über Callabrese und Moriarty Bescheid. Und Rick Rivera hast du auch beseitigt, da bin ich ganz sicher, ich weiß nur nicht, wie du das angestellt hast.«

Michael blieb förmlich die Spucke weg, aber er ließ sich nichts anmerken.

»Michael, bei mir funktioniert dein Pokergesicht nicht. Du weißt, daß ich das alles weiß.«

»Also, ich muß schon sagen, jetzt bin ich wirklich platt.«

»Michael, von mir hast du nichts zu befürchten, also fang gar nicht erst an, darüber nachzudenken, wie du mich beiseite schaffen könntest. Ich habe dir voll Bewunderung zugesehen. Ich meine, ich habe in dieser Stadt schon eine Menge Leute erlebt, aber du bist schon etwas ganz Besonderes. Du besitzt die allerwichtigste Eigenschaft, die ein erfolgreicher Produzent in dieser Stadt besitzen kann: Du bist ein absoluter Psychopath.«

Michael starrte sie wortlos an.

Sie hob die Hand. »Bitte, empfinde das nicht als Kritik. Ich meine nur, daß du überhaupt kein Gewissen hast und daß du alles Notwendige tun wirst, um das zu bekommen, was du willst.« Sie lächelte. »Habe ich recht?«

Er erwiderte ihr Lächeln. »Du kennst mich besser, als ich geglaubt habe.«

»Es war faszinierend, dir zuzusehen«, meinte sie. »Wenn ich dir mit fünfundzwanzig begegnet wäre, würde diese Stadt heute uns gehören.«

»Das könnten wir vielleicht immer noch hinkriegen«, sagte Michael. »Würde es dir gefallen, die Geschäftsführung von ›Centurion‹ zu übernehmen?«

Ihre Augenbrauen gingen in die Höhe. »Das ist aber ein mächtiger Sprung für eine Direktionsassistentin.«

»Ehrlich, Margot, glaubst du, daß es irgend jemand in der Verwaltung des Studios gibt, dessen Arbeit du nicht besser machen könntest?«

Sie lachte. »Michael, *du* kennst *mich* besser, als ich geglaubt habe.«

»Ja, das tu' ich.«

»Aber es gibt da ein Problem.«

»Keines, das sich nicht bewältigen ließe.«

»Du bekommst also das, was du willst; du kriegst Leos Job, und du leitest das Studio. Und dann verkaufen Geldorf und Johnson an die Japaner, und plötzlich hast du nichts mehr zu sagen. Du würdest dann für sie arbeiten, so wie du jetzt für Leo arbeitest. Und ich glaube nicht, daß dir das gefallen würde.«

»Da hast du recht, es würde mir nicht gefallen. Ich verstehe durchaus, was Leo so großen Spaß daran bereitet, dieses Studio zu führen. Er selbst hat das so formuliert, daß er die Möglichkeit hat, jeden Film zu machen, den er will, ohne irgend jemand fragen zu müssen.«

»Die Japaner würden dich das nicht lassen; nicht lange jedenfalls.«

»Da hast du recht.«

»Was wirst du also tun?«

Michael lächelte. Es war herrlich, jemand das sagen zu können. »Ich werde Leos Job übernehmen, und dann lege ich die Japaner rein.«

»Und Tommy?«

»Tommy ist mein bester Freund. Er und ich werden uns einig.«

»Wenn du das kannst, bin ich dabei«, erklärte Margot.

54

Michael wartete ungeduldig darauf, daß Goldmans Sekretärin ihn anrief, und als es geschehen war, tätigte er selbst einen Anruf. »Leo ist bereit«, sagte er.

»Wir sind dicht hinter Ihnen«, erwiderte Johnson von seinem Autotelefon aus. »Wir sind bereits auf dem Studiogelände.«

Michael verließ sein Büro und ging zum Direktionsgebäude hinüber. Er ließ sich Zeit und wartete auf Johnson. Als er die Treppe hinaufging, tauchte die Limousine auf. Er setzte seinen Weg durch die Halle und über die Treppe hinauf zu Goldmans Büro fort.

»Hallo«, begrüßte er Goldmans Sekretärin.

»Er erwartet Sie.«

Michael klopfte und öffnete die Tür. Goldman saß an seinem Schreibtisch und war mit Papieren beschäftigt. Er blickte auf. »Hallo, Junge.«

»Wie war die Reise?«

»Sehr gut. Ich habe einen neuen Verleiher unter Vertrag genommen – sechzig Kinos für Erstaufführungen.«

»Gratuliere.«

»Weshalb wolltest du mich sprechen?«

Ehe Michael etwas sagen konnte, summte Goldmans Telefon, und gleichzeitig ging seine Bürotür auf. Harry Johnson trat ein, dicht gefolgt von Norman Geldorf.

Goldman musterte sie verdutzt. »Ich wußte gar nicht, daß Sie in der Stadt sind«, sagte er. »Warum hat mich denn niemand informiert?«

»Dafür war keine Zeit, Leo«, erklärte Johnson. »Wir müssen reden.«

»Sicher.« Goldman deutete mit einer einladenden Handbewegung auf die Stühle vor seinem Schreibtisch, und Michael setzte sich rechts neben Goldman.

»Ich will gleich zur Sache kommen«, begann Johnson.

»Gut«, antwortete Goldman. Er schien völlig ahnungslos.

»Leo, der Verwaltungsrat ist beunruhigt. Wir haben uns in deiner Abwesenheit getroffen und beschlossen, daß es für dich Zeit ist abzutreten.«

Goldman starrte Johnson an. »Was?« fragte er.

»Mitglieder des Verwaltungsrats mit einer großen Aktienmehrheit haben sich dieser Entscheidung angeschlossen.«

Goldman sah zu Geldorf hinüber. »Sind Sie da mit eingestiegen?«

»Ja«, nickte Geldorf.

»Was ist mit Amanda? Was hat sie dazu gesagt?«

Geldorf wich seinem Blick aus. »Das ist nicht ihre Entscheidung. Als Stiftungsvorstand liegt diese Entscheidung einzig und allein bei mir.«

»Sind Sie denn alle verrückt geworden?« Goldman sah Michael an. »Hast du das gehört? Mit der Art und Weise, wie ich dieses Studio geführt habe, habe ich diese Mistkerle immer reicher gemacht, und jetzt hauen sie mir das Messer in den Rücken.«

Michael erwiderte seinen Blick.

»Kein einziger von denen versteht etwas vom Film«, fuhr Goldman fort, und sein Gesicht lief puterrot an. »Wie wollen die denn diesen Laden ohne mich führen?« Er sah Johnson an. »Oder denken Sie daran, die Bude an die Japse zu verkaufen?«

»Vielleicht«, meinte Johnson. »Die haben uns ein weiteres Angebot gemacht.«

»Und warum hat man *mich* nicht um meine Meinung gefragt?«

»Weil Sie keinen Zweifel daran gelassen haben, daß Sie unter gar keinen Umständen akzeptieren werden.«

Goldman starrte ihn einen Augenblick an, griff dann in seine Schreibtischschublade und holte seinen vergoldeten Revolver heraus. Er hielt sich den Lauf an die Schläfe. »Wissen Sie was? Wenn ich glaubte, ich könnte diesen Laden nicht besser führen als Sie und die Japaner zusammen, würde ich mir eine Kugel durch den Kopf jagen.«

»Ach, Leo, hören Sie schon auf!« seufzte Johnson verzweifelt. »Kommen Sie doch nicht schon wieder mit dieser alten Masche; ich hab' das schon hundertmal erlebt.«

Goldman nahm den Lauf von seiner Schläfe und richtete die Waffe auf Johnson. »Gut, dann werd' ich eben nicht mich, sondern Sie erledigen.«

Johnson schüttelte den Kopf. »Leo, hören Sie auf, sich wie ein kleines Kind aufzuführen.«

Leo drückte ab. Die Waffe entlud sich, und Johnson wurde seitlich aus seinem Stuhl geworfen.

»Du großer Gott!« schrie Geldorf. Er stieß seinen Stuhl beiseite und kniete neben Johnson nieder. Goldman war aufgestanden und blickte mit glasigen Augen zuerst auf Johnson und dann auf die Waffe.

Michael erkannte seine Chance. Er stand auf, packte Goldman mit einer Hand am Handgelenk, schloß dann die andere

Hand über der Leos und griff an den Abzug. »Nicht, Leo!« schrie er. Dann riß er Goldmans Hand herum, so daß die Waffe wieder auf seinen Kopf zeigte, und drückte mit Leos Finger ab.

Wieder brüllte die Waffe auf. Die Kugel bohrte sich unmittelbar unter der Schläfe in Leos Schädel und trat über seinem rechten Auge aus, so daß Leo in seinen Sessel geschleudert und Michael mit Blut bespritzt wurde.

Geldorf, der sich um Johnson gekümmert hatte, blickte auf. »Michael, hat er Sie getroffen?« schrie er.

Goldmans Sekretärin kam in das Büro gerannt. Als sie Johnson mit dem Gesicht nach unten auf dem Boden liegen und ihren Chef mit halb weggerissenem Schädel über dem Stuhl hängen sah, fiel sie in Ohnmacht.

Michael zögerte nur einen Augenblick, dann griff er nach Goldmans Telefon, holte sich eine Amtsleitung und wählte 911. »Eine Ambulanz!« sagte er zu der Polizeibeamtin am anderen Ende der Leitung und nannte ihr die Adresse. »Es hat eine Schießerei gegeben.« Er legte auf und wählte die Nummer der Rechtsabteilung. »Hier Michael Vincent«, sagte er. »Leo Goldman hat gerade jemand erschossen und anschließend Selbstmord begangen. Schicken Sie sofort den besten Anwalt, den Sie kriegen können, in Leos Büro.«

Michael und Geldorf saßen sich in Goldmans Büro vor dem Kamin gegenüber. Das Aufgebot an Sanitätern, Polizisten und Technikern der Spurensicherung war verschwunden, und nur zwei Beamte, Michael und Geldorf sowie der Anwalt der »Centurion«-Studios waren zurückgeblieben.

»Also, dann wollen wir noch mal von vorn anfangen«, sagte ein Beamter.

»Nein«, erwiderte Michael. »Sie haben es jetzt oft genug gehört. Zweifeln Sie an dem, was hier vorgefallen ist?«

»Wir haben Ihnen die Wahrheit gesagt«, erklärte Geldorf. »Sie glauben doch sicherlich nicht, daß Mr. Vincent und ich in diesem Büro zwei Männer ermordet haben.«

Der andere Beamte legte gerade den Hörer auf. »Es hat keinen Mord gegeben«, sagte er. »Beide sind am Leben.«

Michael sah den Mann verblüfft an. »Das ist ja eine wunderbare Nachricht«, zwang er sich ab. »Wie geht es ihnen?«

»Johnson ist nicht sehr schwer verletzt. Das Geschoß hat die Lunge verfehlt, ist an der Schulter wieder ausgetreten und hat ihm dabei das Schlüsselbein gebrochen. Er wird in ein paar Tagen wieder aus dem Krankenhaus entlassen werden können.«

»Und Mr. Goldman?« erkundigte sich Geldorf.

»Er lebt; das ist so ziemlich alles, was man sagen kann. Wenn wir hier fertig sind, können Sie mit seinem Arzt sprechen.«

»Wir sind hier fertig«, erklärte Michael, während er sich erhob. »Ich fahre jetzt zum Krankenhaus.« Dann blieb er stehen. »Du lieber Himmel, hat irgend jemand Amanda angerufen?«

»Mrs. Goldman?« fragte der Beamte, der telefoniert hatte. »Seine Sekretärin hat sie angerufen; sie ist im Krankenhaus.«

»Kommen Sie mit, Norman?« fragte Michael.

»Ja, natürlich. Amanda wird uns brauchen.«

Die Gruppe strebte auf die Tür zu, aber der Beamte hielt Michael zurück.

»Erinnern Sie sich an mich, Mr. Vincent?«

»Tut mir leid, nein.«

»Mein Name ist Hall; ich war Rick Riveras Partner. Wir sind uns begegnet, als Rick und ich Sie wegen des Mordes an Moriarty aufgesucht haben.«

»O ja, jetzt erinnere ich mich.«

»In Ihrer Umgebung sterben dauernd Leute oder werden verletzt«, sagte Hall.

»Wie bitte?«

»Moriarty stirbt, kurz nachdem Sie mit ihm ein Gespräch geführt haben; Rick stirbt, nachdem er Ihr Mitarbeiter geworden ist – aber Rick war nie ein Junkie. Und jetzt diese beiden.«

»Worauf wollen Sie hinaus?«

»Das Schlimme ist, daß ich nicht weiterkomme«, erklärte Hall. »Ich möchte Sie nur davon in Kenntnis setzen, daß ich weiterhin in Ihrem Leben herumstochern werde. Rick war mein Freund und –«

»Jetzt reicht's aber!« fiel Michael ihm ins Wort. »Sie deuten an, daß ich mit diesen tragischen Fällen etwas zu tun hatte, aber damit irren Sie sich. Tun Sie ruhig Ihre Arbeit, dann werden Sie selbst herausfinden, daß ich mir nichts habe zuschulden kommen lassen. Und wenn Sie zu weit gehen, werden Sie herausfinden, daß dieses Studio in dieser Stadt einigen Einfluß hat.« Er ließ den Mann stehen und ging hinaus.

Michael und Amanda saßen in einer Ecke des Krankenzimmers, in dem Leo Goldman lag. Geldorf wartete draußen. Goldman lag auf dem Rücken, den Kopf weiß bandagiert, nur sein linkes Auge war offen und starrte zur Decke.

»Ich kann das alles nicht glauben«, sagte Amanda. Sie hatte sich jetzt wieder gefaßt und begann langsam die Geschehnisse zu verarbeiten. »Was ist denn in diesem Büro passiert?«

»Leo hat mit Johnson gestritten. Er holte einen Revolver aus der Schreibtischschublade und zielte damit auf Johnsons Kopf. Allem Anschein nach hatte Johnson die Waffe schon früher gesehen; er forderte Leo auf, sie wegzulegen und sich nicht wie ein kleines Kind aufzuführen. Leo schoß auf Johnson und hielt sich dann die Waffe an den Kopf. Ich versuchte ihn aufzuhalten und packte seinen Arm, aber die Waffe ging los.«

»Haben Johnson und Geldorf Leo gesagt, daß er als Studiochef abtreten solle?«

»Ja.«

»Hast du gewußt, daß das kommen würde?«

»Man hat mich gestern zu einer Besprechung mit ihnen gerufen. Ich habe Leo so gut verteidigt, wie ich konnte, und mir gleich nach seiner Rückkehr einen Termin mit ihm geben lassen, um ihn zu warnen, aber dann tauchten Johnson und Geldorf auf.«

»Das Schlimmste ist, daß er überleben wird, aber er wird nur noch dahinvegetieren«, erklärte Amanda. »Er würde lieber tot sein, glaub mir.«

»Amanda, kein Mensch kann unter diesen Umständen von dir verlangen, daß du ihn mit künstlichen Mitteln am Leben erhältst.«

»Keine Angst, das werde ich nicht.« Sie brach in Tränen aus.

»Komm, komm«, sagte er, »nicht weinen. Leo hat keine Schmerzen.«

»Deshalb weine ich nicht«, schluchzte Amanda. »Ich weine, weil ich im Augenblick an nichts anderes denken kann, als daß ich dich will.«

55

Michael sah sich in dem Krankenzimmer um. Der ganze Verwaltungsrat von »Centurion« hatte sich um Harry Johnsons Bett versammelt, und Harry, dessen Arm und Schulter in einem Gipsverband steckten, redete.

»Also gut«, sagte er und verzog vor Schmerzen das Gesicht, »Sie haben von Norman, Michael und mir gehört, was gestern in Leos Büro vorgefallen ist. Nun gibt es da etwas zu erledigen, und ich möchte das hinter mich bringen, damit ich dann endlich ein Schmerzmittel nehmen kann. Norman, haben Sie einen Antrag zu stellen?«

Geldorf nickte. »Ich beantrage, daß der Verwaltungsrat Michael Vincent zum Vorstandsvorsitzenden von ›Centurion Pictures‹ ernennt, mit allen Vollmachten und mit einem Gehalt und sonstigen Leistungen, die zwischen den Mitgliedern des Verwaltungsrats und Mr. Vincent noch auszuhandeln sind.«

»Unterstützt jemand den Antrag?«

»Ich unterstütze den Antrag«, erklärte ein anderes Verwaltungsratmitglied.

»Ja-Stimmen?«

»Ja«, murmelte es in der Gruppe.

»Gegenstimmen?«

Schweigen.

»Gratuliere, Michael«, sagte Johnson. »So, wenn es jetzt keine weiteren Entscheidungen zu treffen gibt, ist die Sitzung beendet. – Schwester!«

Eine uniformierte Schwester kam mit einem Tablett, auf dem eine Spritze lag, herein, und die Mitglieder des Verwaltungsrats verließen den Raum eines nach dem anderen.

Draußen im Flur nahm Michael die Glückwünsche der anderen entgegen und ging dann, als sie sich verabschiedet hatten, zu Goldmans Zimmer.

Michael trat ein und ging auf das Bett zu. Goldman schien seit dem vergangenen Tag unverändert, nur daß sein freiliegendes Auge geschlossen war. Er öffnete es.

»Hallo, Leo«, sagte Michael mit leiser Stimme. »Es hat eine Zusammenkunft des Verwaltungsrats gegeben. Sie haben mich zu deinem Nachfolger gewählt.«

Ein Blinzeln.

Michael beugte sich über Goldman und sah ihm ins Auge. Da war bewußtes Leben. »Leo«, sagte er, »blinzle einmal, wenn du mich verstehen kannst.«

Goldman blinzelte einmal.

»Ich möchte dir ein paar Fragen stellen. Blinzle einmal für ja, zweimal für nein.«

Goldman blinzelte einmal.

»Hast du Schmerzen?«

Goldman blinzelte einmal.

»Möchtest du, daß ich die Schwester rufe?«

Goldman blinzelte zweimal.

»Kannst du dich bewegen?«

Goldman blinzelte zweimal.

»Kannst du sprechen?«

Goldman blinzelte zweimal.

»Willst du Amanda sehen?«

Goldman blinzelte zweimal.

»Willst du, daß ich dich in Ruhe lasse?«

Goldman blinzelte zweimal.

»Ich wollte, ich könnte dich einfach fragen, was du möchtest«, sagte Michael. »Aber keine Sorge, mit der Zeit wird dein Zustand sich schon wieder bessern.«

Goldman blinzelte zweimal.

Michael starrte das Auge an. »Du glaubst nicht, daß es wieder besser wird?«

Goldman blinzelte zweimal.

»Leo, willst du so weiterleben?«

Goldman blinzelte zweimal.

»Willst du, daß ich etwas unternehme?«

Goldman blinzelte einmal.

Michael ging zur Tür und blickte nach beiden Seiten in den Korridor. Niemand war zu sehen. Er kehrte an Goldmans Bett zurück und sah sich um. Goldman hatte einen Sauerstoffschlauch in der Nase. Wenn er sich daran zu schaffen machte, würde das jemand bemerken. Er hob sachte Goldmans Kopf an, zog das Kissen heraus und beugte sich über Goldman. »Ist es das, was du willst, Leo?«

Goldman blinzelte einmal.

»Leo, ich möchte dir für alles danken, was du für mich getan hast.«

Goldman blinzelte einmal.

»Ich werde für Amanda sorgen, verlaß dich drauf.«

Goldman blinzelte einmal.

»Adieu, alter Freund.«

Goldman blinzelte einmal, und sein Auge wurde feucht. Eine Träne rann ihm ins Ohr.

Michael legte das Kissen über Goldmans Gesicht und drückte mit sanfter Kraft zu. Er wartete drei Minuten, sah dabei auf die Uhr und nahm das Kissen wieder weg. Er tastete an Goldmans Hals nach dem Puls, konnte aber keinen finden. Dann hob er Goldmans Kopf an, schob das Kissen darunter und verließ den Raum. Niemand sah ihn weggehen.

Zum ersten Mal, seit er ein kleiner Junge war, kämpfte er mit den Tränen.

56

Michael stand am Rednerpult und sprach zu der Trauergemeinde. Der ganze Saal war gefüllt.

»Ich habe Leo Goldman nicht so lange gekannt wie viele von Ihnen, aber er war mein bester Freund. Man hat mich gebeten, zu Ihnen über die berufliche Laufbahn Leos zu sprechen – Leo als Filmemacher.

Leo hat alles das verkörpert, was man unter einem guten Produzenten versteht. Er besaß Geschmack, Urteilsvermögen, Stil, die Fähigkeit, Talente jeglicher Art zu erkennen und zu schätzen, und einen ausgeprägten Geschäftssinn. Die Filme, die Leo als Produzent gemacht hat, gehören zu den besten von ›Centurion‹.

Aber Leo war mehr als bloß ein Produzent; er war Studiochef und in einer Art und Weise tätig, wie man es heute nicht mehr oft erlebt. Er war die Art von Studiochef, wie es L. B. Mayer und Jack Warner waren. Er trug die Verantwortung. Leo hat jedes Projekt, das bei ›Centurion‹ verwirklicht wurde, selbst analysiert und gebilligt, und jeder Film, den ›Centurion‹ gemacht hat, spiegelt seinen Geschmack und sein persönliches Urteil wider. Ich glaube, man kann sagen, daß Leo nie einen schlechten Film gemacht hat. Keinen einzigen. Und das ist etwas, was weder L. B. Mayer noch Jack Warner von sich hätten sagen können.

Was Leo gemacht hat, waren Hunderte guter Filme, und ich weiß, daß Leo glücklich wäre, wenn man ihn an nichts anderem als dem messen würde. Er trug die Verantwortung.

Man hat mich ausgewählt, damit ich Leo ersetze, aber wir wissen alle, daß so etwas nicht möglich ist. Als man mir diese Position anbot, war meine erste Empfindung Ehrfurcht, und dann, als mir klar wurde, was man von mir erwartete, kam Demut hinzu. Vielleicht wäre es besser, die Nachfolge eines schlechten Studiochefs anzutreten, weil es dann leichter wäre, gut dazustehen; Leo nachzufolgen würde sehr schwer sein, dachte ich, weil er das, was er gemacht hat, so gut gemacht hat.

Wenn ich aber weiter darüber nachdenke, wird mir klar, daß es meine Aufgabe außerordentlich erleichtern wird, daß Leo die seine gemeistert hat – er hat Maßstäbe dafür gesetzt, wie man gute Filme macht, um die die ganze Branche ›Centurion‹ beneidet. Er trug die Verantwortung. Die Dankbarkeit, die ich Leo gegenüber empfinde, ist vollkommen. Er hat es mir möglich gemacht, zuerst das zu tun, was ich getan habe, und dann das zu tun, was er getan hat. Wenn ich es nicht so gut tun werde, wird es nicht Leos Schuld sein.

Ich sage Ihnen, daß es mir lieber wäre, für Leo zu arbeiten, als das Studio zu leiten. Ich würde lieber in seinem Schatten stehen, als dem grellen Scheinwerferlicht der Kritik ausgesetzt zu sein, wie er es war.

Und wenn ich nach Überprüfung meines eigenen Lebens und meiner Arbeit je zu der Erkenntnis kommen sollte, daß ich auch nur im geringsten schuld daran war, daß Leo sich zu dem getrieben fühlte, was er getan hat, dann werde ich Gott bitten, mich zu bestrafen.

Ich habe Leo geliebt und vermisse ihn. Wenn ich in den Tagen, die nun vor mir liegen, je Probleme, Auseinandersetzungen mit Partnern oder Schwierigkeiten mit dem Studio haben sollte, werde ich mir die Frage stellen: Was hätte Leo gemacht? Und dann werde ich wissen, was ich tun muß.«

Amanda Goldman empfing die Freunde und Bewunderer ihres Mannes in ihrem Haus am Stone Canyon. Vierhundert Leute aßen und tranken und redeten über Goldman und die Branche.

Michael fand sich von den neuen Bewunderern umringt, die ihm zu seiner Grabrede gratulierten.

Margot stand in der Nähe. »Die Leute fressen dir aus der Hand«, flüsterte sie ihm zu, als sie dazu Gelegenheit bekam. »Wir sollten uns bemühen, daß es so bleibt.«

Als die Menge sich schließlich aufzulösen begann, schob Michael Norman Geldorf und Harry Johnson, der den Arm immer noch in Gips trug, in eine Ecke. »Ich wollte das so bald wie möglich sagen«, erklärte er. »Ich glaube nicht, daß wir an die Japaner verkaufen sollten. Jedenfalls nicht sofort.«

»Der Ansicht neige ich auch zu«, nickte Geldorf. »Jetzt, da Leo nicht mehr da ist, werden sie versuchen, den Preis zu drücken.«

»Geben Sie mir die Chance, ein paar Filme zu produzieren«, sagte Michael. »Dann, wenn sich der Verkauf immer noch anbietet, bekommen Sie viel mehr Geld für das Studio.«

Beide Männer nickten.

»Das war eine großartige Grabrede, Michael«, meinte Johnson. »Genau der richtige Ton.«

Michael ging als letzter.

»Geh nicht«, sagte Amanda und klammerte sich an ihn. »Bleib die Nacht hier.«

»Es ist besser, wenn ich gehe«, widersprach er. »Wir reden in ein paar Tagen. Triff dich mit deinen Freundinnen und beachte mich nicht; das ist eine Weile das Beste.«

»In einer Woche werde ich in Flammen stehen«, murmelte sie.

»Dann kannst du mich in einer Woche in Brand stecken«, erwiderte er.

Am Wochenende begab sich Michael mit Margot in seinem Haus in Malibu in Klausur. Er ging neben dem Pool auf und ab und diktierte Notizen über Veränderungen bei »Centurion«, und Margot nahm sie auf. Sie kochte; sie liebten sich. Mit Liebe hatte es wenig zu tun, das wußten sie beide. Sie benutzten einander, und jeder bekam das, was er brauchte.

Aber in der Beziehung, die sich zwischen ihnen entwickelte, hatte Michael etwas gefunden, was er nie zuvor gehabt hatte – eine Vertraute.

57

Als seine erste Woche als Chef von »Centurion Pictures« sich dem Ende näherte, arbeitete Michael an seinem Schreibtisch in dem Büro, das einmal Leo Goldman gehört hatte, und bereitete sich auf eine Sitzung des Verwaltungsrats vor, als Margot durch die Verbindungstür hereinkam.

»Hast du heute morgen Nachrichten gehört oder dir die Zeitungen angesehen?« fragte sie.

»Nein, weder noch. Ich hatte für nichts anderes Zeit als für diese Sitzung.«

Sie legte die »New York Times« auf seinen Schreibtisch. In der rechten unteren Ecke der Titelseite entdeckte Michael unter der Überschrift »Mafiaboss (72) tot« folgenden Artikel:

»Benito Carlucci, jahrelang Kopf der größten Mafiafamilie New Yorks, starb gestern im Alter von zweiundsiebzig Jahren im Columbia Presbyterian Hospital an Komplikationen, die als Folge seiner Lebererkrankung auftraten.

Carlucci ist in seiner ganzen Karriere nur ein einziges Mal, und zwar als junger Mann, rechtskräftig verurteilt worden. Er hat damals zwei Jahre im Gefängnis von Sing Sing verbüßt, weil man ihm nachgewiesen hatte, daß er einen Ring jugendlicher Autodiebe leitete. Von seiner Freilassung an stieg er schnell in den Rängen seiner verbrecherischen Organisation auf, stets durch andere vor der Verhaftung geschützt, bis er im Alter von erst vierzig Jahren die Nachfolge in der Führung seiner Mafiafamilie antrat. Unter seiner Leitung unternahm die Familie die ersten tastenden Schritte in den Bereich legitimer Investitionen. Zum Zeitpunkt seines Todes erklärten Gewährsleute beim FBI, daß heute mehr als die Hälfte der Einnahmen der Familie aus legalen Geschäftsunternehmen stammt, obwohl die jeweiligen Firmen in einer Art und Weise geführt werden, die sie nahe an die Grenzen der Legalität bringt.

Häufig führt der Tod des Chefs einer Mafiafamilie zu blutigen Auseinandersetzungen um die Nachfolge, aber gut informierte Beobachter sind der Ansicht, daß Carlucci in Erwartung seines Todes eine Nachfolgeregelung in der Weise getroffen hat, daß die Familie von einem Rat geführt wird, dessen Mitglieder Capos der Unterfamilien sind. Im Augenblick scheint keines der vier Ratsmitglieder die Oberhand zu haben.

Die Beisetzungsfeierlichkeiten finden morgen in der St.-Patrick's-Kathedrale statt und werden vom Erzbischof von New York abgehalten.«

Michael legte die Zeitung beiseite und griff nach dem Telefon. Er wählte die Nummer eines Handy.

»Ja?« Tommys Stimme klang nervös.

»Ich bin's, Vinnie; ich hab' es gerade erfahren.«

»Warte.«

Michael hörte, wie halblaut ein paar Befehle erteilt wurden, dann kam Tommy wieder an den Apparat.

»Entschuldige, Vinnie. Du kannst dir sicher vorstellen, daß hier die Hölle los ist.«

»Es tut mir sehr leid, Tommy; ich weiß, du hast den Alten gemocht.«

»Ja. Aber jetzt ist er weg, und jetzt gibt es eine Menge zu tun.«

»Ist alles in Ordnung?«

»Glaube bloß nicht, was in den Zeitungen steht.«

»Wann können wir uns treffen?«

»Ich will versuchen, nächsten Monat an die Westküste zu kommen.«

»Gut. Bitte sprich der Familie mein Beileid aus.«

»Ja.«

Michael legte auf.»Nun?« fragte Margot. »Wie steht's?«

»Er konnte nicht richtig reden«, antwortete Michael. »Er kommt, sobald er kann, dann erfahren wir alles.«

Michael eröffnete die Sitzung des Verwaltungsrates. »Guten Tag, meine Herren. Diese Sitzung wird sehr kurz sein. Ich möchte Sie über die geschäftliche Entwicklung informieren und Ihnen zwei Vorgänge zur Billigung vorlegen. Seit ich die Leitung des Studios übernommen habe, habe ich das Science-Fiction-Projekt und das Vietnam-Projekt gestrichen und die bisher aufgelaufenen Kosten abgeschrieben.«

Zustimmendes Murmeln war am Tisch zu hören.

»Ich habe ferner drei Filme in die Produktion genommen, von denen der teuerste ein Budget von vierzehn Millionen Dollar hat. Ich rechne damit, daß alle drei einen sehr guten Ertrag abwerfen werden. – Natürlich wird es im Studio einige personelle Veränderungen geben. Einige der Abteilungsleiter, die bisher unter Leo gearbeitet haben, werden natürlich nicht davon erfreut sein, für mich zu arbeiten, und möglicherweise gibt es auch den einen oder anderen, den ich ersetzen möchte.«

»Sie werden natürlich bei größeren Veränderungen die Zustimmung des Verwaltungsrats einholen«, warf Harry Johnson ein.

Michael sah Johnson an. »Damit wäre mein Geschäftsbericht beendet. Ich möchte jetzt die Anstellungsverträge für mich und Margot Gladstone zur Abstimmung stellen. Um Ihre Frage vorweg zu beantworten, Harry: Der Vertrag, den ich für mich vorschlage, gibt mir die uneingeschränkte Vollmacht, nach meinem Ermessen Einstellungen und Entlassungen vorzunehmen. Was meinen Sie?«

»Beantrage Zustimmung zu den Verträgen«, sagte ein Mitglied des Verwaltungsrats.

»Unterstützt«, äußerte ein anderes.

»Wird Diskussion gewünscht?« fragte Michael. »Harry?«

Johnson erhob sich. »Michael, zuerst möchte ich zum Ausdruck bringen, wie erfreut ich darüber bin – und ich bin sicher, damit für den gesamten Verwaltungsrat zu sprechen –, daß Sie sofort energisch die Zügel in die Hand genommen haben. Ihre Maßnahmen im Produktionsbereich sind klug und kreativ, und wir sind Ihnen alle dafür dankbar.« Er räusperte sich. »Es gibt jedoch im geschäftlichen Bereich des Studios gewisse Problempotentiale. Einige Abteilungsleiter üben ihre Tätigkeit seit vielen Jahren aus und haben sich unter Leos Führung als wertvolle Mitarbeiter erwiesen. Diese Leute haben alle wesentlich mehr Erfahrung als Sie in diesem Geschäft, und ich für meine Person zögere etwas, Ihnen die Vollmacht zu geben, sie nach Gutdünken zu entlassen.«

»Vielen Dank, Harry«, erwiderte Michael. »Was Sie sagen, ist natürlich völlig richtig; einige dieser Leute sind schon lange hier, und alle sind höchst kompetent. Sie sind aber alle nicht davon erbaut, unter mir arbeiten zu müssen, und wenn sich das nicht ganz schnell ändern läßt, werde ich eine derartige Einstellung als schädlich betrachten.«

»Noch etwas«, fuhr Johnson fort. »Man könnte es als unbedachte Handlung auslegen, daß Sie Margot Gladstone zur Generalbevollmächtigten ernennen wollen. Mrs. Gladstone war die Sekretärin einer Anzahl leitender Herren im Hause, aber die dabei gewonnenen Erfahrungen befähigen sie wohl kaum dazu, die kaufmännische Leitung des Studios zu übernehmen.«

»Ich habe Verständnis für Ihre Besorgnis, Harry«, erklärte Michael, »aber Margot weiß besser darüber Bescheid, wie dieses Studio funktioniert, als alle anderen, mich eingeschlossen. Sie ist höchst intelligent, und ich konnte mich immer wieder davon überzeugen, daß sie über ein hervorragendes Urteilsvermögen verfügt. Sie wird natürlich mir berichten und sich bei Meinungsverschiedenheiten stets meiner Entscheidung beugen müssen.«

»Ein Gehalt von einer Million Dollar im Jahr plus Nebenleistungen für eine Frau, die vor kurzem noch Sekretärin war?« fragte Johnson.

»Wenn sie für ihren Posten qualifiziert ist«, erwiderte Michael, »und ich habe bereits erklärt, daß sie das meiner Ansicht nach ist, erhält sie nach Branchenbegriffen eine eher bescheidene Vergütung.«

Johnson setzte wieder zum Reden an, aber Michael hob die Hand.

»Harry, ich will nicht die Diskussion unterdrücken, aber die Entscheidung, die dieser Verwaltungsrat treffen muß, ist ganz einfach: Werde ich dieses Studio leiten oder nicht? Lassen Sie mich das mit aller Klarheit sagen: Ich werde diesen Job nur dann annehmen, wenn ich dieselben Vollmachten habe, die Leo hatte. Mein Vertrag liegt Ihnen vor; er gibt mir uneingeschränkte Vollmacht. Ich habe Ihnen Margot Gladstones Vertrag nur aus Höflichkeit vorgelegt. Wenn dieser Verwaltungsrat meinen Vertrag billigt, wird es meine erste Handlung als Vorstandsvorsitzender sein, Margots Vertrag zu unterzeichnen. Wenn Sie sich dazu entscheiden, das nicht zu tun, bin ich in der Lage, meinen Schreibtisch binnen einer halben Stunde zu räumen. Ich denke, es ist am besten, wenn ich diese Sitzung so lange verlasse, wie Sie darüber diskutieren. Meine Herren, die Entscheidung liegt bei Ihnen.« Michael wandte sich zum Gehen.

»Michael«, hielt Johnson ihn auf.

Michael drehte sich um. »Ja?«

»Ich glaube, es ist nicht nötig, daß Sie hinausgehen. Ich unterstütze den Antrag.«

Michael sah sich am Tisch um. »Sind Sie dafür?«

»Ja«, sagten die Männer sofort.

»Wer ist dagegen?«

Schweigen.

»Der Antrag ist einstimmig angenommen«, erklärte Michael. »Meine Herren, da keine weiteren Fragen vorliegen, ist die Sitzung beendet. Wir sehen uns wieder bei unserer nächsten ordentlichen Monatssitzung.«

Michael kehrte in sein Büro zurück, wo Margot ihn erwartete. Er trat an seinen Schreibtisch, unterschrieb alle vier Kopien ihres Vertrags und reichte ihr eine. »Du bist jetzt die Generalbevollmächtigte von ›Centurion Pictures‹«, sagte er.

Margot strahlte und gab ihm einen Kuß.

»So«, fuhr Michael fort, »und jetzt feuerst du den Finanzchef.«

»Zu Befehl«, erwiderte Margot.

58

Michael saß in der von einem Chauffeur gesteuerten Mercedes-Limousine, die er von Leo Goldman geerbt hatte, und beobachtete den Gulfstream-IV-Jet bei der Landung auf dem Flughafen von Santa Monica. Die Landebahn kam ihm für ein so großes Flugzeug unglaublich kurz vor, aber im nächsten Augenblick rollte die Düsenmaschine auf die Stelle zu, wo er wartete.

Michael umarmte Tommy Pro am Fuß der Gangway und komplimentierte ihn dann in den Mercedes, während der Chauffeur sich um das Gepäck kümmerte.

»So läßt sich's reisen«, sagte Michael. »Große Schwierigkeiten scheinst du ja nicht zu haben.«

»Schwierigkeiten?« lachte Tommy. »So viele Schwierigkeiten, wie ich im Augenblick habe, wünsche ich mir immer.« Er ließ die gläserne Trennscheibe, die das Fahrgastabteil vom Fahrer trennte, in die Höhe fahren.

Der Chauffeur hatte inzwischen Kurs auf Malibu genommen.

»Kann er uns hören?« fragte Tommy.

»Nein, garantiert nicht. Leo hat einen listenmäßigen 600 SE

gekauft, den Zwölfzylinder, und ihn dann verlängern lassen. Dabei wurde dieses Abteil völlig schalldicht gemacht.«

Tommy drehte am Fernseher herum. »Kriegst du damit CNN herein?«

»Nein, Tommy, für CNN braucht man Kabel oder Satellit.«

»Und kann man sonst Nachrichten hereinbekommen?«

Michael beugte sich vor und wählte einen Kanal. »Um fünf gibt es hier Nachrichten.«

Tom Brokaws Gesicht erschien auf dem Bildschirm. »Guten Abend«, meldete er sich. »Heute abend berichten wir über eine neue Auseinandersetzung mit Saddam Hussein um die Inspektion seiner Militäranlagen, der Präsident hat großen Ärger wegen des Iran-Kontra-Skandals ...« Sein Bild verschwand, und die Kamera schwenkte auf einen Toten, der in einer New Yorker Straße lag. »Ein Generationswechsel in einer Mafiafamilie.«

Tommy seufzte tief.

»Was läuft da?« wollte Michael wissen. »Aus den Zeitungen ist nicht so viel zu erfahren.«

»Mit ein wenig Glück«, meinte Tommy, »war der Typ, der da auf der Straße lag, Benny die Nase.«

»Benny? Wer hat den Mumm, Benny die Nase umzulegen?«

»Er sitzt neben dir.«

»Also jetzt soll mich doch der Teufel holen. Tommy, bring mich auf den neuesten Stand.«

»Pst!« machte Tommy und deutete auf den Fernseher.

Jetzt war wieder Brokaw zu sehen. »Heute am frühen Nachmittag wurden in New York City zwei Mafiacapos auf der Straße niedergeschossen, als sie gerade ein Restaurant in Manhattan verließen. Diese Morde widerlegen die Theorie des FBI, daß die Macht nach dem Tode von Benito Carlucci ohne jeglichen Streit auf einen Ausschuß seiner ehemaligen Untergebenen übergegangen sei. Nach der Theorie der Polizei wurden die beiden Capos im Auftrag der anderen beiden beseitigt, die damit ihre Macht festigen konnten.«

»Deshalb besuche ich dich«, erklärte Tommy. »Ich muß jetzt verreist sein.«

»Wer ist übrig?« fragte Michael. »Und wer hat das Sagen?«

»Eddie und Joe Funaro sind übrig«, erwiderte Tommy, »und *ich* habe das Sagen.«

»Herrgott, Tommy! Wie hast du das hingekriegt?«

»Der Alte hat es hingekriegt – er und ich zusammen. Er hat sie alle vier zu sich gerufen und ihnen gesagt, es gebe eine neue Organisation, und dann hat er Eddie und Joe gesagt, sie hätten von mir Anweisungen entgegenzunehmen. Jetzt führen die das Geschäft auf der Straße, und ich führe alles andere. Sie schleusen die Einnahmen zu mir, und ich investiere legitim.«

»Du hast das Sagen über alles?«

»Alles«, erklärte Tommy mit selbstgefälligem Lächeln.

Michael lehnte sich im Sitz zurück. »Also bist du der Don.«

Tommy grinste. »Ich bin der Don.«

Bei Sonnenuntergang schlenderten Michael und Tommy am Strand von Malibu Colony entlang, Michael in leger kalifornischer Kleidung und Tommy in hochgekrempelter Anzugshose, einem seidenen Hemd und locker herunterhängender Krawatte. Sie hatten zusammen zu Abend gegessen und über Tommys neue Macht geredet.

»Du bist ein glücklicher Mann, Vinnie«, sagte Tommy. »Wenn der Don vierundzwanzig Stunden länger gelebt hätte, wärst du jetzt tot.«

Michael blieb wie vom Blitz getroffen stehen. »Was?«

»Ich hab' ihn, solange ich konnte, hingehalten, und dann ist er gestorben.«

»Der Alte wollte meinen Tod?«

»Du hast ihn reingelegt, Vinnie.«

»Jetzt Moment mal, Tommy.«

»Manche Leute sagen sogar, du hättest mich reingelegt.«

»Tommy –«

»Du hast es Geldorf und Johnson ausgeredet, das Studio an die Japse zu verkaufen, und das bedeutet an *uns* und die Japse.«

»Das wäre zu dem Zeitpunkt falsch gewesen, Tommy.«

»Warum denn? Ich hatte alles vorbereitet. Geldorf und Johnson hatte ich in der Tasche, Goldman war tot, und du warst – du bist der Chef.«

»Tommy, hör zu. Ich habe da ein Filmstudio, über das ich bestimmen kann, ›Centurion Pictures‹! Weißt du, was das bedeutet?«

»Es bedeutet eine ganze Menge Geld, mit dem man spielen kann«, erklärte Tommy.

»Es ist mehr als das, Tommy. Ich kann jeden Film machen, und ich meine wirklich jeden, den ich will. Ich kann jeden Star, jeden Regisseur, jeden Drehbuchautor engagieren; ich habe den Schalter in der Hand, mit dem man das grüne Licht anknipst. Mir gehört der Schalter.«

»Ein Scheißdreck gehört dir. Du bekommst ein Gehalt.«

»Mein Vertrag gibt mir das Recht, zwei Prozent des Eigenkapitals im Jahr zu kaufen, solange wir einen Ertrag erwirtschaften.«

»Zwei Prozent im Jahr? Soll das heißen, du hast den Don, die Familie und mich um zwei Prozent im Jahr beschissen?«

»Tommy, ich habe gar niemanden beschissen. Ihr seid keineswegs aus dem Spiel.«

»Der Alte hat das anders gesehen, Vinnie, und wenn ich nicht gewesen wär', wärst du jetzt das Fressen für die Fische im Pazifik.« Tommy deutete auf das Wasser hinaus.

»Tommy, ich weiß zu schätzen –«

»Gar nichts weißt du, Vinnie. Weißt du, daß er mir tatsächlich den Befehl erteilt hat? Er hat mir *befohlen,* dich umzulegen, und ich hab's nicht getan. Zum ersten Mal in meinem Leben habe ich einen Befehl meines Don mißachtet. Du begreifst das nicht, Vinnie. Du saugst an der Zitze, und alle anderen trittst du in die Fresse.«

»Tommy, für mich war das die große Chance, verstehst du das nicht?«

»Die große Chance, deine Freunde zu bescheißen!«

»Meine Chance, das zu tun, was mir wirklich Spaß macht, Herr meines Lebens zu sein und mir von niemand dreinreden zu lassen.«

»So bist du aber nicht aufgewachsen, Vinnie. So ein Scheiß, für jeden von uns gibt es einen, der ihm etwas zu sagen hat; so funktioniert doch der ganze Laden – jeder schuldet einem anderen etwas. Und du hast dir eingebildet, du könntest einfach in Leo Goldmans Schuhe schlüpfen und niemand etwas schulden?«

»Tommy, ich stehe in deiner Schuld, das weiß ich. Ich werde alles tun, um sie gutzumachen. Du brauchst es bloß zu sagen. Du kannst alles haben, was du willst.«

»Du denkst, dieses Filmstudio ist so eine Art Spielzeug, was? Ein Baukasten, den du bekommen hast und den kein anderer anfassen darf? Du hast gar nicht erkannt, was es wirklich ist, nämlich eine Maschine, mit der man Geld druckt.«

»Tommy, du brauchst mir bloß zu sagen, was du willst.«

»Ich will sechzig Prozent der Aktien von ›Centurion Pictures‹. Das sind die Anteile von Harry Johnson und Amanda Goldman. Den Rest besorg' ich mir selbst.«

»Tommy, wenn ich denen damit komme, schneide ich mir selbst den Hals ab. Ich leite das Studio dann nicht mehr, ich arbeite wieder für einen anderen, verstehst du denn nicht?«

»Vinnie, ich will dir eine Geschichte erzählen. Erinnerst du dich an Shorty?«

»Shorty? Den mit den Stummelbeinen, der für den Don Botengänge erledigt hat?«

»Genau den mein' ich. Seine Beine waren nicht mehr zu gebrauchen, also saß er auf diesem kleinen Brett mit den Rädern darunter und schob sich im Viertel herum und hat für den Don gearbeitet.«

Vinnie lachte. »Er war auf dem Rollbrett so flink wie der Teufel, nicht?«

»Sicher, das war er. Und der Don hat ihm vertraut.«

»Der Don hat Shorty vertraut? Ich wußte gar nicht, daß der irgend jemand vertraut hat.«

»Nur sehr wenigen Leuten, aber Shorty hat er vertraut. Weißt du, warum?«

»Warum?«

»Hast du gewußt, daß Shorty früher einmal – das war, bevor wir beide auf die Welt gekommen sind – das pompöseste Bestattungsinstitut von ganz Little Italy hatte?«

»Nein, das habe ich nicht gewußt. Wie kam er da auf das Rollbrett?«

»Der Don hat ihm Geld geliehen, ohne Zinsen, und ihm Arbeit zukommen lassen – wenn du verstehst, was ich meine. Der Don hat ihm einfach ab und zu eine Leiche geschickt, und Shorty hat sie begraben.«

»Und was ist passiert?«

»Shorty hat Schiß vor den Bullen gekriegt. Die haben angefangen rumzuschnüffeln, und er hat's mit der Angst bekommen, und der Don hat ihm eine Leiche geschickt, und Shorty wollte sie nicht begraben und hat gesagt, das sei zu riskant, wo doch die Bullen rumschnüffeln.« Tommy blieb plötzlich stehen, drehte sich um und sah Michael an. »Und dann ist eines Nachts sein Laden abgebrannt, und ein paar Tage darauf kamen zwei Männer und haben dem Bestattungsunternehmer die Beine gebrochen. Und so kam es, daß Eduardo Minnelli, der wohlhabende und hochangesehene Inhaber eines Bestattungsinstituts, zu Shorty dem Laufburschen wurde.«

Michael sah Tommy in die Augen. Was er dort sah, machte ihm Angst.

»Aber dann«, fuhr Tommy fort, »hat der Don Shorty immer vertraut, weil er wußte, daß Shorty ihn nie wieder hintergehen würde.« Er sah Michael an. »Die Geschichte solltest du dir gut merken, Vinnie.« Er machte kehrt und ging zum Haus zurück.

Michael folgte ihm wie ein Hündchen.

59

Michael und Amanda Goldman rochen beide nach Kokosbutter, als sie einander unter der heißen Dusche einseiften. Amanda kniete nieder und versuchte Michaels Penis in den Mund zu nehmen, aber Michael zog sie in die Höhe.

»Nicht schon wieder! Ich bin schon ganz wund.«

»Ich kann einfach nicht genug von dir kriegen«, sagte sie, griff um ihn herum und rieb ihn am Rücken mit Seife ein. Dann standen sie engumschlungen da und küßten sich, bis die Seife abgespült war und Michael die Dusche zudrehte.

Er trat heraus, hielt ihr einen Frotteemantel hin und suchte sich dann selbst einen. »Mir ist nach Eiern zumute«, sagte er. »Soll ich dir auch welche machen?«

»Gern. Tu das, dann trockne ich mir inzwischen das Haar.«

Michael ging in die Küche hinunter und machte sich ans Werk. Er legte Speck in eine Pfanne, schob ein paar Muffins in den Toaster und schlug ein halbes Dutzend Eier auf, während er darauf wartete, daß die Butter in der Pfanne schmolz. Er fügte etwas Salz hinzu und verrührte die Eier bei schwacher Hitze, bis sie schaumig und noch ein wenig feucht waren. Als Amanda in die Küche kam, war er gerade fertig und servierte ihr den Schinken, die Eier und die Muffins auf großen weißen Tellern.

»Das duftet herrlich«, sagte sie. »Ich wußte gar nicht, daß du kochen kannst.«

»Das ist so ziemlich das einzige Gericht, auf das ich mich verstehe«, erwiderte er und entkorkte eine Flasche Schramsberg Blanc de Noir.

»Mein Lieblingschampagner«, meinte sie nach dem ersten Schluck. »Woher hast du das gewußt?«

»Ich habe ihn oft genug bei dir zu Hause getrunken.«

Sie schüttelte ihr Haar aus, das ihr in weichen goldenen Wellen über die Schultern fiel. »Weißt du was?« fragte sie und führte eine Gabelvoll Rührei zum Mund.

»Was?«

»Ich dachte, ich würde mich eine Weile in einer Art Schockzustand befinden, aber jetzt ist Leo erst zwei Wochen tot, und ich fühle mich ... irgendwie befreit.«

»Ich denke, eine Menge Leute müssen so empfinden, wenn die andere Hälfte stirbt. Es ist nur so, daß niemand das zugeben will.«

»Ich meine, auf meine Art habe ich Leo geliebt, aber zugleich bin ich froh, frei zu sein.«

»Nicht völlig frei«, warnte er. »Vergiß nicht, daß L. A. in mancher Hinsicht eine Kleinstadt ist. Eine Weile mußt du Witwe sein.«

»Das macht mir nichts aus, solange ich nur mit dir zusammen sein kann.«

»Du kannst mit mir zusammen sein, wann du willst«, versprach er. »Aber bis wir bei gesellschaftlichen Anlässen zusammen erscheinen können, müssen wir mindestens ein Jahr warten.«

»Das kann ich nur dann ertragen, wenn du mich oft genug liebst.«

»Und wie oft ist das?«

Sie lachte. »Das sag' ich dir lieber nicht.«

»Ein wenig muß ich mich jetzt schon erholen.«

Sie legte ihm die Hand auf die Wange. »Tut mir leid, Liebling. Fertigmachen wollte ich dich nicht.«

Michael atmete tief durch. »Hör zu, wir müssen etwas Geschäftliches besprechen.«

»Gut, raus damit.«

»Ich möchte, daß du Geldorf sagst, daß er alle ›Centurion‹-Aktien, die sich im Stiftungsvermögen befinden, verkaufen soll.«

Sie sah ihn mit überraschten Augen an. »Bist du verrückt? Ich dachte, du wolltest meinen Rückhalt, um im Studio freie Hand zu haben.«

»Glaub mir, jetzt ist genau der richtige Zeitpunkt zum Verkaufen. Die Japaner haben wieder angeklopft, und dem Studio geht es so gut, daß wir einen hohen Preis fordern können.«

»Und Leos Aktien?«

»Sag Geldorf, daß er die auch verkaufen soll.«

»Und was ist mit den anderen Aktionären im Verwaltungsrat?«

»Wenn die sehen, daß eine Mehrheitsbeteiligung verkauft wird, laufen die sofort hinterher.«

Sie sah einen Augenblick auf ihren Teller. »Michael, erinnerst du dich, wie ich dir einmal gesagt habe, was Leo in unserer Ehe für mich getan hat?«

»Ich glaube schon.«

»Ich habe gesagt, ich könnte alle Leute, die mir gefielen, zum Abendessen einladen, erinnerst du dich?«

»Ja, daran erinnere ich mich.«

»Nun, das konnte ich, weil mein Mann Chef eines großen Filmstudios war.«

»Ja, aber Leo ist tot.«

»Aber wenn wir beide verheiratet sind, du und ich, dann möchte ich, daß du immer noch Chef des Studios bist.«

Das war das erste Mal, daß das Wort Ehe zwischen ihnen fiel, und Michael gab sich große Mühe, sich seine Verwirrung nicht anmerken zu lassen. »Keine Angst, ich werde das Studio dann immer noch leiten, nur die Besitzer werden andere sein.«

»Aber dessen kann ich nur sicher sein, wenn ich meine Aktien behalte.«

»Aber einmal, vor Leos Tod, hast du gesagt, du würdest verkaufen.« Er beugte sich über den Tisch und nahm ihr Gesicht in beide Hände. »Amanda, ich möchte, daß du Vertrauen zu mir hast. Glaub mir, jetzt ist der richtige Augenblick zum Verkaufen. Die Japaner haben mir einen gußeisernen Vertrag angeboten.«

»Aber nimm an, sie mögen dich nicht mehr, sie wollen etwas verändern. Dann schreiben sie dir einfach einen hübschen Scheck und schicken dich fort. Das hat mir Leo immer gesagt.«

Er wurde jetzt langsam gereizt. »Verdammt noch mal, Amanda, tu einfach, was ich dir sage.«

Sie stand auf. »Ich glaube, du vergißt, mit wem du redest«, erwiderte sie und stolzierte aus dem Haus.

Michael, der nur mit einem Bademantel bekleidet war, konnte ihr so nicht hinterherlaufen.

Später – es war inzwischen Nachmittag geworden – kam Margot in sein Büro. »Michael«, sagte sie, während sie sich setzte, »ich habe meinen Vertrag noch einmal durchgelesen und stelle fest, daß man mich jederzeit aus einem beliebigen Grund mit drei Monaten Kündigungsfrist feuern kann.«

Michael blickte von dem Drehbuch auf, das er gerade las. »Margot, ich habe dich zur Generalbevollmächtigten dieses Studios gemacht. Weshalb sollte ich dich feuern wollen?«

»Ich weiß, daß du das nicht tun würdest«, lächelte sie, »dazu weiß ich viel zu viel von dir. Aber angenommen, dir würde etwas zustoßen? Der Verwaltungsrat könnte mich in null Komma nichts auf die Straße setzen, und mir blieben dann bloß drei Monate Gehalt zum Leben.«

»Margot«, sagte er gereizt, »du hast doch bereits deine Pension in der Tasche. In einem so unwahrscheinlichen Fall hättest du das, was du auch gehabt hättest, wenn ich dich nicht befördert hätte. Das würde dann doch auch reichen.«

»Das reicht nicht«, widersprach sie. »Ich lebe jetzt in ganz anderen finanziellen Sphären, und ich habe Spaß daran. Ich möchte mich nicht in einer Lage befinden, in der man mich jederzeit auf die Straße setzen kann. Kannst du das verstehen?«

»Du meinst, es genügt dir nicht, dich nur auf mein Wort verlassen zu müssen?«

»Wenn du es so formulieren willst, ja«, nickte Margot.

Michael war nahe daran, einen Wutanfall zu bekommen; dies schien ein Tag zu sein, an dem die Frauen in seiner Umgebung nichts anderes im Sinn hatten, als ihn wütend zu machen. »Dein Vertrag bleibt so, wie er ist«, sagte er. »Wenn du mir nicht vertraust, kannst du mir meinetwegen den Buckel herunterrutschen.«

Margots Gesicht wurde kalkweiß. Dann stand sie auf. »Freut mich zu wissen, wo ich stehe«, meinte sie kühl. Dann rauschte sie aus dem Zimmer und knallte die Tür hinter sich zu.

Michael wandte sich wieder seinem Drehbuch zu, konnte sich aber nicht richtig konzentrieren. Schließlich stand er auf und öffnete die Verbindungstür zwischen ihren Büros. »Margot«, sagte er, »tut mir leid, daß ich –« Er sah sich im Zimmer um. Sie war gegangen.

60

Michael stand vor dem Spiegel und knotete fachmännisch seine schwarze Smokingschleife. Das Telefon klingelte; die Geheimnummer, die nur wenige Leute kannten. »Hallo?«

»Ich bin's, Tommy.«

Er klang verstimmt, fand Michael. »He, Tommy, wie geht's?«

»Nicht besonders. Ich habe gerade mit Norman Geldorf einen Drink genommen.«

»Und?«

»Er will die Aktien nicht verkaufen.«

»Moment mal, ich habe Amanda Goldman gesagt, daß sie ihm Anweisung geben soll, alles zu verkaufen, auch Leos Aktien.«

»Das ist offenbar nicht zu ihr durchgedrungen.«

»Sie wird tun, was ich ihr sage. Ich kann sie um den kleinen Finger wickeln; sie glaubt, wir werden heiraten.«

»Geldorf hat mir erklärt, es sei ihr ausdrücklicher Wunsch, die Aktien zu behalten, damit sie sicherstellen kann, daß du im Studio die Macht behältst.«

»Tommy –«

»Leb wohl, Vinnie«, sagte Tommy. »Oder vielleicht sollte ich sagen: Leb wohl, Michael. Der bist du doch jetzt, oder?« Er legte auf.

»Tommy –« Michael knallte den Hörer auf die Gabel. »Verdammte Scheiße!« schrie er. Er schnappte sich seine Smokingjacke; er war für eine Abendveranstaltung im Hotel »Beverly Hills« verspätet.

Er rannte die Treppe hinunter und fand den Chauffeur in der Garage unter der aufgeklappten Motorhaube hantieren. »Was ist denn jetzt wieder los?« fragte er.

»Tut mir leid, Mr. Vincent. Der Anlasser kriegt keinen Saft; ich glaube, da ist irgendwo der Draht gerissen.«

»Macht nichts, ich fahre selbst«, sagte Michael und stieg in seinen Porsche.

Er brauste aus der Garage, blinkte den Wachmann an, der das Tor noch rechtzeitig aufbekam, und fuhr dann über den Pacific Coast Highway, wobei er sich bemühte, die Achtzig nicht zu überschreiten, um nicht aufgehalten zu werden. Er sollte heute abend wegen seiner Unterstützung der AIDS-Campagne in Hollywood eine Urkunde erhalten und hatte keine Lust, bei dieser Veranstaltung zu spät zu kommen.

Bei der Cocktailparty, die dem offiziellen Abendessen voranging, stand er Schlange nach einem Gin Tonic und plauderte mit den Leuten, die auf ihn zukamen. Alle waren an diesem Abend der Großen da – die Studiochefs, die Chefs der großen Agenturen, die Stars, Agenten, Produzenten. Unter den fünfhundert Leuten waren nicht mehr als fünfzig Frauen, schätzte er.

Margot Gladstone war eine von ihnen. Sie kam auf ihn zu, während er mit einem Agenten plauderte, und wartete diskret in der Nähe, bis sein Blick auf sie fiel.

»Wie geht's, Margot? Ich wollte mit dir reden –«

»Das ist vorbei.«

Er sah sich um und brachte ein Lächeln zustande, weil er nicht wollte, daß jemand die gereizte Stimmung bemerkte, die zwischen ihnen herrschte. Er griff nach ihrem Arm. »Hör zu, wir sollten uns nachher unterhalten. Komm in mein Haus, dann –«

»Es ist vorbei«, zischte sie. »Der einzige Grund, weshalb ich hier bin, ist, daß ich es dir ins Gesicht sagen wollte. Meine Kündigung liegt auf deinem Schreibtisch.« Sie entzog ihm ihren Arm. »Nichts geht mehr«, sagte sie und lächelte dann.

»Leb wohl, Michael.« Sie drehte sich um und bahnte sich ihren Weg durch die Menge.

Michael wollte ihr folgen, als eine Lautsprecherstimme sagte: »Meine Damen und Herren, bitte nehmen Sie zum Abendessen Ihre Plätze ein.«

Ein ihm bekannter Studiochef nahm ihn am Arm und steuerte ihn auf den Ehrentisch zu.

Mehrere Stunden später, nach den Reden und nachdem er die Urkunde in Empfang genommen hatte, schaffte Michael es endlich, sich von den Gratulanten zu lösen und den Ballsaal zu verlassen. Er ging ins Freie und wartete fünf Minuten, während man seinen Porsche vom Parkplatz holte. Dann gab er dem Parkboy zwanzig Dollar, stieg ein und fuhr die Auffahrt hinunter auf den Sunset Boulevard zu.

Er wußte, daß er ein wenig betrunken war. Im Saal war es heiß gewesen, und ein Kellner hatte ihm einen Gin Tonic nach dem anderen gebracht. Er atmete ein paarmal tief durch und versuchte einen klaren Kopf zu bekommen.

Vorsichtig und nicht zu schnell fahrend, bog er in den Sunset Boulevard ein und fuhr auf den Freeway zu, der nach Malibu führte. Er löste die Hebel des Verdecks und drückte dann auf den Knopf, der es einziehen sollte. Jetzt, da ihm die kühle Nachtluft ins Gesicht wehte, fühlte er sich besser, und der Duft der üppigen Gärten, die den Sunset säumten, machte ihn glücklich, in Beverly Hills zu sein.

Er war genau da, wo er sein wollte. Er hielt die Zügel eines großen Studios in der Hand und konnte jeden Film machen, nach dem ihm der Sinn stand. Morgen würde er die Geschichte mit Tommy klarbiegen; das war bloß eine kleine Reiberei zwischen alten Freunden, er würde das schon in Ordnung bringen. Und mit Margot würde er auch reden; sie würde schon wieder zur Vernunft kommen. Er würde ihr sogar den Vertrag geben, den sie haben wollte – alles, bloß um sie zufriedenzustellen. Schließlich brauchte er sie doch.

Eine rote Corvette überholte ihn auf der linken Seite und bedrängte ihn seiner Ansicht nach ein wenig. Da er sich nicht in aggressiver Stimmung befand, rückte er ein wenig zur Seite, um den Sportwagen überholen zu lassen. Und dann bog die Corvette ganz plötzlich und völlig unerklärlich scharf nach rechts, wie um ihn zu rammen.

Michael riß heftig am Steuer; wenn nötig, würde er auf den Gehsteig fahren, um diesem Verrückten auszuweichen. Zum Glück war rechts von ihm eine Straße, und er schaltete herunter und bog laut fluchend um die Ecke. Aber vor ihm standen zwei Autos nebeneinander und nahmen die ganze Breite der dunklen Straße ein. Er trat auf die Bremse und setzte gerade dazu an, die Leute anzubrüllen, als plötzlich die Corvette wieder neben ihm war. Zwei Männer stiegen aus dem Wagen und traten beiderseits neben den offenen Porsche. Jetzt in Panik, hieb Michael den Rückwärtsgang hinein, aber ein Blick in den Rückspiegel zeigte ihm, daß ein anderer Wagen unmittelbar hinter ihm zum Stehen gekommen war.

»Hände auf den Kopf!« forderte ihn eine junge Stimme auf. Eine Automatikpistole, an der ein Schalldämpfer befestigt war, tauchte dicht an seinem Kopf auf.

Michael gehorchte und blickte auf. Er sah ein Gesicht vor sich, das vor ein paar Jahren sein eigenes hätte sein können. Er blickte nach rechts: noch ein solches Gesicht – jung, hart und bar jeglichen Gewissens. Wie konnte ihm so etwas passieren?

»Raubüberfall!« sagte die junge Stimme. »Her mit der Brieftasche!«

Michael sackte erleichtert zusammen. Das war kein Auftragsmord, sonst wäre er bereits tot. Er zog die Brieftasche heraus und gab sie dem jungen Mann.

»Sehr hübsch«, sagte der Revolvermann. »Vielen Dank, Vinnie.«

Erschreckt blickte Michael auf und musterte das junge Gesicht. »Woher –«

Der junge Mann bewegte den Lauf der Waffe von Michaels Kopf weg, richtete sie statt dessen auf seinen Schoß und feuerte zweimal.

Michael schrie. Sein Unterleib stand in Flammen. Er griff sich in den Schritt und riß dann die Hände wieder weg. Sie waren über und über rot.

Michael schrie und schrie und schrie. Er nahm nur undeutlich wahr, wie sich sämtliche ihn umgebenden Fahrzeuge mit brüllenden Motoren entfernten, und noch weniger, wie er nach dem Autotelefon griff und 911 wählte.

61

Michael saß an seinem Schreibtisch und las das Budget für einen Film, den er bald in die Produktion nehmen würde. Er überflog die Zahlen, verglich sie im Geist mit denen früherer Produktionen und machte sich hier und da eine Notiz, um den betreffenden Posten später mit dem Produktionsleiter zu besprechen.

Es klopfte leise, und Margot kam durch die Verbindungstür aus ihrem Büro. »Zeit für die Vorführung«, sagte sie. »Alle warten auf dich.«

Michael blickte auf.

Margot wirkte kühl und elegant wie eh und je. Sie kleidete sich seit einiger Zeit noch exquisiter, seit ihr das neue Gehalt zur Verfügung stand. Sie trat hinter ihn. »Soll ich –«

Er hob die Hand. »Nein!« herrschte er sie an. »Ich mache

es selbst.« In letzter Zeit war er meistens reizbar, ganz besonders seit es für ihn keinen Sex mehr gab, mit dem er sich hätte entspannen und von der Arbeit ablenken können. Er griff nach dem Schalter und schob ihn nach hinten. Der Stuhl rollte rückwärts vom Schreibtisch weg. Er schob den Hebel nach vorn, und der Stuhl rollte auf die Tür zu. Margot stand bereit, sie ihm zu öffnen, und er lenkte den Stuhl geschickt die kleine Rampe hinunter, die man für ihn gebaut hatte, hinunter in den Vorführraum.

Tommy Pro und Yamamoto drehten sich um, als er in den Raum kam.

»Hallo, Vinnie«, sagte Tommy, als Michael an den Platz am Konferenztisch rollte, wo man eigens einen Sessel entfernt hatte, damit sein Rollstuhl Platz hatte.

»Guten Morgen, Tommy, Mr. Yamamoto.« Michael beugte den Kopf leicht in Richtung Yamamoto. Wie er diesen glatten kleinen Mann doch haßte!

»Bereit?« fragte Tommy.

Michael hob den Hörer ab. »Los geht's, Max.« Er saß da und ließ unbeteiligt den Film an sich vorbeilaufen, ein armseliges, gewalttätiges Durcheinander voll Verfolgungsjagden und Schießereien, mit einem Kung-Fu-Experten als Star, der bis vor kurzem Tommy Pros persönlicher Trainer gewesen war. Tommy wirkte sehr schlank und fit, seit er seinen Sitz nach Los Angeles verlegt hatte.

Der Film endete, und es wurde hell.

Yamamoto ergriff als erster das Wort. »Sehr, sehr gut«, sagte er in seinem von einem Oxford-Akzent durchsetzten Englisch.

»Freut mich, daß es Ihnen gefallen hat, Mr. Yamamoto«, log Michael.

Tommy beugte sich über ihn. »Vinnie, in den Tageskopien

war eine Szene, in der der Typ mit dem Schulbus zusammenstößt.«

»Ich dachte, die würden wir nicht brauchen«, meinte Michael. »Mir schien das ein wenig dick aufgetragen.«

»Mir hat's gefallen«, sagte Tommy. »Tu sie hinein.«

Michael starb wieder einen kleinen Tod. »Selbstverständlich, Tommy.«

62

Michael räumte seinen Schreibtisch auf, legte die Schreibblocks beiseite, verwahrte die Bleistifte in dem kleinen Acomakrug, der ihm als Bleistiftständer diente. Zufrieden, alles in Ordnung gebracht zu haben, stieß er sich vom Schreibtisch ab und hob den schweren Aktenkoffer auf seinen Schoß. Dann fuhr er quer durch sein Büro zur Tür des Konferenzzimmers, wo seine letzte Verwaltungsratssitzung bei »Centurion« stattfinden sollte.

Als er an der Mitte des langen Tisches Platz nahm – er saß nicht mehr am Kopfende, den Platz hatte Tommy Provensano eingenommen –, überkam ihn ein Gefühl großen Friedens, weil er wußte, daß seine Arbeit bei »Centurion« beinahe abgeschlossen war.

Natürlich bereitete es ihm alles andere als Genugtuung, daß er die Leitung des Studios während seines schnellen Niedergangs innegehabt hatte, eines Niedergangs ebenso der Qualität der produzierten Filme wie ihrer Einspielergebnisse; es schmerzte ihn, daß alle ihn jetzt für einen Stümper hielten, und er empfand nicht die geringste Zuneigung für die Männer – und die eine Frau –, die dem Studio, das einmal der Inbegriff für Qualität in Hollywood gewesen war, das Rückgrat gebrochen und es zum Gespött der ganzen Branche gemacht hatten. Trotzdem war da dieses Gefühl des Friedens, weil er wußte, daß jetzt beinahe alles ausgestanden war. Er legte seinen Aktenkoffer auf den Konferenztisch.

»Meine Herren«, sagte Tommy, »bitte nehmen Sie Platz.«

Das Dutzend Männer und die eine Frau nahmen ihre Plätze am Tisch ein – Tommy Pro am Kopfende und Margot Gladstone zu seiner Rechten.

»Ich eröffne die ordentliche Monatssitzung des Verwaltungsrats von ›Centurion Pictures‹«, tönte Tommy. »Die stellvertretende Vorstandsvorsitzende der Gesellschaft, Mrs. Gladstone, wird das Protokoll dieser Sitzung führen.«

Margot ließ zuerst für Tommy und dann für die anderen am Tisch Anwesenden ihr wärmstes Lächeln aufblitzen.

»Die Konferenz«, fuhr Tommy fort, »wird nur kurz sein, da wir nur wenige Tagesordnungspunkte haben. Wir –«

»Herr Vorsitzender«, warf Michael ein.

Tommy sah gereizt zu Michael. »Wenn wir uns bitte an die Tagesordnung halten könnten«, sagte er mit einer keinen Widerspruch duldenden Miene.

»Herr Vorsitzender«, fuhr Michael trotz Tommys Warnung fort, »darf ich bitte einen Augenblick unterbrechen? Der Verwaltungsrat weiß, daß heute der Geburtstag unseres Vorsitzenden ist, und man hat mich gebeten, dazu ein paar Worte zu sagen und ein kleines Geschenk zu überreichen.«

Tommy blickte einen Augenblick verdutzt drein und lächelte dann. »Das ist sehr nett von dir, Michael. Ich darf mich bei allen Anwesenden bedanken.«

»Ich will nicht näher auf die Jahre des Vorsitzenden eingehen«, sagte Michael, was einige zum Lachen reizte. »Uns allen ist bekannt, daß er starkes Interesse an den Waffen zeigt, die in den Filmen von ›Centurion‹ verwendet werden, und ich habe deshalb unsere Spezialeffekte-Abteilung gebeten, etwas zu liefern, was in unserer bevorstehenden Produktion ›Armed Force‹ benutzt werden soll, einer Produktion, die unserem Vorsitzenden besonders am Herzen liegt.«

Tommy lehnte sich in seinem Sessel zurück und lächelte breit. »Was hast du denn für mich, Michael?«

Michael öffnete die Schlösser seines Aktenkoffers und klappte den Deckel auf. Man konnte zwei metallisch funkelnde automatische Waffen und ein paar Zubehörteile erkennen. Michael nahm eine der Maschinenpistolen heraus und fing an, einen Schalldämpfer auf ihren Lauf zu schrauben. »Das, Tommy, ist der Prototyp einer neuen Automatikwaffe, die die CIA gemeinsam mit der Rauschgiftbehörde entwickelt hat. Ich konnte die Leitung der CIA dazu überreden, sie uns in ›Armed Force‹ benutzen zu lassen.« Er ließ die Waffe zu Tommy weiterreichen, der sie vorsichtig annahm.

»Ist sie geladen?« fragte Tommy.

Michael fing an, den Schalldämpfer auf die zweite Waffe zu schrauben. »Natürlich, Tommy.« Er zog den Schlitten seiner Waffe zurück und ließ ihn wieder nach vorn schnappen. »So spannt man sie.«

Tommy stand auf. »Es macht dir hoffentlich nichts aus, Michael, wenn ich angesichts vorangegangener Ereignisse in diesem Studio damit auf niemand ziele.«

»Selbstverständlich, Tommy«, antwortete Michael. »Du kannst es ja mit dieser vertäfelten Wand versuchen.«

Alle standen auf und traten vom Tisch zurück, als Tommy die Waffe hob. »Also schön, dann tun wir so, als wären sämtliche New Yorker Filmkritiker an dieser Wand aufgereiht.« Er richtete die Maschinenpistole auf die Wand und betätigte den Abzug.

Die Waffe explodierte Tommy ins Gesicht. Im Konferenzsaal brach die Hölle los. Ein Verwaltungsratsmitglied tauchte unter den Tisch, andere eilten Tommy zu Hilfe.

Margot zog ihn vom Tisch weg und lehnte ihn an die Wand. »Tommy!« schrie sie. »Lebst du?«

Tommy lebte in der Tat noch, aber sein Gesicht war völlig verwüstet, und er schien nur noch zu krächzenden Lauten fähig zu sein.

»Vielen Dank für deine Bemühung um Tommy, Margot«, sagte Michael und gab einen kurzen Feuerstoß in ihre Richtung ab. Margot wurde herumgerissen und sackte vor Tommy zusammen, der immer noch zu reden versuchte.

Michael richtete die Waffe jetzt auf eine Gruppe von Männern, die sich in einer Ecke drängten. »So, Mr. Yamamoto«, sagte er, »Sie dürfen sich jetzt Ihren Vorfahren anschließen.« Er gab einen langen Feuerstoß auf die Gruppe ab, wobei er die Waffe wie einen Gartenschlauch hin- und herbewegte. Dann setzte das Feuer aus, und der Bolzen blieb hängen. Michael griff in den Koffer nach dem nächsten Ladestreifen, lud durch und spannte die Waffe. Er drehte den Rollstuhl wieder zu Tommy herum.

Jemand hämmerte an die Tür, die in den Korridor führte und von der Michael wußte, daß sie immer abgesperrt war. Tommy brüllte etwas, aber es blieb unverständlich. Jetzt mühten sich offenbar mehrere Personen damit ab, die massive Mahagonitür einzuschlagen.

Michael richtete die Maschinenpistole auf Tommy. Er feuerte, und Tommys Körper tanzte zuckend im Kugelhagel. Nach ein paar Sekunden ging der Pistole wieder die Munition aus.

Michael war gerade dabei, für den Gnadenschuß nachzuladen, als die Bemühungen, die Tür einzuschlagen, Erfolg hatten. Michael beeilte sich, war aber nicht schnell genug. Zwei bewaffnete Sicherheitsmänner schossen ihre Waffen auf ihn leer. Er spürte, wie er seitlich aus seinem Rollstuhl geschleudert wurde.

Epilog

Michael schlug langsam die Augen auf. Im Lauf der letzten Tage war ihm bewußt geworden, daß man heroische Anstrengungen unternommen hatte, sein Leben zu retten. Er hatte sich auf einer Art Intensivstation befunden, wo die ganze Zeit Lärm und ein reges Treiben herrschte, aber jetzt befand er sich an einem ruhigen Ort. Er versuchte den Kopf zu heben, aber seine Muskeln wollten nicht funktionieren. Er versuchte mit den Händen die Seitenteile des Bettes zu packen, aber auch das ging nicht. Er veruchte seine Zehen zu bewegen, aber nichts geschah. In seiner wachsenden Panik versuchte er zu schreien, konnte es aber nicht. Dann ließ er die Augen schweifen, um möglichst viel in sich aufzunehmen. Neben seinem Bett stand ein Gestell, an dem ein Plastikbehälter mit irgendeiner Flüssigkeit befestigt war; ansonsten konnte er nur die Decke sehen. Er schloß die Augen und sank ein paar Minuten später in leichten Schlaf.

Ein Geräusch weckte ihn; eine Tür war geöffnet worden und schloß sich jetzt. Schritte näherten sich seinem Bett. Michael öffnete die Augen, um zu sehen, wer es war. Amanda Goldmans Gesicht schob sich in sein Sichtfeld.

»Mein Liebling«, sagte sie, »bist du wach?« Sie bewegte den Finger quer über sein Gesichtsfeld.

Michaels Augen folgten ihrem Finger.

»Du bist also wirklich wach? Ich habe dich wochenlang besucht, und die haben immer gesagt, ich soll nicht mit einer Reaktion rechnen. Ein Gehirnschaden.«

Michaels Augen weiteten sich.

»Kannst du mich hören?« fragte sie. »Wenn ja, dann blinzle einmal für ja und zweimal für nein.«

Michael blinzelte einmal. Er konnte hören! Und wenn er hören konnte, dann gab es auch irgendeinen Ausweg für ihn!

»Kannst du dich bewegen?« fragte sie.

Michael blinzelte zweimal.

»Mein Gott, du kennst mich doch, oder?«

Michael blinzelte einmal.

»Ich möchte, daß du weißt, was in letzter Zeit geschehen ist«, fuhr sie fort. »Eine Menge Japaner sind im Studio aufgetaucht und führen jetzt das große Wort.«

Michael schloß die Augen.

»Ich habe mich um deine persönlichen Angelegenheiten gekümmert.«

Michael schlug die Augen wieder auf.

»Meine Anwälte haben einen Treuhandfonds errichtet, um deine Angelegenheiten zu verwalten, und ich bin die Treuhänderin. Jemand hat das Testament gefunden, das du hinterlassen hast und in dem ich als Begünstigte benannt bin, also hat das Gericht mich zur Treuhänderin bestimmt.«

Michael starrte sie an.

Amanda setzte sich so auf das Bett, daß er sie ohne Mühe sehen konnte. »Ich bin, glaube ich, gut versorgt. Michael, ich möchte dir etwas sagen. Ich habe das Gefühl, dir mehr als irgend jemand sonst vertrauen zu können.«

Michael blinzelte einmal. All das Gerede machte ihn ungeduldig. Er mußte Mittel und Wege finden, um sie wissen zu lassen, was er tun wollte.

»Ich habe jemand kennengelernt und war in letzter Zeit sehr viel mit ihm zusammen. Er ist jünger als ich, aber das hat zwischen dir und mir ja auch nie gestört, oder?«

Michael blinzelte zweimal. Es war besser, sie gewähren zu lassen, bis ihm etwas eingefallen war.

»Es ist jemand, den du kennst, jemand, mit dem du einmal gearbeitet hast«, fuhr sie fort. »Er heißt Chuck Parish.«

Michaels Augen weiteten sich.

»Du erinnerst dich; ihr habt zwei Filme miteinander gemacht. Das Ganze ist richtig inzestuös, weißt du, weil er ja bis vor kurzem mit Vanessa zusammengelebt hat, deiner alten Flamme. Und sie, Liebling, lebt jetzt mit Bob Hart zusammen! Kannst du dir das vorstellen? Ein raffiniertes Biest muß das sein, aber sie hat es geschafft, ihn aus Susans Klauen zu winden. Die ganze Stadt redet von der Scheidung!«

Michael blinzelte schnell. Das war verrückt.

»Chuck ist süß«, sagte sie. »Nicht so gut wie du im Bett natürlich, aber ganz in Ordnung. Anscheinend redet er nicht gern von dir, aber ich wußte, daß es dich freuen würde, daß ich mit einem Freund von dir zusammen bin. Ich habe das Geld in meiner Stiftung genommen, das ich für meine ›Centurion‹-Aktien bekommen habe, und eine neue Gesellschaft gegründet, die Chucks Arbeiten produziert. Er ist ein erstklassiger Regisseur und Drehbuchautor, aber das weißt du ja, da du ihn doch entdeckt hast!«

Michael schloß die Augen. Wie konnte er sie nur dazu bringen, endlich den Mund zu halten?

Amanda war einen Augenblick still und wischte sich dann eine Träne aus dem Augenwinkel. »Du weißt, weshalb ich hier bin, nicht wahr?«

Michael starrte sie an.

»Ich erinnere mich an unser Gespräch, als Leo im Krankenhaus war. Du hast damals recht gehabt, und du sollst wissen, daß ich verstehe, wie dir in deinem Zustand zumute ist. Ich habe die Meinung eines zweiten Spezialisten eingeholt und auch die eines dritten, aber keiner gibt dir die leiseste Hoffnung auf Wiederherstellung. Ich fürchte, das Beste, was du hoffen könntest, wäre, daß man dich im Bett aufrichtet und den Rest deines Lebens auf einen Fernseher starren läßt.«

Michael blinzelte schnell. Irgend etwas mußte ihm einfallen, um ihr das vermitteln zu können, was er wollte.

»Ich weiß, was du willst, mein Liebling, weil du es mir gesagt hast, als Leo krank war.«

Michael sah, wie ihre Hand sich an seinem Auge vorbeibewegte, und sein Kopf hob sich kurz, so daß er etwas mehr von dem Zimmer sehen konnte; dann fiel er wieder zurück.

»Du hast mein Leben verändert.« Jetzt liefen ihr die Tränen über die Wangen. »Ich stehe tief in deiner Schuld, aber jetzt gibt es nur noch eines, was ich für dich tun kann.«

Michael sah, wie sich etwas in sein Gesichtsfeld schob, und es war weiß.

»Leb wohl, mein Liebling«, sagte Amanda. »Ich liebe dich.«

Das Kissen füllte sein Gesichtsfeld, und dann wurde es dunkel. Er konnte nicht einmal blinzeln. Er kämpfte mit seinem Bewußtsein gegen das Kissen an, aber es nützte nichts.

Plötzlich war es nicht mehr dunkel. Von irgendwo kam Licht, und o Wunder, er konnte sich bewegen! Er hob eine Hand über die Augen, aber dann war es nicht mehr nötig. Das Licht war freundlich und schien seinen Ursprung in einem Flur oder einem Tunnel zu haben. Michael ging darauf zu.

Dann war da ein dunkler Umriß im Licht – eine andere Person, und irgendwie hatte er das Gefühl zu wissen, wer es war!

Es war ein Mann. Er kam auf ihn zu, und seine Hände streckten sich ihm entgegen. Hinter dem Mann waren andere Leute.

Michael streckte die Hände nach dem Mann aus, und dann wußte er, wer es war. Onofrio Callabrese nahm die Hände seines Sohnes und drückte ihn an sich. Sein Lächeln war gespenstisch.

Michael mühte sich ab, von ihm loszukommen, und dann umgaben ihn die anderen Leute, zogen ihn auf das Licht zu. Sie freuten sich, ihn zu sehen, und er kannte sie alle. Da war eine Frau, Carol Geraldi. Sie klammerte sich an ihn. Rick Rivera war da, und – mein Gott! – da war Goldman! Er legte Michael den Arm um die Schultern. Benedetto und Cheech schritten neben ihm. Und aus dem Licht heraus kam Moriarty auf ihn zu, der Rechtsanwalt.

Michael empfand schreckliche Angst und versuchte die Absätze einzustemmen, aber nichts konnte seinen Marsch ins Licht aufhalten. Unaufhaltsam, unwiderstehlich zogen sie ihn hinein.

Plötzlich stellte Michael fest, daß er mehr tun konnte als nur gehen. Er konnte schreien.